U0653059

新文科复合型人才培养系列教材

西安电子科技大学规划教材

金融科技统计建模基础

柴建　王美花　白旭超　编著

西安电子科技大学出版社

内 容 简 介

　　人工智能、大数据等新兴技术的快速发展推动了金融行业的巨大变革，金融科技已渗透至金融行业的各个领域和环节，而金融科技的发展也将重塑金融生态，重构金融业务流程，促进普惠金融。

　　本书系统地介绍了金融科技的发展脉络、基本概念、基本方法、基本理论与应用场景，重点关注金融科技统计建模相关基本方法的原理及其应用。全书共 7 章，具体为金融科技简介、相关分析、贝叶斯统计、回归分析、分类方法、时间序列分析、随机过程。

　　本书适合作为高等院校经济学类各专业高年级本科生及应用经济学学科硕士研究生的教材或参考书，也可供具有数学、统计学、经济学基础的经济管理人员和研究人员及金融行业从业者参考。

图书在版编目（CIP）数据

　　金融科技统计建模基础 / 柴建，王美花，白旭超编著. -- 西安 ：
西安电子科技大学出版社，2024. 7. -- ISBN 978-7-5606-7290-8

　　Ⅰ. F830.2

　　中国国家版本馆 CIP 数据核字第 2024K1D028 号

策　　　划	李惠萍
责任编辑	李惠萍
出版发行	西安电子科技大学出版社（西安市太白南路 2 号）
电　　　话	(029) 88202421　88201467　　邮　编　710071
网　　　址	www. xduph. com　　　　电子邮箱　xdupfxb001@163. com
经　　　销	新华书店
印刷单位	陕西日报印务有限公司
版　　　次	2024 年 7 月第 1 版　2024 年 7 月第 1 次印刷
开　　　本	787 毫米×1092 毫米　1/16　印张 13.5
字　　　数	316 千字
定　　　价	36.00 元

ISBN 978-7-5606-7290-8

XDUP 7592001-1

＊＊＊如有印装问题可调换＊＊＊

前　言

金融科技是大数据、云计算、人工智能、区块链等一系列前沿技术与传统金融业务技术融合和创新的成果，全面应用于支付清算、借贷融资、财富管理、零售、银行、保险、交易结算等金融领域，是金融业未来的主流趋势。统计学原理方法作为金融学、经济学、人工智能等学科的基础工具，在金融科技发展中起着关键作用，越来越受到高校师生和相关从业人员的重视。基于此，编者认为有必要编写一本有关金融科技统计建模方法的读物，以期系统性总结相关原理方法。

本书围绕金融科技热点问题，在概述金融科技的基础上系统性地介绍了相关分析、贝叶斯统计、回归分析、分类方法、时间序列分析和随机过程等的概念、方法与应用。

全书共 7 章：第 1 章为金融科技简介，总结金融科技的发展脉络、基本概念、基本方法、基本理论与应用场景；第 2 章为相关分析，主要介绍多元分布函数的定义与应用，Copula 函数及其在金融风险预测中的应用，偏相关、复相关、距离相关分析的计算方法；第 3 章为贝叶斯统计，主要介绍贝叶斯统计的基本概念与定理、共轭先验分布、贝叶斯统计推断、假设检验与预测的基本方法；第 4 章为回归分析，主要介绍回归分析的概念、线性回归及参数估计、模型选择、广义线性模型和高维回归系数压缩；第 5 章为分类方法，主要介绍分类方法的概念和几种常见分类方法（决策树分类、最近邻分类、朴素贝叶斯分类、人工神经网络、支持向量机等）；第 6 章为时间序列分析，主要介绍时间序列的概念和几种常见模型（AR 模型、ARMA 模型、ARIMA 模型、条件异方差模型等）；第 7 章为随机过程，主要介绍随机过程的基本概念、理论、性质等，马尔可夫链的定义、状态分类与相关应用，鞅的概念、类型、停时及相关应用。

本书采用理论与案例分析相结合的方式，深入浅出地介绍了解决金融科技相关问题的统计建模方法，能够为经济、金融、统计、管理等相关专业高年级本科生、研究生和相关领域从业人员提供参考。

本书内容汇总了编者近年来教学、科研相关工作的积累与成果，部分研究内容获国家自然科学基金（项目编号 72373116、12101475、71874133）的资助，此次出版获西安电子科技大学教材建设基金项目的资助。

在编写本书的过程中，笔者得到了郑冠群等专家的指导和帮助；西安电子科技大学廖荣戈、张舒涵、李欣昂、毛雅静、慕晓楠、冯振等同学在本书部分章节的内容收集、修改和完善过程中做了很多工作；西安电子科技大学出版社领导与李惠萍编辑为本书出版给予了大量指导和帮助。在此特向他们表示衷心的感谢！此外，笔者还参考借鉴了大量国内外相关文献、教材等，主要参考的文献、教材等已列在本书末的参考文献中，在此向所有相关的作者表示深深的感谢！

由于编者水平有限，书中难免存在疏漏与不妥之处，恳请广大读者批评和指正，在此我们谨向广大读者致以诚挚的谢意！

编　者

2024 年 6 月 14 日

目　录

第 1 章　金融科技简介 ·· 1

  1.1　金融科技概述 ··· 1

    1.1.1　金融科技的概念 ·· 1

    1.1.2　金融科技的发展历程 ·· 2

  1.2　金融科技关键技术 ·· 5

  1.3　金融科技的应用 ··· 8

  习题 1 ·· 10

第 2 章　相关分析 ·· 11

  2.1　相关分析概述 ··· 11

    2.1.1　变量相关性案例 ·· 11

    2.1.2　相关性分类 ·· 13

    2.1.3　相关性描述方法 ·· 13

  2.2　多元分布函数 ··· 15

    2.2.1　多元分布函数的定义 ·· 15

    2.2.2　多元分布函数的性质 ·· 15

    2.2.3　多元分布函数的应用 ·· 15

  2.3　Copula 函数 ··· 16

    2.3.1　Copula 函数的定义 ·· 17

    2.3.2　Copula 函数的分类 ·· 17

    2.3.3　Copula 函数的构造及其性质 ·· 21

    2.3.4　Copula 函数的选择 ·· 23

    2.3.5　Copula 函数的应用 ·· 26

  2.4　偏相关分析与复相关 ··· 26

    2.4.1　偏相关分析 ·· 27

    2.4.2　复相关分析 ·· 29

  2.5　距离相关分析 ··· 30

    2.5.1　距离度量方法 ··· 31

    2.5.2　距离相似系数 ··· 32

  习题 2 ·· 34

第 3 章　贝叶斯统计 ··· 35

  3.1　贝叶斯统计概述 ·· 35

    3.1.1　频率学派与贝叶斯学派 ·· 35

    3.1.2　经典统计学与贝叶斯统计学 ·· 36

　　3.1.3　为什么要学习贝叶斯统计 ································· 37

3.2　贝叶斯定理 ··· 38
　　3.2.1　事件形式的贝叶斯定理 ···························· 38
　　3.2.2　随机变量形式的贝叶斯定理 ······················ 38

3.3　共轭先验分布 ··· 43
　　3.3.1　共轭先验分布的定义 ······························ 43
　　3.3.2　后验分布的计算 ·································· 45
　　3.3.3　共轭先验分布的优缺点 ···························· 45
　　3.3.4　常用的共轭先验分布 ······························ 48

3.4　贝叶斯统计推断 ··· 50
　　3.4.1　贝叶斯点估计 ···································· 50
　　3.4.2　贝叶斯区间估计 ·································· 56

3.5　假设检验 ··· 59
　　3.5.1　贝叶斯假设检验 ·································· 59
　　3.5.2　贝叶斯因子 ······································ 60
　　3.5.3　简单假设对简单假设 ······························ 61
　　3.5.4　复杂假设对复杂假设 ······························ 62
　　3.5.5　简单原假设对复杂备择假设 ························ 63
　　3.5.6　多重假设检验 ···································· 65

3.6　预测 ··· 65

3.7　模型选择与评价 ··· 69
　　3.7.1　正常先验下的贝叶斯模型选择方法 ················ 69
　　3.7.2　贝叶斯模型评价 ·································· 72

习题 3 ·· 74

第 4 章　回归分析 ·· 75

4.1　回归分析概述 ··· 75
　　4.1.1　回归分析与回归模型 ······························ 75
　　4.1.2　回归模型建立与分析 ······························ 76
　　4.1.3　回归分析发展述评 ································ 80

4.2　线性回归及参数估计 ····································· 81
　　4.2.1　一元线性回归模型 ································ 81
　　4.2.2　多元线性回归模型 ································ 83
　　4.2.3　模型的参数估计 ·································· 84

4.3　模型选择 ··· 87
　　4.3.1　模型选择概述 ···································· 87
　　4.3.2　偏差-方差分解 ···································· 91
　　4.3.3　模型选择准则 ···································· 92
　　4.3.4　回归变量选择 ···································· 96

4.4　广义线性模型 ··· 97
　　4.4.1　二点分布回归 ···································· 97
　　4.4.2　指数分布族 ······································ 98
　　4.4.3　广义线性模型 ···································· 100
　　4.4.4　模型估计 ·· 101

    4.4.5　模型检验与诊断 ……………………………………………………… 102

  4.5　高维回归系数压缩 ………………………………………………………… 102

    4.5.1　岭回归 ………………………………………………………………… 103

    4.5.2　LASSO 回归 ………………………………………………………… 104

    4.5.3　Shooting 算法 ……………………………………………………… 106

    4.5.4　路径算法 ……………………………………………………………… 107

    4.5.5　其他惩罚项及 Oracle 性质 ………………………………………… 110

  习题 4 ……………………………………………………………………………… 112

第 5 章　分类方法 …………………………………………………………………… 113

  5.1　分类方法概述 ……………………………………………………………… 113

  5.2　决策树分类 ………………………………………………………………… 115

    5.2.1　决策树模型 …………………………………………………………… 115

    5.2.2　决策树学习 …………………………………………………………… 116

  5.3　K-最近邻分类 …………………………………………………………… 122

  5.4　朴素贝叶斯分类 …………………………………………………………… 124

  5.5　人工神经网络 ……………………………………………………………… 127

    5.5.1　感知器 ………………………………………………………………… 128

    5.5.2　神经元 ………………………………………………………………… 131

    5.5.3　人工神经网络的类型 ………………………………………………… 133

  5.6　支持向量机 ………………………………………………………………… 136

    5.6.1　线性可分 SVM ……………………………………………………… 136

    5.6.2　线性 SVM ……………………………………………………………… 140

    5.6.3　非线性 SVM …………………………………………………………… 141

  习题 5 ……………………………………………………………………………… 142

第 6 章　时间序列分析 …………………………………………………………… 144

  6.1　时间序列分析概述 ………………………………………………………… 144

    6.1.1　时间序列分析方法 …………………………………………………… 145

    6.1.2　时间序列的平稳性 …………………………………………………… 147

  6.2　AR 模型 …………………………………………………………………… 149

    6.2.1　AR(1)模型 …………………………………………………………… 149

    6.2.2　AR(2)模型 …………………………………………………………… 152

    6.2.3　AR(p)模型与平稳性的判定 ……………………………………… 152

  6.3　ARMA 模型 ………………………………………………………………… 155

    6.3.1　MA 模型 ……………………………………………………………… 155

    6.3.2　ARMA(p,q)模型的定义及性质 …………………………………… 157

    6.3.3　ARMA 模型的建立与估计 …………………………………………… 158

  6.4　ARIMA 模型 ……………………………………………………………… 160

    6.4.1　ARIMA 模型的结构 ………………………………………………… 160

    6.4.2　ARIMA 模型的性质 ………………………………………………… 161

    6.4.3　ARIMA 模型建模 …………………………………………………… 161

    6.4.4　ARIMA 模型预测 …………………………………………………… 165

  6.5　条件异方差模型 …………………………………………………………… 167

    6.5.1　条件异方差模型的结构 ……………………………………………… 167

6.5.2 条件异方差模型建模 ·· 170

习题6 ·· 172

第7章 随机过程 ·· 174

7.1 随机过程概述 ··· 174

7.1.1 预备知识 ··· 175

7.1.2 随机过程的定义 ··· 176

7.1.3 有限维分布和数字特征 ····································· 177

7.1.4 随机过程的分类 ··· 177

7.2 泊松过程 ··· 179

7.2.1 指数分布 ··· 179

7.2.2 泊松过程的定义 ··· 179

7.2.3 泊松过程的性质 ··· 181

7.2.4 非时齐泊松过程 ··· 184

7.2.5 复合泊松过程 ··· 185

7.2.6 条件泊松过程 ··· 185

7.3 马尔可夫链 ··· 186

7.3.1 马尔可夫链的定义 ··· 186

7.3.2 马尔可夫链状态的分类 ····································· 189

7.3.3 马尔可夫链的应用 ··· 194

7.4 鞅 ··· 199

7.4.1 离散指标鞅的定义 ··· 199

7.4.2 上(下)鞅及相关定理 ······································ 201

7.4.3 停时及相关定理 ··· 202

7.4.4 连续指标鞅 ··· 203

7.4.5 鞅的应用 ··· 204

习题7 ·· 206

参考文献 ·· 207

第1章

金融科技简介

【学习目标】

1. 了解金融科技的概念。
2. 熟悉金融科技的关键技术。
3. 熟悉金融科技的应用。
4. 关注金融科技的发展前沿。

1.1 金融科技概述

金融科技(FinTech)是金融和科技的结合体。近年来,人工智能、大数据等新兴技术的快速发展和应用推动了金融行业的巨大变革,金融科技开始渗透到传统金融行业的各个领域和环节,如银行、证券、保险以及前台、中台、后台,传统金融业务无不受到金融科技的挑战。金融科技的发展也将重塑金融生态,重构金融业务流程,促进普惠金融,推动智能监管。

1.1.1 金融科技的概念

"金融科技"这一概念目前尚未形成统一的定义,世界各地的机构组织对于"金融科技"给出了不同角度的理解。如国际权威机构全球金融稳定理事会(FSB)[①]在 2016 年发布的《金融科技的全景描述与分析框架报告》中给出的定义为:金融科技主要是指由大数据、区块链、云计算、人工智能等新兴前沿技术带动,对金融市场以及金融服务业务供给产生重大

[①] FSB:前身为金融稳定论坛(FSF),是 7 个发达国家(G7)为促进金融体系稳定而成立的合作组织。在中国等新兴市场国家对全球经济增长与金融稳定影响日益显著的背景下,2009 年 4 月 2 日在伦敦举行的 20 国集团(G20)金融峰会决定,将 FSB 成员扩展至包括中国在内的所有 G20 成员国,并将其更名为 FSB(financial stability board,金融稳定理事会)。

影响的新兴业务模式、新技术应用、新产品服务等。世界级领先的全球管理咨询公司麦肯锡在 2021 年发布的《FinTech 2030：全球金融科技生态扫描》中指出：人工智能，超自动化，区块链，物联网，云计算，开源、SaaS 和无服务架构，无代码开发平台这七大关键技术，持续影响金融科技未来的总体发展趋势，驱动业务模式重构并左右竞争格局。中国新经济与产业数字化洞察研究咨询服务领域的领导品牌艾瑞咨询在 2021 年发布的《晨曦：中国 FinTech 行业发展洞察报告》中指出：金融科技主要指运用前沿科技成果（如人工智能、区块链、大数据、云计算、物联网等）改造或创新金融产品、经营模式、业务流程，以及推动金融发展提质增效的一类技术。

中国人民银行金融研究所互联网金融研究中心将金融科技分为狭义和广义两种。狭义的金融科技是指金融机构运用云计算、大数据以及区块链等新型数据分析和存储技术来加强经营管理、提升服务效率和市场竞争效率的一类科技与金融相结合的技术。广义的金融科技除包括狭义的金融科技外，还包括金融机构利用新的管理技术和方法，对金融业态和金融运营模式等产生的新的影响。结合本书的主要内容，我们认为金融科技是指各类机构运用新兴技术（如人工智能、区块链、大数据、云计算等）及已有技术方法，对相关数据进行搜集、处理、数据分析等，推动金融各细分领域的发展，改造升级金融产品、经营模式、业务流程，拓宽金融服务人群，提升金融服务效率，提高金融机构市场竞争效率的一类技术。

1.1.2 金融科技的发展历程

金融科技的发展起源于金融全球化，参考相关资料可以将金融科技的发展划分为以下三个阶段。

1. FinTech 1.0：金融全球化（1866—1966 年）

金融全球化最早可追溯到 1866 年世界上第一条跨大西洋海底电缆成功敷设。该电缆起始于爱尔兰的瓦伦西亚岛，终止于加拿大纽芬兰小镇，每分钟可以传输 8 个英文单词，实现了欧美大陆"一线牵"。此后更多的海底电缆建设工程启动。到 19 世纪末期，欧洲和北美已经被紧密地连接在同一个电报通信网络之中。跨大西洋电报系统的诞生，让欧美的主要市场之间可以即时通信，促进了信息交流，将世界经济金融连接为一个整体。我们可能对打开计算机就能查询到全球各个市场行情的现状司空见惯，但是在那个通信工具不发达的年代，即使是每分钟仅传输 8 个单词的传输速度，对金融市场来说也是质的飞跃。值得指出的是，最近几年新增的海底电缆敷设量，比此前 150 多年的总量还要多。这是因为随着大数据时代的来临，用密集的实物电缆网来传输更大流量的数据是必不可少的。这也再次印证了跨洋海底电缆的敷设对金融市场的意义是非凡的。

第一次世界大战的爆发对各国正常经济生活秩序的冲击，使金融全球化的进程受到阻碍，但是科技却在战争的作用下快速发展。第二次世界大战期间，各国为了更加安全有效地传递情报，投放了大量人力、物力、财力在通信加密技术和密码破解系统上。IBM 后来也将这种破译代码的工具嵌入早期的计算机中。在这个过程中，电脑技术得到了突飞猛进的发展，这为日后人工智能的发展奠定了技术上的基础。除了编译破译技术之外，20 世纪 50 年代美国出现了信用卡；1964 年美国施乐公司发明了电报的进阶版本——传真机；1966 年 Interbank Card Association（即万事达卡国际组织（Master Card International）的前身）成立，创建了一种新的信用卡体系。这些技术的诞生，对之后金融科技的发展都产生了巨大的影响。

2. FinTech 2.0：金融数字化（1967—2007 年）

此阶段金融科技的发展不再局限于 1.0 阶段中的实体基础设施的更新与推广，而是转向了数字化的操作机器和电子化的业务系统。

1967 年，英国的巴克莱银行引入了世界上第一部自动取款机（ATM），宣告了现代 FinTech 2.0 时代的到来。通过这些设备，客户可以在全天内任意时间提取金额较小的现金，这一方面方便了客户，另一方面减少了银行员工的工作量。ATM 的使用，使得银行业向数字化转变，标志着传统金融机构开始尝试通过引入科技手段提供更多金融产品并提高自己的服务质量，来巩固自己的地位。前美联储主席保罗·沃尔克曾表示：银行唯一有用的发明是 ATM。可见 ATM 在金融科技发展过程中发挥着关键作用。同年，美国德州仪器公司制造出了第一部手持金融计算器。这一发明使得金融业的运作变得更加高效便捷，大大提高了金融从业者的工作效率。手持金融计算器也可以看作是现在的智能手机的鼻祖。此后，在传统金融领域引入了更多的科技手段，支付和交易的效率随着新系统、新技术的推出不断提高。

在支付领域，1970 年，美国成立了纽约清算所银行同业支付系统（CHIPS）。20 世纪 70 年代初期，美国的联邦储备通信系统也由电报系统转变成了电子系统。1974 年，旨在解决银行跨境清算问题的环球同业银行金融电讯协会（SWIFT）成立。这些电子支付系统使得无论是国内还是国际的交易都能够即时进行，为全球日益活跃的金融交易提供了技术后盾。日均交易量可达 4 万亿美元的外汇交易市场就得益于此。在外汇市场上几乎没有现金交易，而都是通过清算机构对金融机构账户进行电子记账完成交易的。

在证券交易领域，1971 年，美国的全国证券交易商协会创建了纳斯达克。纳斯达克收集场外市场上证券商对股票的报价，再发布在电子公告栏上，实现了股票的自动报盘，从而降低了股票卖价和买价之间的差额，提高了场外市场的流动性。1976 年，纽约证券交易所建立了订单传送及成交回报系统，实现了订单的电子传递。证券交易系统的交易形式由票据实物交割逐渐转变为如今的全电子证券交易，这也是金融数字化进程中重要的一步。

FinTech 2.0 对金融科技发展的另一个贡献在于互联网技术的发明与使用。随着 20 世纪 90 年代互联网的兴起，1995 年，美国的富国银行率先利用万维网向客户提供网上账户核验服务，拉开了互联网在金融领域应用的帷幕，也为此后的 FinTech 3.0 打下了基础。2001 年，美国的 8 家银行已经有超过一百万名在线客户。2005 年，英国诞生了第一家没有实体营业网点的直接银行。互联网成为传统金融机构不能忽视的战场。

3. FinTech 3.0：金融移动化（2008 年至今）

2008 年，金融科技再次迎来转折点，金融危机的失业效应为金融科技提供了人才资源。金融危机使得众多金融机构倒闭或者裁员，不仅有大批金融从业者待业，还有大量金融应届毕业生求职受阻。这些闲置的劳动力或选择创立一家金融科技公司，或选择加入初创金融科技公司。同时，金融机构试图通过科技手段提高盈利能力。金融危机后各国对金融市场的监管都趋于严格，增加的监管成本使得公司盈利能力下降，而引入科技可以帮助金融机构更好地控制合规风险，甚至谋求新的盈利点。另外，公众对以银行为代表的传统金融机构的不信任为金融科技公司提供了市场空间。美国第四大投资银行雷曼兄弟破产，美国第三大投资银行美林公司被美国银行收购，美国政府接管美国国际集团，那些看上去规模庞大、业务稳定的"大公司"转眼就摇摇欲坠。这使得民众开始接纳阿里巴巴、腾讯、谷歌（Google）、脸书（Facebook）等科技公司提供的金融服务。

从目前发展现状来看，金融科技对金融领域产生了巨大的影响，主要体现在：

（1）**金融科技丰富了投融资方式。** 众筹、网络借贷等另类投资方式，如果失去了科技的帮助则将很难运行。越来越多的对冲基金和私募股权利用量化交易策略和高频交易策略进行投资。很多第三方咨询类机构开始采用智能投顾技术，为客户提供定制化投融资服务。

（2）**金融科技为风险管理提供了更多手段。** 2008年之前，大部分金融服务业的风险管理手段多侧重于建立技术性的量化风险模型，比如在险价值（Value-at-Risk，VaR）模型等。1994年，J. P. 摩根提出的"风险度量制"模型就是这种方法的典型代表之一。但2008年的金融危机证明这样的风险管理手段存在很大不足，金融危机后的风险管理开始侧重于建立新的监管规则、搭建更完善的风险管控体系和妥善处理新涌入的竞争者对市场的影响。科技的注入大大提高了公司风险管理和政府风险管控的效率。

（3）**金融科技改变了传统的支付手段。** 金融科技的发展与应用大大改变了传统的支付手段与支付效率，尤其是在日常生活场景下的应用更是如此，互联网移动支付就是其中的典型代表。工信部数据显示，截至2022年年底，我国移动电话用户规模为16.83亿户，普及率升至每百人119.2部，高于全球平均水平。其中，5G移动电话用户达5.61亿户，占移动电话用户的比例达到33.3%，是全球平均水平（12.1%）的2.75倍。除了已有的线上线下购物支付、扫码乘车、国外购物换汇和退税等，支付宝和微信支付等移动支付端仍在继续拓展更多支付使用场景。其方便商户和用户使用的同时，也进一步推动了金融科技的发展。比特币等加密货币的兴起也是电子支付领域的一大革命。而加密货币是否能颠覆已有的支付体系，或是已有的支付体系能否巧妙地化解加密货币的潜在威胁，与未来金融科技的发展轨迹息息相关。

（4）**金融科技导致了数据安全问题的出现。** 金融科技渗透到生活中的另一表现形式就是大数据时代的到来。借助科技手段，庞大和杂乱的金融数据可以产生巨大的价值，但如果不好好防范而遭到黑客蓄意攻击，也可能产生强大的破坏力。数据安全不仅涉及个人、企业，而且涉及整个金融行业甚至国家层面。怎样在利用数据的同时做好数据安全工作，是金融科技从业者不能忽视的话题。数据技术的发展同时为解决该问题提供了方案。

（5）**金融和科技的交汇点在于用户交互。** 金融科技产品既要满足金融服务的需求，保证用户体验，又要具备技术上的可实现性。金融科技公司改变了以往传统金融机构与用户产生关系的方式，对营业部式的交互方式产生了冲击。做好用户交互界面，不仅可以提高客户在使用上的方便性，还有可能发现更多拓展金融领域的机会，带来更多新的商业科技发展思路。

这次FinTech革命不再是发达国家领跑，发展中国家终于崭露头角，将FinTech 2.0中的电子支付的应用场景从计算机端进一步延伸到智能手机等移动终端上，金融服务的提供与获取变得更加方便迅捷。

中国人民银行先后印发了《金融科技发展规划（2019—2021年）》《金融科技发展规划（2022—2025年）》（以下简称《规划》）。最新一期的发展规划依据《中华人民共和国国民经济和社会发展第十四个五年规划和 2035 年远景目标纲要》制定，提出了新时期金融科技发展的指导意见，明确了金融数字化转型的总体思路、发展目标、重点任务和实施保障。

《规划》强调，要以习近平新时代中国特色社会主义思想为指导，全面贯彻党的十九大和十九届历次全会精神，坚持创新驱动发展，坚守为人民服务的初心，切实履行服务实体经济的使命，高质量推进金融数字化转型，健全适应数字经济发展的现代金融体系，为构建新发展格局、实现共同富裕贡献金融力量。要坚持"数字驱动、智慧为民、绿色低碳、公平普惠"的发展原则，以加强金融数据要素应用为基础，以深化金融供给侧结构性改革为目标，以加快金融机构数字化转型、强化金融科技审慎监管为主线，将数字元素注入金融服务全流程，将数字思维贯穿业务运营全链条，注重金融创新的科技驱动和数据赋能，推动我国金融科技从"立柱架梁"全面迈入"积厚成势"新阶段，力争到 2025 年实现金融科技整体水平与核心竞争力的跨越式提升。

《规划》提出如下八个方面的重点任务：

一是强化金融科技治理，全面塑造数字化能力，健全多方参与、协同共治的金融科技伦理规范体系，构建互促共进的数字生态。

二是全面加强数据能力建设，在保障安全和隐私的前提下推动数据的有序共享与综合应用，充分激活数据要素的潜能，有力提升金融服务质效。

三是建设绿色高可用数据中心，架设安全泛在的金融网络，布局先进高效的算力体系，进一步夯实金融创新发展的"数字底座"。

四是深化数字技术的金融应用，健全安全与效率并重的科技成果应用体制机制，不断壮大开放创新、合作共赢的产业生态，打通科技成果转化"最后一公里"。

五是健全安全高效的金融科技创新体系，搭建业务、技术、数据融合联动的一体化运营平台，建立智能化风控机制，全面激活数字化经营新动能。

六是深化金融服务智慧再造，搭建多元融通的服务渠道，着力打造无障碍服务体系，为人民群众提供更加普惠、绿色、人性化的数字金融服务。

七是加快监管科技的全方位应用，强化数字化监管能力建设，对金融科技创新实施穿透式监管，筑牢金融与科技的风险防火墙。

八是扎实做好金融科技人才培养，持续推动金融科技标准规则体系建设，强化法律法规制度执行，护航金融科技行稳致远。

1.2　金融科技关键技术

金融科技领域的关键技术包括人工智能、区块链、大数据、云计算等。这些关键科学技术影响金融科技的总体发展趋势，驱动金融业务模式的重构。

1. 人工智能

人工智能（即 AI），是指通过计算机程序实现与人相似的理性行为的智能技术。根据微软对智能系统归纳的概念，一个完整的 AI 解决方案需要具备能学习人类知识，并能利用这些知识自动而高效地完成那些过去只有人类能够胜任的任务的能力。马特·泰迪把任务结构、数据以及机器学习列为人工智能的三大支柱。首先，任务结构是指 AI 必须有一个定义好的任务目标以及商业应用场景。其次，数据是指 AI 需要大量的连续生成的数据来进行训练与学习。最后，机器学习能够从结构化或非结构化的数据中识别模式并作出预测，从而表现出智能的行为。由此我们可以认为：机器学习是实现人工智能的一种方式和工具。机器学习更注重模式的识别，而人工智能将预测任务分割成一系列的子任务，每一个子任务可以由机器学习或其他算法来解决。

人工智能常用的方法主要有问题求解、推理、规划、概率推理、决策、学习等。其中，学习是目前人工智能领域最热门的技术，人工智能的学习能力在不断增强。近年来，统计学习（或机器学习）无论是在理论还是在应用方面都得到了巨大的发展，有许多重大突破，将会在今后的科学发展和技术应用中发挥越来越大的作用。

统计学习方法可以概括如下：从给定的、有限的、用于学习的训练数据集合出发，假设数据是独立同分布产生的；并且假设要学习的模型属于某个函数的集合，称为假设空间；应用某个评价准则，从假设空间中选取一个最优模型，使它对已知的训练数据及未知的测试数据在给定的评价准则下有最优的预测；最优模型的选取由算法实现。这样来看，统计学习方法包括模型的假设空间、模型选择的准则以及模型学习的算法三部分，这三部分也被称为统计学习方法的三要素，简称为模型、策略和算法。

实现统计学习方法的步骤如下：

（1）得到一个有限的训练数据集合；

（2）确定包含所有可能的模型的假设空间，即学习模型的集合；

（3）确定模型选择的准则，即学习的策略；

（4）实现求解最优模型的算法，即学习的算法；

（5）通过学习方法选择最优模型；

（6）利用学习的最优模型对新数据进行预测或分析。

根据样本可以将统计学习分为监督学习、无监督学习、半监督学习以及强化学习等。监督学习是指每一个样本都有对应的指示标签，如每一个贷款申请人对应是否违约；无监督学习则意味着样本没有被标注；半监督学习是指样本中仅有一部分具备标签；强化学习是指虽然样本没有标签，但对机器给出的预测结果将会给出奖励或者惩罚，从而优化模型的学习结果。

根据模型种类，可以将统计学习分为概率模型与非概率模型、线性模型与非线性模型、参数化模型与非参数化模型；根据学习方法，可以将统计学习分为在线学习、批量学习；根据技巧，可以将统计学习分为贝叶斯学习（或贝叶斯推理）、核方法；根据预测内容，可以将统计学习分为二元分类、多元分类、回归与结构化学习。

2. 区块链

区块链主要指的是基于区块链技术形成的公共数据库（或称公共账本），而区块链技术是指多个参与方基于现代密码学、分布式一致性协议、点对点网络通信技术和智能合约编程语言等形成的数据交换、处理和存储的技术组合。这些技术以新的方式组合在一起，可以实现数据的防篡改、链式结构的可追溯、可信任的点对点传输等功能。区块链一般由数据层、网络层、共识层、激励层、合约层和应用层组成。

根据读写权限以及去中心化的程度，区块链分为公共区块链、联盟区块链和私有区块链三种。

（1）公有区块链简称公有链，是指全世界任何个体或者团体都可读取，发送交易且交易能获得有效确认的，也可以参与其中共识过程的区块链，其代表性区块链包括比特币、以太坊等。公有链稳定运行的基础是共识机制，比如比特币依赖工作量证明，参与者通过贡献算力获得激励，共同维护链上数据的安全性。公有链去中心化程度最高，但缺点是交易速度缓慢，吞吐量低。

（2）联盟区块链允许预先授权的节点参与共识过程，其他接入节点可以参与交易，其他个体或团体可以根据权限查看信息。其代表性区块链如超级账本，联盟成员包括英特尔、埃森哲等。其通过创建分布式账本的公开标准，实现数据互换，这适用于金融、能源贸易等行业。

（3）私有区块链中所有网络中的节点由同一团体掌握，与其他分布式存储方案没有太大区别。这种区块链适用于企业内部的数据管理和审计。其优点是交易速度快、交易成本低、隐私保护性好，其缺点是无法体现"去中心化"的核心价值。

3. 大数据

在诸多金融科技的应用技术中，大数据技术发展最为成熟、应用最为广泛。特别是在移动互联网迅猛发展、信息爆炸的背景下，各行各业要处理的数据量飞速增长。国际商用机器公司（IBM）从"5V"出发，对大数据做了相对完整的阐释。

（1）**Volume：数据量大。**数据的获取、存储和分析计算的量都非常大，动辄以 PB 及以上计量。这样的数据通常以分布式架构存储和计算，并使用全新的数据处理软件分析。

（2）**Velocity：速度快。**速度包括增长速度和处理速度。当前，人们的社交网络信息、交易记录、浏览记录等都在飞快地增长，而且人们对大数据算法的要求基本上是实时的，比如，在事件发生后能以第一时间获取该事件相关的所有信息，或者在一首歌曲结束之后即刻完成个性化推荐。

（3）**Variety：多样化。**大数据在表现形式上既有传统的结构化数据，也有半结构化和非结构化数据。数据类型不再仅仅是文本形式，更多的是图片、视频、音频、地理位置信息等多类型的数据，数据具有多层结构和不规则的特性，增加了数据存储和分析的复杂度。

（4）**Veracity：容错率高。**小数据随机采样的最基本要求是数据的真实性强和可信度高，即数据质量要精准。在大数据时代，我们所要处理的数据总量大、增长速度快，因此不可能有 100% 的准确度。但数据量的增加降低了对算法复杂度的要求，大的数据量带来的商业利益远远超过对精准性的要求，所以大数据分析对数据质量的容错率高。

（5）**Value：价值密度低。**由于这一特性，从大数据中挖掘信息的过程如沙里淘金。因此，人们开始研发机器学习等数据挖掘算法，从价值密度低的数据中挖掘有用信息。

4. 云计算

云计算是分布式计算的一种，是指通过网络"云"将巨大的数据计算处理程序分解成无数个小程序，然后通过多部服务器组成的系统处理和分析这些小程序得到的结果并返回给用户。云计算早期就是指简单的分布式计算，解决任务分发并进行计算结果的合并。因而，云计算又称为网格计算。通过这项技术，可以在很短的时间内（几秒钟）完成对数以万计的数据进行处理，从而实现强大的网络服务。现阶段所说的云服务已经不单单是一种分布式计算,而是分布式计算、效用计算、负载均衡、并行计算、网络存储、热备份冗杂和虚拟化等计算机技术混合演进并跃升的结果。

云计算的可贵之处在于其高灵活性、可扩展性和高性价比等,与传统的网络应用模式相比,其具有如下优势与特点:

(1) **虚拟化技术**。虚拟化突破了时间、空间的界限,是云计算最为显著的特点。虚拟化技术包括应用虚拟和资源虚拟两种。

(2) **动态可扩展**。云计算具有高效的运算能力,在原有服务器基础上增加云计算功能能够使计算速度迅速提高,最终实现动态扩展虚拟化的层次,达到对应用进行扩展的目的。

(3) **按需部署**。用户在计算机上运行不同的应用所对应的数据资源库不同,需要较强的计算能力对资源进行部署,而云计算平台能够根据用户的需求快速配备计算能力及资源。

(4) **灵活性高**。云计算的兼容性非常强,不仅可以兼容低配置机器、不同厂商的硬件产品,还能够使外设获得更高性能计算。

(5) **可靠性高**。若单点服务器出现故障,可以通过虚拟化技术对分布在不同物理服务器上面的应用进行恢复或利用动态扩展功能部署新的服务器进行计算。

(6) **性价比高**。用户将资源放在虚拟资源池中进行统一管理时,不再需要昂贵的、存储空间大的主机,可选择相对廉价的 PC 组成云,一方面减少费用,另一方面计算性能不逊于大型主机。

(7) **可扩展性**。用户可以利用应用软件的快速部署条件,更为简单快捷地对自身所需的已有业务以及新业务进行扩展,提高计算机云计算的操作水平。

1.3 金融科技的应用

各个国家和地区都高度重视金融科技的发展,推出了各类扶持政策和激励措施。中国和美国仍然是全球金融科技领域重要的引领者,也是绝对的全球主导者。金融科技已经成为全球范围内金融业目前发展的"新常态",也是未来发展的重要趋势。金融科技的核心技术已经应用到金融业的各个细分领域,如智慧银行、智能风控、智能投顾、保险科技、金融监管等,借助金融科技,传统的金融生态体系正在重构。而金融行业的应用广度和深度也极大地促进了金融科技新兴技术、方法与传统数据处理、分析方法的深度融合,这些技术与方法的应用极大地提高了金融服务效率,扩大了金融服务可以覆盖的群体,对于推动普惠金融的发展和促进金融生态系统的优化完善发挥着重要作用。

本书将着重介绍金融科技关键技术(尤其是人工智能和大数据技术)中,统计建模相关方法在金融各细分领域中的重要应用。

1. 智能风控

风险控制是金融企业最重要的环节之一,直接影响着企业的盈利水平,而金融业务广度和深度的变化为风险控制带来了巨大的挑战与机遇。智能风控可以借助大数据、人工智能等技术的优势,为信用评估提供强大的支持:关联知识图谱可以利用"大数据+人工智能技术"建立信用评估模型,精准刻画用户画像,对用户进行综合评定,提高风险控制能力。

信用评分卡模型作为一类重要的风险管理手段,已被广泛应用到银行信贷、金融风控、企业征信评估、供应商风险评估等各类场景。它是一种结合专家经验的数据驱动方式,以平台积累的大量历史数据与第三方数据为基础,根据领域专家经验得到可以表征用户信用状态的特征、信息与规律,充分利用机器学习算法挖掘评估对象的潜在风险,得到信用评级模型,对评估对象进行全周期的风险评估。

信用评分卡模型的开发过程是一个完整的数据挖掘过程(统计活动),涵盖需求分析、模型开发、模型验证、上线部署与监控等多个环节,具体流程如图 1-1 所示。其中,模型开发阶段的特征工程、模型的训练与优化是整个模型构建中非常重要的环节。特征工程主要包括变量编码、变量衍生、相关性分析、多重共线性分析、变量选择等一系列工作。模型的训练与优化是指按照建模的数据量、模型的可解释性要求、模型的实时性等方面进行综合考虑,选择机器学习的相关模型(从简单的线性回归到复杂的深度神经网络),进行模型训练,然后再经过多次迭代得到最优模型。

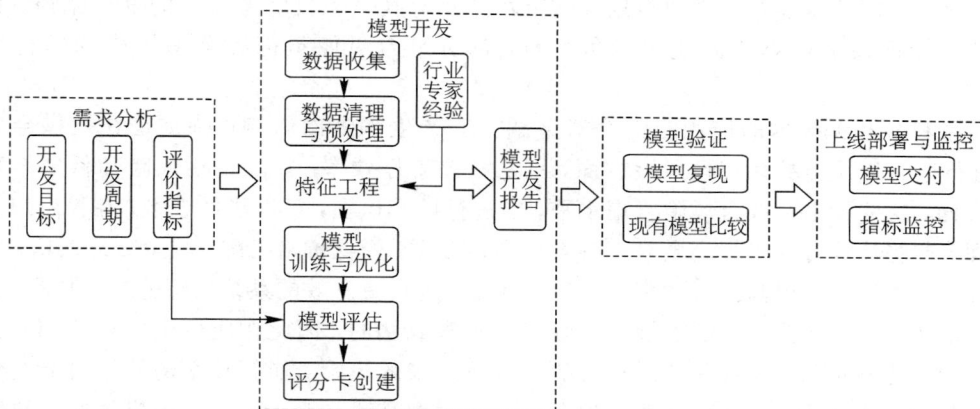

图 1-1　评分卡模型的开发流程

代表性企业如 Socure,成立于 2012 年,总部位于美国。Socure 通过机器学习与数据管理模型提供一站式的合规风险解决方案,其服务覆盖金融服务、公用事业、电子商务和其他多个领域,共拥有 300 多个机构客户。Socure 借助行业领先的无监督机器学习和多类别分类模型,通过身份验证和面部活动检查验证政府签发的身份证件,也可以为银行准确辨识出虚构或合成身份的欺诈行为。而其最多被提及的产品是 Sigma Fraud 反欺诈模型,主要用于存贷款、信用卡和汇款等银行产品的新客户身份识别。该模型通过分析登录设备、电子邮件、电话和地址等 50 多个变量信息,对各数据元素进行风险评分,并生成详细的评分因素代码和 Socure 专有的不良信用列表。Socure 的合规组件来自多达 70 亿条数据记录、2.5 亿个实体、8 亿个公用事业记录、1100 多个全球监视列表和 6000 个政治敏感人物名单,以此为银行提供业内最高的欺诈捕获率和最低的误报率,模型准确率超过 95%。

2. 智能投顾

智能投顾是运用一系列算法模型来优化投资组合的 AI 科技,是在传统投顾的基础上研发的人工与机器人结合的模式。智能投顾同时综合考量用户的资产等级、风险承受能力、期望收益以及风险偏好等详细个人信息，促成主被动投资策略相结合的多元化投顾组合方案，并7×24 小时实时跟踪市场变化，对偏离目标的资产配置组合进行再平衡处理，提升投顾效率。美国是智能投顾的创立鼻祖，在金融危机后，美国经济陷入大萧条时期，民众手里的资产所剩无几，而传统投顾高门槛、高收费的标准限制了一大批投资者想要理财的需求，再加上互联网金融在那个时期已经兴起，多种因素都推动了智能投顾在短期内迅速发展起来。

智能投顾的核心技术在于其大数据处理能力以及模型计算分析。大数据计算不仅可以全方位了解到用户的预期收益与风险偏好，并且能够获取全市场所有可投资的资产的各项维度的数据并进行分析。投资组合模型的有效性直接决定了智能投顾的投资能力。有效的模型需要通过历史回测的检验，可以在一定程度上达到投资者的超额收益要求并且控制其回撤风险。

我国近年来涌现出一大批智能投顾企业，包括谱蓝、理财魔方、弥财、金贝塔、财鲸、慧理财等。总体来看，我国的智能投顾还处于发展初期，仅仅实现了策略的个性化、配置的合理化以及流程的自动化，虽有"智能"但离人工智能还有很大距离。我国的智能投顾跟美国的智能投顾相比，还有较大差距。我国证券市场以散户投资者为主，并且 ETF 基金产品较少，导致我国的智能投顾必须根据我国市场特点寻找适合投资者需求的发展路径。目前我国的智能投顾平台算法同质化竞争严重，部分平台更像是传统金融机构的销售导流工具。

金融科技相关技术的应用必然会对金融生态产生深远的影响，特别是在提供金融服务、进行监管以及监控系统性风险方面，可从提高工作效率。如在信用风险和低成本客户互动方面，这些技术可改善风险管理水平，能进行欺诈识别，可以降低成本；在投资组合管理方面，这些技术有助于提高金融市场效率和稳健性，降低价格错配，减少交易拥堵；在监管方面，这些技术可提高监督效率，在金融市场上进行更有效的系统风险分析。但是，科技是一把双刃剑，而相关技术的发展也是逐步完善和成熟的，因此在应用金融科技相关技术的进程中，需要时刻警惕应用金融科技的同时所带来的风险。如新技术的使用可能会使金融更依赖第三方数据公司等，其服务逐渐由一些大型高科技企业提供，如果这些高科技企业在某些金融市场细分领域拥有很高的市场份额，这就可能会成为金融不稳定的风险因素。但总体来看，随着相关技术的发展和金融的演变，金融科技会使人们获得金融服务的渠道越来越广泛，越来越便捷，成本也越来越低。最终，金融科技的应用将无所不在，融入生活的各个场景中。

习　题　1

1.1　简要描述金融科技的概念。

1.2　金融科技的关键技术主要包括哪些?

1.3　总结分析金融科技相关技术与应用的最新发展动态及趋势。

第 2 章
相 关 分 析

【学习目标】

1. 掌握多元分布函数的定义和应用。
2. 熟悉不同类型的 Copula 函数，并关注其在金融风险测度中的应用。
3. 理解偏相关、复相关、距离相关分析的计算方法。

2.1 相关分析概述

用变量代表不同的事物，则变量间的关系可以概括地分为两类：一类是确定性关系，另一类是非确定性关系。对于具有确定性关系的变量，可以用函数描述它们之间的关系。例如，圆的半径和面积的关系，自由落体中物体下落的距离与所用时间的关系，出租汽车的费用与里程的关系，等等。它们共同的特点是，当其中一个变量值确定后，另一个变量值也就完全确定了。变量间的非确定性关系是指给定一个变量值，另一个变量值可能在一定的范围内变化。如家庭消费支出与收入，一般来说，收入高，支出也多些；但同样收入的家庭，其支出可能有很大的差异，这是因为家庭消费支出除了受收入高低的影响，还有许多其他因素在起作用。我们把变量间的这种非确定性关系称为相关关系，变量间的相关关系是客观事物间普遍存在的关系。实际上，即使是具有确定性关系的变量间，由于测量误差的存在，其表现形式也具有某种不确定性。相关分析就是测量事物间这种不确定性相关关系的方法。

2.1.1 变量相关性案例

例 2.1 为研究股票收益率与风险之间的关系，随机抽选出我国 A 股中的 15 只股票，计算出它们在 2010—2021 年间的平均收益率和标准差，如表 2 - 1 所示。

表 2-1   2010—2021 年我国 A 股中 15 只股票的平均收益率和标准差

股票代码	平均收益率 μ_i	标准差 σ_i	μ_i^2	σ_i^2	$\mu_i \sigma_i$
000858.SZ	34.90	8.37	1217.77	70.04	292.05
600674.SH	14.29	5.51	204.28	30.33	78.71
600800.SH	6.76	7.05	45.74	49.71	47.68
600493.SH	8.85	6.81	78.28	46.39	60.26
002266.SZ	17.74	7.86	314.75	61.80	139.47
300150.SZ	3.16	6.82	9.99	46.54	21.56
300021.SZ	5.49	4.38	30.11	19.16	24.02
000661.SZ	45.29	8.11	2051.07	65.73	367.19
300210.SZ	2.42	5.41	5.88	29.32	13.13
600004.SH	12.65	6.05	160.06	36.63	76.57
600995.SH	17.47	7.17	305.29	51.43	125.30
300613.SZ	40.09	8.42	1607.06	70.87	337.48
600106.SH	11.00	6.32	120.96	39.94	69.50
000581.SZ	11.35	5.78	128.82	33.46	65.66
300341.SZ	38.57	9.37	1487.51	87.86	361.51
合计	270.03	103.44	7767.56	739.20	2080.08

从表 2-1 中可以看出，随着标准差的增加，平均收益率大致也呈现出递增趋势，由此可以初步判断两者之间存在一定的依存关系。这也符合大家的普遍观点"高风险，高收益"。散点图是最简单、最直观地观察变量相关性的工具。为了验证股票收益和风险之间的相关性，可根据表 2-1 的原始资料绘成散点图，如图 2-1 所示。从散点图可以看出，两者呈现出较明显的正相关关系。

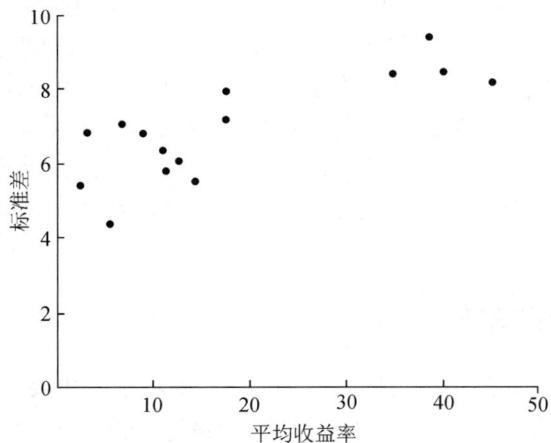

图 2-1   我国 A 股中 15 只股票(2010—2021 年)平均收益率与标准差相关图

2.1.2　相关性分类

变量间的相关关系可以按照不同的标准进行分类：

(1) 按相关的程度可分为完全相关、不完全相关和不相关。

当一个变量的变化完全由另一个变量所决定时，称变量间的这种关系为完全相关，这种严格的依存关系实际上已成为函数关系。当两个变量的变化相互独立、互不影响时，称两个变量不相关（或零相关），例如棉纱的抗拉强度与企业职工的平均年龄无关。当变量之间存在不严格的依存关系时，称为不完全相关。不完全相关是现实中相关关系的主要表现形式，也是相关分析的主要研究对象。

(2) 按相关的方向可分为正相关和负相关。

当一个变量随着另一个变量的增加（减少）而增加（减少），即两者同向变化时，称为正相关。例如个人收入与其储蓄之间的关系，随着收入的提高，储蓄的数额也会相对增加。当一个变量随着另一个变量的增加（减少）而减少（增加），即两者反向变化时，称为负相关。如便利店的销售额与距居民区距离之间的关系，一般而言与居民区的距离越近，便利店的销售额就越高。

(3) 按相关的形式可分为线性相关和非线性相关。

当变量间的依存关系大致呈现为线性形式，即当一个变量变动一个单位时，另一个变量也按一个大致固定的增（减）量变动，就称之为线性相关。当变量间的关系不按固定比例变化时，就称之为非线性相关。

(4) 按研究变量的多少可分为单相关、偏相关和复相关。

两个变量之间的相关，称为单相关，例如学习时间与学习成绩之间的关系就是单相关。一个变量与两个或两个以上其他变量之间的相关，称为复相关，如企业产量与原材料、资金和人力资源投入量之间的关系就是复相关。在多个变量的相关研究中，假定其他变量不变，专门研究其中两个变量之间的相关关系时称其为偏相关。例如在投入与产出关系中，假定资金和人力资源两个因素不变而专门探讨产量与原材料之间的关系，就是偏相关。

值得注意的是，并非所有的变量之间都存在相关关系，因此需要用相关分析方法进行识别和判断。相关分析，就是借助于图形和若干分析指标对变量之间依存关系的密切程度进行测定的过程。

2.1.3　相关性描述方法

变量之间相关性的描述方法主要有以下三种。

1. 图表相关分析（折线图及散点图）法

图表相关分析法是将数据进行可视化处理，简单地说就是绘制图表。单纯从数据角度很难发现其中的趋势和联系，而将数据点绘制成图表后，趋势和联系就会变得清晰起来。对于有明显时间维度的数据，我们可以选择使用折线图。

折线图和散点图的优点是都能清晰展现出两个变量之间的大致相关关系，缺点是无法对相关关系进行准确的度量，缺乏说服力，并且当数据超过两组时也无法完成各组数据间的相关分析。若要通过具体数字度量两组或两组以上数据间的相关关系，需要使用第二种方法——协方差法。

2. 协方差法

协方差法可用来衡量两个变量的总体误差。如果两个变量的变化趋势一致,协方差就是正值,说明两个变量正相关。如果两个变量的变化趋势相反,协方差就是负值,说明两个变量负相关。如果两个变量相互独立,那么协方差就是0,说明两个变量不相关。随机变量 X 与 Y 之间协方差的计算公式为

$$\text{Cov}(X,Y) = \sigma_{XY} = E[(X-EX)(Y-EY)] = E(XY) - EX \cdot EY \qquad (2.1)$$

在例 2.1 中,根据式(2.1),可以计算出平均收益率和标准差之间的协方差为

$$\text{Cov}(\mu_i, \sigma_i) = E(\mu_i \sigma_i) - E\mu_i \cdot E\sigma_i = \frac{2080.08}{15} - \frac{270.03 \times 103.44}{15 \times 15} = 14.53$$

这里协方差为正,可见股票平均收益率和标准差之间是正相关的。

3. 相关系数法

当研究多个变量时,人们通常关注它们之间的影响以及影响的强度。虽然相关图和相关表能反映变量之间的相关关系,但无法定量测算出变量之间相关性的大小。尽管协方差可以反映两个变量之间的关系,但是由于量纲和数量级的影响,协方差不能直接用于比较分析,而能够消除量纲影响的是两个变量之间的相关系数。

相关系数是测定变量之间密切程度和相关方向的代表性指标。相关系数用符号 r 表示,其特点表现在以下三个方面:

① 参与相关分析的两个变量是对等的,不区分自变量和因变量,因此相关系数只有一个。

② 相关系数的正负反映相关关系的方向,正号反映正相关,负号反映负相关。

③ 计算相关系数的两个变量都是随机变量。

样本相关系数的计算公式为

$$r = \frac{\sigma_{XY}}{\sqrt{\sigma_X^2 \cdot \sigma_Y^2}} = \frac{\sum_{i=1}^{n}(X_i - \bar{X})(Y_i - \bar{Y})}{\sqrt{\sum_{i=1}^{n}(X_i - \bar{X})^2 \sum_{i=1}^{n}(Y_i - \bar{Y})^2}} \qquad (2.2)$$

其中,$X_i, i = 1, 2, \cdots, n$ 是变量 X 的观察值,σ_X^2 是变量 X 的方差;$Y_i, i = 1, 2, \cdots, n$ 是变量 Y 的观察值,σ_Y^2 是变量 Y 的方差;σ_{XY} 是两变量间的协方差。

相关系数 r 具有如下性质:

① 当 $|r| = 1$ 时,X 与 Y 为完全线性相关,即 X 与 Y 之间存在确定的函数关系。

② 当 $0 < |r| < 1$ 时,表示 X 与 Y 存在着一定的线性相关。$|r|$ 的数值愈大,愈接近于 1,表示 X 与 Y 线性相关程度愈高;反之,$|r|$ 的数值愈小,愈接近于 0,表示 X 与 Y 线性相关程度愈低。通常判断的标准是:$|r| < 0.3$ 称为微弱相关;$0.3 < |r| < 0.5$ 称为低度相关;$0.5 < |r| < 0.8$ 称为显著相关;$0.8 < |r| < 1$ 称为高度相关。

③ 当 $r > 0$ 时,表示 X 与 Y 为正相关;当 $r < 0$ 时,表示 X 与 Y 为负相关。

在例 2.1 中,根据式(2.2),可以计算出平均收益率和标准差之间的简单相关系数为

$$r = \frac{15\sum\limits_{i=1}^{15}\mu_i\sigma_i - (\sum\limits_{i=1}^{15}\mu_i)(\sum\limits_{i=1}^{15}\sigma_i)}{\sqrt{15\sum\limits_{i=1}^{15}\mu_i^2 - (\sum\limits_{i=1}^{15}\mu_i)^2}\sqrt{15\sum\limits_{i=1}^{15}\sigma_i^2 - (\sum\limits_{i=1}^{15}\sigma_i)^2}} = 0.7947$$

计算结果说明收益与风险之间有正的相关系数，证实了"股票平均收益越大，风险越大"这一说法是有一定根据的。

2.2　多元分布函数

2.2.1　多元分布函数的定义

1. 二维联合分布函数的定义

设 ζ, η 为定义在同一个概率空间 (Ω, F, P) 上的两个随机变量，则 (ζ, η) 称为二维随机变量。对任意 $x, y \in \mathbf{R}$，有

$$F(x, y) = P\{\omega: \zeta(\omega) \leqslant x, \eta(\omega) \leqslant y\}$$

或简写为

$$F(x, y) = P(\zeta \leqslant x, \eta \leqslant y)$$

则称 $F(x, y)$ 为 ζ, η 的联合分布函数，或称为二维分布函数。

2. n 维联合分布函数的定义

设 $\zeta_1(\omega), \zeta_2(\omega), \cdots, \zeta_n(\omega)$ 是定义在同一个样本空间 Ω 上的随机变量，则称 n 元函数

$$F(x_1, x_2, \cdots, x_n) = P\{\zeta_1(\omega) \leqslant x_1, \zeta_2(\omega) \leqslant x_2, \cdots, \zeta_n(\omega) \leqslant x_n\}$$

是 n 维随机变量 $(\zeta_1(\omega), \zeta_2(\omega), \cdots, \zeta_n(\omega))$ 的联合分布函数，简称为联合分布。

2.2.2　多元分布函数的性质

设 $F(x, y)$ 为随机变量 (ζ, η) 的联合分布函数，则有下列性质：

① **单调性**。$F(x, y)$ 分别对 x 和 y 单调非减，即当 $x_1 \leqslant x_2$ 时，$F(x_1, y) \leqslant F(x_2, y)$；当 $y_1 \leqslant y_2$ 时，$F(x, y_1) \leqslant F(x, y_2)$。

② **连续性**。$F(x, y)$ 对每个变量右连续，即 $F(x+0, y) = F(x, y)$，$F(x, y+0) = F(x, y)$。

③ **有限性**。$\lim\limits_{x \to -\infty} F(x, y) = 0$，$\lim\limits_{y \to -\infty} F(x, y) = 0$，$\lim\limits_{x, y \to +\infty} F(x, y) = 1$。

④ **非负性**。对任意四个实数 $a_1 \leqslant b_1, a_2 \leqslant b_2$，有

$$P(a_1 < \zeta \leqslant b_1, a_2 < \eta \leqslant b_2) = F(b_1, b_2) - F(a_1, b_2) - F(b_1, a_2) + F(a_1, a_2) \geqslant 0$$

对 n 维联合分布函数也有类似的结论。

2.2.3　多元分布函数的应用

例 2.2　从 $\{1, 2, 3, 4\}$ 中任取一个数，记为 X，再从 $\{1, 2, 3, X\}$ 中任取一个数，记为 Y，

求(X,Y)的联合分布律及Y的边缘分布律。

解 X 的可能取值为 $1,2,3,4$，且 $P(X=k)=\dfrac{1}{4}(k=1,2,3,4)$。$Y$ 的可能取值为 $1,2,\cdots,k$，故(X,Y)是二维离散型随机变量，其取值为(i,j)，$i=1,2,3,4,j\leqslant i$。

由条件概率公式得

$$P(X=i,Y=j)=P(X=i)P(Y=j\mid X=i)$$

而

$$P(Y=j\mid X=i)=\begin{cases}\dfrac{1}{i}, & 1\leqslant j\leqslant i \\ 0, & j>i\end{cases}$$

因此，有

$$P(X=i)P(Y=j\mid X=i)=\begin{cases}\dfrac{1}{4i}, & 1\leqslant j\leqslant i \\ 0, & j>i\end{cases}$$

所以，(X,Y)的联合分布律如表 2-2 所示。

表 2-2 (X,Y) 的联合分布律

X	Y				$p_{i\cdot}$
	1	2	3	4	
1	1/4	0	0	0	1/4
2	1/8	1/8	0	0	1/4
3	1/12	1/12	1/12	0	1/4
4	1/16	1/16	1/16	1/16	1/4
$p_{\cdot j}$	25/48	13/48	7/48	1/16	1

由表 2-2 可得 Y 的边缘分布律如表 2-3 所示。

表 2-3 Y 的边缘分布律

Y	1	2	3	4
$p_{\cdot j}$	25/48	13/48	7/48	3/48

2.3 Copula 函数

Copula 理论的提出可以追溯至 1959 年，Sklar 定理将多元分布函数与 Copula 函数联系起来，通过 Copula 函数和边缘分布可以构造多元分布函数。Copula 函数实际上是一种将联合分布与边缘分布连接在一起的函数，因此人们也称它为连接函数。20 世纪 90 年代后期，Copula 理论和方法迅速发展并应用到金融、保险、投资组合和风险管理等领域。

本节在介绍 Copula 函数定义和分类的基础上，探讨 Copula 函数的构造及其性质，最后介绍 Copula 函数的选择和应用。

2.3.1　Copula 函数的定义

Copula 这个单词来自拉丁语，意思是"连接"，Copula 函数最早由 Sklar 提出，并引入了如下的 Sklar 定理。

定理 2.1　（Sklar 定理）

设 H 为联合分布，其相应的边缘分布为 $F_1(\cdot),F_2(\cdot),\cdots,F_n(\cdot)$，那么存在一个 n 维 Copula 函数 $C:[0,1]^n \to [0,1]$，使得

$$H(x_1,x_2,\cdots,x_n)=C(F_1(x_1),F_2(x_2),\cdots,F_n(x_n))$$

如果 $F_1(\cdot),F_2(\cdot),\cdots,F_n(\cdot)$ 连续，则 Copula 函数唯一；反之，如果 $F_1(\cdot),F_2(\cdot),\cdots,F_n(\cdot)$ 均为一元分布函数，则 H 是边缘分布 $F_1(\cdot),F_2(\cdot),\cdots,F_n(\cdot)$ 的联合分布。

上述定理说明在满足一定条件下，可以通过变量的边缘分布和联合分布推出一个对应的 Copula 连接方式。

若函数 C 满足：

① C 的定义域为 $\boldsymbol{I}^n$，即 $[0,1]^n$；

② C 有零基面[①]且是 n 维递增[②]的；

③ C 的边缘分布 $C_i(\cdot)$ 满足：$C_i(u_i)=C(1,\cdots,u_i,\cdots,1)=u_i$，其中 $u_i \in [0,1]$，$i=1,2,\cdots,n$，则称函数 C 为 Copula 函数。

2.3.2　Copula 函数的分类

常见的 Copula 函数主要分为以下几种。

1. 正态 Copula 函数

N 元正态（或高斯）Copula 分布函数和概率密度函数的表达式分别为

$$C(u_1,u_2,\cdots,u_N;\boldsymbol{\rho})=\Phi_{\boldsymbol{\rho}}(\Phi^{-1}(u_1),\Phi^{-1}(u_2),\cdots,\Phi^{-1}(u_N))$$

$$c(u_1,u_2,\cdots,u_N;\boldsymbol{\rho})=|\boldsymbol{\rho}|^{-\frac{1}{2}}\exp\left[-\frac{1}{2}\boldsymbol{\zeta}^{\mathrm{T}}(\boldsymbol{\rho}^{-1}-\boldsymbol{I})\boldsymbol{\zeta}\right]$$

其中，$\boldsymbol{\rho}$ 为对角线元素都为 1 的 N 阶对称正定矩阵，$|\boldsymbol{\rho}|$ 表示 $\boldsymbol{\rho}$ 的行列式；$\Phi_{\boldsymbol{\rho}}$ 表示相关系数矩阵为 $\boldsymbol{\rho}$ 的 N 元标准正态分布的分布函数，它的边缘分布均为标准正态分布，Φ^{-1} 表示标准正态分布的分布函数的逆函数；$\boldsymbol{\zeta}=[\Phi^{-1}(u_1),\Phi^{-1}(u_2),\cdots,\Phi^{-1}(u_N)]^{\mathrm{T}}$；$\boldsymbol{I}$ 为单位矩阵。

对于二元情形，设变量间线性相关系数为 ρ，则二元正态 Copula 函数可表示为

$$C^{\mathrm{Ga}}(u,v;\rho)=\int_{-\infty}^{\Phi^{-1}(u)}\int_{-\infty}^{\Phi^{-1}(v)}\frac{1}{2\sqrt{1-\rho^2}}\exp\left(-\frac{s^2-2\rho st+t^2}{2\sqrt{1-\rho^2}}\right)\mathrm{d}s\,\mathrm{d}t$$

---

① 令 $H(x,y)$ 是定义在区域 $S_1 \times S_2$ 内的二元函数，若至少存在一个 $a_1 \in S_1$ 和一个 $a_2 \in S_2$，使得 $H(x,a_2)=0=H(a_1,y)$，那么称函数 $H(x,y)$ 有零基面，其中 S_1 和 S_2 为非空的实数子集。

② n 维空间中的 n 维递增函数类似于单变量情况下的非减函数。例如：对于二元函数 $H(x,y)$，若在任意二维实数空间 $B=[x_1,x_2]\times[y_1,y_2]$ 中，均有 $H(B)=H(x_2,y_2)-H(x_2,y_1)-H(x_1,y_2)+H(x_1,y_1)\geqslant 0$，则称函数 $H(x,y)$ 是二维递增的。

2. t-Copula 函数

N 元 t-Copula 分布函数和概率密度函数的表达式分别为

$$C(u_1,u_2,\cdots,u_N;\boldsymbol{\rho},k)=t_{\boldsymbol{\rho},k}\left[t_k^{-1}(u_1),t_k^{-1}(u_2),\cdots,t_k^{-1}(u_N)\right]$$

$$C(u_1,u_2,\cdots,u_N;\boldsymbol{\rho},k)=|\boldsymbol{\rho}|^{-\frac{1}{2}}\frac{\Gamma\left(\dfrac{k+N}{2}\right)\left[\Gamma\left(\dfrac{k}{2}\right)\right]^{N-1}}{\left[\Gamma\left(\dfrac{k+1}{2}\right)\right]^N}\frac{\left(1+\dfrac{1}{k}\boldsymbol{\zeta}^{\mathrm{T}}\boldsymbol{\rho}^{-1}\boldsymbol{\zeta}\right)^{-\frac{k+n}{2}}}{\prod\limits_{i=1}^N\left(1+\dfrac{\boldsymbol{\zeta}_i^2}{k}\right)^{-\frac{k+1}{2}}}$$

其中，$\boldsymbol{\rho}$ 为对角线元素全为 1 的 N 阶对称正定矩阵，$|\boldsymbol{\rho}|$ 表示 $\boldsymbol{\rho}$ 的行列式；$t_{\boldsymbol{\rho},k}$ 表示相关系数矩阵为 $\boldsymbol{\rho}$、自由度为 k 的标准 N 元 t 分布的分布函数；t_k^{-1} 表示自由度为 k 的一元 t 分布的分布函数的逆函数；$\boldsymbol{\zeta}=\left[t_k^{-1}(u_1),t_k^{-1}(u_2),\cdots,t_k^{-1}(u_N)\right]^{\mathrm{T}}$。

对于二元情形，设变量间相关系数为 ρ，则自由度为 k 的二元 t-Copula 可以表示为

$$C^t(u,v;\rho,k)=\int_{-\infty}^{t_k^{-1}(u)}\int_{-\infty}^{t_k^{-1}(v)}\frac{1}{2\sqrt{1-\rho^2}}\left(1+\frac{s^2-2\rho st+t^2}{k\sqrt{1-\rho^2}}\right)^{-\frac{k+2}{2}}\mathrm{d}s\,\mathrm{d}t$$

3. 阿基米德 Copula 函数

Genest 和 Mackay 于 1986 年给出了阿基米德 Copula 函数的定义，其表达式为

$$C(u_1,u_2,\cdots,u_N)=\begin{cases}\varphi^{-1}\left[\varphi(u_1),\varphi(u_2),\cdots,\varphi(u_N)\right], & \sum\limits_{i=1}^N\varphi(u_i)\leqslant\varphi(0)\\0, & \text{其他}\end{cases}\tag{2.3}$$

其中，函数 $\varphi(u)$ 称为阿基米德 Copula 函数 $C(u_1,u_2,\cdots,u_N)$ 的生成元，满足 $\varphi(1)=0$，对任意 $u\in[0,1]$，有 $\varphi'(u)<0$，$\varphi''(u)>0$，即生成元 $\varphi(u)$ 是一个凸的减函数。$\varphi^{-1}(u)$ 是 $\varphi(u)$ 的反函数，在区间 $[0,+\infty)$ 上连续且单调非增。

由此可见，阿基米德 Copula 函数由其生成元唯一确定。表 2-4 中列出了一些常见单参数二元阿基米德 Copula 函数 $C(u,v;\theta)$ 及其生成元 $\varphi_1(t;\theta)$ 的基本形式和参数 θ 的取值范围。

表 2-4　单参数的二元阿基米德 Copula 函数族

序号	单参数二元阿基米德 Copula 函数 $C(u,v;\theta)$	生成元 $\varphi_1(t;\theta)$	参数 θ 取值范围
1	$\exp\left\{-\left[(-\ln u)^{1/\theta}+(-\ln v)^{1/\theta}\right]^{\theta}\right\}$	$(-\ln t)^{1/\theta}$	$(0,1]$
2	$\max\left[(u^{-\theta}+v^{-\theta}-1)^{-1/\theta},0\right]$	$t^{-\theta}-1$	$(0,\infty)$
3	$-\dfrac{1}{\theta}\ln\left[1+\dfrac{(\mathrm{e}^{-\theta u}-1)(\mathrm{e}^{-\theta v}-1)}{\mathrm{e}^{-\theta}-1}\right]$	$-\ln\dfrac{\mathrm{e}^{-\theta t}-1}{\mathrm{e}^{-\theta}-1}$	$(-\infty,\infty)\backslash\{0\}$
4	$\max\left\{1-\left[(1-u)^{\theta}+(1-v)^{\theta}\right]^{1/\theta},0\right\}$	$(1-t)^{\theta}$	$[1,\infty)$
5	$\dfrac{uv}{1-\theta(1-u)(1-v)}$	$\ln\dfrac{1-\theta(1-t)}{t}$	$[-1,1)$
6	$1-\left[(1-u)^{\theta}+(1-v)^{\theta}-(1-u)^{\theta}(1-v)^{\theta}\right]^{1/\theta}$	$-\ln\left[1-(1-t)^{\theta}\right]$	$[1,\infty)$

续表

序号	单参数二元阿基米德 Copula 函数 $C(u,v;\theta)$	生成元 $\varphi_1(t;\theta)$	参数 θ 取值范围
7	$\max(\theta uv+(1-\theta)(u+v-1),0)$	$-\ln[\theta t+(1-\theta)]$	$(0,1]$
8	$\max\left\{\dfrac{\theta^2 uv-(1-u)(1-v)}{\theta^2-(\theta-1)^2(1-u)(1-v)},0\right\}$	$\dfrac{1-t}{1+(\theta-1)t}$	$[1,\infty)$
9	$uv\exp(-\theta\ln u\ln v)$	$\ln(1-\theta\ln t)$	$(0,1]$
10	$\dfrac{uv}{[1+(1-u^\theta)(1-v^\theta)]^{1/\theta}}$	$\ln(2t^{-\theta}-1)$	$(0,1]$
11	$\max\left\{[u^\theta v^\theta-2(1-u^\theta)(1-v^\theta)]^{1/\theta},0\right\}$	$\ln(2-t^\theta)$	$(0,0.5]$
12	$\left\{1+[(u^{-1}-1)^\theta+(v^{-1}-1)^\theta]^{1/\theta}\right\}^{-1}$	$\left(\dfrac{1}{t}-1\right)^\theta$	$[1,\infty)$
13	$\exp\left\{1-[(1-\ln u)^\theta+(1-\ln v)^\theta-1]^{1/\theta}\right\}$	$(1-\ln t)^\theta-1$	$(0,\infty)$
14	$\left\{1+[(u^{-1/\theta}-1)^\theta+(v^{-1/\theta}-1)^\theta]^{1/\theta}\right\}^{-1}$	$(t^{-1/\theta}-1)^\theta$	$[1,\infty)$
15	$\max(\{1-[(1-u^{1/\theta})^\theta+(1-v^{1/\theta})^\theta]^{1/\theta}\}^\theta,0)$	$(1-t^{1/\theta})^\theta$	$[1,\infty)$
16	$\dfrac{1}{2}(S+\sqrt{S^2+4\theta}),\ S=u+v-1-\theta\left(\dfrac{1}{u}+\dfrac{1}{v}-1\right)$	$\left(1+\dfrac{\theta}{t}\right)(1-t)$	$[0,\infty)$
17	$\left\{1+\dfrac{[(1+u)^{-\theta}-1][(1+v)^{-\theta}-1]}{2^{-\theta}-1}\right\}^{-1/\theta}-1$	$-\ln\left\{\dfrac{(1+t)^{-\theta}-1}{2^{-\theta}-1}\right\}$	$(-\infty,\infty)\backslash\{0\}$
18	$\max\left\{1+\dfrac{\theta}{\ln(e^{\theta/(u-1)}+e^{\theta/(v-1)})},0\right\}$	$e^{\theta/(t-1)}$	$[2,\infty)$
19	$\dfrac{\theta}{\ln(e^{\theta/u}+e^{\theta/v}-e^\theta)}$	$e^{\theta/t}-e^\theta$	$(0,\infty)$
20	$[\ln(\exp(u^{-\theta})+\exp(v^{-\theta})-e)]^{-1/\theta}$	$\exp(t^{-\theta})-e$	$(0,\infty)$
21	$1-(1-\{\max([1-(1-u)^\theta]^{\frac{1}{\theta}}+[1-(1-v)^\theta]^{\frac{1}{\theta}}-1,0)\}^\theta)^{1/\theta}$	$1-[1-(1-t)^\theta]^{1/\theta}$	$[1,\infty)$
22	$\max\left\{[1-(1-u^\theta)\sqrt{1-(1-v^\theta)}-(1-v^\theta)\sqrt{1-(1-u^\theta)}]^{1/\theta},0\right\}$	$\arcsin(1-t^\theta)$	$(0,1)$

表 2-4 中，序号 1 称为 Gumbel Copula 函数，序号 2 称为 Clayton Copula 函数，序号 3 称为 Frank Copula 函数，下文将对其作详细讨论。

此外，对无参数的生成元 $\varphi_0(\cdot)$ 进行组合，还可以构造出双参数二元阿基米德 Copula 函数。一个常用的双参数二元阿基米德 Copula 函数生成元 $\varphi_2(\cdot;\cdot,\cdot)$ 组合式为

$$\varphi_2(t;\alpha,\beta)=[\varphi_0(t^\alpha)]^\beta$$

其中，$\alpha\geqslant0,\beta\geqslant1$，$\varphi_0(t)$ 二阶可微且 $t\varphi_0'(t)$ 在 $(0,1)$ 区间非减。

例如，$\varphi_0(t)=\dfrac{1}{t}-1$ 为 Copula 函数 $C(u,v)=\dfrac{uv}{u+v-uv}$ 的生成元，运用前面的组合式可以得到 $\varphi_2(t;\alpha,\beta)=(t^{-\alpha}-1)^\beta$，其中 $\alpha>0,\beta\geqslant1$。根据前文给出的阿基米德 Copula 函数的具体表达式，通过生成元 $\varphi_2(\cdot;\alpha,\beta)$ 和其逆函数 $\varphi_2^{-1}(\cdot;\alpha,\beta)$，可以方便地构造出一

个双参数二元阿基米德 Copula 函数：

$$C(u,v;\alpha,\beta) = \varphi_2^{-1}(\varphi_2(u;\alpha,\beta) + \varphi_2(v;\alpha,\beta);\alpha,\beta)$$
$$= \{[(u^{-\alpha}-1)^\beta + (v^{-\alpha}-1)^\beta]^{1/\beta} + 1\}^{-1/\alpha}$$

另外，根据式(2.3)给出的阿基米德 Copula 函数的表达式，还可以方便地构造出多元阿基米德 Copula 函数。上述公式很容易扩展为一个双参数 N 元阿基米德 Copula 函数：

$$C(u_1,u_2,\cdots,u_N;\alpha,\beta) = \{[(u_1^{-\alpha}-1)^\beta + (u_2^{-\alpha}-1)^\beta + \cdots + (u_N^{-\alpha}-1)^\beta]^{1/\beta} + 1\}^{-1/\alpha}$$

Gumbel、Clayton 和 Frank Copula 函数是三类常用的二元阿基米德 Copula 函数，它们也很容易扩展为 N 元阿基米德 Copula 函数。

① N 元 Gumbel Copula 函数的表达式为

$$C(u_1,u_2,\cdots,u_N;\alpha) = \exp\left\{-\left[\sum_{n=1}^{N}(-\ln u_n)^{1/\alpha}\right]^\alpha\right\}, \ \alpha \in (0,1]$$

② N 元 Clayton Copula 函数的表达式为

$$C(u_1,u_2,\cdots,u_N;\theta) = \left(\sum_{n=1}^{N}u_n^{-\theta} - N + 1\right)^{-\frac{1}{\theta}}, \ \theta \in (0,\infty)$$

③ N 元 Frank Copula 函数的表达式为

$$C(u_1,u_2,\cdots,u_N;\lambda) = -\frac{1}{\lambda}\ln\left\{1 + \frac{\prod\limits_{n=1}^{N}(e^{-\lambda u_n}-1)}{(e^{-\lambda}-1)^{N-1}}\right\}, \ \lambda \neq 0, \ N \geqslant 3 \text{ 时}, \ \lambda \in (0,\infty)$$

对于阿基米德 Copula 函数，容易证明

$$C(u_1,u_2,u_3) = C(C(u_1,u_2),u_3)$$
$$C(u_1,u_2,u_3,u_4) = C(C(u_1,u_2,u_3),u_4)$$
$$\vdots$$
$$C(u_1,u_2,\cdots,u_{N-1},u_N) = C(C(u_1,u_2,\cdots,u_{N-1}),u_N)$$

由此可见，任何一个 N 元阿基米德 Copula 函数都可以由一个二元阿基米德 Copula 函数表示，并且可以分解为 $N-1$ 个二元阿基米德 Copula 函数，这为多元阿基米德函数的构造和计算提供了另外一条便捷途径。

阿基米德 Copula 函数具有许多优良性质，在实际应用中占有重要地位。从阿基米德 Copula 函数表达式可以看出，阿基米德 Copula 函数具有对称性，如 $C(u,v)=C(v,u)$；其次，阿基米德 Copula 函数具有可结合性，如 $C(u_1,u_2,u_3)=C(C(u_1,u_2),u_3)$；此外，阿基米德 Copula 函数的计算比较简单并且很容易扩展到 N 元情形。

4. 极值 Copula 函数

满足以下关系式的 Copula 函数称为极值 Copula 函数：

$$C^t(u_1^t,u_2^t,\cdots,u_N^t) = C^t(u_1,u_2,\cdots,u_N), \ \forall t > 0$$

考察极值 Copula 函数与多元极值理论之间的联系可以发现，它们之间具有简单明了的关系。

若 $\{x_{1,k}\},\{x_{2,k}\},\cdots,\{x_{N,k}\}, k=1,2,\cdots,K$ 为 N 个独立同分布(independent identically distributed, i. i. d.)的随机序列，令极值 $x_n^+ = \max(x_{n,1},x_{n,2},\cdots,x_{n,K}), n=1,2,\cdots,N$，$G_n(\cdot)$ 为极值 x_n^+ 的边缘分布函数，那么 N 元极值 $(x_1^+,x_2^+,\cdots,x_N^+)$ 的联合分布函数 $G(\cdot,\cdots,\cdot)$ 完全由一元极值分布函数 $G_n(\cdot)$ 和极值 Copula 函数 $C(\cdot,\cdots,\cdot)$ 确定，且

$$G(x_1^+, x_2^+, \cdots, x_N^+) = C(G_1(x_1^+), G_2(x_2^+), \cdots, G_N(x_N^+))$$

其中，$G_n(\cdot)$，$n = 1, 2, \cdots, N$ 为非退化的一元极值分布函数。

2.3.3　Copula 函数的构造及其性质

1. Copula 函数的构造

运用 Copula 理论构建金融模型，可分以下两步进行：

第一步，确定边缘分布；

第二步，定义一个适当的 Copula 函数，以便能很好地描述边缘分布的相依结构。

由此看出，运用 Copula 函数构建金融模型时，可以对边缘分布和随机变量间的相关结构分别进行研究，这有助于对很多金融问题的分析和理解。因此，构建多变量金融时间序列 Copula 模型的两个关键问题为单变量金融时间序列分布模型的确立和 Copula 函数的选择。

为方便起见，下文以两个变量的金融时间序列为研究对象，建立一个简单的二元条件 Copula 模型，并以此为例简要说明 Copula 模型的构建方法。

1）确定边缘分布

波动是金融市场的重要特征，金融时间序列的波动多呈现时变、集群等特点，即波动随着时间的变化而变化，大的波动之后通常紧跟着另一个大的波动，而较小的波动则紧跟着另一较小的波动。波动的这种特性对刻画金融市场随着时间演进的动态行为和进行风险分析都具有非常重要的意义。广义自回归条件异方差（Generalized Auto-Regressive Conditional Heteroskedasticity，GARCH）模型可以较好地刻画金融时间序列的波动特性，进而能够较好地描述金融收益率序列的条件分布特征。一般来说，GARCH(1,1)模型通常能满足建模要求，因此在这里选用 GARCH(1,1)模型描述金融收益率序列的条件边缘分布。

令 $\{x_t\}$、$\{y_t\}$，$t = 1, 2, \cdots, T$ 分别代表两个金融变量的收益率序列，运用 GARCH(1,1)对它们分别建模

$$\begin{cases} x_t = u_t + \varepsilon_t \\ h_{x,t} = \omega_x + \alpha_x \varepsilon_{t-1}^2 + \beta_x h_{x,t-1} \\ \varepsilon_t \mid I_{t-1} \sim \text{i. i. d. } N(0, h_{x,t}) \\ y_t = u_y + \eta_t \\ h_{y,t} = \omega_y + \alpha_y \eta_{t-1}^2 + \beta_y h_{y,t-1} \\ \eta_t \mid I_{t-1} \sim \text{i. i. d. } N(0, h_{y,t}) \end{cases} \tag{2.4}$$

其中，收益率 x_t 是 ε_t 的函数，y_t 是 η_t 的函数，I_{t-1} 是已知信息集。

根据式(2.4)很容易得到

$$x_t \mid I_{t-1} \sim \text{i. i. d. } N(0, h_{x,t})$$
$$y_t \mid I_{t-1} \sim \text{i. i. d. } N(0, h_{x,t}) \tag{2.5}$$

因此，GARCH 模型可以用来刻画收益率序列的条件边缘分布。事实上，目前对边缘分布建模问题的研究相对成熟，在实际应用中，还可以根据研究对象的不同选取相应的边缘分布模型。

2）确定 Copula 函数

在通常情况下，二元正态 Copula 函数可以较好地描述两个变量之间的相关结构，因此在建立 Copula 模型时，常采用二元正态 Copula 函数。假定收益率序列 $\{x_t\}$、$\{y_t\}$，$t=1$，$2,\cdots,T$ 是常相关的，它们分别服从式（2.4）中的 GARCH(1,1) 过程，并且它们的条件相关结构可由一个二元正态 Copula 函数描述，则

$$C(u_t,v_t \mid I_{t-1},\rho) = \int_{-\infty}^{\Phi^{-1}(u_t)} \int_{-\infty}^{\Phi^{-1}(v_t)} \frac{1}{2\pi\sqrt{1-\rho^2}} \exp\left\{-\frac{r^2+s^2-2\rho rs}{2(1-\rho^2)}\right\} \mathrm{d}r\,\mathrm{d}s$$

其中，$\rho \in [-1,1]$ 为相关系数，$\Phi^{-1}(\cdot)$ 是标准一元正态分布函数 $\Phi(\cdot)$ 的逆函数，$u_t = F_t(x_t \mid I_{t-1})$，$v_t = G_t(y_t \mid I_{t-1})$，其中的 $F_t(x_t \mid I_{t-1})$ 和 $G_t(y_t \mid I_{t-1})$ 分别表示 t 时刻 x_t 和 y_t 的条件边缘分布。

根据 Sklar 定理，$(x_t,y_t) \mid I_{t-1}$ 服从以下分布：

$$(x_t,y_t) \mid I_{t-1} \sim C_N(F_t(x_t \mid I_{t-1}), G_t(y_t \mid I_{t-1}) \mid I_{t-1}) \tag{2.6}$$

其中，$C_N(\cdot,\cdot \mid \cdot)$ 为描述变量之间条件相关的二元条件正态 Copula 函数。

根据式（2.5），$F_t(x_t \mid I_{t-1})$ 和 $G_t(y_t \mid I_{t-1})$ 的函数表达式分别为

$$F_t(x_t \mid I_{t-1}) = \Phi\left(\frac{x_t - \mu_x}{\sqrt{h_{x,t}}} \,\middle|\, I_{t-1}\right)$$

$$G_t(y_t \mid I_{t-1}) = \Phi\left(\frac{y_t - \mu_y}{\sqrt{h_{y,t}}} \,\middle|\, I_{t-1}\right)$$

因此，式（2.6）可进一步表示为

$$(x_t,y_t) \mid I_{t-1} \sim C_N\left(\Phi\left(\frac{x_t - \mu_x}{\sqrt{h_{x,t}}} \,\middle|\, I_{t-1}\right), \Phi\left(\frac{y_t - \mu_y}{\sqrt{h_{y,t}}} \,\middle|\, I_{t-1}\right) \,\middle|\, I_{t-1}\right) \tag{2.7}$$

事实上，式（2.4）和式（2.7）构成了一个完整时间序列的二元 Copula 模型，严格来说是一个二元条件 Copula 模型。从这个简单的 Copula 模型中可以发现，如果两个变量的边缘分布均服从正态分布，而它们的相关结构又恰好可以由一个二元正态 Copula 函数描述，那么容易证明这两个变量的联合分布服从二元正态分布。因此，前文构造的 Copula 模型实际上是一个很特殊的例子。

2. Copula 函数的性质

1）二元 Copula 函数的性质

为直观起见，先以二元 Copula 函数 $C(u,v)$ 为例来说明 Copula 函数的基本性质。

二元 Copula 函数满足以下性质：

（1）$C(u,v)$ 关于每一个变量都是单调非降的，即如果保持一个变量不变，$C(u,v)$ 将随着另一个变量的增大而增大（或不变）。

（2）对任意 $u,v \in [0,1]$，$C(u,0) = C(0,v) = 0$，$C(u,1) = u$，$C(1,v) = v$，即只要有一个变量为 0，相应的 Copula 函数值就为 0；若有一个变量为 1，则 Copula 函数值由另一个变量确定。

（3）对任意 $0 \leqslant u_1 \leqslant u_2 \leqslant 1$ 和 $0 \leqslant v_1 \leqslant v_2 \leqslant 1$，有

$$C(u_2,v_2) - C(u_2,v_1) - C(u_1,v_2) + C(u_1,v_1) \geqslant 0$$

（4）对任意 $u_1,u_2,v_1,v_2 \in [0,1]$，有

$$|C(u_2,v_2)-C(u_1,v_1)|\leqslant|u_2-v_1|+|v_2-u_1|$$

(5) 对任意 $u,v\in[0,1]$，有

$$\max(u+v-1,0)\leqslant C(u,v)\leqslant\min(u,v)$$

令 $C^-(u,v)=\max(u+v-1,0),C^+(u,v)=\min(u,v)$，则称 $C^-(u,v)$ 和 $C^+(u,v)$ 分别为 Fréchet 下界和上界，它们给出了任意一个二元 Copula 函数 $C(u,v)$ 的边界。

(6) 若 U,V 独立且同服从 $[0,1]$ 上的均匀分布 $u(0,1)$，则 $C(u,v)=uv$。

2) 多元 Copula 函数的性质

多元 Copula 函数满足以下性质：

(1) $C(u_1,u_2,\cdots,u_N)$ 关于每一个变量都是单调非降的。

(2) $C(u_1,u_2,\cdots,0,\cdots,u_N)=0$，$C(1,\cdots,1,u_i,1,\cdots,1)=u_i$。

(3) 对任意 $u_i,v_i\in[0,1](i=1,2,\cdots,N)$，有

$$|C(u_1,u_2,\cdots,u_N)-C(v_1,v_2,\cdots,v_N)|\leqslant\sum_{i=1}^{N}|u_i-v_i|$$

(4) 令 $C^-(u_1,u_2,\cdots,u_N)=\max(\sum_{i=1}^{N}u_i-N+1,0)$，$C^+(u_1,u_2,\cdots,u_N)=\min(u_1,u_2,\cdots,u_N)$，则对任意 $u_i\in[0,1](i=1,2,\cdots,N)$，有

$$C^-(u_1,u_2,\cdots,u_N)\leqslant C(u_1,u_2,\cdots,u_N)\leqslant C^+(u_1,u_2,\cdots,u_N)$$

记为 $C^-<C<C^+$。当 $N\geqslant 2$ 时，C^+ 是一个 N 元 Copula 函数；但是当 $N>2$ 时，C^- 并不是一个 Copula 函数。

(5) 若 $U_i\sim U(0,1)$，$i=1,2,\cdots,N$ 且相互独立，则 $C(u_1,u_2,\cdots,u_N)=\prod_{i=1}^{N}u_i$。

2.3.4 Copula 函数的选择

在金融分析中，指定的边缘分布能否很好地拟合金融资产的实际分布、选择的 Copula 函数能否准确刻画金融资产间的相依结构，都是需要考虑的问题。因而，Copula 模型的拟合检验包括边缘分布的检验和 Copula 函数的拟合优度检验。本小节基于图解法和解析法介绍 Copula 函数拟合检验的方法。

1. 图解法

图解法简单直观，一般常用 P-P 图和 Q-Q 图法。

P-P 图检验是通过作图比较经验分布与理论分布的差异，即通过作出的散点图是否与 45°斜线接近判断模型的拟合优度，如果模型拟合的效果与 45°斜线很接近，通过观察难以对比较优模型，那么可以考虑对点图进行线性回归，再将回归线的斜率与 45°斜线的斜率 (1) 比较，从而确定最优模型。

Q-Q 图可基于条件分布图形法和 Copula 分布函数图形法进行检验。

1) 条件分布图形法

设随机向量 (X,Y) 的联合分布函数是 $F(X,Y)$，其连续边缘分布函数分别为 $u=F(x),v=G(y)$，相依结构由函数 $C(u,v)$ 表示，则在给定 $X=x$ 条件下 Y 的分布函数为

$$F_{Y|X}(y\mid x)=(Y\leqslant y\mid X=x)=C_u(v)$$

其中，$C_u(v) = \dfrac{\partial C(u,v)}{\partial u} \sim U(0,1)$。

根据上述性质，通过检验 Copula 函数关于自变量的一阶偏导 $C_u(v)$ 和 $C_v(u)$ 是否均服从均匀分布 $U(0,1)$，可判断给定 Copula 函数对样本分布的拟合程度。如果样本数据与应用函数的 Q-Q 图基本在一条直线上，表明 Copula 函数对数据的拟合较好。

2）Copula 分布函数图形法

该方法由 Klugman 和 Parsa 于 1999 年提出。令

$$K_c(t) = P\left[C(u,v) \leqslant t\right] = t - \frac{\varphi(t)}{\varphi'(t)}$$

则有 $K_c(\cdot) \sim U(0,1)$，其中边缘分布 $u = F(x)$，$v = G(y)$ 可以由经验分布函数获得。如果 Copula 函数对数据拟合效果较好，则 $K_c(\cdot)$ 的 Q-Q 图对应均匀分布 $U(0,1)$ 的一条直线。该方法适用于阿基米德 Copula 函数的最优选择。

2. 解析法

图形法虽然能够直观反映函数的拟合优度，但是缺乏量化标准。下面介绍几种常见解析法的拟合优度检验方法，如柯尔莫哥洛夫-斯米尔诺夫（Kolmogorov-Smirnov，K-S）检验、χ^2 检验、赤池信息准则（Akaike Information Criteria，AIC）、欧氏距离、拟合优度（Goodness-of-Fit，GoF）检验等。

1）Kolmogorov-Smirnov 检验

K-S 检验属于非参数检验，用于揭示理论分布与经验分布之间的偏离程度，尤其适用于小样本。K-S 检验的原假设为 H_0：$F_{Y|X}(y|x)$ 服从均匀分布 $U(0,1)$；备择假设为 H_1：$F_{Y|X}(y|x)$ 不服从均匀分布 $U(0,1)$。该检验的统计量 T 定义为

$$T = \max\{|\hat{F}(x) - F(x)|\}$$

表示经验累积分布函数 $\hat{F}(x)$ 与理论分布函数 $F(x)$ 之间的最大差异。T 值越小，表明 Copula 函数对数据的拟合效果越好。

2）χ^2 检验

Hu 于 2002 年在研究欧美外汇和股票市场的相关关系时，引入了一个服从 χ^2 分布的 M 检验统计量，用以评价 Copula 函数的拟合优度，从而确定所选择的 Copula 函数是否合适，能否正确地描述变量间的相关结构。

下文以二元情况为例，说明运用 χ^2 检验评价 Copula 函数拟合优度的具体步骤。

令 $\{U_t\}$、$\{V_t\}$，$t = 1,2,\cdots,n$ 都是服从 $U(0,1)$ 的独立随机变量序列，它们是根据估计得到的边缘分布对观测序列 $\{X_t\}$、$\{Y_t\}$，$t = 1,2,\cdots,n$ 进行概率积分变换之后得到的。构造一个包含 $k \times k$ 个单元格的表格 G，表格中处于第 i 行、第 j 列的单元格记作 $G(i,j)$，i、$j = 1,2,\cdots,k$，对于任意一点 (u_t,v_t)，若 $\dfrac{i-1}{k} \leqslant u_t \leqslant \dfrac{i}{k}$ 且 $\dfrac{j-1}{k} \leqslant v_t \leqslant \dfrac{j}{k}$，则点 $(u_t,v_t) \in G(i,j)$。显然 $G(i,j)$ 表示一个下界为 $\left[\dfrac{i-1}{k},\dfrac{j-1}{k}\right]$，上界为 $\left[\dfrac{i}{k},\dfrac{j}{k}\right]$ 的概率集合，其中 k 的选取应当根据样本总数和观测点分布情况确定，既要保证有足够多的单元格用于模型拟合度的评价，又要保证每个单元格中都有足够的观测点。若用 A_{ij} 表示落在单元格 $G(i,j)$

的实际观测点个数，那么由 A_{ij}，i、$j=1,2,\cdots,k$ 构成的方阵 $\boldsymbol{A}$ 可以反映随机变量 u 和 v 之间的相关关系，因为若 u、v 正相关，则大多数观测点将落在表格 G 的主对角线上；若 u、v 独立，则观测点将均匀分布在表格 G 的各个单元格中；若 u、v 负相关，则大多数观测点将落在表格 G 的次对角线上。令 A_{ij} 表示落在单元格 $G(i,j)$ 内的实际观测点个数，B_{ij} 表示由 Copula 模型预测得到的落在单元格 $G(i,j)$ 内点的个数即预测频数，则评价 Copula 函数拟合优度的 χ^2 检验统计量 M 可表示为

$$M = \sum_{i=1}^{k} \sum_{j=1}^{k} \frac{A_{ij} - B_{ij}}{B_{ij}}$$

其中，统计量 M 服从自由度为 $k-1$ 的 χ^2 分布。在实际应用中，观测点个数过少的单元格通常可以合并。若模型包含 p 个参数，合并的单元格数为 q，那么自由度将减少到 $(k-1)^2 - p - (q-1)$。

3）赤池信息准则

Akaike 于 1974 年提出的基于似然函数值的 AIC 方法，被认为是实际应用中最常用的方法。AIC 统计量为 $\text{AIC} = -2\ln L + 2k$，其中 k 是参数的数量，L 是似然函数估计值。根据 AIC，最优 Copula 函数有最小的 AIC 值。

在利用 AIC 选取最优 Copula 函数时，不仅需要计算给定 Copula 函数的密度函数，而且 AIC 值的计算受金融资产边缘分布函数拟合效果的影响。因此，当被选 Copula 函数的密度函数没有显式表达式或非常复杂时，AIC 的应用将出现困难。

4）欧氏距离

欧氏距离法是通过计算不同的 Copula 函数与经验 Copula 函数之间的距离大小来选取最优 Copula 函数的一种方法。计算出来的欧氏距离越小，则说明模型的拟合度越好。欧氏距离的计算步骤如下：

首先计算出两个随机变量 X、Y 之间的经验 Copula 函数，假设两个变量的经验分布函数分别为 $F(X)$、$G(Y)$，则其对应的经验 Copula 函数公式为

$$C_n(u,v) = \frac{1}{n} \sum_{i=1}^{n} I_{[F_n(x_i) \leqslant u]} I_{[G_n(y_i) \leqslant v]}$$

其中，$I_{[F_n(x_i) \leqslant u]}$ 和 $I_{[G_n(y_i) \leqslant v]}$ 是示性函数。当 $F_n(x_i) \leqslant u$，$G_n(y_i) \leqslant v$ 时，相应示性函数等于 1；当 $F_n(x_i) > u$，$G_n(y_i) > v$ 时，相应示性函数等于 0。

设 C 为连续随机变量所对应的 Copula 函数，C_n 为对应的经验分布函数，则欧氏距离计算公式为

$$d = \sqrt{\sum_{i=1}^{n} |C_n - C|^2}$$

一般来说，欧氏距离 d 越小，则模型拟合效果越好。

5）拟合优度检验

Genest 在 2009 年提出了 GoF 检验方法来度量 Copula 函数拟合优度，但目前尚无统一的分析框架。一般地，对于椭圆族 Copula 函数和单参数阿基米德族 Copula 函数的拟合程度可采用 Huang 和 Prokhorov 在 2014 年提出的方法，如下所示：

$$H_0: H(\alpha) + C(\alpha) = 0, \ H_1: H(\alpha) + C(\alpha) \neq 0$$

式中，$H(\alpha)$是 Hessian 矩阵的期望，$C(\alpha)$是得分函数外积的期望。根据似然函数信息矩阵的相等性原理，当模型拟合较好时，两者之和应当为零矩阵；反之，则不为零矩阵。因此，对于椭圆族和单参数阿基米德族 Copula 函数，可以使用 R 语言中的 White 准则进行拟合优度检验。

对于双参数阿基米德族 Copula 函数，可以用 Wang 和 Wells 在 2000 年提出的检验方法。这一方法与欧氏距离原理相似，都是通过测度拟合 Copula 函数和经验 Copula 函数之间的距离以及对应的 P 值来选取最优 Copula 函数的。一般来说，GoF 值越小，模型的拟合效果越好。因此，对于双参数阿基米德族 Copula，可以使用 R 语言中的 Cramér-von Mises 准则进行 GoF 检验。

2.3.5 Copula 函数的应用

在市场风险研究中，如何刻画金融资产收益的联合分布和资产组合、风险因素间的相关性问题等是必须要考虑的。一般来说，金融资产收益的分布是尖峰厚尾分布，而不是传统假设的多元正态分布；金融市场的相关模式是非线性、非对称相关，而不是简单的线性相关。因此如果极端事件发生，在正态分布和线性相关假设下进行资产组合的风险分析及其 VaR(Value-at-Risk，VaR)计算，会与实际产生较大偏差，而 Copula 函数能很好地避免这一问题。Copula 函数是描述非线性、非对称相关模式的良好工具，自身是分布函数，与常见的相关测度指标有一一对应的关系，对于极端事件发生的尾部相关也可以刻画，所以在金融市场风险研究领域有很大的应用价值。在实际应用中可以将金融资产风险分解为单个资产的风险和资产的相关结构两部分。单个资产的风险可以由它们各自的边缘分布描述，而资产的相关结构则由 Copula 函数表示。

用 Copula 方法度量市场风险主要体现在与 VaR 度量方法的结合上。在用 Copula 函数连接各单个金融资产的边缘分布后得到了金融资产的联合分布形式。根据联合分布函数就可以求解相应的分位数，即 VaR 值。设由 Copula 函数连接边缘分布后的联合分布函数为 F，给定显著性水平 α 后，有

$$\text{VaR}_a(z) = F_z^{-1}(\alpha)$$

已知 Copula 函数，其 VaR 的解析表达式很难求出，所以通常采用模拟方法计算 VaR 值。

实际上，Copula 方法可以应用于所有类型风险和风险的综合度量。如多元极值函数通过 Monte Carlo 模拟可以刻画市场风险和信用风险的相互影响；用信用边缘分布方法和生存方法结合 Copula 函数可以对信用风险定价；通过基于 Copula 函数的多元泊松分布可以研究相关频率对操作风险的影响；用不同函数连接不同类型风险的边缘分布可以度量整体风险等。

2.4 偏相关分析与复相关

两个变量之间的关系称为简单相关；当涉及的变量为三个或者三个以上时，则称为偏相关或复相关。在相关分析中，人们多是研究前者。实际上，偏相关和复相关是对简单相关的一种推广。

2.4.1 偏相关分析

在多变量情况下，变量之间的相关系数很复杂，任意两个变量之间都可能存在相关关系。这时，两变量间的关系中夹杂了其他变量的影响，因此相关系数已不能反映两个变量间的纯相关关系。例如，农作物产量与雨量、气温的关系。高温对产量有利，两者为正相关，但高温与雨量、雨量与产量均为负相关。当高温对产量产生有利影响时，却又伴随着少雨对产量的不利影响。因此，要单纯反映高温对产量的影响，就要将雨量这个变量固定在一定水平下，即必须在排除其他变量影响的条件下，计算仅仅反映这两个变量之间相关程度的相关系数，这种相关系数称为偏相关系数，仍然记为 r，但是要加下标以示区别。

一般地，在多个变量 $y, x_1, x_2, \cdots, x_p$ 之间，如果只考虑 y 与 $x_i(i=1,2,\cdots,p)$ 之间的相关关系，而消除其他变量对它们的影响，这就是偏相关。根据被固定变量数目的多少，偏相关可分为零阶偏相关、一阶偏相关、二阶偏相关、$\cdots$、$p-1$ 阶偏相关。

零阶偏相关就是简单相关，一阶偏相关就是在考虑 y 与 x_i 的相关时，只固定一个变量 $x_j(j \neq i)$，即消除变量 x_j 的影响。二阶偏相关就是在考虑 y 与 x_i 的相关时，固定 x_i 以外的任意两个变量，即消除这两个变量的影响。其余各阶偏相关以此类推。

偏相关性的判定指标是偏相关系的 r 值，r 越大，说明变量之间相关性越强。

1. 一阶偏相关系数

以三个变量 (y, x_1, x_2) 为例导出偏相关系数的计算公式。令 $(y_i, x_{i1}, x_{i2})(i=1,2,\cdots,n)$ 表示变量 (y, x_1, x_2) 的观察值，$\bar{y} = \frac{1}{n}\sum_{i=1}^{n} y_i$，$\bar{x}_1 = \frac{1}{n}\sum_{i=1}^{n} x_{i1}$，$\bar{x}_2 = \frac{1}{n}\sum_{i=1}^{n} x_{i2}$，则

（1）求在控制变量 x_2 下，y 与 x_1 的偏相关系数 $r_{yx_1 \cdot x_2}$，可先做 y 对 x_2 及 x_1 对 x_2 的回归：

$$y_i = a + bx_{i2} + e_{i1} \overset{\text{def}}{=\!=} \hat{y}_i + e_{i1}$$

$$x_{i1} = a + bx_{i2} + e_{i2} \overset{\text{def}}{=\!=} \hat{x}_{i1} + e_{i2}$$

符号"$\overset{\text{def}}{=\!=}$"表示"记作"，于是

$$e_{i1} = y_i - \hat{y}_i, \quad e_{i2} = x_{i1} - \hat{x}_{i1}$$

其中，e_{i1} 和 $e_{i2}(i=1,2,\cdots,n)$ 为 e_1 和 e_2 的观察值，e_1 和 e_2 分别是变量 y 与 x_1 中未被 x_2 解释的那部分变差（残差），即清除了 x_2 对 y 与 x_1 影响后的 y 与 x_1 的值。这两个残差之间的相关关系代表 y 与 x_1 之间的纯相关关系。

（2）求 $r_{yx_1 \cdot x_2}$：

$$r_{yx_1 \cdot x_2} = r_{e_1 \cdot e_2} = \frac{\sum_{i=1}^{n}(e_{i1} - \bar{e}_1)(e_{i2} - \bar{e}_2)}{\sqrt{\sum_{i=1}^{n}(e_{i1} - \bar{e}_1)^2 \sum_{i=1}^{n}(e_{i2} - \bar{e}_2)^2}} = \frac{\sum_{i=1}^{n} e_{i1} e_{i2}}{\sqrt{\sum_{i=1}^{n} e_{i1}^2 \sum_{i=1}^{n} e_{i2}^2}}$$

这里 $\bar{e}_k = \frac{1}{n}\sum_{i=1}^{n} e_{ik} = 0, k=1,2$，且

$$\sum_{i=1}^{n} e_{i1} e_{i2} = \sum_{i=1}^{n}(x_{i1} - \bar{x}_1)^2 (r_{y1} - r_{y2} r_{12})$$

$$\sum_{i=1}^{n} e_{i1}^2 = \sum_{i=1}^{n} (y_i - \bar{y})^2 (1 - r_{y2}^2)$$

$$\sum_{i=1}^{n} e_{i2}^2 = \sum_{i=1}^{n} (x_{i1} - \bar{x}_1)^2 (1 - r_{12}^2)$$

其中，r_{yk} 是变量 y 与 $x_k (k=1,2)$ 的简单相关系数，r_{12} 是变量 x_1 与 x_2 的简单相关系数。于是一阶偏相关系数 $r_{yx_1 \cdot x_2}$（简写为 $r_{y1 \cdot 2}$）的计算公式为

$$r_{y1 \cdot 2} = \frac{r_{y1} - r_{y2} \cdot r_{12}}{\sqrt{(1 - r_{y2}^2)(1 - r_{12}^2)}}$$

对上式的下标做代换，可以得到

$$r_{y2 \cdot 1} = \frac{r_{y2} - r_{y1} \cdot r_{12}}{\sqrt{(1 - r_{y1}^2)(1 - r_{12}^2)}}$$

若 i, j, k 代表变量 $\{x_1, x_2, \cdots, x_m\}$ 中任意三种不同的变量，则有如下一阶偏相关系数公式：

$$r_{ij \cdot h} = \frac{r_{ij} - r_{ih} r_{jh}}{\sqrt{(1 - r_{ih}^2)(1 - r_{jh}^2)}}$$

其中，r_{ij} 是变量 x_i 与 x_j 的简单相关系数，r_{ih} 是变量 x_i 与 x_h 的简单相关系数，r_{jh} 是变量 x_j 与 x_h 的简单相关系数。

2. 二阶偏相关系数

同理可得，四个变量中，排除任意两个变量的影响后可以得到其他两个变量之间的偏相关系数，称为二阶偏相关系数。其计算公式为

$$r_{ij \cdot hm} = \frac{r_{ij \cdot h} - r_{im \cdot h} r_{jm \cdot h}}{\sqrt{(1 - r_{im \cdot h}^2)(1 - r_{jm \cdot h}^2)}}$$

其中，i, j, h, m 分别取 $1, 2, 3, 4$ 的组合。显然，二阶偏相关系数由一阶偏相关系数求得。

3. 高阶偏相关系数

一般地，假设有 $k (k > 2)$ 个变量 $x_1, x_2, x_3, \cdots, x_k$，则任意两个变量 x_i 和 x_j 的 $g (g \leqslant k - 2)$ 阶样本偏相关系数为

$$r_{ij \cdot l_1 l_2 \cdots l_g} = \frac{r_{ij \cdot l_1 l_2 \cdots l_{g-1}} - r_{il_g \cdot l_1 l_2 \cdots l_{g-1}} r_{jl_g \cdot l_1 l_2 \cdots l_{g-1}}}{\sqrt{(1 - r_{il_g \cdot l_1 l_2 \cdots l_{g-1}}^2)(1 - r_{jl_g \cdot l_1 l_2 \cdots l_{g-1}}^2)}}$$

其中，等号右侧均为 $g-1$ 阶的偏相关系数。

另外，偏相关系数的假设检验所用检验统计量为

$$t = \frac{r}{\sqrt{\dfrac{1 - r^2}{n - p - 1}}} \sim t(n - p - 1)$$

其中，r 为偏相关系数，n 为样本容量，p 为变量个数。

例 2.3 设某企业会计部门在长期的工作实践中发现，企业的月管理费（单位：百元）与工人的劳动日数（单位：千人日）及机器的开工台数（单位：千台日）相关，故搜集了 10 个月的数据，如表 2-5 所示。试就表中资料建立月管理费对工人劳动日数 X_1 和机器开工台

数 X_2 之间的偏相关系数。

表 2 - 5　某企业 10 个月的月管理费与工人劳动日数和机器开工台数表

管理费 Y	29	24	27	25	26	28	30	28	28	27
工人劳动日数 X_1	45	42	44	45	43	46	44	45	44	43
机器开工台数 X_2	16	14	15	13	13	14	16	16	15	15

解　首先，求出两两变量间的简单相关系数：

$$r_{12} = 0.1841, r_{1y} = 0.5015, r_{2y} = 0.7715$$

则管理费与劳动日数之间的偏相关系数为

$$r_{y1\cdot2} = \frac{r_{y1} - r_{y2} r_{12}}{\sqrt{(1 - r_{y2}^2)(1 - r_{12}^2)}} = \frac{0.5015 - 0.7715 \times 0.1841}{\sqrt{(1 - 0.7715^2)(1 - 0.1841^2)}} = 0.5748$$

管理费与机器开工台数之间的偏相关系数为

$$r_{y2\cdot1} = \frac{r_{y2} - r_{y1} r_{12}}{\sqrt{(1 - r_{y1}^2)(1 - r_{12}^2)}} = \frac{0.7715 - 0.5015 \times 0.1841}{\sqrt{(1 - 0.5015^2)(1 - 0.1841^2)}} = 0.7987$$

2.4.2　复相关分析

偏相关分析是在把其他变量的影响完全排除的情况下，研究两个变量之间的相关关系。但是在实际分析中，一个变量的变化往往受到多种变量的综合影响，这时就需要采用复相关分析方法。所谓复相关，就是研究多个变量与某个变量之间的相关关系。度量复相关程度的指标是复相关系数，复相关系数也称多元相关系数或多变量相关系数。

复相关分析的目的是分析多个变量之间关系的密切程度。它不能直接测算，只能采取一定的方法进行间接测算。

为了测定一个变量 y 与其他多个变量 $x_1, x_2, \cdots, x_k$ 之间的相关系数，可以考虑构造一个关于 $x_1, x_2, \cdots, x_k$ 的组合，计算该线性组合与 y 之间的简单相关系数，并将其作为变量 y 与 $x_1, x_2, \cdots, x_k$ 之间的复相关系数。令 y_i 和 $x_{i1}, x_{i2}, \cdots, x_{ik}(i=1,2,\cdots,n)$ 表示变量 y 与 $x_1, x_2, \cdots, x_k$ 的观察值，$\bar{y} = \frac{1}{n} \sum_{i=1}^{n} y_i$，复相关系数具体计算过程如下：

第一步，用 y 对 $x_1, x_2, x_3, \cdots, x_k$ 作回归，得

$$\hat{y}_i = \hat{\beta}_0 + \hat{\beta}_1 x_{i1} + \cdots + \hat{\beta}_k x_{ik}$$

第二步，计算变量 y 和回归估计量 $\hat{y}$ 的简单相关系数，此简单相关系数即为 y 与 $x_1, x_2, \cdots, x_k$ 之间的复相关系数。复相关系数的计算公式为

$$R = \frac{\sum_{i=1}^{n} (y_i - \bar{y})(\hat{y}_i - \bar{y})}{\sqrt{\sum_{i=1}^{n} (y_i - \bar{y})^2 \sum_{i=1}^{n} (\hat{y}_i - \bar{y})^2}}$$

之所以用 R 表示复相关系数，是因为 R 的平方恰好就是线性回归方程的判定系数。这种关系的简单推导如下：

$$R^2 = \frac{\left[\sum\limits_{i=1}^{n}(y_i - \bar{y})(\hat{y}_i - \bar{y})\right]^2}{\sum\limits_{i=1}^{n}(y_i - \bar{y})^2 \sum\limits_{i=1}^{n}(\hat{y}_i - \bar{y})^2}$$

在上述公式中，分子可化为

$$\left[\sum_{i=1}^{n}(y_i - \bar{y} + \varepsilon)(\hat{y}_i - \bar{y})\right]^2 = \left[\sum_{i=1}^{n}(\hat{y}_i - \bar{y})\right]^2$$

从而

$$R = \sqrt{\frac{\sum\limits_{i=1}^{n}(\hat{y}_i - \bar{y})^2}{\sum\limits_{i=1}^{n}(y_i - \bar{y})^2}} = \sqrt{\frac{\text{RSS}}{\text{TSS}}}$$

从复相关系数的公式可以看到，复相关系数是拟合优度或判定系数的正平方根，或者说判定系数是复相关系数的平方。在类似多元回归分析的问题中，研究者常希望知道因变量与一组自变量间的相关程度，即复相关程度，如研究者希望分析税收与国内生产总值和财政支出等指标间的相关程度。再看复相关系数的计算公式，其平方实际上就是回归离差平方和（Regression Sum of Squares，RSS）与总离差平方和（Total Sum of Squares，TSS）的比值，反映了回归贡献的百分比值。

复相关系数与简单相关系数的区别是简单相关系数的取值范围是$[-1,1]$，而复相关系数的取值范围是$[0,1]$。这是因为，在两个变量的情况下，回归系数有正负之分，所以在研究相关关系时，也有正相关和负相关之分；但在多个变量时，偏回归系数有两个或两个以上，其符号有正有负，不能按正负进行区别，所以复相关系数也就只取非负值。

根据样本复相关系数推断总体复相关系数是否显著，可以用 F 检验，其过程如下：

（1）建立假设：

$$H_0: \rho = 0, \quad H_1: \rho \neq 0$$

（2）计算检验统计量 F：

$$F = \frac{R^2/k}{(1 - R^2)/(n - k - 1)}$$

（3）当 $F > F_\alpha(k, n-k-1)$ 时，拒绝 H_0，这说明这些变量间复相关系数是显著的；反之，则认为变量间相关关系不显著。

2.5 距离相关分析

在实际研究问题中，经常要对研究现象进行分类。聚类分析是研究怎样根据各方面的特征将研究对象进行有效综合分类的一种多元统计方法，聚类分析方法中的一类是对样品进行分类，即：设有 n 个样品，其中每个样品用含有 p 个指标的观测向量 $\boldsymbol{X}_i$ 表示（$i=1,2,\cdots,n$），根据 $\boldsymbol{X}_i$ 之间的某种相似性，将这 n 个样品进行分类。例如，测量 n 个人的身高、体重，根据每个人的身高和体重将他们分为肥胖、偏胖、正常、偏瘦、瘦弱五类。这种对样品进行分类的聚类分析称为 Q 型聚类。对于 Q 型聚类分析，通常用"距离"衡量样品间的相似性。

2.5.1　距离度量方法

定义"距离"的方法有很多，但都必须遵循一定的准则。设 $d(\boldsymbol{X}_i,\boldsymbol{X}_j)$ 是样品 $\boldsymbol{X}_i$ 到 $\boldsymbol{X}_j$ 的距离，一般要求它满足以下条件：

① $d(\boldsymbol{X}_i,\boldsymbol{X}_j) \geqslant 0$，对一切 i,j 成立；

② $d(\boldsymbol{X}_i,\boldsymbol{X}_j) = 0$，当且仅当 $i=j$ 时成立；

③ $d(\boldsymbol{X}_i,\boldsymbol{X}_j) = d(\boldsymbol{X}_j,\boldsymbol{X}_i)$，对一切 i,j 成立；

④ $d(\boldsymbol{X}_i,\boldsymbol{X}_j) \leqslant d(\boldsymbol{X}_i,\boldsymbol{X}_k) + d(\boldsymbol{X}_k,\boldsymbol{X}_j)$，对一切 i,j,k 成立。

在聚类分析中，有时候所用的距离只满足上述条件的前三条，不满足第四条，这种距离称为广义距离。

下文介绍几种聚类分析中常用的距离。

（1）闵可夫斯基（Minkowski）距离，也称闵氏距离：

$$d(\boldsymbol{X}_i,\boldsymbol{X}_j) = \left(\sum_{k=1}^{p} |X_{ik} - X_{jk}|^q\right)^{\frac{1}{q}}$$

特别地，当 $q=1,2,\infty$ 时，可以得到如下三种距离：

① 当 $q=1$ 时为绝对距离，此时

$$d(\boldsymbol{X}_i,\boldsymbol{X}_j) = \sum_{k=1}^{p} |X_{ik} - X_{jk}|$$

绝对距离也叫曼哈顿（Manhattan）距离。

② 当 $q=2$ 时为欧几里得（Euclidean）距离，也称欧氏距离，此时

$$d(\boldsymbol{X}_i,\boldsymbol{X}_j) = \left(\sum_{k=1}^{p} |X_{ik} - X_{jk}|^2\right)^{\frac{1}{2}}$$

欧氏距离相对较为直观，易于理解，然而距离的大小会受到指标量纲的影响。比如，销售额的单位可以是亿元，也可以是万元，采用不同的量纲，距离值的大小会发生变化。

③ 当 $q=\infty$ 时为切比雪夫（Chebyshev）距离，此时

$$d(\boldsymbol{X}_i,\boldsymbol{X}_j) = \max_{1 \leqslant k \leqslant p} |X_{ik} - X_{jk}|$$

欧氏距离是人们使用最多也是最为熟悉的距离，它的计算简便，在实际问题中应用广泛，闵氏距离将各个变量均等看待，没有考虑各个变量之间的相关性。如果考虑 p 个指标之间的相关性等问题，可以采用下面的方差加权距离或马氏距离。

（2）方差加权距离：

$$d(\boldsymbol{X}_i,\boldsymbol{X}_j) = \left(\sum_{k=1}^{p} \frac{|X_{ik} - X_{jk}|^2}{\sigma_k^2}\right)^{\frac{1}{2}}$$

其中，σ_k^2 为第 k 个指标的方差。

（3）马哈拉诺比斯（Mahalanobis）距离，也称马氏距离：

$$d(\boldsymbol{X}_i,\boldsymbol{X}_j) = (\boldsymbol{X}_i - \boldsymbol{X}_j)^{\mathrm{T}} \boldsymbol{\Sigma}^{-1} (\boldsymbol{X}_i - \boldsymbol{X}_j)$$

其中，$\boldsymbol{\Sigma}$ 表示变量之间的协方差矩阵。协方差矩阵能够反映指标之间的相关性，所以相对于闵氏距离，马氏距离考虑了不同指标之间的相关性。另外，马氏距离对于一切线性变换是不变的，所以马氏距离不受指标量纲的影响。在实际问题中，总体的协方差矩阵 $\boldsymbol{\Sigma}$ 通常未知，可以用样本协方差矩阵 $\boldsymbol{S}$ 代替。

2.5.2 距离相似系数

聚类分析不仅用来对样品进行聚类,有时还需要对变量(或指标)进行聚类。在对变量进行聚类时,常采用相似系数作为变量之间相似性程度的度量。变量间的这种相似性程度的度量,在一些应用中要看相似系数的大小;而在另一些应用中,要看相似系数绝对值的大小。相似系数(或其绝对值)越大,就认为变量之间的相似性程度越大。聚类时,将比较相似的变量归于同一类,不相似的变量归于不同类。

设 c_{ij} 为变量 X_i 和 X_j 之间的相似系数,要求对一切 $1 \leqslant i, j \leqslant p$,满足

① $|c_{ij}| \leqslant 1$;

② $c_{ii} = 1$;

③ $c_{ij} = c_{ji}$。

c_{ij} 越接近于 1,说明变量 X_i 和 X_j 的关系越密切。

设 $(X_{j1}, X_{j2}, \cdots, X_{jn})^{\mathrm{T}}$ $(j = 1, 2, \cdots, p)$ 表示变量 X_j 的 n 个观测值,常用的相似系数如下。

1. 夹角余弦

如果将变量 X_i 的 n 个观测值 $(X_{i1}, X_{i2}, \cdots, X_{in})^{\mathrm{T}}$ 与变量 X_j 的 n 个观测值 $(X_{j1}, X_{j2}, \cdots, X_{jn})^{\mathrm{T}}$ 看作是 n 维空间中的两个向量,则 c_{ij} 刚好是这两个向量的夹角余弦。其定义式可写为

$$c_{ij} = \frac{\sum_{k=1}^{n} X_{ik} X_{jk}}{\sqrt{\sum_{k=1}^{n} X_{ik}^2} \sqrt{\sum_{k=1}^{n} X_{jk}^2}}$$

当两个变量成比例时,$c_{ij} = \pm 1$;当两个变量完全无关时,$c_{ij} = 0$。由此计算得出的夹角余弦可以满足对相似系数的要求。

2. 相关系数

通常所说的相关系数一般指变量间的皮尔逊相关系数。它能够有效地刻画两个变量间的线性关系强弱,因此用任意两个变量的观测值估计出的相关系数可以作为这两个变量相似性的一种度量,即第 i 个变量和第 j 个变量之间的相关系数定义为

$$r_{ij} = \frac{\sum_{k=1}^{n} (X_{ik} - \overline{X}_i)(X_{jk} - \overline{X}_j)}{\left[\sum_{k=1}^{n} (X_{ik} - \overline{X}_i)^2 \cdot \sum_{k=1}^{n} (X_{jk} - \overline{X}_j)^2 \right]^{\frac{1}{2}}}$$

其中,$\overline{X}_i = \frac{1}{n} \sum_{k=1}^{n} X_{ik}$,$\overline{X}_j = \frac{1}{n} \sum_{k=1}^{n} X_{jk}$,这是大家最熟悉的统计量之一,相当于将数据标准化后计算的夹角余弦。

例 2.4 表 2-6 给出了 5 个省 19～22 岁年龄组城市男生形体指标,试求各个样本间的绝对距离、欧氏距离和切比雪夫距离。

表 2-6　5 个省 19~22 岁年龄组城市男生形体指标

序号	地区	身高/cm	坐高/cm	体重/kg	胸围/cm	肩宽/cm	骨盆宽/cm
1	辽宁	171.69	92.85	59.44	87.45	38.19	27.10
2	四川	167.87	90.96	55.79	84.92	38.20	26.33
3	黑龙江	171.60	93.28	59.75	88.03	38.68	27.22
4	陕西	171.16	92.62	58.72	87.11	38.19	27.18
5	江苏	171.36	92.53	58.39	87.09	38.23	27.04

解　（1）求绝对距离。

由绝对距离公式

$$d(\boldsymbol{X}_i, \boldsymbol{X}_j) = \sum_{k=1}^{p} |X_{ik} - X_{jk}|$$

分别求得各个样本间的距离为

$$d_{12} = |171.69 - 167.87| + \cdots + |27.10 - 26.53|$$
$$d_{13} = |171.69 - 171.60| + \cdots + |27.10 - 27.22|$$
$$\cdots$$

最终求得距离矩阵 $\boldsymbol{D}_1$ 为

$$\boldsymbol{D}_1 = \begin{matrix} & \begin{matrix} 1 & \quad 2 & \quad 3 & \quad 4 & \quad 5 \end{matrix} \\ \begin{matrix} 1 \\ 2 \\ 3 \\ 4 \\ 5 \end{matrix} & \begin{bmatrix} 0 & & & & \\ 12.47 & 0 & & & \\ 2.02 & 14.29 & 0 & & \\ 1.90 & 10.73 & 3.58 & 0 & \\ 2.16 & 10.37 & 3.92 & 0.82 & 0 \end{bmatrix} \end{matrix}$$

（2）求欧氏距离。

由欧氏距离公式

$$d(\boldsymbol{X}_i, \boldsymbol{X}_j) = \left(\sum_{k=1}^{p} |X_{ik} - X_{jk}|^2 \right)^{\frac{1}{2}}$$

分别求得各个样本间的距离为

$$d_{12} = \sqrt{(171.69 - 167.87)^2 + \cdots + (27.10 - 26.53)^2}$$
$$d_{13} = \sqrt{(171.69 - 171.60)^2 + \cdots + (27.10 - 27.22)^2}$$
$$\cdots$$

最终得到距离矩阵 $\boldsymbol{D}_2$ 为

$$\boldsymbol{D}_2 = \begin{matrix} & \begin{matrix} 1 & \quad 2 & \quad 3 & \quad 4 & \quad 5 \end{matrix} \\ \begin{matrix} 1 \\ 2 \\ 3 \\ 4 \\ 5 \end{matrix} & \begin{bmatrix} 0 & & & & \\ 6.18 & 0 & & & \\ 0.94 & 6.73 & 0 & & \\ 0.99 & 5.23 & 1.67 & 0 & \\ 1.20 & 5.14 & 1.89 & 0.42 & 0 \end{bmatrix} \end{matrix}$$

（3）求切比雪夫距离。

由切比雪夫距离公式

$$d(\boldsymbol{X}_i, \boldsymbol{X}_j) = \max_{1 \le k \le p} |X_{ik} - X_{jk}|$$

分别求出各个样本间的距离为

$$d_{12} = \max\{(171.69 - 167.87), \cdots, (27.10 - 26.53)\}$$
$$d_{13} = \max\{(171.69 - 171.60), \cdots, (27.10 - 27.22)\}$$
$$\cdots$$

最终得到各个样本间的距离矩阵 $\boldsymbol{D}_3$ 为

$$\boldsymbol{D}_3 = \begin{array}{c} \\ 1 \\ 2 \\ 3 \\ 4 \\ 5 \end{array} \begin{bmatrix} 0 & & & & \\ 3.82 & 0 & & & \\ 0.58 & 3.96 & 0 & & \\ 0.72 & 3.29 & 1.03 & 0 & \\ 1.05 & 3.49 & 1.36 & 0.33 & 0 \end{bmatrix}$$

习 题 2

2.1 简单相关、偏相关、复相关和距离相关之间有何区别和联系?

2.2 Copula 函数拟合优度常用的测度方法有哪些?

2.3 距离相关分析中常用的距离度量方法有哪些?

2.4 研究货运总量 y(万吨)与工业总产值 x_1(亿元)、农业总产值 x_2(亿元)、居民非商品支出 x_3(亿元)的关系。有关数据见表 2-7。

表 2-7 货运总量与工业总产值、农业总产值、居民非商品支出相关数据

编 号	y	x_1	x_2	x_3
1	160	70	35	1.0
2	260	75	40	2.4
3	210	65	40	2.0
4	265	74	42	3.0
5	240	72	38	1.2
6	220	68	45	1.5
7	275	78	42	4.0
8	160	66	36	2.0
9	275	70	44	3.2
10	250	65	42	3.0

请计算出 y, x_1, x_2, x_3 的相关系数矩阵和偏相关系数矩阵。

第3章

贝叶斯统计

【学习目标】

1. 掌握贝叶斯统计的基本概念及定理。
2. 掌握共轭先验分布、后验分布的计算。
3. 掌握贝叶斯统计推断、假设检验及预测的基本方法和要领。

3.1 贝叶斯统计概述

当今统计学领域主要有两大学派：频率学派与贝叶斯学派。基于各自的理论，它们在诸多领域发挥了重要作用。自 20 世纪初数理统计学开始发展，一直到 20 世纪中叶，频率学派一直占据主导地位。而从 20 世纪中叶以后，贝叶斯学派迅速发展壮大起来，特别是近年来机器学习、深度学习、预测科学等的兴起，为贝叶斯统计的应用带来了新的发展机遇。由于贝叶斯学派发展较晚，因此人们也将频率学派称为古典学派。

3.1.1 频率学派与贝叶斯学派

对于样本分布 $F(x,\theta)$，要对其中的未知参数 θ 进行估计，下面分别说明频率学派与贝叶斯学派是如何处理该问题的。

频率学派认为，对于一批样本，其分布是确定的，即 θ 是常数但具体取值未知。为何会有这样的设定？这就要从频率学派的基本宗旨来看了，频率学派认为概率是频率的极限取值，某次得到的样本 X 只是无数次可能试验结果的一个具体实现，样本中未出现的结果并非不可能出现，只是这次抽样没有出现而已。因此，综合考虑已抽取到的样本 X 以及未被抽取的结果，可以认为总体分布是确定的，不过 θ 未知，而样本来自于总体，故样本分布 $F(x,\theta)$ 也具有同样的特点。基于此设定，就可以使用相应估计方法去推断未知参数 θ。

贝叶斯学派否定了概率及频率的观点，并且反对把样本 X 放到"无限多可能值之一"的背景下去考虑。他们认为既然只得到了样本 X，那么就只能依靠它去作推断，而不能考虑那些有可能出现而未出现的结果。与此同时，贝叶斯学派引入了主观概率的概念，认为一个事件在发生之前，人们应该对它是有所认知的，即待估参数 θ 不是固定的，而是一个随机变量，并且服从某个分布 $\pi(\theta)$，该分布称为"先验分布"（指抽样之前得到的分布）。当得到样本 X 后，我们对 θ 的分布则有了新的认识，此时 θ 有了更新，这样就得到了"后验分布"（指抽样之后得到的分布），然后可以再对 θ 进行点估计、区间估计和假设检验，此时 θ 的估计不再依赖样本，而完全只依赖其后验分布了。

1. 频率学派对贝叶斯学派的批评

频率学派对贝叶斯学派的批评主要集中在主观概率及与之相关的先验分布的确定问题上。按照频率学派的观点，一个事件的概率可以用大量重复试验下事件出现的频率解释，这种解释不取决于对主体的认识。频率学派认为主观概率不仅难以捉摸，而且与认识主体有关，不具有客观性，因而也就没有科学性，这是频率学派不可接受的。

针对频率学派的批评，贝叶斯学派做出了以下回应：

（1）主观概率事实上是人们常用的概念。例如人们常说"这事儿十有八九能成"，这就是人们的一个主观概率，能做出这样的推测人们肯定是考虑了一些因素（比如考虑了做事的人、做事的方法等），具有一定道理。

（2）在涉及采取行动并承担后果的问题上，每个人了解的情况不同，对问题所具有的知识也不同，他们采取的最佳行动方案也会有差异，在这种情况下，不同的人有不同的先验分布是很正常的，这时要求所谓的客观性反而没有意义了。

频率学派对贝叶斯学派还有一个批评，样本分布一般都是在频率的意义上进行解释，他们认为，既然贝叶斯学派否定频率观点，为何也会用到样本分布？对于这个批评，贝叶斯学派确实是难以做出让人信服的回答，如果做一个彻底的主观概率论者，就必须把样本分布看成刻画样本取各种值在主观上的信服程度。由于样本是已知的，因而贝叶斯学派反对把样本放到无穷多可能样本的背景下去考虑这种做法，故而将主观概率的思想推到极端，贝叶斯学派甚至不能去谈论什么样本分布问题。

2. 贝叶斯学派对频率学派的批评

（1）**关于概率的频率解释观点**。许多问题没法做重复性试验，是一次性的，严格相同甚至大致相同的条件下进行重复试验事实上是不可能的，比如地震观测，因此在这种条件下统计概念和方法的频率解释完全没有现实意义。

（2）**频率学派基于概率的频率解释**。频率学派所导出方法（点估计、区间估计、假设检验等）的精度和可靠度也只是大量重复下的平均值，这在抽样之前就已经确定了（也就是前文所说的是确定的）。这种不顾实际样本值而在事前就规定精度和可靠度是不合理的，而且往往与实际情况相悖。直观上，人们更倾向于接受的是统计推断的精度和可靠性与试验结果（样本）有关。

尽管贝叶斯学派和频率学派的部分观点受到质疑，但是两大学派至今仍然发挥着重要的作用，对实际应用中的一些问题，两大学派的方法都能给出比较准确的解决方案。因此对于使用者而言，针对不同应用场景使用合适的方法才是关键。

3.1.2　经典统计学与贝叶斯统计学

如前所述，频率学派基于总体信息和样本信息对模型和未知参数进行统计推断，该方法被称为经典统计学，其基本观点是把样本（数据）看成是来自具有一定概率分布的总体，所研究的对象是这个总体而不局限于样本本身。

除总体信息和样本信息外，在我们周围还存在第三种信息——先验信息，它也可用于统计推断。先验信息是在抽样之前有关统计问题的一些信息，一般来源于经验和历史资料。先验信息在生产生活中经常可以见到，如用 p 表示某工厂每日产品的废品率，尽管从某一天看，p 的确是一个未知常数，但从数天或更长一段时间看，其取值会有一定变化，一般来说 p 的变化范围呈现一定的分布规律，我们便可利用这种分布规律作为某日废品率估计的先验分布。

贝叶斯学派利用总体信息、样本信息和先验信息对模型和未知参数进行统计推断，该方法被称为贝叶斯统计学，其与经典统计学的主要差别在于是否利用先验信息。同时，在使用样本信息上两者也有一定差异。贝叶斯学派重视已经出现的样本观察值，而对尚未发生的样本不予考虑，贝叶斯学派重视对先验信息的收集、挖掘和加工，使其数量化形成先验分布，进而应用于统计推断，以提高统计推断的质量。忽略先验信息，有时候是一种浪费，甚至导致出现不合理的结论。

例 3.1 某学生通过物理实验确定当地的重力加速度，测得如下数据（m/s^2）：

$$9.80, 9.79, 9.78, 6.81, 6.80$$

问：如何估计当地的重力加速度？

如果用样本均值 $\bar{x}=8.596$ 估计，你一定会认为这个结果很差，这是因为在未做试验之前你对重力加速度已经有了一个先验的认识，比如你已经知道它大致在 9.80 左右，误差最大不超过 0.1。因此，参数的先验信息对于正确估计参数往往是有益的。

3.1.3 为什么要学习贝叶斯统计

贝叶斯统计在生活以及量化投资中有着广泛的应用。从下面两个意义上说，贝叶斯统计相对于经典统计而言有明显的优势：

（1）虽然在生活中我们可以通过进行大量重复试验计算事件发生的频率，但对于很多实际问题，大量重复试验是不现实的。比如我们想推断特朗普再次当选美国总统的概率。显然，我们没法让美国人进行成千上万次不同的投票选举，然后计算特朗普获胜的频率。即便是通过民意调查的方式，进行成千上万次投票也是不切实际的（简单地从成本的角度考虑就不可能）。因此，对于这个问题我们只能获得非常有限的几次民意调查结果。我们当然可以只通过这些有限的结果利用经典统计学对特朗普获胜的概率做出估计，但是可以想象的是这个估计的误差会非常大，而贝叶斯统计则提供了新的视角。

（2）合理的先验分布对未知量的估计是非常有益的。对生活中很多实际问题的判断都和人们的学识、经验、见识有关。在这种情况下，如果我们把有限的观测数据，根据知识和经验得到的先验结合起来，会得到对未知量更好的推断。在资产配置领域，高盛著名的 Black-Litterman 收益率模型就是把从市场均衡假设推出的资产收益率作为先验，把基金经理的主观判断作为观测值，通过两者结合得到后验判断，其本质就是贝叶斯统计。

可见，掌握贝叶斯统计并且使用其作推断（即贝叶斯推断），十分重要。贝叶斯统计框架的核心就是贝叶斯定理。

3.2   贝叶斯定理

贝叶斯学派奠基性的工作是贝叶斯定理(或称为贝叶斯公式)。贝叶斯定理可以分为事件形式和随机变量形式。事件形式的贝叶斯定理在常见的《概率论与数理统计》教材中均有叙述,这里我们再用事件形式和随机变量形式分别叙述。

3.2.1   事件形式的贝叶斯定理

设试验 E 的样本空间为 Ω, A 为 E 的事件, $B_1, B_2, \cdots, B_n$ 是样本空间 Ω 的一个划分,且 $P(A) > 0, P(B_i) > 0, i = 1, 2, \cdots, n$, 则

$$P(B_i \mid A) = \frac{P(A \mid B_i)P(B_i)}{\sum_{j=1}^{n} P(A \mid B_j)P(B_j)}, \quad i = 1, 2, \cdots, n \tag{3.1}$$

式(3.1)称为事件形式的贝叶斯定理。

事件形式的贝叶斯定理最简单的情形是两个事件的情形,即

$$P(B \mid A) = \frac{P(A \mid B)P(B)}{P(A \mid B)P(B) + P(A \mid \bar{B})P(\bar{B})}$$

其中, $\bar{B}$ 表示事件 B 的对立事件,且 $P(A) > 0, P(B) > 0, P(\bar{B}) > 0$。

贝叶斯定理形式上非常简单,但其影响是深远的。贝叶斯定理的重要性来自其对更新概率的使用。下面用一个简单但不太现实的例子说明如何应用贝叶斯定理。

例 3.2   假设一只股票的先验信息表明在任何给定的一天其价格上涨的概率 θ 是 0.4 或 0.6。根据过去数据(可从类似股票得到),我们认为 θ 等于 0.4 或 0.6 是等概率的。因此我们有先验概率

$$P(\theta = 0.4) = 0.5, \quad P(\theta = 0.6) = 0.5$$

通过连续 5 天观察股票,其价格均在上涨。假设每天价格的变化是独立的,所以在连续 5 天内价格上升的概率是 θ^5。有了这个信息,我们可能怀疑 θ 为 0.6,而不是 0.4。因此,在 5 天连续的价格上涨后, θ 是 0.6 的概率应该是大于 0.5 的先验概率,但具体大多少呢? 令事件 A 表示连续 5 天价格上涨,利用贝叶斯定理,有

$$P(\theta = 0.6 \mid A) = \frac{P(A \mid \theta = 0.6)P(\theta = 0.6)}{P(A \mid \theta = 0.6)P(\theta = 0.6) + P(A \mid \theta = 0.4)P(\theta = 0.4)}$$

$$= \frac{0.6^5 \times 0.5}{0.6^5 \times 0.5 + 0.4^5 \times 0.5} = 0.8836$$

因此,在观测到 5 天连续价格上涨之前, θ 为 0.6 的概率是 0.5,但在此事件之后, θ 为 0.6 的概率是 0.8836。

3.2.2   随机变量形式的贝叶斯定理

设总体 X 的概率密度为 $f(x, \theta)$, 其中 $\theta \in \Theta$ 是总体 X 中的未知参数, Θ 是参数 θ 的取

值范围，称为参数空间。另设 $\boldsymbol{X}=(X_1,X_2,\cdots,X_n)$ 是来自总体 X 的样本，$\boldsymbol{x}=(x_1,x_2,\cdots,x_n)$ 是其观察值，则 $\boldsymbol{X}=(X_1,X_2,\cdots,X_n)$ 的联合概率密度为

$$f(\boldsymbol{x},\theta)=\prod_{i=1}^{n}f(x_i,\theta)$$

经典统计认为未知参数 θ 是常数（或常数向量），而贝叶斯统计认为未知参数 θ 是随机变量，且假定已知其先验分布 $\pi(\theta)$，此时总体 X 的概率密度 $f(x,\theta)$ 应看作给定参数 θ 时 X 的条件概率密度，于是总体 X 的概率密度 $f(x,\theta)$ 需改用 $f(x|\theta)$ 表示。这样，样本 $\boldsymbol{X}=(X_1,X_2,\cdots,X_n)$ 的联合概率密度就是在给定 θ 下的条件概率密度，称为似然函数。

由此可见，在上述统计问题中有两类信息：参数 θ 的先验信息（包含在参数 θ 的分布中）和样本的抽样信息（包含在似然函数中）。为了综合上述两类信息，可以求参数 θ 和样本 $\boldsymbol{X}=(X_1,X_2,\cdots,X_n)$ 的联合概率密度，即

$$h(\boldsymbol{x},\theta)=f(\boldsymbol{x}\mid\theta)\pi(\theta)$$

为了对未知参数 θ 进行统计推断，通常采用以下策略：

（1）当没有抽样信息时，人们可以根据先验分布对参数 θ 作出推断。这实际上就是所谓的经验性统计推断。

（2）如果有抽样信息，这时我们就可以根据参数 θ 和样本 $\boldsymbol{X}=(X_1,X_2,\cdots,X_n)$ 的联合概率密度 $h(\boldsymbol{x},\theta)$ 对参数 θ 进行推断。令

$$m(\boldsymbol{x})=\int_{\Theta}h(\boldsymbol{x},\theta)\mathrm{d}\theta=\int_{\Theta}f(\boldsymbol{x}\mid\theta)\pi(\theta)\mathrm{d}\theta \quad (\Theta \text{ 为 } \theta \text{ 的取值空间})$$

则上式为样本的边缘概率密度，于是可以对 $h(\boldsymbol{x},\theta)$ 作如下分解：

$$h(\boldsymbol{x},\theta)=\pi(\theta\mid\boldsymbol{x})m(\boldsymbol{x})$$

其中，$\pi(\theta|\boldsymbol{x})$ 是在给定样本观察值 $\boldsymbol{x}$ 下参数 θ 的条件概率密度。由于 $m(\boldsymbol{x})$ 与参数 θ 无关，即 $m(\boldsymbol{x})$ 中不含参数 θ 的任何信息，因此，在对参数 θ 进行统计推断时，人们只需要关注 $\pi(\theta|\boldsymbol{x})$，即

$$\pi(\theta\mid\boldsymbol{x})=\frac{h(\boldsymbol{x},\theta)}{m(\boldsymbol{x})}=\frac{f(\boldsymbol{x}\mid\theta)\pi(\theta)}{\displaystyle\int_{\Theta}f(\boldsymbol{x}\mid\theta)\pi(\theta)\mathrm{d}\theta} \tag{3.2}$$

称式(3.2)为连续型随机变量形式的贝叶斯定理。$\pi(\theta|\boldsymbol{x})$ 为参数 θ 的后验概率密度，它是集中了总体、样本和先验三种信息中关于参数 θ 的一切信息，而又是排除一切与参数 θ 无关的信息之后得到的结果。因此，基于后验分布 $\pi(\theta|\boldsymbol{x})$ 对参数 θ 进行统计推断更为有效，也更加合理。

式(3.2)也可以写为

$$\pi(\theta\mid\boldsymbol{x})\propto f(\boldsymbol{x}\mid\theta)\pi(\theta) \tag{3.3}$$

其中，$\propto$ 表示"正比于"（两边只差一个常数因子）。式(3.3)右边虽然不是正常的概率密度，但它是后验概率密度 $\pi(\theta|\boldsymbol{x})$ 的核，与后验概率密度 $\pi(\theta|\boldsymbol{x})$ 仅差一个常数因子。式(3.3)的意义为：后验概率密度 $\pi(\theta|\boldsymbol{x})$ 的核"正比于"先验概率密度 $\pi(\theta)$ 与联合概率密度 $f(\boldsymbol{x}|\theta)$ 的乘积。

关于概率密度函数的核，有时使用起来比较简洁、方便。例如，正态分布 $N(\mu,\sigma^2)(\sigma^2$ 已知），其概率密度函数的核为 $\mathrm{e}^{-\frac{(x-\mu)^2}{2\sigma^2}}$。

当参数 θ 是离散型随机变量时，先验分布可用先验分布列 $\pi(\theta_i),i=1,2,\cdots$ 表示。这时后验分布具有如下离散形式，称为后验分布律：

$$\pi(\theta_i \mid \boldsymbol{x}) = \frac{f(\boldsymbol{x} \mid \theta_i)\pi(\theta_i)}{\sum_j f(\boldsymbol{x} \mid \theta_j)\pi(\theta_j)}, \quad i=1,2,\cdots \tag{3.4}$$

称式(3.2)和式(3.4)为贝叶斯定理(也称为贝叶斯公式)，其中 $\int_\Theta f(\boldsymbol{x}|\theta)\pi(\theta)\mathrm{d}\theta$ (连续场合)或 $\sum_j f(\boldsymbol{x} \mid \theta_j)\pi(\theta_j)$ (离散场合)称为边缘分布，它们与参数 θ 无关。以后若无特殊说明，仅讨论参数是连续的场合。

在 $\boldsymbol{x}$ 被观测到之前，它是有分布可言的，并称 $\int_\Theta f(\boldsymbol{x}|\theta)\pi(\theta)\mathrm{d}\theta$ 为 $\boldsymbol{x}$ 的边缘分布或先验预测分布。当 $\boldsymbol{x}$ 被观测到后，我们就可以对任一未知但可观测到的量 $\boldsymbol{x}'$ 进行预测，其后验分布为

$$\pi(\boldsymbol{x}' \mid \boldsymbol{x}) = \int_\Theta \pi(\boldsymbol{x}',\theta \mid \boldsymbol{x})\mathrm{d}\theta = \int_\Theta \pi(\boldsymbol{x}' \mid \theta,\boldsymbol{x})\pi(\theta \mid \boldsymbol{x})\mathrm{d}\theta = \int_\Theta \pi(\boldsymbol{x}' \mid \theta)\pi(\theta \mid \boldsymbol{x})\mathrm{d}\theta \tag{3.5}$$

上式称为 $\boldsymbol{x}$ 的后验预测分布。

一般来说，先验分布 $\pi(\theta)$ 反映人们在抽样前对 θ 的认识，后验分布 $\pi(\theta|\boldsymbol{x})$ 反映人们在抽样后对 θ 的认识，两者之间的差异是由于样本 $\boldsymbol{x}$ 出现后人们对 θ 认识的一种调整。所以，后验分布 $\pi(\theta|\boldsymbol{x})$ 可以看作是人们用总体信息和样本信息(综合称为抽样信息)对先验分布 $\pi(\theta)$ 作调整的结果。

例 3.3(续例 3.2)　在例 3.2 中，把 θ 为 0.4 或 0.6 这样简单而不切实际的先验改为更合理的先验，即 θ 为区间 $(0,1)$ 上的任意值。假设事件 A 发生的概率为 θ，即 $P(A)=\theta$。为了估计参数 θ 而作 n 次独立观察，结果事件 A 出现的次数为 X，则 X 服从二项分布 $B(n,\theta)$，即

$$P(X=x \mid \theta) = \mathrm{C}_n^x \theta^x (1-\theta)^{n-x}, \quad x=0,1,\cdots,n$$

这就是似然函数，即

$$f(x \mid \theta) = P(X=x \mid \theta) = \mathrm{C}_n^x \theta^x (1-\theta)^{n-x}, \quad x=0,1,\cdots,n$$

假如事前我们对事件 A 没有什么了解，对其发生的概率 θ 也说不出是大是小。在这种场合下，贝叶斯建议使用区间 $(0,1)$ 上的均匀分布 $U(0,1)$ 作为 θ 的先验分布。贝叶斯的这个建议被称为贝叶斯假设。此时 θ 的先验概率密度为

$$\pi(\theta) = \begin{cases} 1, & 0<\theta<1 \\ 0, & \text{其他} \end{cases}$$

为了综合抽样信息和样本信息，可利用贝叶斯定理，为此先计算样本 X 与参数 θ 的联合分布：

$$h(x,\theta) = \mathrm{C}_n^x \theta^x (1-\theta)^{n-x}, \quad x=0,1,\cdots,n; 0<\theta<1$$

此式形式上与二项分布相同，但在定义域上与二项分布有差别。再计算 X 的边缘分布：

$$m(x) = \int_0^1 h(x,\theta)\mathrm{d}\theta = \int_0^1 \mathrm{C}_n^x \theta^x (1-\theta)^{n-x}\mathrm{d}\theta$$
$$= \mathrm{C}_n^x \frac{\Gamma(x+1)\Gamma(n-x+1)}{\Gamma(n+2)} = \frac{1}{n+1}, \quad x=0,1,\cdots,n$$

最后可得参数 θ 的后验分布为

$$\pi(\theta \mid x) = \frac{h(x,\theta)}{m(x)} = \frac{\Gamma(n+2)}{\Gamma(x+1)\Gamma(n-x+1)}\theta^{(x+1)-1}(1-\theta)^{(n-x+1)-1}, \quad 0<\theta<1$$

这就是参数为 $x+1$ 和 $n-x+1$ 的贝塔分布，记为 $\text{Be}(x+1, n-x+1)$。

拉普拉斯在 1786 年研究了巴黎男婴出生比例，他希望检验男婴出生比例 θ 是否大于 0.5。为此他收集了 1745—1770 年在巴黎出生的婴儿数据，其中男婴 251 527 个，女婴 241 945 个。他选用 $(0,1)$ 上的均匀分布 $U(0,1)$ 作为 θ 的先验分布，于是得到后验分布 $\text{Be}(x+1, n-x+1)$，其中 $n=251\ 257+241\ 945=493\ 472, x=251\ 527$。利用这个后验分布，拉普拉斯计算了"$\theta \leqslant 0.5$"的后验概率：

$$P(\theta \leqslant 0.5 \mid x) = \frac{\Gamma(n+2)}{\Gamma(x+1)\Gamma(n-x+1)} \int_0^{0.5} \theta^x (1-\theta)^{n-x} \,\mathrm{d}\theta, \quad 0 < \theta < 1$$

当年拉普拉斯为计算上述不完全贝塔函数，把被积函数 $\theta^x(1-\theta)^{n-x}$ 在最大值 $\frac{x}{n}$ 处展开，然后作近似计算，最后得到的结果为

$$P(\theta \leqslant 0.5 \mid x) = 1.15 \times 10^{-42}$$

由于这个概率很小，因此拉普拉斯断言：男婴出生的比例 θ 大于 0.5。这个结果在当时产生了很大的影响。

进一步研究这个例子，考察抽样信息 x 是如何对先验进行调整的。试验前，θ 在区间 $(0,1)$ 上为均匀分布 $U(0,1)$，当抽样结果 $X=x$ 时，θ 的后验分布 $\pi(\theta \mid x)$ 虽然仍在区间 $(0,1)$ 上取值，但已不是均匀分布，而是一个单峰分布，其峰值位置随着 x 的增加而向右移动。

无论是哪种情况，其峰值总在 $\frac{x}{n}$ 处达到。例如，在 $x=0$ 时，它表示在 n 次试验中事件 A 一次也没有发生，这表明事件 A 发生的概率很小，θ 在 0 附近取值的可能性大，θ 在 1 附近取值的可能性小，所得后验概率密度是严格递减函数。类似的，在 $x=n$ 时，所得后验概率密度是严格递增函数，θ 在 1 附近取值的可能性大，θ 在 0 附近取值的可能性小，如图 3-1 所示。

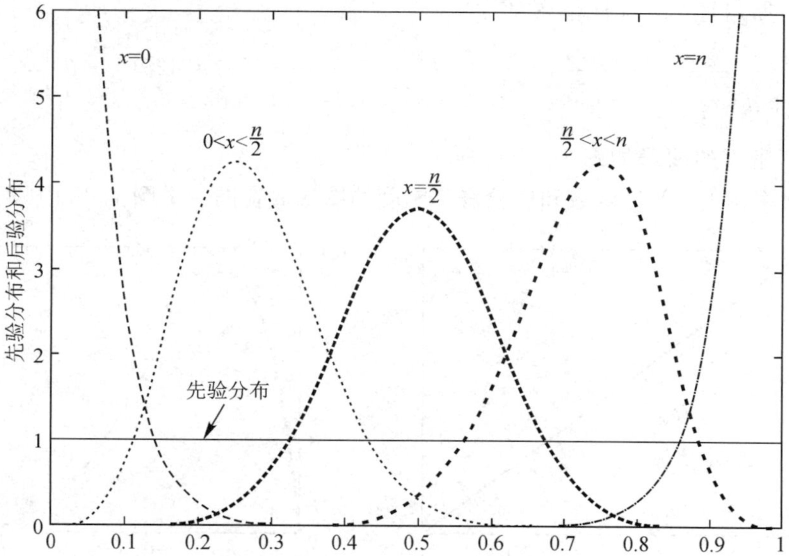

图 3-1 抽样信息对先验分布的调整 $(n=20)$

另外，当 $x < \dfrac{n}{2}$ 时，后验概率密度函数峰值偏左；当 $x > \dfrac{n}{2}$ 时，后验概率密度函数峰值偏右；当 $x = \dfrac{n}{2}$（n 为偶数）时，后验概率密度函数对称，其峰值在 $\dfrac{1}{2}$ 处，如图 3-1 所示。

从上述分析可见，当从总体获得样本 x 后，贝叶斯定理把人们对 θ 的认识从 $\pi(\theta)$ 调整到了 $\pi(\theta\,|\,x)$，而且这种调整是合情合理的。

例 3.4（市场分析问题） 某公司开发了一个新产品，它很不同于其他同类产品，以至于经理对于该新产品在市场上是否具有竞争力没有把握。为此，该经理把这个不确定性量化为一个参数 θ，它是 0 到 1 上连续变化的数。当该产品在市场上极有吸引力时，θ 接近于 1；当该产品在市场上没有什么吸引力时，θ 接近于 0。显然假设 θ 是连续型随机变量具有合理性。

进一步，该经理要对 θ 的先验分布作一个评定：认为 θ 低的可能性大于 θ 高的可能性，也就是认为这个新产品在市场上不是很有竞争力，于是该经理确定 θ 的先验分布用三角分布，其概率密度为

$$\pi(\theta) = \begin{cases} 2(1-\theta), & 0 \leqslant \theta \leqslant 1 \\ 0, & \text{其他} \end{cases}$$

这个先验概率密度的图形如图 3-2(a)所示。

下一步评定似然函数。为了获得有关 θ 的更多信息，该经理调查了 5 个顾客，结果是其中 1 位购买了这个新产品，而另外 4 位没有购买这个新产品。参数 θ 就是这个新产品在市场中有竞争力的度量（简称市场"竞争力"）。

设在整个过程中市场"竞争力"保持不变，而且是否购买这个新产品是独立的。根据二项分布，5 个顾客中有 1 位购买这个新产品的似然为

$$f(\boldsymbol{x}\,|\,\theta) = \mathrm{C}_5^1 \theta^1 (1-\theta)^4 = 5\theta(1-\theta)^4, \quad 0 \leqslant \theta \leqslant 1$$

这个似然函数的图形如图 3-2(b)所示。

根据贝叶斯定理，后验概率密度为

$$\pi(\theta\,|\,\boldsymbol{x}) = \frac{f(\boldsymbol{x}\,|\,\theta)\pi(\theta)}{\displaystyle\int_\Theta f(\boldsymbol{x}\,|\,\theta)\pi(\theta)\mathrm{d}\theta} = \frac{2(1-\theta)\left[5\theta(1-\theta)^4\right]}{\displaystyle\int_0^1 2(1-\theta)\left[5\theta(1-\theta)^4\right]\mathrm{d}\theta} = 42\theta(1-\theta)^5, \quad 0 \leqslant \theta \leqslant 1$$

这个后验概率密度的图形如图 3-2(c)所示。

把先验概率密度、似然函数和后验概率密度的图形放在同一个图中，如图 3-2(d)所示。

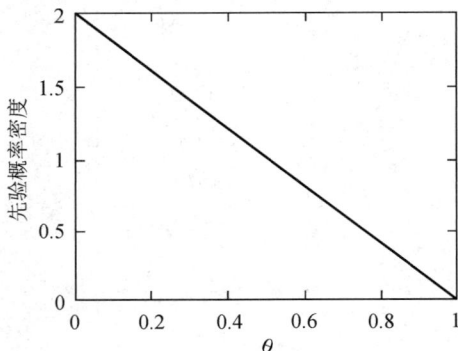

(a) 先验概率密度　　　　　　　　　　(b) 似然函数

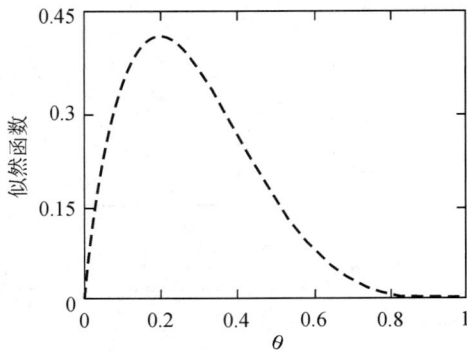

(c) 后验概率密度

(d) 三个函数同图

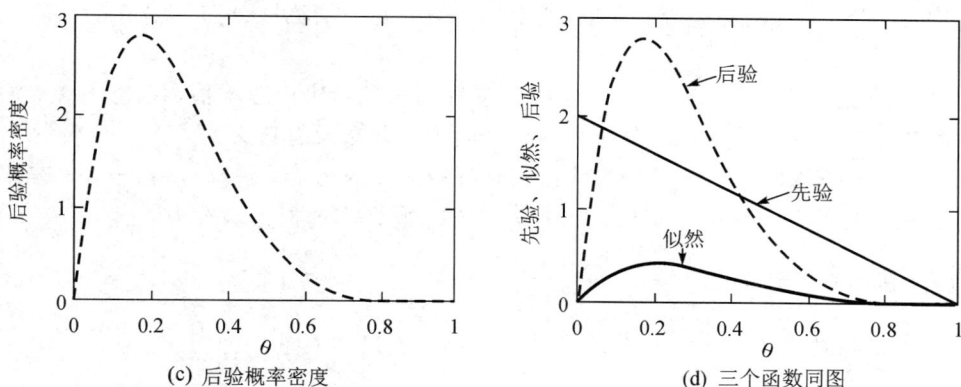

图 3-2　样本信息对先验分布的修正

从上图可以看出应用样本信息（通过似然函数）修正先验概率密度得到后验概率密度的情况。

由此可见，贝叶斯推断可以合理地将先验认知和实际证据结合起来，得到一个更新的后验认知。此外，贝叶斯推断的强大之处在于我们可以迭代地看问题，即在每次有新观测数据后可以得到一个新的后验分布，然后把它作为下个新数据出现前的（新的）先验分布。换句话说，在这个过程中我们通过反复迭代使用贝叶斯定理，持续更新对未知量分布的认知。

3.3　共轭先验分布

式（3.2）从理论上提供了一种方法，利用样本信息修正先验概率密度得到后验概率密度，然而在实际问题中会遇到一些困难。如果先验概率密度和似然函数不是比较简单的函数，则可能很难得到积分的显式解。解决这种困难的一个途径是限制先验分布为某个分布族，这样就发展了"共轭先验分布"的概念。它本质上是一个分布族，当利用其作为先验分布时，计算后验分布较为容易，当然这还取决于似然函数。

3.3.1　共轭先验分布的定义

我们知道，在区间 $[0,1]$ 上的均匀分布 $U(0,1)$ 就是贝塔分布 $Be(1,1)$。从例 3.3 中可以看到一个有趣的现象，如果二项分布 $B(n,\theta)$ 中参数 θ 的先验分布取 $Be(1,1)$，则其后验分布也是贝塔分布 $Be(x+1,n-x+1)$，其中 x 为 n 次独立重复试验中成功出现的次数。先验分布与后验分布同属于一个贝塔分布族，只是其分布参数不同而已。这一现象的出现不是偶然的，假如把 θ 的先验分布换成一般的贝塔分布 $Be(a,b)$，其中 $a>0,b>0$。经过类似计算可以看出（见例 3.6），θ 的后验分布仍然是贝塔分布 $Be(x+a,n-x+b)$，此种先验分布被称为 θ 的共轭先验分布。在其他场合还会遇到另外一些共轭先验分布，一般定义如下：

定义 3.1　设 θ 是总体分布的参数，$\pi(\theta)$ 是 θ 的先验分布，如果由抽样信息计算得到的

后验分布 $\pi(\theta\,|\,\boldsymbol{x})$ 与 θ 的先验分布 $\pi(\theta)$ 属于同一分布族,则称该分布族是 θ 的共轭先验分布(族)。

注意　共轭先验分布是对某一分布中的参数而言的,如正态均值、正态方差、泊松均值等,离开指定参数及其所在的分布去谈论共轭先验分布没有意义。

例 3.5　正态均值(方差已知)的共轭先验分布是正态分布。设 $x_1,x_2,\cdots,x_n$ 是来自正态分布 $N(\theta,\sigma^2)$ 的一个样本观察值,其中 σ^2 已知。此样本的似然函数为

$$f(\boldsymbol{x}\,|\,\theta)=\left(\frac{1}{\sqrt{2\pi}\,\sigma}\right)^n\exp\left\{-\frac{1}{2\sigma^2}\sum_{i=1}^{n}(x_i-\theta)^2\right\},\quad -\infty<x_1,x_2,\cdots,x_n<+\infty \quad (3.6)$$

现取另一个正态分布 $N(\mu,\tau^2)$ 作为正态均值 θ 的先验分布,即

$$\pi(\theta)=\frac{1}{\sqrt{2\pi}\,\tau}\exp\left\{-\frac{(\theta-\mu)^2}{2\tau^2}\right\},\quad -\infty<\theta<+\infty$$

其中,μ 与 τ^2 已知。由此可以写出样本 $\boldsymbol{x}$ 与参数 θ 的联合概率密度:

$$h(\boldsymbol{x},\theta)=k_1\exp\left\{-\frac{1}{2}\left[\frac{n\theta^2-2n\theta\bar{x}+\sum_{i=1}^{n}x_i^2}{\sigma^2}+\frac{\theta^2-2\mu\theta+\mu^2}{\tau^2}\right]\right\}$$

其中 $k_1=\dfrac{1}{(\sqrt{2\pi})^{n+1}\sigma^n\tau}$,$\bar{x}=\dfrac{1}{n}\sum_{i=1}^{n}x_i$。若再记

$$\sigma_0^2=\frac{\sigma^2}{n},\quad A=\frac{1}{\sigma_0^2}+\frac{1}{\tau^2},\quad B=\frac{\bar{x}}{\sigma_0^2}+\frac{\mu}{\tau^2},\quad C=\frac{1}{\sigma_0^2}\sum_{i=1}^{n}x_i^2+\frac{\mu^2}{\tau^2}$$

则有

$$h(\boldsymbol{x},\theta)=k_1\exp\left\{-\frac{1}{2}\left[A\theta^2-2\theta B+C\right]\right\}=k_2\exp\left\{-\frac{\left(\theta-\dfrac{B}{A}\right)^2}{\dfrac{2}{A}}\right\}$$

其中,$k_2=k_1\exp\left\{-\dfrac{1}{2}\left(C-\dfrac{B^2}{A}\right)\right\}$。由此容易得到样本 $\boldsymbol{x}$ 的边缘分布:

$$m(\boldsymbol{x})=\int_{-\infty}^{+\infty}h(\boldsymbol{x},\theta)\,\mathrm{d}\theta=k_2\sqrt{\frac{2\pi}{A}}$$

上述两式相除,即得参数 θ 的后验分布:

$$\pi(\theta\,|\,\boldsymbol{x})=\sqrt{\frac{A}{2\pi}}\exp\left\{-\frac{\left(\theta-\dfrac{B}{A}\right)^2}{\dfrac{2}{A}}\right\} \quad (3.7)$$

上式为正态分布,其均值 μ_1 和方差 τ_1^2 分别为

$$\mu_1=\frac{B}{A}=\frac{\bar{x}\sigma_0^{-2}+\mu\tau^{-2}}{\sigma_0^{-2}+\tau^{-2}},\quad \frac{1}{\tau_1^2}=\frac{1}{\sigma_0^2}+\frac{1}{\tau^2} \quad (3.8)$$

式(3.8)说明了正态均值(方差已知)的共轭先验分布仍然是正态分布。例如,设 $X\sim N(\theta,2^2)$,$\theta\sim N(10,3^2)$。若从正态总体 X 中抽取样本容量为 5 的样本,计算得 $\bar{x}=12.1$,于是根据式(3.8)得 $\mu_1=11.93$ 和 $\tau_1^2=0.86^2$。这时,正态均值 θ 的后验分布为正态分布 $N(11.93,0.86^2)$。

3.3.2　后验分布的计算

在给定样本分布 $f(\boldsymbol{x}|\theta)$ 和先验分布 $\pi(\theta)$ 后可利用贝叶斯定理计算 θ 的后验分布：

$$\pi(\theta\mid\boldsymbol{x})=\frac{f(\boldsymbol{x}\mid\theta)\pi(\theta)}{m(\boldsymbol{x})}$$

由于 $m(\boldsymbol{x})$ 不依赖于 θ，在计算 θ 的后验分布中仅起到一个正则化因子的作用。假如把 $m(\boldsymbol{x})$ 省略，把贝叶斯定理改写为如下等价形式：

$$\pi(\theta\mid\boldsymbol{x})\propto f(\boldsymbol{x}\mid\theta)\pi(\theta) \tag{3.9}$$

其中，符号"$\propto$"表示两边仅差一个不依赖于 θ 的常数因子。式(3.9)右边虽然不是正常的概率密度，但它是后验分布 $\pi(\theta|x)$ 的核，在需要时可以利用适当方式计算出后验概率密度。特别当看出 $\pi(\theta|x)$ 的核就是某常用分布的核时，不用计算 $m(\boldsymbol{x})$ 就可以很快恢复所缺常数因子。如此便可简化后验分布的计算，这在共轭先验分布和非共轭先验分布场合都可以使用。

例 3.6(续例 3.3)　在例 3.3 中我们看到，如果二项分布 $B(n,\theta)$ 中参数 θ 的先验分布取 $Be(1,1)$，即均匀分布 $U(0,1)$，则其后验分布也是贝塔分布 $Be(x+1,n-x+1)$。如果把 θ 的先验分布换成一般的贝塔分布 $Be(a,b)$，其中 $a>0,b>0$。经计算得 θ 的后验分布仍然是贝塔分布 $Be(x+a,n-x+b)$。

事实上，在例 3.3 中，如果二项分布 $B(n,\theta)$ 中参数 θ 的先验分布取贝塔分布 $Be(a,b)$，其概率密度为

$$\pi(\theta)=\frac{1}{B(a,b)}\theta^{a-1}(1-\theta)^{b-1},\quad 0<\theta<1$$

根据例 3.3，似然函数为

$$f(x\mid\theta)=P(X=x\mid\theta)=C_n^x\theta^x(1-\theta)^{n-x},\quad x=0,1,\cdots,n$$

根据贝叶斯定理，则 θ 的后验概率密度为

$$\pi(\theta\mid\boldsymbol{x})=\frac{f(\boldsymbol{x}\mid\theta)\pi(\theta)}{\displaystyle\int_{\Theta}f(\boldsymbol{x}\mid\theta)\pi(\theta)\mathrm{d}\theta}=\frac{\theta^{(x+a)-1}(1-\theta)^{(n-x+b)-1}}{B(x+a,n-x+b)},\quad 0<\theta<1$$

它是贝塔分布 $Be(x+a,n-x+b)$。

3.3.3　共轭先验分布的优缺点

共轭先验分布在很多场合被采用，因为它具有两个优点：

(1) 计算方便，读者可从上述两个例子中体会。

(2) 后验分布的一些参数可以得到很好的解释。

例 3.7(续例 3.5)　在例 3.5 中，其后验均值 μ_1 可改写为

$$\mu_1=\frac{\sigma_0^{-2}}{\sigma_0^{-2}+\tau^{-2}}\bar{x}+\frac{\tau^{-2}}{\sigma_0^{-2}+\tau^{-2}}\mu=\gamma\bar{x}+(1-\gamma)\mu$$

其中，$\gamma=\dfrac{\sigma_0^{-2}}{\sigma_0^{-2}+\tau^{-2}}$ 是用方差倒数组成的权，于是后验均值 μ_1 是样本均值 $\bar{x}$ 与先验均值 μ

的加权平均。若样本均值 $\bar{x}$ 的方差 $\dfrac{\sigma^2}{n}=\sigma_0^2$ 偏小,则其在后验均值的份额就大;若 σ_0^2 较大,则其在后验均值的份额就小,从而先验均值在后验均值的份额就大。这表明后验均值是在先验均值和样本均值间采取的折中方案。

在处理正态分布时,方差的倒数发挥着重要的作用,并称其为精度。于是在正态均值的共轭先验分布讨论中,其后验方差 τ_1^2 所满足的等式

$$\frac{1}{\tau_1^2}=\frac{1}{\sigma_0^2}+\frac{1}{\tau^2}=\frac{n}{\sigma^2}+\frac{1}{\tau^2}$$

可解释为:后验分布的精度是样本均值分布的精度与先验分布精度之和,增加样本容量 n 或减少先验分布方差都有利于提高后验分布的精度。

例 3.8(续例 3.6) 在例 3.6 中,如果二项分布 $B(n,\theta)$ 中参数 θ 的先验分布取贝塔分布 $\mathrm{Be}(a,b)$,则参数 θ 的后验分布是 $\mathrm{Be}(x+a,n-x+b)$。根据这个结果,可以得到后验分布 $\mathrm{Be}(x+a,n-x+b)$ 的均值和方差分别为

$$E(\theta\mid x)=\frac{x+a}{a+b+n}=\frac{n}{a+b+n}\cdot\frac{x}{n}+\frac{a+b}{a+b+n}\cdot\frac{a}{a+b}=\alpha\,\frac{x}{n}+(1-\alpha)\,\frac{a}{a+b}$$

$$D(\theta\mid x)=\frac{(x+a)(n-x+b)}{(a+b+n)^2(a+b+n+1)}=\frac{E(\theta\mid x)[1-E(\theta\mid x)]}{a+b+n+1}$$

其中,$\alpha=\dfrac{n}{a+b+n}$,$\dfrac{x}{n}$ 是样本均值,$\dfrac{a}{a+b}$ 是先验均值。

从上述加权平均可以看出,后验均值介于样本均值与先验均值之间,它偏向哪一侧由 α 的大小决定。另外,当 n 和 x 都比较大,且 $\dfrac{x}{n}$ 接近于某个常数时,则有

$$E(\theta\mid x)\approx\frac{x}{n},\quad D(\theta\mid x)\approx\frac{1}{n}\cdot\frac{x}{n}\left(1-\frac{x}{n}\right)$$

这说明,当样本容量增大时,后验均值决定于样本均值,而后验方差越来越小。此时后验概率密度的变化可以从图 3-3 中看到,随着 n 和 x 成比例增加,后验概率密度越来越向 $\dfrac{x}{n}$ 集中,这时先验信息对后验分布的影响越来越小。

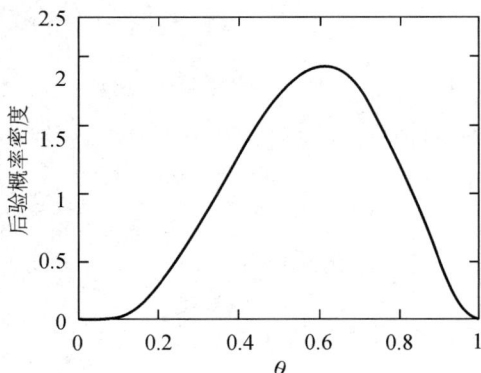

(a) $n=5$,$x=3$ 时后验概率密度

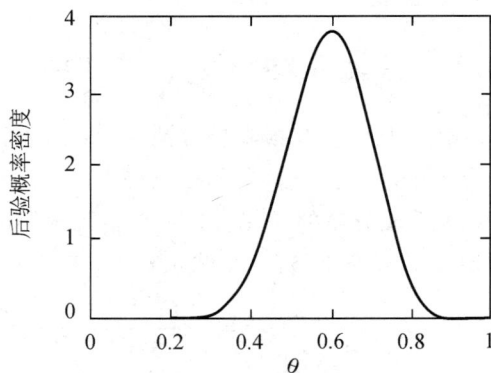

(b) $n=20$,$x=12$ 时后验概率密度

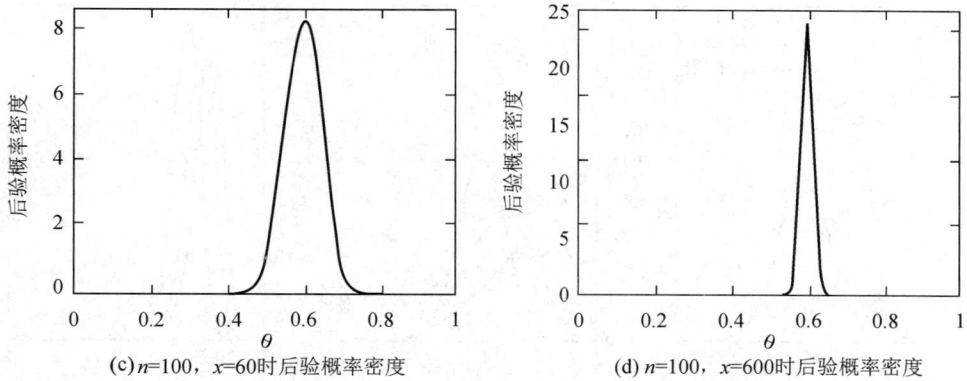

(c) $n=100$, $x=60$时后验概率密度   (d) $n=100$, $x=600$时后验概率密度

图 3-3 不同样本容量和样本观察值下的后验概率密度

例 3.9(续例 3.8) 在例 3.8 中，如果二项分布 $B(n,\theta)$ 中参数 θ 的先验分布取贝塔分布 $\mathrm{Be}(a,b)$，则参数 θ 的后验分布是贝塔分布 $\mathrm{Be}(y+a,n-y+b)$。由此可得，如果二项分布 $B(n,\theta)$ 中参数 θ 的先验分布取贝塔分布 $\mathrm{Be}(1,1)$，则参数 θ 的后验分布是贝塔分布 $\mathrm{Be}(y+1,n-y+1)$。当 $n=5$ 时，图 3-4 给出了观测值 $y=0,1,2,3,4,5$ 时六种后验概率密度。

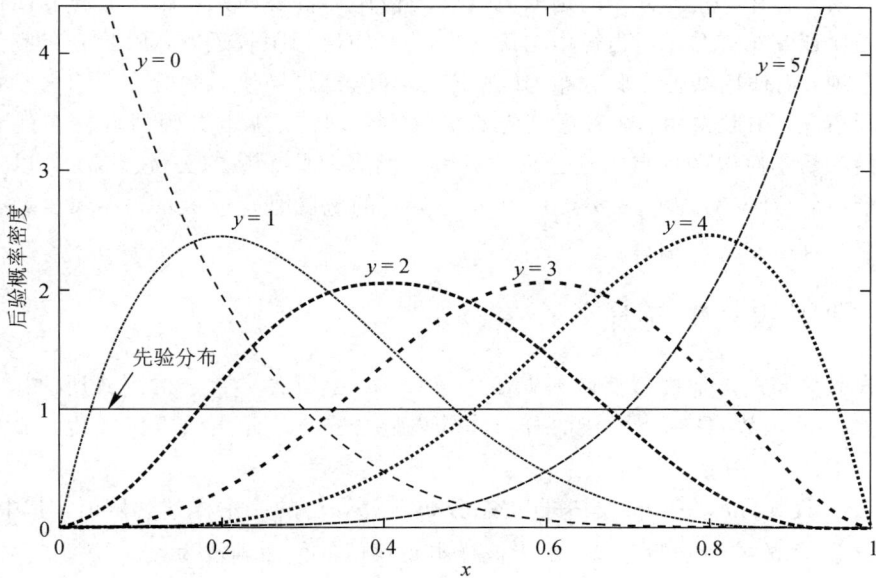

图 3-4 相同样本容量不同观测值下的后验分布

从图 3-4 中可以看出，在相同样本容量下，不同的观测值对后验分布的影响很明显。

例 3.10(续例 3.8) 在例 3.8 中，如果二项分布 $B(n,\theta)$ 中参数 θ 的先验分布取贝塔分布 $\mathrm{Be}(a,b)$，则参数 θ 的后验分布是贝塔分布 $\mathrm{Be}(y+a,n-y+b)$。如果二项分布 $B(n,\theta)$ 中参数 θ 的先验分布分别取贝塔分布 $\mathrm{Be}(1,1)$、$\mathrm{Be}(4,4)$ 和 $\mathrm{Be}(12,12)$，考察两种观测数据 $n=5,y=1$ 和 $n=50,y=10$，此时参数 θ 的最大似然估计为 $\hat{\theta}=0.2$。图 3-5 给出了三种先验分布对后验分布的影响与样本容量的关系。

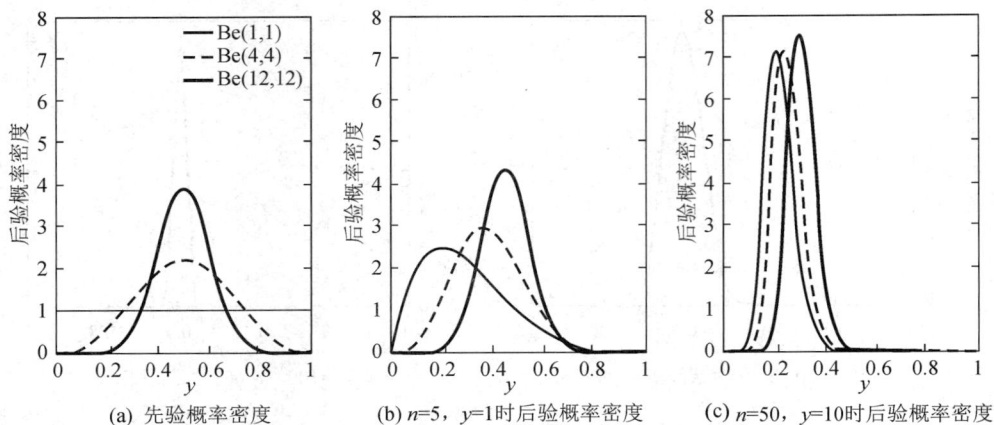

(a) 先验概率密度　　　　(b) $n=5$, $y=1$时后验概率密度　　　　(c) $n=50$, $y=10$时后验概率密度

图 3-5　后验分布随样本容量和先验分布的变化情况

从图 3-5 可以看出，随着样本容量的增加，先验分布对后验分布的影响逐渐减小。这说明在小样本情况下，先验分布的选取较为重要，但随着样本数据信息的增加，先验分布在贝叶斯分析中的敏感性减弱，因此先验分布的选择可以考虑以方便计算为主，如取共轭先验分布等。

在贝叶斯统计中，先验分布的选取应以合理性作为首要原则，计算上的方便性与先验的合理性相比还是第二位的。当样本均值 $\bar{x}$ 与先验均值相距较远时，后验分布应该有两个峰才更为合理。而使用共轭先验分布（如在正态均值场合）导致后验分布只有一个峰，从而会掩盖实际情况，引起误用。在考虑到先验信息的合理性之后，共轭后验分布能充分发挥其计算方便和易于解释的优点。这也正是吸引人们采取此策略的关键。因为，以正态分布为例，先验分布类 $\{N(\mu, \tau^2), -\infty < \mu < +\infty, \tau > 0\}$ 的范围是足够大的，在不少场合使用正态分布能够合理概括先验信息。

3.3.4　常用的共轭先验分布

共轭先验分布的选取由似然函数 $L(\theta) = f(\boldsymbol{x} \mid \theta)$ 中所含参数 θ 的因式所决定，即选择与似然函数（θ 的函数）具有相同核的分布作为先验分布。若此想法得以实现，那共轭先验分布就产生了。

例 3.11　设 $x_1, x_2, \cdots, x_n$ 是来自正态分布 $N(\theta, \sigma^2)$ 的一个样本观测值，其中 θ 已知，先要寻求方差 σ^2 的共轭先验分布，由于该样本观察值的似然函数为

$$f(\boldsymbol{x} \mid \sigma^2) = \left(\frac{1}{\sqrt{2\pi}\sigma}\right)^n \exp\left\{-\frac{1}{2\sigma^2}\sum_{i=1}^{n}(x_i - \theta)^2\right\} \propto \left(\frac{1}{\sigma^2}\right)^{\frac{n}{2}} \exp\left\{-\frac{1}{2\sigma^2}\sum_{i=1}^{n}(x_i - \theta)^2\right\}$$

上述似然函数中 σ^2 的因式将决定 σ^2 的共轭先验分布的形式。什么分布具有上述的核呢？

设 X 服从伽马分布 $\mathrm{Ga}(a, b)$，其中 $a > 0$ 为形状参数，$b > 0$ 为尺度参数，其概率密度为

$$f(x \mid a, b) = \frac{b}{\Gamma(a)}x^{a-1}\mathrm{e}^{-bx}, \quad x > 0$$

通过概率运算可得 $Y = X^{-1}$ 的概率密度为

$$f(y \mid a,b) = \frac{b^a}{\Gamma(a)} \left(\frac{1}{y}\right)^{a+1} e^{-\frac{b}{y}}, \quad y > 0$$

这个分布称为倒伽马分布，记为 $\mathrm{IGa}(a,b)$，其均值为 $E(y) = \dfrac{b}{a-1}$。假如取此倒伽马分布为 σ^2 的先验分布，其中参数 a 与 b 已知，则其概率密度为

$$\pi(\sigma^2) = \frac{b^a}{\Gamma(a)} \left(\frac{1}{\sigma^2}\right)^{a+1} e^{-\frac{b}{\sigma^2}}, \quad \sigma^2 > 0$$

于是 σ^2 的后验分布为

$$\pi(\sigma^2 \mid \boldsymbol{x}) \propto f(\boldsymbol{x} \mid \sigma^2)\pi(\sigma^2) \propto \left(\frac{1}{\sigma^2}\right)^{a+\frac{n}{2}+1} \exp\left\{-\frac{1}{\sigma^2}\left[b + \frac{1}{2}\sum_{i=1}^{n}(x_i - \theta)^2\right]\right\}$$

容易看出，这仍是倒伽马分布 $\mathrm{IGa}\left(a + \dfrac{n}{2}, b + \dfrac{1}{2}\sum_{i=1}^{n}(x_i - \theta)^2\right)$，这表明倒伽马分布 $\mathrm{IGa}(a,b)$ 是正态方差 σ^2 的共轭先验分布。

有趣的是，这个 σ^2 的后验分布的均值可改写为如下加权平均：

$$E(\sigma^2 \mid \boldsymbol{x}) = \frac{b + \dfrac{1}{2}\sum_{i=1}^{n}(x_i - \theta)^2}{a + \dfrac{n}{2} - 1} = \gamma \cdot \frac{b}{a-1} + (1-\gamma) \cdot \frac{1}{2}\sum_{i=1}^{n}(x_i - \theta)^2$$

其中，$\gamma = \dfrac{a-1}{a + \dfrac{n}{2} - 1}$，$\dfrac{b}{a-1}$ 是 σ^2 的共轭先验分布 $\mathrm{IGa}(a,b)$ 的先验均值，$\dfrac{1}{n}\sum_{i=1}^{n}(x_i - \theta)^2$ 是

在 θ 已知条件下的样本方差（样本对 θ 的偏差平方的平均）。由此可知，在取 σ^2 的共轭先验分布场合，其后验均值是 σ^2 的先验均值与样本方差的加权平均。当样本容量足够大时，γ 接近于 0，从而后验均值 $E(\sigma^2 \mid \boldsymbol{x})$ 主要由样本方差决定。当样本容量不大时，后验均值 $E(\sigma^2 \mid \boldsymbol{x})$ 是介于 σ^2 的先验均值与样本方差之间的某一个数。

例 3.12　设 $X_1, X_2, \cdots, X_n$ 是来自参数为 λ 的指数分布 $E(\lambda)$ 的样本，$x_1, x_2, \cdots, x_n$ 为其观察值。若参数 λ 的先验分布为伽马分布 $\mathrm{Ga}(\alpha, \lambda)$，其概率密度函数为

$$f(x \mid a,b) = \frac{b}{\Gamma(a)} x^{a-1} e^{-bx}, \quad x > 0, a > 0, b > 0$$

样本观察值的似然函数为

$$f(\boldsymbol{x} \mid \lambda) = \lambda^n \exp\left\{-\lambda\sum_{i=1}^{n} x_i\right\}$$

于是 λ 的后验分布为

$$\pi(\lambda \mid \boldsymbol{x}) \propto f(\boldsymbol{x} \mid \lambda)\pi(\lambda) \propto \lambda^{a+n-1} \exp\left\{-\lambda\left(b + \sum_{i=1}^{n} x_i\right)\right\}$$

容易看出，这仍是伽马分布 $\mathrm{Ga}\left(a + n, b + \sum_{i=1}^{n} x_i\right)$，这表明伽马分布 $\mathrm{Ga}(a,b)$ 是 λ 的共轭先验分布。

类似地，λ 的后验分布的均值可改写为如下加权平均：

$$E(\lambda \mid \boldsymbol{x}) = \frac{a+n}{b+n\bar{x}} = \gamma \cdot \frac{1}{\bar{x}} + (1-\gamma) \cdot \frac{a}{b}$$

其中，$\gamma = \dfrac{n\bar{x}}{b + n\bar{x}}$，$\dfrac{a}{b}$ 是 λ 的共轭先验分布 $\mathrm{Ga}(a, b)$ 的先验均值，$\dfrac{1}{\bar{x}}$ 是 λ 的最大似然估计。因此，后验均值介于先验均值与参数最大似然估计之间。

在实际中常用的共轭先验分布如表 3-1 所示

表 3-1 常用共轭先验分布

总体分布	参数	共轭先验分布
二项分布	成功概率	贝塔分布 $\mathrm{Be}(a, b)$
泊松分布	均值	伽马分布 $\mathrm{Ga}(a, b)$
指数分布	均值的倒数	伽马分布 $\mathrm{Ga}(a, b)$
正态分布（方差已知）	均值	正态分布 $N(\mu, \tau^2)$
正态分布（均值已知）	方差	倒伽马分布 $\mathrm{IGa}(a, b)$

3.4 贝叶斯统计推断

贝叶斯统计推断是贝叶斯统计的核心内容，主要包括点估计、区间估计和假设检验。

3.4.1 贝叶斯点估计

1. 条件方法

未知参数 θ 的后验分布 $\pi(\theta | x)$ 是集中了总体信息、样本信息和先验信息三种信息中关于 θ 的所有可利用信息，所以有关 θ 的点估计、区间估计和假设检验等统计推断方法都是按照一定方式从后验分布提取信息，其提取方法比经典统计推断要简单明确得多。

后验分布 $\pi(\theta | x)$ 是在样本 x 给定下 θ 的条件分布，基于后验分布的统计推断就意味着只考虑已出现的数据（样本观察值），而认为未出现的数据与推断无关，这一重要的观点被称为"条件观点"，基于这种观点提出的统计推断方法被称为"条件方法"，它与我们熟悉的"频率方法"有很大差别。例如，在对估计量的无偏性认识上，经典统计学认为参数 θ 的无偏估计 $\hat{\theta}(x)$ 应满足

$$E\hat{\theta}(x) = \int_{x} \hat{\theta}(x) f(x | \theta) \mathrm{d}x = \theta$$

其中，平均是对样本空间中所有可能出现的样本而言的，然而实际中样本空间中绝大多数样本尚未出现过，甚至重复数百次也不会出现的样本也要在评价估计量 $\hat{\theta}$ 的好坏中占据一席之地，何况在实际中不少估计量只使用一次或几次，而多数从未出现的样本也要参与平均，这是实际工作者难以理解的，这就是条件观点。因此，在贝叶斯统计推断中不用无偏性，而条件方法是容易被工作者理解和接受的。

2. 损失函数与风险函数

与经典统计类似，贝叶斯统计也有一个好坏的标准问题，对于给定的标准，去寻找最

好的估计。在考虑标准时，通常用损失函数、风险函数来描述。以下先给出几个定义。

定义 3.2 在参数 θ 的取值范围 Θ（参数空间）上，定义一个二元非负实函数 $L(\theta,\hat{\theta})$，称其为损失函数，用以度量在用 $\hat{\theta}$ 去估计 θ 时，由于 $\hat{\theta}$ 与 θ 的不同而引起的损失。通常损失是非负的，因此限定 $L(\theta,\hat{\theta}) \geqslant 0$，其为从 $\Theta \times \Theta$ 到 **R** 上的一个函数。

常见的损失函数如下：

(1) 平方损失函数 $L(\theta,\hat{\theta}) = (\theta-\hat{\theta})^2$；

(2) 绝对损失函数 $L(\theta,\hat{\theta}) = |\theta-\hat{\theta}|$；

(3) 0-1 损失函数 $L(\theta,\hat{\theta}) = \begin{cases} 1, & \hat{\theta} \neq \theta \\ 0, & \hat{\theta} = \theta \end{cases}$。

定义 3.3 对于损失函数 $L(\theta,\hat{\theta})$，用 $\hat{\theta}(x)$ 去估计 θ 时，

$$R_{\hat{\theta}(x)}(\theta) = E[L(\theta,\hat{\theta})]$$

称 $R_{\hat{\theta}(x)}(\theta)$ 为 $\hat{\theta}(x)$ 相应的风险函数，简称风险函数。当 $\hat{\theta}(x)$ 不标明时，把 $R_{\hat{\theta}(x)}(\theta)$ 表示为 $R(\theta)$。

当损失函数给定后，好的估计应该使该风险函数尽量小。当 $L(\theta,\hat{\theta}) = (\theta-\hat{\theta})^2$ 时，

$$R_{\hat{\theta}(x)}(\theta) = E[\hat{\theta}(x)-\theta]^2$$

这就是 $\hat{\theta}(x)$ 对 θ 的均方误差。

定义 3.4 如 $\hat{\theta}^*(x)$ 在估计类 G 中使等式

$$R_{\hat{\theta}^*(x)}(\theta) = \min R_{\hat{\theta}(x)}(\theta), \quad \forall \theta \in \Theta$$

成立，则称 $\hat{\theta}^*(x)$ 是 G 中一致最小风险。

给定损失函数 $L(\theta,\hat{\theta})$，理想的估计就是定义 3.4 中的一致最小风险估计，这就是经典方法的观点。

从贝叶斯方法的观点来看，由于 $R_{\hat{\theta}(x)}(\theta)$ 是 θ 的函数，而参数 θ 是随机变量，它有先验分布 $\pi(\theta)$，于是 $\hat{\theta}(x)$ 的损失应由积分

$$\int_{\Theta} R_{\hat{\theta}(x)}(\theta)\pi(\theta)\mathrm{d}\theta$$

衡量，将上述积分记为 $\rho(\hat{\theta}(x),\pi(\theta)) = \int_{\Theta} R_{\hat{\theta}(x)}(\theta)\pi(\theta)\mathrm{d}\theta$。

若能找到一个 $\hat{\theta}^*(x)$，使 $\rho(\hat{\theta}(x),\pi(\theta))$ 达到最小，从贝叶斯观点看是最佳估计，于是有如下定义。

定义 3.5 若 $\hat{\theta}^*(x)$ 使

$$\rho(\hat{\theta}^*(x),\pi(\theta)) = \min_{\hat{\theta}(x)} \rho(\hat{\theta}(x),\pi(\theta))$$

则称 $\hat{\theta}^*(x)$ 是针对 $\pi(\theta)$ 的贝叶斯解，简称贝叶斯解。

从定义 3.5 知，贝叶斯解不仅与损失函数的选取有关，而且与先验分布也有关。求贝

叶斯解有如下的一般结果。

定理 3.1 对于给定的损失函数 $L(\theta,\hat{\theta})$ 及先验分布 $\pi(\theta)$，若样本 x 对 θ 的条件概率密度为 $f(x|\theta)$，记

$$R(\hat{\theta}(x) \mid x) = \int_{\Theta} L[\theta,\hat{\theta}(x)] f(x \mid \theta) \pi(\theta) \mathrm{d}\theta$$

称它为 $\hat{\theta}(x)$ 的后验风险。当

$$R(\hat{\theta}^*(x) \mid x) = \min_{\hat{\theta}(x)} R(\hat{\theta}(x) \mid x), \quad \forall x$$

成立，则 $\hat{\theta}^*(x)$ 就是 $\pi(\theta)$ 相应的贝叶斯解，即有

$$\rho(\hat{\theta}^*(x), \pi(\theta)) = \min_{\hat{\theta}(x)} \rho(\hat{\theta}(x), \pi(\theta))$$

定理 3.1 说明，如果有一个 θ 的估计使得对于每一个样本观察值 x，后验风险达到最小，它就是所要求的贝叶斯解，该定理有如下三个重要的特殊情况。

推论 3.1 若损失函数为平方损失函数 $L(\theta,\hat{\theta}) = (\theta-\hat{\theta})^2$，则参数 θ 的贝叶斯解就是后验期望 $E(\theta|x)$。

推论 3.2 若损失函数为绝对损失函数 $L(\theta,\hat{\theta}) = |\theta-\hat{\theta}|$，则参数 θ 的贝叶斯解就是后验分布的中位数。

推论 3.3 若损失函数为 0-1 损失函数 $L(\theta,\hat{\theta}) = \begin{cases} 1, & \hat{\theta} \neq \theta \\ 0, & \hat{\theta} = \theta \end{cases}$，则参数 θ 的贝叶斯解就是后验分布的众数。

3. 贝叶斯点估计

定义 3.6 用后验概率密度 $\pi(\theta|x)$ 达到最大时 θ 取值作为估计量，称为 θ 的后验众数估计或广义最大似然估计，记为 $\hat{\theta}_{MD}$；用后验分布的中位数作为 θ 的估计量，称为后验中位数估计，记为 $\hat{\theta}_{ME}$；用后验分布的期望值作为 θ 的估计量，称为后验期望估计，记为 $\hat{\theta}_E$。这三个估计也都称为 θ 的贝叶斯估计，记为 $\hat{\theta}_B$，在不引起混淆时也可记为 $\hat{\theta}$。

注意 在一般场合下，这三种贝叶斯估计是不同的，但当后验概率密度对称时，三种贝叶斯估计重合。使用时可根据需要选用其中一种估计，或者说，这三种估计是适合不同的实际需要而沿用至今的。一般说来，当先验分布为共轭先验时，上述三种估计比较容易求得。

例 3.13 设 $x_1, x_2, \cdots, x_n$ 是来自正态总体 $N(\theta,\sigma^2)$ 的一个样本观察值，其中 σ^2 已知，若取 θ 的共轭先验分布 $N(\mu,\tau^2)$ 作为 θ 的先验分布，其中 μ 和 τ^2 已知。由例 3.5 知，θ 的后验分布为 $N(\mu_1,\sigma_1^2)$，其中 μ_1 和 σ_1^2 如式 (3.8) 所示。由于正态分布的对称性，θ 的三种贝叶斯估计重合，即 $\hat{\theta}_{MD} = \hat{\theta}_{ME} = \hat{\theta}_E$，或者说 θ 的贝叶斯估计为

$$\hat{\theta}_B = \frac{\sigma_0^2 \mu + \tau^2 \bar{x}}{\sigma_0^2 + \tau^2}$$

其中，$\sigma_0^2 = \dfrac{\sigma^2}{n}$，$\hat{\theta}_B$ 是先验均值与样本均值的加权平均。

作为一个数值例子，我们考虑对一个儿童做智力测验，设测验结果 $X \sim N(\theta, 100)$，其中 θ 在心理学中定义为该儿童的智商，根据过去多次测验，可设 $\theta \sim N(100, 225)$。应用上述方法，在 $n = 1$ 时，可得在给定 $X = x$ 条件下，该儿童智商 θ 的后验分布是正态分布 $N(\mu_1, \sigma_1^2)$，其中

$$\mu_1 = \frac{100 \times 100 + 225x}{100 + 225} = \frac{400 + 9x}{13}, \quad \sigma_1^2 = \frac{100 \times 225}{100 + 225} = \frac{900}{13} = 8.32^2$$

假如该儿童这次测验得分是 115 分，则其智商的贝叶斯估计为

$$\hat{\theta}_B = \frac{400 + 9 \times 115}{13} = 110.38$$

例 3.14 为估计不合格品率 θ，从一批产品中随机抽取 n 件，其中不合格品数 $X \sim B(n, \theta)$，若取 θ 的先验分布为 $\mathrm{Be}(1, 1)$，即 θ 的先验分布为 $U(0, 1)$，假定 $x = 0$。求 θ 的后验中位数估计。

解 由例 3.3 知，当 θ 的先验分布为 $U(0, 1)$ 时，θ 的后验分布为 $\mathrm{Be}(x+1, n-x+1)$。当 $x = 0$ 时，θ 的后验概率密度为

$$\pi(\theta \mid x) = (n+1)(1-\theta)^n, \quad 0 < \theta < 1$$

令 $\hat{\theta}_{ME}$ 为 θ 的后验中位数估计，则有

$$\frac{1}{2} = \int_0^{\hat{\theta}_{ME}} (n+1)(1-\theta)^n \, d\theta = 1 - (1 - \hat{\theta}_{ME})^{n+1}$$

解得 $\hat{\theta}_{ME} = 1 - 2^{-\frac{1}{n+1}}$，即 θ 的后验中位数估计为 $1 - 2^{-\frac{1}{n+1}}$。

例 3.15 设 x 是来自如下指数分布的一个观察值：

$$f(x \mid \theta) = \mathrm{e}^{-(x-\theta)}, \quad x \geqslant \theta$$

取 θ 的先验分布为柯西分布 $C(0, 1)$，即

$$\pi(\theta) = \frac{1}{\pi(1 + \theta^2)}, \quad -\infty < \theta < +\infty$$

求 θ 的后验众数估计。

解 参数 θ 的后验概率密度为

$$\pi(\theta \mid x) = \frac{f(x \mid \theta)\pi(\theta)}{m(x)} = \frac{\mathrm{e}^{-(x-\theta)}}{m(x)\pi(1 + \theta^2)}, \quad \theta \leqslant x$$

为了寻求 θ 的最大后验估计 $\hat{\theta}_{MD}$，对后验概率密度使用微分运算，得

$$\frac{d\pi(\theta \mid x)}{d\theta} = \frac{\mathrm{e}^{-x}}{m(x)} \frac{\mathrm{e}^{-\theta}(\theta - 1)^2}{\pi(1 + \theta^2)^2} \geqslant 0$$

故 $\pi(\theta \mid \boldsymbol{x})$ 在 $\theta \leqslant x$ 范围内单调递增，因此当 $\theta = x$ 时达到最大，所以 $\hat{\theta}_{MD} = x$。

例 3.16 设 $\boldsymbol{X} = (X_1, X_2, \cdots, X_n)$ 是来自均匀分布 $U(1, \theta)$ 的一个样本，又设 θ 的先验分布为 Pareto 分布 $\mathrm{Pa}(\lambda, \theta_0)$，其分布函数和概率密度分别为

$$F(\theta) = 1 - \left(\frac{\theta_0}{\theta}\right)^\lambda, \quad \pi(\theta) = \frac{\lambda \theta_0^\lambda}{\theta^{\lambda+1}}, \quad \lambda > 0, \theta_0 > 0$$

θ 的数学期望为 $E(\theta) = \dfrac{\lambda}{\lambda - 1}\theta_0$。

在上述假设下，样本 $\boldsymbol{X}$ 与 θ 的联合分布为

$$f(\boldsymbol{x}, \theta) = \frac{\lambda \theta_0^{\lambda}}{\theta^{\lambda+n+1}}, \quad 0 < x_i < \theta;\ i = 1, 2, \cdots, n;\ 0 < \theta_0 < \theta$$

设 $\theta_1 = \max(x_1, x_2, \cdots, x_n, \theta_0)$，则样本 $\boldsymbol{X}$ 的边缘分布为

$$m(\boldsymbol{x}) = \int_{\theta_1}^{+\infty} \frac{\lambda \theta_0^{\lambda}}{\theta^{\lambda+n+1}} \mathrm{d}\theta = \frac{\lambda \theta_0^{\lambda}}{(\lambda + n)\theta_1^{\lambda+n}}, \quad 0 < x_i < \theta_1$$

由此可得 θ 的后验概率密度：

$$h(\theta \mid \boldsymbol{x}) = \frac{f(\boldsymbol{x}, \theta)}{m(\boldsymbol{x})} = \frac{(\lambda + n)\theta_1^{\lambda+n}}{\theta^{\lambda+n+1}}, \quad \theta > \theta_1$$

这仍是 Pareto 分布 $\mathrm{Pa}(\lambda + n, \theta_1)$。

在绝对损失函数下，θ 的贝叶斯估计 $\hat{\theta}_{\mathrm{B}}$ 是后验分布的中位数 $\hat{\theta}_{\mathrm{ME}}$，即下列方程的解：

$$1 - \left(\frac{\theta_1}{\theta_{\mathrm{B}}}\right)^{\lambda+n} = \frac{1}{2}$$

解得 $\hat{\theta}_{\mathrm{B}} = 2^{\frac{1}{\lambda+n}}\theta_1$。

若取平方损失函数，则 θ 的贝叶斯估计 $\hat{\theta}_{\mathrm{B}}$ 是后验均值，即

$$\hat{\theta}_{\mathrm{B}} = \frac{\lambda + n}{\lambda + n - 1}\theta_1$$

4. 贝叶斯估计的误差

设 $\hat{\theta}$ 是 θ 的一个贝叶斯估计，在给定样本后，$\hat{\theta}$ 是一个数，在综合各种信息后 θ 是按后验分布 $\pi(\theta|\boldsymbol{x})$ 取值，所以评定一个贝叶斯估计的误差最好而又简便的方式是用 θ 对 $\hat{\theta}$ 的后验均方差或其平方根来度量，具体定义如下：

定义 3.7 设参数 θ 的后验分布为 $\pi(\theta|\boldsymbol{x})$，贝叶斯估计为 $\hat{\theta}$，则 $(\theta - \hat{\theta})^2$ 的后验期望

$$\mathrm{MSE}(\hat{\theta} \mid \boldsymbol{x}) = E_{\theta|\boldsymbol{x}}(\hat{\theta} - \theta)^2$$

称为 $\hat{\theta}$ 的后验均方差，而其平方根 $[\mathrm{MSE}(\hat{\theta}|\boldsymbol{x})]^{\frac{1}{2}}$ 称为 $\hat{\theta}$ 的后验标准误差，其中符号 $E_{\theta|\boldsymbol{x}}$ 表示对条件分布 $\pi(\theta|\boldsymbol{x})$ 求期望。估计量的后验均方差越小，贝叶斯估计的误差就越小。当 $\hat{\theta}$ 为 θ 的后验期望 $\hat{\theta}_{\mathrm{E}} = E(\theta|\boldsymbol{x})$ 时，有

$$\mathrm{MSE}(\hat{\theta}_{\mathrm{E}} \mid \boldsymbol{x}) = E_{\theta|\boldsymbol{x}}(\hat{\theta}_{\mathrm{E}} - \theta)^2 = D(\theta \mid \boldsymbol{x})$$

称为后验方差，其平方根 $[D(\theta|\boldsymbol{x})]^{\frac{1}{2}}$ 称为后验标准差。

后验均方差与后验方差有如下关系：

$$\begin{aligned}
\mathrm{MSE}(\hat{\theta} \mid \boldsymbol{x}) &= E_{\theta|\boldsymbol{x}}(\hat{\theta} - \theta)^2 \\
&= E_{\theta|\boldsymbol{x}}[(\hat{\theta} - \hat{\theta}_{\mathrm{E}}) + (\hat{\theta}_{\mathrm{E}} - \theta)]^2 \\
&= (\hat{\theta} - \hat{\theta}_{\mathrm{E}})^2 + D(\theta \mid \boldsymbol{x})
\end{aligned}$$

这表明，当 $\hat{\theta}$ 为后验均值 $\hat{\theta}_{\mathrm{E}} = E(\theta|\boldsymbol{x})$ 时，可使后验均方差达到最小，所以在实际中常常取

后验均值作为 θ 的贝叶斯估计值。

从这个定义还可看出，后验方差及后验均方差只依赖于样本 $\mathbf{X}$，不依赖于参数 θ，故当样本给定后，它们都是确定的实数，立即可以应用。在经典统计中，估计量的方差还常常依赖于被估参数 θ，使用时常用估计值 $\hat{\theta}$ 取代 θ，获得其近似方差才可应用。另外在计算上，后验方差的计算在本质上不会比后验均值的计算更复杂，因为它们都用同一个后验分布计算。而在经典统计中，估计量的方差计算有时还要涉及抽样分布（估计量的分布）。我们知道，寻求抽样分布在经典统计中常常是一个困难的数学问题，然而，在贝叶斯估计中从不涉及寻求抽样分布的问题，这是因为贝叶斯估计对未出现的样本不加考虑的缘故，当然这也是从条件观点导出的一个必然结果。

例 3.17　设一批产品的不合格率为 θ，对其逐个进行检查，直到发现第一个不合格品就停止检查。若设 X 为发现第一个不合格品时已检查的产品数，设 X 服从几何分布，其分布列为

$$P(X=x \mid \theta)=\theta(1-\theta)^{x-1}, \quad x=1,2,\cdots$$

假如其中参数 θ 取值只能为 $\frac{1}{4},\frac{2}{4}$ 和 $\frac{3}{4}$，并以相同概率取这三个值。如今只获得一个样本观察值 $x=3$，求 θ 的最大后验估计 $\hat{\theta}_{\mathrm{MD}}$，并计算它的误差。

解　θ 的先验分布为

$$P\left(\theta=\frac{i}{4}\right)=\frac{1}{3}, \quad i=1,2,3$$

在 θ 给定的条件下，$X=3$ 的条件概率为

$$P(X=3 \mid \theta)=\theta(1-\theta)^2$$

于是联合概率为

$$P\left(X=3,\theta=\frac{i}{4}\right)=\frac{1}{3}\cdot\frac{i}{4}\cdot\left(1-\frac{i}{4}\right)^2$$

$X=3$ 的无条件概率为

$$P(X=3)=\frac{1}{3}\left[\frac{1}{4}\cdot\left(1-\frac{1}{4}\right)^2+\frac{2}{4}\cdot\left(1-\frac{2}{4}\right)^2+\frac{3}{4}\cdot\left(1-\frac{3}{4}\right)^2\right]=\frac{5}{48}$$

于是在 $X=3$ 条件下，θ 的后验分布列为

$$P\left(\theta=\frac{i}{4} \mid X=3\right)=\frac{P\left(X=3,\theta=\frac{i}{4}\right)}{P(X=3)}=\frac{4i}{5}\cdot\left(1-\frac{i}{4}\right)^2, \quad i=1,2,3$$

即

θ	$\frac{1}{4}$	$\frac{2}{4}$	$\frac{3}{4}$
$P\left(\theta=\frac{i}{4}\mid X=3\right)$	$\frac{9}{20}$	$\frac{8}{20}$	$\frac{3}{20}$

可以看出，θ 的最大后验估计是 $\hat{\theta}_{\mathrm{MD}}=\frac{1}{4}$。

为了计算此贝叶斯估计的误差，首先计算上述后验分布的均值与方差：

$$E(\theta \mid X = 3) = \frac{17}{40}, \quad E(\theta^2 \mid X = 3) = \frac{17}{80}$$

于是后验方差 $D(\theta \mid X = 3) = \frac{17}{80} - \left(\frac{17}{40}\right)^2 = \frac{51}{1600}$，利用前述公式，最大后验估计 $\hat{\theta}_{MD}$ 的后验均方差为

$$\mathrm{MSE}(\hat{\theta} \mid X = 3) = D(\theta \mid X = 3) + (\hat{\theta}_{MD} - \hat{\theta}_E)^2 = \frac{51}{1600} + \left(\frac{1}{4} - \frac{17}{40}\right)^2 = \frac{1}{16}$$

而其后验标准差为 $\left[\mathrm{MSE}(\hat{\theta} \mid X = 3)\right]^{\frac{1}{2}} = \frac{1}{4}$。

3.4.2 贝叶斯区间估计

1. 可信区间

对于区间估计问题，贝叶斯方法具有处理方便和含义清晰的优点，而经典方法寻求的置信区间常常难以给出合理解释。

当得到参数 θ 的后验分布 $\pi(\theta \mid x)$ 后，则可以立即计算出 θ 落在某区间 $[a,b]$ 内的后验概率为 $1-\alpha$ 的区间估计，即

$$P(a \leqslant \theta \leqslant b \mid x) = 1 - \alpha$$

这样的区间 $[a,b]$ 就是 θ 的贝叶斯区间估计，又称为可信区间，这是在 θ 为连续随机变量时的情形。若 θ 为离散随机变量，对于给定的概率 $1-\alpha$，满足上式的区间 $[a,b]$ 不一定存在，这时只有将左边概率适当放大一点使 $P(a \leqslant \theta \leqslant b \mid x) \geqslant 1-\alpha$，这样的区间也是 θ 的贝叶斯可信区间，其一般定义如下：

定义 3.8 设参数 θ 的后验分布为 $\pi(\theta \mid x)$，对于给定的样本 x 和概率 $1-\alpha$ $(0 < \alpha < 1)$，若存在这样的两个统计量 $\hat{\theta}_L = \hat{\theta}_L(x)$ 和 $\hat{\theta}_U = \hat{\theta}_U(x)$，使得

$$P(\hat{\theta}_L \leqslant \theta \leqslant \hat{\theta}_U \mid x) \geqslant 1 - \alpha$$

则称区间 $[\hat{\theta}_L, \hat{\theta}_U]$ 为参数 θ 的可信水平为 $1-\alpha$ 的贝叶斯可信区间，或简称为 θ 的 $1-\alpha$ 可信区间。而满足

$$P(\theta \geqslant \hat{\theta}_L \mid x) \geqslant 1 - \alpha$$

的 $\hat{\theta}_L$ 称为 θ 的 $1-\alpha$（单侧）可信下限。满足

$$P(\theta \leqslant \hat{\theta}_U \mid x) \geqslant 1 - \alpha$$

的 $\hat{\theta}_U$ 称为 θ 的 $1-\alpha$（单侧）可信上限。

这里的可信水平和可信区间与经典统计中的置信水平和置信区间虽是同类概念，但两者还有本质区别，主要表现在以下两点：

（1）基于后验分布 $\pi(\theta \mid x)$，在给定 x 和 $1-\alpha$ 后可求得具体的可信区间，如 θ 的 $1-\alpha = 0.9$ 的可信区间为 $[1.5, 2.4]$，这时可以写成

$$P(1.5 \leqslant \theta \leqslant 2.4 \mid x) = 0.9$$

我们既可以说"θ 属于这个区间的概率为 0.9"，也可以说"θ 落入这个区间的概率为 0.9"。但对置信区间就不能这样说，因为经典统计认为 θ 为未知常数，它要么在区间 $[1.5, 2.4]$

内，要么在区间外，不能说"θ 落在 $[1.5, 2.4]$ 的概率为 0.9"，而只能说"在 100 次重复使用这个置信区间时，大约有 90 次能覆盖 θ"。这种频率解释对仅适用这个置信区间一次或两次的人来说毫无意义。相比之下，贝叶斯可信区间简单、自然、容易被人接受和理解。事实上很多实际工作者把求得的置信区间当作可信区间去使用。

（2）在经典统计中寻求置信区间有时是困难的，因为要设法构造一个枢轴量（含有待估参数的随机变量），使它的分布不含有未知参数，这是一项技术性很强的工作，不熟悉"抽样分布"是很难完成的，而寻求可信区间只需要利用后验分布，不需要再去寻求另外的分布，相对而言要简单得多。

例 3.18　设 $x_1, x_2, \cdots, x_n$ 是来自正态总体 $N(\theta, \sigma^2)$ 的一个样本观察值，其中 σ^2 已知，若正态均值 θ 的先验分布取为 $N(\mu, \tau^2)$，其中 μ 和 τ^2 已知。由例 3.5 知，θ 的后验分布为 $N(\mu_1, \sigma_1^2)$，其中 μ_1 和 σ_1^2 如式（3.8）所示，由此很容易获得 θ 的 $1-\alpha$ 可信区间

$$P\left(\mu_1 - \sigma_1 z_{\frac{\alpha}{2}} \leqslant \theta \leqslant \mu_1 + \sigma_1 z_{\frac{\alpha}{2}}\right) = 1 - \alpha$$

其中，$z_{\frac{\alpha}{2}}$ 是标准正态分布的 $\frac{\alpha}{2}$ 分位数。

在儿童智商测试中（见例 3.13），$X \sim N(\theta, 100)$，$\theta \sim N(100, 225)$，在仅取一个样本（$n=1$）的情况下，算得一个儿童智商 θ 的后验分布为 $N(\mu_1, \sigma_1^2)$，其中：

$$\mu_1 = \frac{1400 + 9x}{13}, \quad \sigma_1^2 = 8.32^2$$

该儿童在一次智商测验中得 $x=115$，立即可得其智商 θ 的后验分布 $N(110.38, 8.32^2)$ 及 θ 的 0.95 可信区间 $[94.07, 126.69]$，即

$$P(94.07 \leqslant \theta \leqslant 126.69) = 0.95$$

在这个例子中，若不用先验信息，仅用抽样信息，则按经典方法，由 $X \sim N(\theta, 100)$ 和 $x=115$ 也可求出 θ 的 0.95 置信区间：

$$(115 - 1.96 \times 10, 115 + 1.96 \times 10) = (95.4, 134.6)$$

这两个区间是不同的，区间长度也不相等，可信区间的长度短一些是由于使用了先验信息的缘故。另一个差别是经典方法不允许说 θ 落于区间 $(95.4, 134.6)$ 内的概率是 0.95，也不能说区间 $(95.4, 134.6)$ 覆盖 θ 的概率是 0.95。在这一束缚下，区间 $(95.4, 134.6)$ 还能有什么用处呢？这就是置信区间常受到批评的原因，可有不少人仍在使用置信区间的结果，在他们心中总认为 θ 在区间 $(95.4, 134.6)$ 内的概率为 0.95，这就把此区间当作可信区间去使用了。

2. 最大后验密度可信区间

衡量一个可信区间的好坏，一方面看它的可信度 $1-\alpha$，另一方面看它的精度，即区间长度。可信度 $1-\alpha$ 越大，精度越高（即区间越短）。寻找最优可信区间的方法是控制可信度为 $1-\alpha$ 的可信区间不止一个，但其中必有一个是最短的。

等尾可信区间在实际中经常被应用，但不是最理想的，最理想的可信区间应是区间长度最短，这只要使具有最大后验密度函数值不超过区间内的后验概率密度函数值即可，这样的区间称为最大后验密度（Highest Posterior Density, HPD）可信区间，其一般定义如下：

定义 3.9　设参数 θ 的后验概率密度为 $\pi(\theta \mid x)$，对给定的概率 $1-\alpha$（$0 < \alpha < 1$），若在直线上存在这样一个集合 C，满足下列两个条件：

① $P(\theta \in C | \boldsymbol{x}) = 1 - \alpha$;

② 对任给的 $\theta_1 \in C$ 和 $\theta_2 \notin C$，总有 $\pi(\theta_1 | \boldsymbol{x}) > \pi(\theta_2 | \boldsymbol{x})$，

则称 C 为 θ 的可信水平 $1 - \alpha$ 最大后验密度可信集，简称 $1 - \alpha$ HPD 可信集（区间）。

这个定义是仅对后验概率密度而给的，这是因为当 θ 为离散随机变量时，HPD 可信集很难实现。从这个定义可见，当后验概率密度 $\pi(\theta | \boldsymbol{x})$ 为单峰时（见图 3-6(a)），一般总可找到 HPD 置信区间，而当后验概率密度 $\pi(\theta | \boldsymbol{x})$ 为多峰时（见图 3-6(b)），可能得到几个互不连接的区间组成的 HPD 可信集，此时很多统计学家建议：放弃 HPD 准则，采用相连接的等尾可信区间为宜。顺便指出，当后验概率密度出现多峰时，常常是由于先验信息与抽样信息不一致引起的，认识和研究此种异常信息往往是重要的，共轭先验分布大多是单峰的，这必导致后验分布也是单峰的，它可能会掩盖这种异常，这种掩盖有时是不好的，这就告诉我们，要慎重对待和使用共轭先验分布。

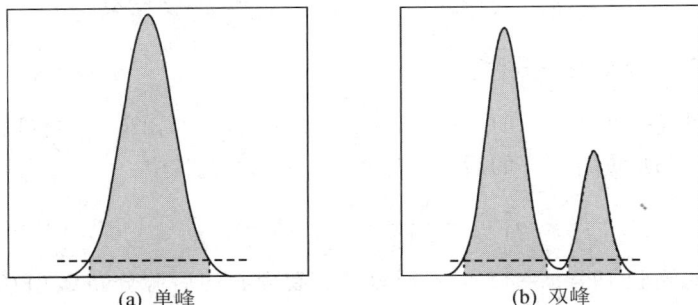

(a) 单峰　　　　　　　　(b) 双峰

图 3-6　HPD 可信区间与 HPD 可信集

当后验概率密度为单峰和对称时，寻求 $1 - \alpha$ HPD 可信区间较为容易，它就是等尾可信区间，当后验概率密度虽为单峰，但不对称时，寻求 HPD 可信区间并不容易，这时可用计算机进行数值计算。例如，当后验概率密度 $\pi(\theta | \boldsymbol{x})$ 是 θ 的单峰连续函数时，可按下述方法逐步逼近，从而获得 θ 的 $1 - \alpha$ HPD 可信区间：

(1) 对给定的 k，建立子程序；解方程 $\pi(\theta | \boldsymbol{x}) = k$，解得 $\theta_1(k)$ 和 $\theta_2(k)$，从而组成一个区间

$$C(k) = [\theta_1(k), \theta_2(k)] = \{\theta : \pi(\theta | \boldsymbol{x}) \geqslant k\}$$

(2) 建立第二个子程序，用来计算概率：

$$P(\theta \in C(k) | \boldsymbol{x}) = \int_{C(k)} \pi(\theta | \boldsymbol{x}) d\theta$$

(3) 对给定的 k，若 $P(\theta \in C(k) | \boldsymbol{x}) \approx 1 - \alpha$，则 $C(k)$ 即为所求的 HPD 可信区间：

① 若 $P(\theta \in C(k) | \boldsymbol{x}) > 1 - \alpha$，则增大 k，再转入 (1) 和 (2)；

② 若 $P(\theta \in C(k) | \boldsymbol{x}) < 1 - \alpha$，则减小 k，再转入 (1) 和 (2)。

例 3.19　设 $X_1, X_2, \cdots, X_n$ 是从正态分布 $N(\theta, \sigma^2)$ 中抽取的随机样本，其中，σ^2 已知，θ 的先验分布为无信息先验，即 $\pi(\theta) \equiv 1, \theta \in \mathbf{R}$，求 θ 的 $1 - \alpha$ HPD 可信区间。

解　易知 θ 的后验分布 $\pi(\theta | \boldsymbol{x})$ 为 $N\left(\bar{x}, \dfrac{\sigma^2}{n}\right)$。后验分布为单峰且关于 $\bar{x}$ 对称，故 $1 - \alpha$ HPD 可信区间为

$$\left[\bar{x} - \frac{\sigma}{\sqrt{n}}z_{\frac{\alpha}{2}}, \bar{x} + \frac{\sigma}{\sqrt{n}}z_{\frac{\alpha}{2}}\right]$$

其中，$z_{\frac{\alpha}{2}}$ 为 $N(0,1)$ 的上 $\frac{\alpha}{2}$ 分位数。这与经典统计得到的置信区间相同，再次说明经典方法获得的区间估计是特殊先验分布下的贝叶斯区间估计。

例 3.20　设 $X_1, X_2, \cdots, X_n$ 是从柯西分布 $C(\theta, 1)(\theta > 0)$ 中抽取的随机样本，取先验 $\pi(\theta) \equiv 1, \theta \in \mathbf{R}$，求 θ 的 $1 - \alpha$ HPD 可信区间。

解　样本 $\boldsymbol{X} = (X_1, X_2, \cdots, X_n)$ 的联合概率密度为

$$f(\boldsymbol{x} \mid \theta) = \prod_{i=1}^{n} \frac{1}{\pi[1 + (x_i - \theta)^2]}$$

故 θ 的后验概率密度为

$$\pi(\boldsymbol{x} \mid \theta) = \frac{\displaystyle\prod_{i=1}^{n}[1 + (x_i - \theta)^2]^{-1}}{\displaystyle\int_0^{\infty} \prod_{i=1}^{n}[1 + (x_i - \theta)^2]^{-1}\mathrm{d}\theta}$$

这是一个很难计算的后验分布，用计算机进行数值计算则很容易得到 $1 - \alpha$ HPD 可信区间。例如 $n = 5$，$\boldsymbol{x} = (4.0, 5.5, 7.5, 4.5, 3.0)$，则 95% HPD 可信区间为 $[3.10, 6.06]$。相反，对此问题如何用小样本方法求得一个经典置信区间很困难，因为求经典置信区间需要设法构造一个枢轴量，找出枢轴量的分布是一项技术性很强的工作；而寻求可信区间只需要利用后验分布，不需要寻求另外的分布，相对来说要简单得多。

3.5　假设检验

3.5.1　贝叶斯假设检验

假设检验是统计推断中一类重要问题，在经典统计中处理假设检验问题要分以下几步进行：

(1) 建立原假设 H_0 与备择假设 H_1：

$$H_0: \theta \in \Theta_0, \quad H_1: \theta \in \Theta_1$$

其中，Θ_0 与 Θ_1 是参数空间 Θ 中不相交的两个非空子集。

(2) 选择检验统计量 $T = T(\boldsymbol{x})$，使其在原假设 H_0 为真时概率分布是已知的，这是经典方法中最困难的一步。

(3) 对于给定的显著性水平 $\alpha(0 < \alpha < 1)$，确定拒绝域 W，使犯第 I 类错误（弃真错误）的概率不超过 α。

(4) 当样本观察值 $\boldsymbol{x}$ 落入拒绝域 W 时，拒绝原假设 H_0，接受备择假设 H_1；否则，就不能拒绝原假设。

在贝叶斯统计中处理假设检验问题更为直接，在获得后验分布 $\pi(\theta|\boldsymbol{x})$ 后，计算两个假

设 H_0 和 H_1 的后验概率

$$\alpha_0 = P(\Theta_0 \mid x), \quad \alpha_1 = P(\Theta_1 \mid x)$$

α_0 和 α_1 是综合抽样信息和先验信息得出的两个假设实际发生的后验概率。在作决定时，通过比较 α_0 和 α_1 的大小，当后验概率比（或称后验机会比）$\frac{\alpha_0}{\alpha_1} > 1$ 就接受 H_0，否则拒绝 H_0；当 $\frac{\alpha_0}{\alpha_1} \approx 1$ 时，不宜作决定，尚需进一步抽样或收集先验信息。

将上述两种方法进行对比，贝叶斯假设检验是简单的，它无需选择检验统计量，确定抽样分布，也无需事先给出显著性水平，确定其拒绝域。此外，贝叶斯假设检验也容易推广到多重假设检验场合，当有三个或三个以上假设时，应接受具有最大后验概率的假设。

例 3.21　设 x 是二项分布 $B(n, \theta)$ 的一个样本观察值，现考虑如下两个假设：

$$\Theta_0 = \left\{ \theta : \theta \leqslant \frac{1}{2} \right\}, \quad \Theta_1 = \left\{ \theta : \theta > \frac{1}{2} \right\}$$

若取均匀分布 $U(0, 1)$ 作为 θ 的先验分布，则 Θ_0 的后验概率为

$$\alpha_0 = P(\Theta_0 \mid x) = \frac{\Gamma(n+2)}{\Gamma(x+1)\Gamma(n-x+1)} \int_0^{\frac{1}{2}} \theta^x (1-\theta)^{n-x} \, d\theta$$

$$= \frac{\Gamma(n+2)}{\Gamma(x+1)\Gamma(n-x+1)} \frac{\left(\frac{1}{2}\right)^{n+1}}{x+1} \left\{ 1 + \frac{n-x}{x+2} + \frac{(n-x)(n-x-1)}{(x+2)(x+3)} + \cdots + \frac{(n-x)! \, x!}{(x+1)!} \right\}$$

在 $n = 5$ 时可算得观察值 x 不同取值下的后验概率及后验机会比，结果见表 3-2。

表 3-2　θ 的后验机会比

x	0	1	2	3	4	5
α_0	$\frac{63}{64}$	$\frac{57}{64}$	$\frac{42}{64}$	$\frac{22}{64}$	$\frac{7}{64}$	$\frac{1}{64}$
α_1	$\frac{1}{64}$	$\frac{7}{64}$	$\frac{22}{64}$	$\frac{42}{64}$	$\frac{57}{64}$	$\frac{63}{64}$
α_0/α_1	63.0	8.14	1.91	0.52	0.12	0.016

由表 3-2 知，当 x 取值 0、1、2 时，应接受 Θ_0，比如在 $x = 1$ 时，后验机会比 $\frac{\alpha_0}{\alpha_1} = 8.14$ 表明 Θ_0 为真的可能性是 Θ_1 为真的可能性的 8.14 倍，而当 x 取值 3、4、5 时，应拒绝 Θ_0，接受 Θ_1。

3.5.2　贝叶斯因子

贝叶斯检验中的主要方法是比较两个假设的后验概率，但贝叶斯因子也是重要的概念，它可帮助我们更深刻地理解贝叶斯假设检验的思想。

定义 3.10　设两个假设 Θ_0 与 Θ_1 的先验概率分别为 π_0 与 π_1，后验概率分别为 α_0 与 α_1，则称

$$B^{\pi}(\boldsymbol{x}) = \frac{\alpha_0/\alpha_1}{\pi_0/\pi_1} = \frac{\alpha_0\pi_1}{\alpha_1\pi_0}$$

为贝叶斯因子。

　　从这个定义可见，贝叶斯因子既依赖于数据 $\boldsymbol{x}$，又依赖于先验分布 π，将两种机会比相除，很多人（包括非贝叶斯学者）认为，这会减弱先验分布的影响，突出数据的影响，从这个角度看，贝叶斯因子 $B^{\pi}(\boldsymbol{x})$ 是数据 $\boldsymbol{x}$ 支持 Θ_0 的程度。以下具体讨论几种情况下的贝叶斯因子。

3.5.3　简单假设对简单假设

　　在这种场合，两种简单假设的后验概率分别为

$$\alpha_0 = \frac{\pi_0 f(\boldsymbol{x} \mid \theta_0)}{\pi_0 f(\boldsymbol{x} \mid \theta_0) + \pi_1 f(\boldsymbol{x} \mid \theta_1)}$$

$$\alpha_1 = \frac{\pi_1 f(\boldsymbol{x} \mid \theta_1)}{\pi_0 f(\boldsymbol{x} \mid \theta_0) + \pi_1 f(\boldsymbol{x} \mid \theta_1)}$$

其中，$f(\boldsymbol{x}|\theta)$ 为样本的分布，这时后验机会比为

$$\frac{\alpha_0}{\alpha_1} = \frac{\pi_0 f(\boldsymbol{x} \mid \theta_0)}{\pi_1 f(\boldsymbol{x} \mid \theta_1)}$$

若要拒绝原假设 $\Theta_0 = \{\theta_0\}$，则必须满足 $\dfrac{\alpha_0}{\alpha_1} < 1$，或

$$\frac{f(\boldsymbol{x} \mid \theta_1)}{f(\boldsymbol{x} \mid \theta_0)} > \frac{\pi_0}{\pi_1}$$

即要求两个概率密度函数值之比大于临界值，这正是著名的奈曼—皮尔逊（Neyman-Pearson）引例的基本结论，从贝叶斯观点看，这个临界值就是两个先验概率比。

　　这种场合下的贝叶斯因子为

$$B^{\pi}(\boldsymbol{x}) = \frac{\alpha_0\pi_1}{\alpha_1\pi_0} = \frac{f(\boldsymbol{x} \mid \theta_0)}{f(\boldsymbol{x} \mid \theta_1)}$$

它仅依赖于样本的似然比，而不依赖于先验分布，这时贝叶斯因子的大小表示了样本 $\boldsymbol{x}$ 支持 Θ_0 的程度。

　　例 3.22　设 $X \sim N(\theta,1)$，其中 θ 只有两种可能的取值 0 和 1，需要检验的假设是

$$H_0: \theta = 0, \quad H_1: \theta = 1$$

若从该总体中抽取一个容量为 n 的样本 $\boldsymbol{x}$，其均值 $\bar{x}$ 是充分统计量，于是在 $\theta = 0$ 和 $\theta = 1$ 下的似然函数分别为

$$f(\bar{x} \mid 0) = \sqrt{\frac{n}{2\pi}} \exp\left\{-\frac{n}{2}\bar{x}^2\right\}$$

$$f(\bar{x} \mid 1) = \sqrt{\frac{n}{2\pi}} \exp\left\{-\frac{n}{2}(\bar{x}-1)^2\right\}$$

而贝叶斯因子为

$$B^{\pi}(\boldsymbol{x}) = \frac{\alpha_0\pi_1}{\alpha_1\pi_0} = \exp\left\{-\frac{n}{2}(2\bar{x}-1)\right\}$$

若设 $n=10, \bar{x}=2$，那么贝叶斯因子为

$$B^{\pi}(\boldsymbol{x})=3.06\times10^{-7}$$

这个数很小，数据对原假设 H_0 的支持微乎其微，因为要接受 H_0 就要求

$$\frac{\alpha_0}{\alpha_1}=B^{\pi}(\boldsymbol{x})\frac{\pi_0}{\pi_1}=3.06\times10^{-7}\times\frac{\pi_0}{\pi_1}>1$$

这时，即使先验机会比 $\frac{\pi_0}{\pi_1}=10000$ 也不能使得 $\frac{\alpha_0}{\alpha_1}>1$，所以必须明确拒绝 H_0 而接受 H_1。

3.5.4　复杂假设对复杂假设

在这种场合，贝叶斯因子还依赖于参数空间 Θ 上的先验分布 $\pi(\theta)$，为探讨这个关系（也为以后需要），把先验分布 $\pi(\theta)$ 限制在 $\Theta_0\bigcup\Theta_1$ 上，并令

$$g_0(\theta)\propto\pi(\theta)I_{\Theta_0}(\theta),\quad g_1(\theta)\propto\pi(\theta)I_{\Theta_1}(\theta)$$

于是先验分布可改写为

$$\pi(\theta)=\pi_0(\theta)g_0(\theta)+\pi_1(\theta)g_1(\theta),\theta\in\Theta_0\bigcup\Theta_1$$
$$=\begin{cases}\pi_0(\theta)g_0(\theta),&\theta\in\Theta_0\\\pi_1(\theta)g_1(\theta),&\theta\in\Theta_1\end{cases}$$

其中，π_0 与 π_1 分别是 Θ_0 与 Θ_1 上的先验概率，g_0 与 g_1 分别是 Θ_0 与 Θ_1 上的概率密度函数。此时，后验概率比为

$$\frac{\alpha_0}{\alpha_1}=\frac{\int_{\Theta_0}f(\boldsymbol{x}\mid\theta)\pi_0g_0(\theta)\mathrm{d}\theta}{\int_{\Theta_1}f(\boldsymbol{x}\mid\theta)\pi_1g_1(\theta)\mathrm{d}\theta}$$

于是贝叶斯因子可表示为

$$B^{\pi}(\boldsymbol{x})=\frac{\alpha_0\pi_1}{\alpha_1\pi_0}=\frac{\int_{\Theta_0}f(\boldsymbol{x}\mid\theta)g_0(\theta)\mathrm{d}\theta}{\int_{\Theta_1}f(\boldsymbol{x}\mid\theta)g_1(\theta)\mathrm{d}\theta}=\frac{m_0(\boldsymbol{x})}{m_1(\boldsymbol{x})}$$

可见，$B^{\pi}(\boldsymbol{x})$ 还依赖于 Θ_0 与 Θ_1 上的先验分布 $g_0(\theta)$ 与 $g_1(\theta)$，这时贝叶斯因子虽已不是似然比，但仍可看作 Θ_0 与 Θ_1 上的加权似然比，它部分地（用平均方法）消除了先验分布的影响，而强调了样本观察值的作用。

若设 $\hat{\theta}_0$ 与 $\hat{\theta}_1$ 分别是 θ 在 Θ_0 与 Θ_1 上的最大似然估计，那么经典统计中所使用的似然比统计量

$$\lambda(\boldsymbol{x})=\frac{f(\boldsymbol{x}\mid\hat{\theta}_0)}{f(\boldsymbol{x}\mid\hat{\theta}_1)}=\frac{\sup_{\theta\in\Theta_0}f(\boldsymbol{x}\mid\theta)}{\sup_{\theta\in\Theta_1}f(\boldsymbol{x}\mid\theta)}$$

是贝叶斯因子 $B^{\pi}(\boldsymbol{x})$ 的特殊情况，即认为先验分布 $g_0(\theta)$ 与 $g_1(\theta)$ 的质量全部集中在 $\hat{\theta}_0$ 与 $\hat{\theta}_1$ 上。

例 3.23　设从正态总体 $N(\theta,1)$ 中随机抽取一个容量为 10 的样本 $\boldsymbol{x}$，计算得样本均值 $\bar{x}=1.5$，考察如下两个假设

$$H_0: \theta \leqslant 1, \quad H_1: \theta > 1$$

若取 θ 的共轭先验分布 $N(0.5, 2)$，可得 θ 的后验分布 $N(\mu_1, \sigma_1^2)$，其中 μ_1 与 σ_1^2 如式(3.8)所示，即

$$\mu_1 = \frac{1.5 \times 10 + 0.5 \times 0.5}{10 + 0.5} = 1.4523$$

$$\sigma_1^2 = \frac{1}{10 + 0.5} = 0.09524 = (0.3086)^2$$

据此可得 H_0 与 H_1 的后验概率为

$$\alpha_0 = P(\theta \leqslant 1 \mid \boldsymbol{x}) = \Phi\left(\frac{1 - 1.4523}{0.3086}\right) = \Phi(-1.4556) = 0.0708$$

$$\alpha_1 = P(\theta > 1 \mid \boldsymbol{x}) = 1 - \alpha_0 = 0.9292$$

后验机会比为

$$\frac{\alpha_0}{\alpha_1} = \frac{0.0708}{0.9292} = 0.0761$$

可见，H_0 为真的可能性较小，因此应拒绝 H_0，接受 H_1，即认为正态均值应大于 1。

另外，由先验分布 $N(0.5, 2)$ 可得 H_0 和 H_1 的先验概率

$$\pi_0 = \Phi\left(\frac{1 - 0.5}{\sqrt{2}}\right) = \Phi(0.3536) = 0.6368$$

$$\pi_1 = 1 - \pi_0 = 0.3632$$

其先验机会比为 $\dfrac{\pi_0}{\pi_1} = 1.7533$，可见先验信息是支持原假设 H_1 的，再算两个机会比之比

$$B^\pi(\boldsymbol{x}) = \frac{\alpha_0/\alpha_1}{\pi_0/\pi_1} = \frac{0.0761}{1.7533} = 0.0434$$

可见，数据支持 H_0 的贝叶斯因子并不高。

3.5.5　简单原假设对复杂备择假设

考察如下假设检验问题：

$$H_0: \theta = \theta_0, \quad H_1: \theta \neq \theta_0$$

这是一类常见的检验问题，这里有一个对简单原假设的理解问题，当参数 θ 为连续变量时，用简单假设作为原假设是不适当的。比如，在 θ 是下雨的概率时，检验"明天下雨的概率为 $0.716\,584\,45\cdots$"是没有意义的。又如，在 θ 表示食品罐头的重量时，检验"午餐肉罐头重量是 250 克"也是不现实的，因为午餐肉罐头重量恰好是 250 克是罕见的，多数是在 250 克附近，所以在试验中接受丝毫不变的简单原假设"$\theta = \theta_0$"是不存在的，合理的原假设与备择假设应是

$$H_0: \theta \in [\theta_0 - \varepsilon, \theta_0 + \varepsilon], \quad H_1: \theta \notin [\theta_0 - \varepsilon, \theta_0 + \varepsilon]$$

其中，ε 可以选择很小的数，使得 $[\theta_0 - \varepsilon, \theta_0 + \varepsilon]$ 与 $\theta = \theta_0$ 难以区别，比如，ε 可选为 θ_0 的允许误差内的一个较小正数，当所选的 ε 较大时，那就不易用简单假设作为好的近似了。

将简单原假设 $H_0: \theta = \theta_0$ 作为贝叶斯检验时不能采用连续概率密度作为先验分布，因为任何这种先验值将使 $\theta = \theta_0$ 的先验概率为零，从而后验概率也为零，所以一个有效方法

是对 $\theta=\theta_0$ 给一个正概率 π_0，而对 $\theta\neq\theta_0$ 给一个加权概率密度 $\pi_1 g_1(\theta)$，即 θ 的先验概率密度为

$$\pi(\theta)=\pi_0 I_{\theta_0}(\theta)+\pi_1 g_1(\theta)$$

其中，$I_{\theta_0}(\theta)$ 为 $\theta=\theta_0$ 的示性函数，$\pi_1=1-\pi_0$，$g_1(\theta)$ 为 $\theta\neq\theta_0$ 上的一个正常概率密度，这里可把 π_0 看作近似的实际假设 $H_0:\theta\in[\theta_0-\varepsilon,\theta_0+\varepsilon]$ 上的先验概率，这样的先验分布是由离散分布和连续分布两部分组合而成的。

设样本分布为 $f(\boldsymbol{x}\mid\theta)$，利用上述先验分布容易获得样本 $\boldsymbol{x}$ 的边缘分布：

$$m(\boldsymbol{x})=\int_\Theta f(\boldsymbol{x}\mid\theta)\pi(\theta)\mathrm{d}\theta=\pi_0 f(\boldsymbol{x}\mid\theta_0)+\pi_1(\theta)m_1(\boldsymbol{x})$$

其中(第一个等号可作为符号理解)，

$$m_1(\boldsymbol{x})=\int_{\theta\neq\theta_0} f(\boldsymbol{x}\mid\theta)g_1(\theta)\mathrm{d}\theta$$

从而简单原假设与复杂备择假设(记为 $\Theta_1=\{\theta\neq\theta_0\}$)的后验概率分别为

$$\pi(\Theta_0\mid\boldsymbol{x})=\frac{\pi_0 f(\boldsymbol{x}\mid\theta_0)}{m(\boldsymbol{x})},\quad \pi(\Theta_1\mid\boldsymbol{x})=\frac{\pi_1 m_1(\boldsymbol{x})}{m(\boldsymbol{x})}$$

后验机会比为

$$\frac{\alpha_0}{\alpha_1}=\frac{\pi_0}{\pi_1}\frac{f(\boldsymbol{x}\mid\theta_0)}{m_1(\boldsymbol{x})}$$

从而贝叶斯因子为

$$B^\pi(\boldsymbol{x})=\frac{\alpha_0\pi_1}{\alpha_1\pi_0}=\frac{f(\boldsymbol{x}\mid\theta_0)}{m_1(\boldsymbol{x})}$$

这一简单表达式要比后验概率计算容易很多，故实际中常常是先计算 $B^\pi(\boldsymbol{x})$，然后再计算 $\pi(\Theta_0\mid\boldsymbol{x})$，因为由贝叶斯因子的定义和 $\alpha_0+\alpha_1=1$ 可推得

$$\pi(\Theta_0\mid\boldsymbol{x})=\left[1+\frac{1-\pi_0}{\pi_0}\frac{1}{B^\pi(\boldsymbol{x})}\right]^{-1}$$

例 3.24 设 x 是二项分布 $B(n,\theta)$ 的一个样本观察值，考察如下两个假设

$$H_0:\theta=\frac{1}{2},\ H_1:\theta\neq\frac{1}{2}$$

若设在 $\theta\neq\frac{1}{2}$ 上的 $g_1(\theta)$ 概率密度为区间 $(0,1)$ 上的均匀分布 $U(0,1)$，则 x 对 $g_1(\theta)$ 的边缘概率密度为

$$m_1(\boldsymbol{x})=\int_0^1 \mathrm{C}_n^x \theta^x(1-\theta)^{n-x}\mathrm{d}\theta=\mathrm{C}_n^x\frac{\Gamma(x+1)\Gamma(n-x+1)}{\Gamma(n+2)}$$

于是贝叶斯因子为

$$B^\pi(\boldsymbol{x})=\frac{f(\boldsymbol{x}\mid\theta_0)}{m_1(\boldsymbol{x})}=\frac{\left(\frac{1}{2}\right)^n(n+1)!}{x!(n-x)!}$$

原假设 $H_0:\theta=\frac{1}{2}$ 的后验概率容易算得

$$\pi(\Theta_0\mid\boldsymbol{x})=\left[1+\frac{1-\pi_0}{\pi_0}\frac{2^n x!(n-x)!}{(n+1)!}\right]^{-1}$$

若取 $\pi_0 = \dfrac{1}{2}$，$n = 5$，$x = 3$，则其贝叶斯因子为

$$B^{\pi}(3) = \frac{6!}{2^5 \cdot 3! \ 2!} = \frac{15}{8} \approx 2$$

由于先验机会比为 2，故贝叶斯因子就是后验机会比，从而后验机会比也接近于 2，应接受简单原假设 $H_0: \theta = \dfrac{1}{2}$。

3.5.6　多重假设检验

按照贝叶斯分析的观点，多重假设检验并不比两个假设检验更困难，故直接计算每一个假设的后验概率，并比较其大小。

考虑如下多重假设检验问题：

$$H_i: \theta \in \Theta_i, \quad i = 1, 2, \cdots, k$$

其中，$\Theta_1 \bigcup \Theta_2 \bigcup \cdots \bigcup \Theta_k = \Theta$，每个 Θ_i 为 Θ 的真子集。

为导出多重假设检验的方法，首先计算后验概率：

$$\alpha_i = P(\Theta_i \mid \boldsymbol{x}), \quad i = 1, 2, \cdots, k$$

若 α_{i_0} 最大，则接受假设 H_{i_0}。

例 3.25（续例 3.13）　在儿童智力测验的问题中，设测验结果 $X \sim N(\theta, 100)$，θ 为这个儿童测验所得智商的 IQ 真值，若这个儿童测试得分为 $x = 115$，例 3.13 中已求出 θ 的后验分布为 $N(110.38, 8.32^2)$，求下列多重检验问题：

$$H_1: \theta \leqslant 90, \quad H_2: 90 < \theta \leqslant 110, \quad H_3: \theta > 110$$

解　记 $\Theta_1 = \{\theta: 0 < \theta \leqslant 90\}$，$\Theta_2 = \{\theta: 90 < \theta \leqslant 110\}$，$\Theta_3 = \{\theta: \theta > 110\}$。由于 θ 的后验分布 $\pi(\theta \mid x) \sim N(110.38, 8.32^2)$，查标准正态分布表求得

$$\alpha_1 = P(\Theta_1 \mid x = 115) = P\left(-\infty < \frac{\theta - 110.38}{8.32} \leqslant -2.45 \mid x = 115\right) \approx 0.007$$

$$\alpha_2 = P(\Theta_2 \mid x = 115) = P\left(-2.45 < \frac{\theta - 110.38}{8.32} \leqslant -0.046 \mid x = 115\right) \approx 0.473$$

$$\alpha_3 = P(\Theta_3 \mid x = 115) = P\left(-0.046 < \frac{\theta - 110.38}{8.32} \leqslant +\infty \mid x = 115\right) \approx 0.520$$

由于后验概率 α_3 最大，故倾向于接受假设 H_3。

3.6　预　　测

对随机变量的未来观测值作出统计推断称为预测。大致有下列两种情形：

（1）设 $X \sim f(x \mid \theta)$，$(X_1, X_2, \cdots, X_n)$ 为从总体 X 中获得的历史数据，要对随机变量 X 的未来观测值作出推断。

（2）设 $X \sim f(x \mid \theta)$，$(X_1, X_2, \cdots, X_n)$ 为从总体 X 中获得的历史数据，要对概率密度

函数为 $g(z|\theta)$ 的随机变量 Z 的未来观测值 Z_0 作出推断，这里两个概率密度 f 和 g 具有相同的未知参数 θ，通常假定 Z 和 X 不相关。

显然，上述情形（1）是情形（2）的特例，在情形（2）中若取 $g \equiv f$，则就变为情形（1）。

预测问题也是统计推断形式之一，在统计学中受到很多人的关注，一些实际问题也可归结为预测问题，容许区间就是其中之一。经典统计学家已提出一些解决方案，根本的困难在于参数 θ 不能被观察到，而在贝叶斯统计中利用 θ 的先验分布 $\pi(\theta|x)$ 很容易得到解决。解决方案有如下两种，其共同点是获得预测分布，有了预测分布再作出预测值或预测区间就不是很困难了。

一种情形是设随机变量 $X \sim f(x|\theta)$，在没有 X 的观测数据时，利用先验分布 $\pi(\theta)$ 容易获得未知的、但可观测的数据 x 的分布：

$$m(x) = \int_{\Theta} f(x \mid \theta)\pi(\theta)\mathrm{d}\theta$$

这个分布常被称为 X 的边缘分布，但它还有一个更富于内涵的名称是"先验预测分布"，这里的先验是指对过去的数据没有要求，预测是指它是可观测量的分布，有此先验预测分布就可从中提取有用信息作为未来观测值的预测值或未来观测值的预测区间，比如用 $m(x)$ 的期望值、中位数或众数作为预测值，或确定 90% 的预测区间 $[a,b]$，使得

$$P^x(a \leqslant X \leqslant b) = 0.90$$

其中 P^x 是用分布 $m(x)$ 计算的概率。

另一种情形是在有 X 的观测数据 $\boldsymbol{x} = (x_1, x_2, \cdots, x_n)$ 时，利用后验分布 $\pi(\theta|\boldsymbol{x})$ 容易获得未知观测值的分布，如要预测同一总体 $f(x|\theta)$ 的未来观测值，则有

$$m(x \mid \boldsymbol{x}) = \int_{\Theta} f(\boldsymbol{x} \mid \theta)\pi(\theta \mid \boldsymbol{x})\mathrm{d}\theta$$

如要预测另一总体 $g(z|\theta)$ 的未来观测值，则有

$$m(z \mid \boldsymbol{x}) = \int_{\Theta} g(z \mid \theta)\pi(\theta \mid \boldsymbol{x})\mathrm{d}\theta$$

这里 $m(x|\boldsymbol{x})$ 或 $m(z|\boldsymbol{x})$ 都称为"后验预测分布"，由此后验预测分布，类似地从中提取有用信息作为未来观测值的预测值或预测区间，比如用 $m(z|\boldsymbol{x})$ 的期望值、中位数或众数作为 z 的预测值，或确定 90% 的预测区间 $[a,b]$，使得

$$P^{z|x}(a \leqslant Z \leqslant b \mid \boldsymbol{x}) = 0.90$$

其中 $P^{z|x}$ 是指用预测分布 $m(z|\boldsymbol{x})$ 计算的概率。

例 3.26 一名赌徒在过去 10 次赌博中赢了 3 次，现要对未来 5 次赌博中他赢的次数 Z 作出预测。

解 这个问题的一般提法是，在 n 次独立伯努利试验中成功了 X 次，现要对未来 k 次相互独立的伯努利试验中成功次数作出预测。

设成功的概率为 θ，则 X 的分布律为

$$f(x \mid \theta) = P(X = x \mid \theta) = C_n^x \theta^x (1-\theta)^{n-x}, \quad x = 0, 1, \cdots, n$$

若取 θ 的先验分布为共轭先验 $Be(a,b)$，由例 3.6 可知，后验概率密度为

$$\pi(\theta \mid x)=\frac{\Gamma(n+a+b)}{\Gamma(x+a)\Gamma(n-x+b)}\theta^{(x+a)-1}(1-\theta)^{(n-x+b)-1}, \quad 0<\theta<1$$

新样本 Z 的分布律为

$$f(z \mid \theta)=P(Z=z \mid \theta)=C_k^z \theta^z (1-\theta)^{k-z}, \quad z=0,1,\cdots,k$$

于是，在给定 x 时，Z 的后验预测密度为

$$m(z \mid x)=\int_\Theta f(z \mid \theta)\pi(\theta \mid \boldsymbol{x})\mathrm{d}\theta=\int_\Theta C_k^z \theta^z (1-\theta)^{k-z}\pi(\theta \mid \boldsymbol{x})\mathrm{d}\theta$$

$$=C_k^z \frac{\Gamma(n+a+b)}{\Gamma(x+a)\Gamma(n-x+b)}\int_0^1 \theta^{z+x+a-1}(1-\theta)^{k-z+n-x+b-1}\mathrm{d}\theta$$

$$=C_k^z \frac{\Gamma(n+a+b)}{\Gamma(x+a)\Gamma(n-x+b)} \cdot \frac{\Gamma(z+x+a)\Gamma(k-z+n-x+b)}{\Gamma(k+n+a+b)}$$

在该问题中，$n=10, x=3, k=5$。取 $\alpha=\beta=1$，即先验分布 $Be(1,1)$ 为均匀分布 $U(0,1)$，则

$$m(z \mid x=3)=C_5^z \frac{\Gamma(12)}{\Gamma(4)\Gamma(8)} \cdot \frac{\Gamma(z+4)\Gamma(13-z)}{\Gamma(17)}, \quad z=0,1,2,3,4,5$$

计算可得 $z=0,1,2,3,4,5$ 时，后验预测概率分别为

$$m(0 \mid 3)\approx 0.1813, \quad m(1 \mid 3)\approx 0.3022, \quad m(2 \mid 3)\approx 0.2747$$

$$m(3 \mid 3)\approx 0.1649, \quad m(4 \mid 3)\approx 0.0641, \quad m(5 \mid 3)\approx 0.0213$$

由此后验概率分布可见，它的概率集中在 0 到 3 之间，即

$$m(0 \leqslant Z \leqslant 3 \mid x=3)=0.1813+0.3022+0.2747+0.1649=0.9231$$

这表明 $[0,3]$ 是 Z 的 92% 预测区间。另外，分布众数在 $z=1$ 处，第二大的概率在 $z=2$ 处出现，可见未来 5 次赌博中胜 1 次或 2 次的可能性最大。

例 3.27　一颗钻石在一架天平上重复称重 n 次，其结果为 $X_1, X_2, \cdots, X_n$，若把钻石放在另一架天平上称重，如何对其称量值作出预测？

解　设第一家天平称得钻石的重量为 X，令钻石的真实重量为 θ，则有 $X=\theta+e_1$，其中 e_1 为称重误差。一般认为称重误差服从正态分布，其均值为 0，即 $e_1 \sim N(0, \sigma_1^2)$，其中 σ_1^2 是第一架天平称重的误差方差且已知，因此有 $X \sim N(\theta, \sigma_1^2)$。易知，此正态分布的样本均值 $\bar{X}=\frac{1}{n}\sum_{i=1}^n X_i$ 是充分统计量，且 $\bar{X} \mid \theta \sim N\left(\theta, \frac{\sigma_1^2}{n}\right)$。根据这颗钻石的历史资料可知 $\theta \sim N(\mu, \tau^2)$，其中 μ 与 τ^2 已知，由例 3.5 可知 θ 的后验分布 $\pi(\theta \mid \bar{x})$ 为 $N(\mu_1, \tau_1^2)$，即

$$\pi(\theta \mid \bar{x})=\frac{1}{\sqrt{2\pi}\tau_1}\exp\left\{-\frac{1}{2\tau_1^2}(\theta-\mu_1)^2\right\}$$

其中，$\mu_1=\dfrac{\bar{x}\sigma_0^{-2}+\mu\tau^{-2}}{\sigma_0^{-2}+\tau^{-2}}$，$\dfrac{1}{\tau_1^2}=\dfrac{1}{\sigma_0^2}+\dfrac{1}{\tau^2}$。

设第二架天平称得钻石的重量为 Z，它可表示为 $Z=\theta+e_2$，其中 e_2 为第二架天平的称量误差，且 $e_2 \sim N(0, \sigma_2^2)$，其中 σ_2^2 已知，故有 $Z \sim N(\theta, \sigma_2^2)$，其概率密度为

$$g(z \mid \theta)=\frac{1}{\sqrt{2\pi}\sigma_2}\exp\left\{-\frac{1}{2\sigma_2^2}(z-\theta)^2\right\}$$

则在给定 $\bar{x}$ 的条件下，第二架天平称量值 Z 的后验预测密度为

$$m(z \mid \bar{x}) = \int_{-\infty}^{+\infty} g(z \mid \theta)\pi(\theta \mid \bar{x})d\theta$$

$$= \frac{1}{2\pi\tau_1\sigma_2}\int_{-\infty}^{+\infty} \exp\left\{-\frac{1}{2}\left[\frac{(z-\theta)^2}{\sigma_2^2} + \frac{(\theta-\mu_1)^2}{\tau_1^2}\right]\right\}d\theta$$

$$= \frac{1}{2\pi\tau_1\sigma_2}\int_{-\infty}^{+\infty} \exp\left\{-\frac{1}{2}\left[A\theta^2 - 2\theta B + C\right]\right\}d\theta$$

其中，$A = \frac{1}{\sigma_2^2} + \frac{1}{\tau_1^2}$，$B = \frac{z}{\sigma_2^2} + \frac{\mu_1}{\tau_1^2}$，$C = \frac{z^2}{\sigma_2^2} + \frac{\mu_1^2}{\tau_1^2}$。

利用正态概率密度函数的正则性，Z 的后验预测密度可写为

$$m(z \mid \bar{x}) = \frac{1}{2\pi\tau_1\sigma_2}\int_{-\infty}^{+\infty} \exp\left\{-\frac{1}{2}\left[A\left(\theta - \frac{B}{A}\right)^2 + \left(C - \frac{B^2}{A}\right)\right]\right\}d\theta$$

$$= \frac{1}{\sqrt{2\pi}\,\tau_1\sigma_2\sqrt{A}}\exp\left\{-\frac{1}{2}\left(C - \frac{B^2}{A}\right)\right\}$$

$$= \frac{1}{\sqrt{2\pi(\tau_1^2 + \sigma_2^2)}}\exp\left\{-\frac{(z-\mu_1)^2}{2(\tau_1^2 + \sigma_2^2)}\right\}$$

即后验预测分布为 $N(\mu_1, \tau_1^2 + \sigma_2^2)$，其均值和方差分别为

$$E(Z \mid \bar{x}) = \mu_1 = \frac{\bar{x}\sigma_0^{-2} + \mu\tau^{-2}}{\sigma_0^{-2} + \tau^{-2}}, \quad D(Z \mid \bar{x}) = \tau_1^2 + \sigma_2^2$$

若取预测分布的均值作为 Z 的预测值，则有

$$\hat{Z} = \mu_1 = \frac{\bar{x}\sigma_0^{-2} + \mu\tau^{-2}}{\sigma_0^{-2} + \tau^{-2}}$$

易知 $\frac{Z-\mu_1}{\sqrt{\tau_1^2 + \sigma_2^2}} \sim N(0,1)$，为求 Z 的 $1-\alpha(0<\alpha<1)$ 后验预测区间，令

$$P\left(-z_{\frac{\alpha}{2}} \leqslant \frac{Z-\mu_1}{\sqrt{\tau_1^2 + \sigma_2^2}} \leqslant z_{\frac{\alpha}{2}} \mid \bar{x}\right) = 1-\alpha$$

其中，$z_{\frac{\alpha}{2}}$ 是 $N(0,1)$ 的上 $\frac{\alpha}{2}$ 分位数，则 Z 的 $1-\alpha$ 后验预测区间为

$$\left[\mu_1 - z_{\frac{\alpha}{2}}\sqrt{\tau_1^2 + \sigma_2^2}, \mu_1 + z_{\frac{\alpha}{2}}\sqrt{\tau_1^2 + \sigma_2^2}\right]$$

这里我们给出一个数值例子：

例 3.28 若两架天平称重的方差相同，均为 0.25。设第一架天平称钻石 10 次，重量分别为 9.45，10.62，9.40，10.12，9.85，10.92，10.93，9.85，9.81，10.28（单位：g）。根据这颗钻石的历史资料可假定 $\theta \sim N(10,1)$，求用第二架天平称此颗钻石重量 Z 的预测值和预测区间。

解 此处 $n=10$，$\sigma_1^2 = \sigma_2^2 = 0.25$，$\theta$ 的先验分布中 $\mu=10$，$\tau^2=1$。计算可得 $\bar{x}=10.123$，$\mu_1=10.12$，$\tau_1^2=0.0244$，故 θ 的后验分布为 $N(10.12, 0.0244)$。

则第二架天平称得此钻石重量 Z 的预测分布为 $N(\mu_1, \tau_1^2 + \sigma_2^2) = N(10.12, 0.2744)$，因此，$Z$ 的预测值为 $\hat{Z}=\mu_1=10.12$，Z 的可信水平为 0.95 的后验预测区间为

$$\left[\mu_1 - z_{\frac{\alpha}{2}}\sqrt{\tau_1^2 + \sigma_2^2}, \mu_1 + z_{\frac{\alpha}{2}}\sqrt{\tau_1^2 + \sigma_2^2}\right] = [9.09, 11.15]$$

此处 $z_{\frac{\alpha}{2}} = z_{0.025} = 1.96$ 为标准正态分布的上 0.025 分位数。

<h2>3.7　模型选择与评价</h2>

3.5 节已经讨论了贝叶斯假设检验问题，与之密切相关的是贝叶斯模型选择问题。贝叶斯模型选择可以认为是假设检验的特殊形式，下文加以说明。

设总体 $X \sim f(x \mid \theta)$，其中 θ 为一未知参数且 $\theta \in \Theta$，而我们感兴趣的假设

$$H_0 : \theta \in \Theta_0, \quad H_1 : \theta \in \Theta_1$$

等价于比较两个模型

$$M_0 : X \text{ 有概率密度 } f(x \mid \theta)，其中 \theta \in \Theta_0$$
$$M_1 : X \text{ 有概率密度 } f(x \mid \theta)，其中 \theta \in \Theta_1$$

其中 $\Theta = \Theta_0 \bigcup \Theta_1$。令 $g_i(\theta)$ 分别表示给定真实模型 M_i 下 θ 的先验概率密度 $(i = 0, 1)$，则当有了样本 $\boldsymbol{X} = (X_1, X_2, \cdots, X_n)$ 后，我们可以使用贝叶斯因子比较 M_0 和 M_1：

$$B_{01}^{\pi}(\boldsymbol{x}) = \frac{P(\Theta_0 \mid \boldsymbol{x}) / P(\Theta_1 \mid \boldsymbol{x})}{\pi_0 / \pi_1} = \frac{m_0(\boldsymbol{x})}{m_1(\boldsymbol{x})} \tag{3.10}$$

其中 $\pi_0 = P^{\pi}(M_0) = P^{\pi}(\Theta_0)$，$\pi_1 = P^{\pi}(M_1) = P^{\pi}(\Theta_1)$，且

$$m_i(\boldsymbol{x}) = \int_{\Theta_i} f(\boldsymbol{x} \mid \theta) g_i(\theta) \mathrm{d}\theta, \quad i = 0, 1$$

则有

$$P(M_0 \mid \boldsymbol{x}) = P(\Theta_0 \mid \boldsymbol{x}) = \left[1 + \frac{\pi_1}{\pi_0} \cdot \frac{1}{B_{01}^{\pi}(\boldsymbol{x})} \right]^{-1}$$

从而，如果先验概率密度 $g_0(\theta), g_1(\theta)$ 被指定，则可以仅仅使用贝叶斯因子 $B_{01}^{\pi}(x)$ 进行模型选择。进一步，如果 π_0 被指定，则可以计算得到模型 M_0 和 M_1 的后验机会比，因而也可以使用后验机会比 $\dfrac{P(\Theta_0 \mid \boldsymbol{x})}{P(\Theta_1 \mid \boldsymbol{x})}$ 进行模型选择。但是贝叶斯因子或者后验机会比未必总是容易计算，即使是先验概率密度完全指定时也可能得不到积分值。此时，可以使用 Laplace 逼近方法计算贝叶斯因子。当样本边缘概率密度难以计算时，还可以用 Monte Carlo 抽样方法或 MCMC 方法获得贝叶斯因子的模拟结果。

<h3>3.7.1　正常先验下的贝叶斯模型选择方法</h3>

1. 一般方法

假设我们感兴趣的是从备选模型 $M_1, M_2, \cdots, M_r$ 中选择一个"最佳"模型，并且假定在每个模型 M_k 下样本概率密度为 $f_k(\boldsymbol{x} \mid \boldsymbol{\theta}_k)$，其中 $\boldsymbol{\theta}_k \in \Theta_k$ 为未知的 p 维参数向量。记 $\pi_k(\boldsymbol{\theta}_k)$ 表示在模型 M_k 下参数 $\boldsymbol{\theta}_k$ 的先验分布，则在样本给定的条件下，模型 M_k 的后验概率为

$$P(M_k \mid \boldsymbol{x}) = \frac{P(M_k) \int_{\Theta_k} f_k(\boldsymbol{x} \mid \boldsymbol{\theta}_k) \pi_k(\boldsymbol{\theta}_k) \mathrm{d}\boldsymbol{\theta}_k}{\sum\limits_{j=1}^r P(M_j) \int_{\Theta_j} f_j(\boldsymbol{x} \mid \boldsymbol{\theta}_j) \pi_j(\boldsymbol{\theta}_j) \mathrm{d}\boldsymbol{\theta}_j}, \quad j = 1, 2, \cdots, r \qquad (3.11)$$

其中，$f_k(\boldsymbol{x} \mid \boldsymbol{\theta}_k)$ 为样本 $\boldsymbol{x}$ 在模型 M_k 下的概率密度（似然函数），$P(M_k)$ 为模型 M_k 的先验概率。先验概率 $P(M_k)$ 和相应的先验概率密度 $\pi_k(\boldsymbol{\theta}_k)$ 表示我们对模型 M_k 的初始认识，当有了样本 $\boldsymbol{x}$ 后，对模型 M_k 的不确定认识就更新为后验概率 $P(M_k \mid \boldsymbol{x})$。

从本质上看，贝叶斯模型选择方法是选择后验概率最大的模型，因此，后验模型概率 $P(M_k \mid \boldsymbol{x}), k = 1, 2, \cdots, r$ 即为模型选择中感兴趣的量。注意到，式（3.11）等价于寻求最大化

$$P(M_k) \int_{\Theta_k} f_k(\boldsymbol{x} \mid \boldsymbol{\theta}_k) \pi_k(\boldsymbol{\theta}_k) \mathrm{d}\boldsymbol{\theta}_k, \quad k = 1, 2, \cdots, r \qquad (3.12)$$

的模型，其中积分

$$P(\boldsymbol{x} \mid M_k) = \int_{\Theta_k} f_k(\boldsymbol{x} \mid \boldsymbol{\theta}_k) \pi_k(\boldsymbol{\theta}_k) \mathrm{d}\boldsymbol{\theta}_k, \quad k = 1, 2, \cdots, r \qquad (3.13)$$

为样本 $\boldsymbol{x}$ 在模型 M_k 下的边缘概率密度（边缘似然），它度量了指定先验分布对样本的拟合程度。

对模型的先验概率而言，常用的一种指定为均匀分布

$$P(M_k) = \frac{1}{r}, \quad k = 1, 2, \cdots, r$$

显然这个先验是无信息先验，表示我们对所有的备选模型偏好相同。在此先验下，式（3.12）与边缘似然成正比，且后验概率简化为

$$P(M_k \mid \boldsymbol{x}) = \frac{\int_{\Theta_k} f_k(\boldsymbol{x} \mid \boldsymbol{\theta}_k) \pi_k(\boldsymbol{\theta}_k) \mathrm{d}\boldsymbol{\theta}_k}{\sum\limits_{j=1}^r \int_{\Theta_j} f_j(\boldsymbol{x} \mid \boldsymbol{\theta}_j) \pi_j(\boldsymbol{\theta}_j) \mathrm{d}\boldsymbol{\theta}_j}, \quad j = 1, 2, \cdots, r$$

尽管均匀先验应用起来很方便，但有时候我们仍然偏好非均匀先验。

2. 贝叶斯因子方法

贝叶斯因子是在贝叶斯框架下用于检验假设和比较模型的一个量，它在评价备选模型的拟合程度方面起着重要的作用。它允许我们去考虑对模型进行逐对比较，比如说基于后验概率式（3.11）去比较 M_k 和 M_j。

由式（3.11）和式（3.13）结合本节引言中类似讨论可知，模型 M_k 和 M_j 的贝叶斯因子为

$$B_{kj}^{\pi} = \frac{P(M_k \mid \boldsymbol{x}) / P(M_j \mid \boldsymbol{x})}{P(M_k) / P(M_j)} = \frac{P(\boldsymbol{x} \mid M_k)}{P(\boldsymbol{x} \mid M_j)} = \frac{\int_{\Theta_k} f_k(\boldsymbol{x} \mid \boldsymbol{\theta}_k) \pi_k(\boldsymbol{\theta}_k) \mathrm{d}\boldsymbol{\theta}_k}{\int_{\Theta_j} f_j(\boldsymbol{x} \mid \boldsymbol{\theta}_j) \pi_j(\boldsymbol{\theta}_j) \mathrm{d}\boldsymbol{\theta}_j} \qquad (3.14)$$

当先验概率 $P(M_k)$ 和 $P(M_j)$ 都相等时，贝叶斯因子简化为后验概率比 $\dfrac{P(M_k \mid \boldsymbol{x})}{P(M_j \mid \boldsymbol{x})}$。

由式（3.14）可将模型 M_k 的后验概率通过 B_{kj}^{π} 表示为

$$P(M_k \mid \boldsymbol{x}) = \left[\sum_{j=1}^r \frac{P(M_j)}{P(M_k)} \cdot \frac{1}{B_{kj}^{\pi}} \right]^{-1}$$

因此，可以根据模型的后验概率或者所有备选模型进行两两比较的贝叶斯因子，从中选出最优模型。

Jeffreys 建议将贝叶斯因子解释为支撑模型 M_k 证据的程度。表 3-3 列出了 Jeffreys 根据贝叶斯因子取值的不同范围给出模型选择的建议。尽管这种划分看起来有些随意，但这些解释从直观上看来具有一定的合理性。

表 3-3　Jeffreys 对贝叶斯因子取值的解释

贝叶斯因子	解　　释
$B_{kj}^\pi < 1$	否定模型 M_k
$1 < B_{kj}^\pi < 3$	对模型 M_k 的支持证据微乎其微
$3 < B_{kj}^\pi < 10$	较强的证据支持 M_k
$10 < B_{kj}^\pi < 30$	强烈的证据支持 M_k
$30 < B_{kj}^\pi < 100$	非常强烈的证据支持 M_k
$B_{kj}^\pi > 100$	肯定支持 M_k

例 3.29　研究 8 名司机的事故次数，假设各司机是否发生事故相互独立，事故次数服从参数为 λ 的泊松分布。λ 的先验分布为 $\Gamma(a,b)$，考虑如下两种先验分布：

M_1：λ 的先验分布为 $\Gamma(2,2)$，这个先验反映了 λ 的均值为 1 的认识。

M_2：λ 的先验分布为 $\Gamma(1,1)$，这个先验和 M_1 的均值相同，但是反映了较强的认知 λ 的方差比 M_1 的大。

在被调查的 8 个司机中有 3 个人没有出过事故，4 个人出过一次事故，1 个人出过三次事故。试对这两种模型进行选择。

解　似然函数和先验概率密度分别为

$$f(\boldsymbol{x} \mid \lambda) = \prod_{i=1}^{n} \frac{\lambda^{x_i}}{x_i!} \mathrm{e}^{-\lambda}, \quad \pi(\lambda \mid a,b) = \frac{b^a}{\Gamma(a)} \lambda^{a-1} \mathrm{e}^{-b\lambda}, \quad \lambda > 0$$

因此后验概率密度为

$$\pi(\lambda \mid \boldsymbol{x}) \propto f(\boldsymbol{x} \mid \lambda)\pi(\lambda \mid a,b) \propto \lambda^{n\bar{x}+a-1} \mathrm{e}^{-(n+b)\lambda}$$

其中 $\bar{x} = \dfrac{1}{n}\sum_{i=1}^{n} x_i$。此即后验分布为参数是 $n\bar{x}+a$ 和 $n+b$ 的伽马分布，从而 $\boldsymbol{X}$ 的边缘概率密度为

$$P(\boldsymbol{x} \mid M) = \int_0^\infty f(\boldsymbol{x} \mid \lambda)\pi(\lambda \mid a,b)\mathrm{d}\lambda = c\int_0^\infty \lambda^{n\bar{x}+a-1} \mathrm{e}^{-(n+b)\lambda}\mathrm{d}\lambda = c\,\frac{\Gamma(n\bar{x}+a)}{(n+b)^{n\bar{x}+a}}$$

此处 $c = \dfrac{b^a}{\Gamma(a)x_1! \cdots x_n!}$，模型 M 的先验分布为 $\Gamma(a,b)$。

在样本为 $n=8$，$\bar{x}=\dfrac{7}{8}$ 以及先验模型 M_1 和 M_2 下分别有 $P(\boldsymbol{x}\mid M_1) = 0.000\,027$ 和 $P(\boldsymbol{x}\mid M_2) = 0.000\,019\,5$，因此，贝叶斯因子为

$$B_{12}^\pi = \frac{P(\boldsymbol{x} \mid M_1)}{P(\boldsymbol{x} \mid M_2)} = \frac{0.000027}{0.0000195} \approx 1.38$$

这意味着模型 M_1 为模型 M_2 可能性的 1.38 倍。根据 Jeffreys 的贝叶斯因子解释，表明在当前样本下勉强支撑模型 M_1。

例 3.30 玩一个打赌游戏 $n=10$ 次，各次游戏是独立进行的，且假设每次游戏打赌结果服从伯努利分布 $B(1,p)$，其中 $0<p<1$ 为赌赢的概率。如果对游戏很有信心，则会期望 $p>0.5$，否则 $p<0.5$。考虑如下几种先验模型：

M_1：p 的先验分布为 $Be(0.1,4)$；

M_2：p 的先验分布为 $Be(2,4)$；

M_3：p 的先验分布为 $Be(4,4)$；

M_4：p 的先验分布为 $Be(8,4)$；

现在知道在完成整个游戏后，胜利了 3 次。基于此信息对先验模型进行选择。

解 备选先验为贝塔分布，故易知边缘似然为

$$
\begin{aligned}
P(\boldsymbol{x} \mid M) &= \int_0^1 f(\boldsymbol{x} \mid p)\pi(p \mid M)\mathrm{d}p \\
&= \int_0^1 \mathrm{C}_n^t p^t (1-p)^{n-t} \frac{\Gamma(a+b)}{\Gamma(a)\Gamma(b)} p^{a-1}(1-p)^{b-1}\mathrm{d}p \\
&= \mathrm{C}_n^t \frac{\Gamma(a+b)}{\Gamma(a)\Gamma(b)} \cdot \frac{\Gamma(a+t)\Gamma(n+b-t)}{\Gamma(n+a+b)}
\end{aligned}
$$

其中，$t=\sum_{i=1}^n x_i$，M 表示备选模型的先验为贝塔分布 $Be(a,b)$。

代入样本值，得到

$$P(\boldsymbol{x} \mid M_1)=0.0277, \quad P(\boldsymbol{x} \mid M_2)=0.1648$$
$$P(\boldsymbol{x} \mid M_3)=0.0848, \quad P(\boldsymbol{x} \mid M_4)=0.0168$$

因此可得两两模型的贝叶斯因子，而模型 M_2 是应选择的模型，因其后验概率最大。也可以求出使得边缘似然函数最大化的参数 (a,b)，从而得到最优模型。这种方法称为经验贝叶斯方法。

注意 贝叶斯因子在近年来被广泛研究。注意到如果先验为不正常先验，则边缘似然也不是正常的。因此各种"非正常先验下的贝叶斯因子"（也称为"拟贝叶斯因子"）被提了出来，例如后验贝叶斯因子、潜在贝叶斯因子、分数贝叶斯因子、基于交叉验证的拟贝叶斯因子等。

3.7.2 贝叶斯模型评价

贝叶斯模型的基本思想是指定抽样分布（似然函数）和所有未知参数的先验分布，则贝叶斯模型的任何推断是基于后验分布进行的。后验推断的结果可以用来进行决策、预报、解释随机结构等。但是，后验推断结果的质量严重依赖于指定的模型。因此，对模型进行评价是不可忽略的一个重要步骤。这里介绍两种常用的贝叶斯模型评价标准，包括贝叶斯预测信息准则（Bayesian Predictive Information Criterion，BPIC）和偏差信息准则（Deviance Information Criterion，DIC）。由于 AIC（Akaike Information Criterion）和贝叶斯信息准则（Bayesian Information Criterion，BIC）是经典统计方法中常用的模型选择准则，下文首先对其进行简要介绍，然后引入 BPIC 和 DIC，它们是对 AIC 和 BIC 的推广。

1. AIC 和 BIC

最大似然原理是统计学中参数推断的一种重要方法，日本统计学家 Akaike 基于这个原理提出了模型选择的一个准则，称为 AIC，即

$$\text{AIC} = -2\ln f(\boldsymbol{x} \mid \hat{\theta}_{\text{MLE}}) + 2p$$

其中 $\hat{\theta}_{\text{MLE}}$ 是 θ 的最大似然估计（MLE），p 是参数向量的维数，$2p$ 是惩罚项。最优模型可以通过最小化 AIC 得到。

Schwarz 在一定的条件下引入 BIC，即

$$\text{BIC} = -2\ln f(\boldsymbol{x} \mid \hat{\theta}_{\text{MLE}}) + p\ln n$$

其中 p 是参数向量的维数，n 是样本大小，$p\ln n$ 是惩罚项。最优模型可以通过最小化 BIC 得到。

2. BPCI

考虑如下两个假设：

（1）参数模型 $f(x \mid \boldsymbol{\theta})$ 包含了真实的模型 $g(x) = f(x; \boldsymbol{\theta}_0)$，$\boldsymbol{\theta}_0 \in \Theta$，且指定的模型并不远离真实模型；

（2）对数先验的阶为 $\ln\pi(\theta) = O_p(1)$。

在上述两个假设和某些正则条件下，Ando 提出贝叶斯预测信息准则

$$\text{BPIC} = -2\int_{\Theta} \ln f(\boldsymbol{x} \mid \boldsymbol{\theta})\pi(\boldsymbol{\theta} \mid \boldsymbol{x})\mathrm{d}\boldsymbol{\theta} + 2p$$

其中 p 是模型中参数的个数。最优模型可以通过最小化 BPIC 得到。

在实际应用中，对数似然的后验均值往往没有解析表达式，此时可以使用 Monte Carlo 逼近

$$\int_{\Theta} \ln f(\boldsymbol{x} \mid \boldsymbol{\theta})\pi(\boldsymbol{\theta} \mid \boldsymbol{x})\mathrm{d}\boldsymbol{\theta} \approx \frac{1}{L}\sum_{j=1}^{L} \ln f(\boldsymbol{x} \mid \boldsymbol{\theta}^{(j)})$$

其中 $\boldsymbol{\theta}^{(1)}, \boldsymbol{\theta}^{(2)}, \cdots, \boldsymbol{\theta}^{(L)}$ 为从后验分布 $\pi(\boldsymbol{\theta} \mid \boldsymbol{x})$ 中抽取的后验样本。

这个准则适合于具有较弱的先验信息的情形。

3. DIC

令 $D(\boldsymbol{\theta}) = -2\ln f(\boldsymbol{x} \mid \boldsymbol{\theta})$，它是常用的模型偏差的一种度量。Spiegelhalter 等指出对数似然期望的后验均值 $\bar{D} = E[D(\boldsymbol{\theta}) \mid \boldsymbol{x}]$，可以作为模型拟合程度的一个贝叶斯度量。一个模型拟合数据的程度越高，$\bar{D}$ 越小。下面定义有效参数个数来刻画模型的复杂程度

$$p_D = \bar{D} - D(\hat{\boldsymbol{\theta}}_{\text{E}}) = 2\ln f(\boldsymbol{x} \mid \hat{\boldsymbol{\theta}}_{\text{E}}) - 2\int_{\Theta} \ln f(\boldsymbol{x} \mid \boldsymbol{\theta})\pi(\boldsymbol{\theta} \mid \boldsymbol{x})\mathrm{d}\boldsymbol{\theta}$$

其中 $\hat{\boldsymbol{\theta}}_{\text{E}}$ 为后验均值。Spiegelhalter 等定义偏差信息准则为

$$\text{DIC} = \bar{D} + p_D = -2\int_{\Theta} \ln f(\boldsymbol{x} \mid \boldsymbol{\theta})\pi(\boldsymbol{\theta} \mid \boldsymbol{x})\mathrm{d}\boldsymbol{\theta} + p_D$$

其中，第一项 $\bar{D}$ 可解释为模型拟合程度的一个度量，越小越好；第二项 p_D 被认为是模型复杂性的一种度量。上述定义的 DIC 可以改写为 $\text{DIC} = D(\hat{\boldsymbol{\theta}}_{\text{E}}) + 2p_D = -2\ln f(\boldsymbol{x} \mid \hat{\boldsymbol{\theta}}_{\text{E}}) + 2p_D$，其中 $\hat{\boldsymbol{\theta}}_{\text{E}}$ 为后验均值。从形式上看，它与 AIC 很相似，因此可以认为 DIC 是 AIC=

$D(\hat{\boldsymbol{\theta}}_{\text{MLE}}) + 2p$ 的一个推广,此处 $\hat{\boldsymbol{\theta}}_{\text{MLE}}$ 为 $\boldsymbol{\theta}$ 的最大似然估计。对非分层模型而言,当 n 充分大时有 $p \approx p_D$, $\hat{\boldsymbol{\theta}}_{\text{MLE}} \approx \hat{\boldsymbol{\theta}}_{\text{E}}$,从而 AIC$\approx$DIC。

上述定义的另一个优点是 DIC 可以通过 MCMC 方法计算其结果。DIC 可被用于各种贝叶斯模型选择问题。

习　题　3

3.1　设 θ 是一批产品的不合格品率,从中抽取 8 个产品进行检验,发现 3 个不合格品,假如先验分布为

(1) $\theta \sim U(0,1)$

(2) $\theta \sim \pi(\theta) = \begin{cases} 2(1-\theta) & 0 < \theta < 1 \\ 0 & \text{其他} \end{cases}$

分别求 θ 的后验分布。

3.2　设在 1200 米长的磁带上的缺陷数服从泊松分布,其均值 θ 的先验分布取为伽马分布 $\Gamma(3,1)$,其概率密度为

$$\pi(\theta) = \frac{1}{2}\theta^2 \mathrm{e}^{-\theta}, \ \theta > 0$$

对三盘磁带做检查,分别发现 2、0、6 个缺陷,求 θ 的后验期望估计和后验方差。

3.3　设 $x_1, x_2, \cdots, x_n$ 是来自均匀分布 $U(0,\theta)$ 的一个样本,又设 θ 的先验分布为 Pareto 分布,其概率密度函数为

$$\pi(\theta) = \begin{cases} \dfrac{\lambda\theta_0^\lambda}{\theta^{\lambda-1}} & \theta > \theta_0 \\ 0 & \theta \leqslant \theta_0 \end{cases}$$

其中参数 $\lambda > 0$, $\theta_0 > 0$。

(1) 证明 θ 的后验分布仍为 Pareto 分布,即 Pareto 分布是均匀分布 $U(0,\theta)$ 端点 θ 的共轭先验分布;

(2) 求 θ 的 $1-\alpha$ 可信上限。

3.4　设总体 X 服从参数为 θ 的指数分布,$(X_1, X_2, \cdots, X_n)$ 是来自总体 X 的样本,θ 的先验分布为 Gamma 分布,其概率密度函数为

$$f(x) = \frac{1}{\Gamma(\alpha+1)\beta^{\alpha+1}}x^\alpha \mathrm{e}^{-\frac{x}{\beta}}, \quad x > 0$$

其中 $\alpha > -1$, $\beta > 0$,损失函数为平方损失函数,求 θ 的贝叶斯估计。

第 4 章

回 归 分 析

4.1 回归分析概述

回归分析是处理变量之间关系的一种统计方法和技术，其应用几乎遍及所有学科，包括工程学、物理学、化学、经济学、管理学、生命科学及社会科学等，已成为现代统计学中应用最广泛、研究最活跃的一个分支。

4.1.1 回归分析与回归模型

回归分析研究的主要对象是客观事物变量间的统计关系，它建立在对客观事物进行大量实验和观察的基础上，寻找隐藏在不确定现象中的统计规律性。回归分析方法是通过建立统计模型研究变量间相互关系的密切程度、结构状态及进行模型预测的一种有效工具。它能够把隐藏在大规模原始数据群体中的重要信息提炼出来，得到其变量间相关关系的数学表达式，从而把握数据群体的主要特征，进而利用相关概率统计知识以判别其有效性；同时，它还可以利用关系式，由一个或多个变量值预测和控制另一个因变量的取值，从而了解这种预测和控制达到的程度，并进行因素分析。

在利用回归分析解决问题时，首先要建立回归模型，即函数关系式。假设变量 x_1, x_2, $\cdots$, x_p 与随机变量 y 之间存在着相关关系，通常就意味着每当 x_1, x_2, $\cdots$, x_p 取定值后，y 便有相应的概率分布与之对应，随机变量 y 与 x_1, x_2, $\cdots$, x_p 之间的回归模型为

$$y = f(x_1, x_2, \cdots, x_p) + \varepsilon \tag{4.1}$$

式(4.1)中，随机变量 y 称为被解释变量(因变量、目标变量)；x_1, x_2, $\cdots$, x_p 称为解释变

量（自变量、输入变量）。在计量经济学中，也称因变量为内生变量，自变量为外生变量。$f(x_1, x_2, \cdots, x_p)$为一般变量$x_1, x_2, \cdots, x_p$的确定性关系；ε为随机误差。正是因为随机误差项ε的引入，才将变量之间的关系描述为一个随机方程，从而可以借助随机数学方法研究y与$x_1, x_2, \cdots, x_p$的关系。由于客观经济现象错综复杂，一种经济现象很难用有限个因素准确说明，因此用随机误差项概括表示因为人们的认识以及其他客观原因的局限而没有考虑的种种偶然因素。随机误差项主要包括下列因素的影响：

（1）由于人们认识的局限或时间、费用、数据质量等的制约未引入回归模型但又对回归被解释变量y有影响的因素。

（2）样本数据的采集过程中变量观测值的观测误差。

（3）理论模型设定的误差。

（4）其他随机因素。

式（4.1）清楚地表达了变量$x_1, x_2, \cdots, x_p$与随机变量y的相关关系，它由两部分组成：一部分是确定性函数关系，由回归函数$f(x_1, x_2, \cdots, x_p)$给出；另一部分是随机误差项ε。由此可见式（4.1）准确地表达了相关关系既有联系又有不确定性的特点。

4.1.2　回归模型建立与分析

在实际问题回归分析模型的建立和分析中有几个重要的阶段，这里以经济模型的建立为例，用逻辑框图表示回归模型的建模过程，如图4-1所示。

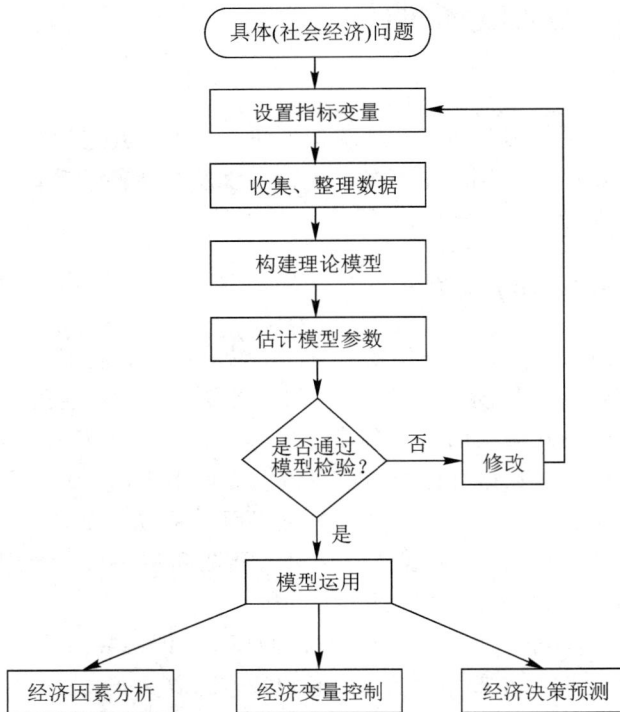

图4-1　回归模型建模步骤

1. 根据研究目的设置指标变量

回归分析模型主要揭示事物间相关变量的数量联系。首先要根据所研究问题的目的设置因变量 y，然后再选取与 y 有统计关系的一些变量作为自变量。

通常情况下，我们希望因变量与自变量之间具有因果关系。尤其是在研究某种经济活动或经济现象时，必须根据具体经济现象的研究目的，利用经济学理论，从定性角度来确定某种经济问题中各因素之间的因果关系。当把某一经济变量作为"果"之后，接着更重要的是正确选择作为"因"的变量。在经济问题回归模型中，前者称为"内生变量"或"被解释变量"，后者称为"外生变量"或"解释变量"。正确选择变量的关键在于正确把握所研究经济活动的经济学内涵。这就要求研究者对所研究的经济问题及其背景有足够的了解。例如，要研究中国通货膨胀问题，必须懂金融理论。通常把全国零售物价总指数作为衡量通货膨胀程度的重要指标，那么，全国零售物价总指数作为被解释变量，影响全国零售物价总指数的有关因素就作为解释变量。

对于一个具体的经济问题，当研究目的确定之后，被解释变量就容易确定下来，被解释变量一般直接表达研究目的。而对被解释变量有影响的解释变量的确定就不太容易了，原因如下：一是由于我们的认识有限，可能并不知道对被解释变量有重要影响的因素。二是为了保证模型参数估计的有效性，设置的解释变量之间应该是不相关的，而我们很难确定哪些变量是相关的，哪些是不相关的，因为在经济问题中很难找到影响同一结果的相互独立的因素。这就看我们如何在多个变量中确定几个重要且不相关的变量。三是从经济关系角度考虑，非常重要的变量应该引进，但是在实际中并没有这样的统计数据。这一点，在我国建立经济模型时经常会遇到。这时可以考虑用相近的变量代替，或者由其他几个指标复合成一个新的指标。

在选择变量时要注意与一些专门领域的专家合作。研究金融模型，就要与金融专家和具体业务人员合作；研究粮食生产问题，就要与农业部门的专家合作；研究医学问题，就要与医学专家密切合作。这样做可以帮助我们更好地确定模型变量。

另外，不要认为一个回归模型所涉及的解释变量越多越好。一个经济模型，如果把一些主要变量漏掉肯定会影响模型的应用效果，但如果让影响细枝末节的变量也一起进入模型未必就好。当引入的变量太多时，可能选择了一些与问题无关的变量，还可能由于一些变量的相关性很强，它们所反映的信息有较大的重叠，从而出现共线性问题。当变量太多时，计算工作量太大，计算误差也大，估计出的模型参数精度自然不高。

总之，回归变量的确定是一个非常重要的问题，是建立回归模型最基本的工作。一般并不能一次完全确定，通常要经过反复试算，最终找出最适合的一些变量。这在计算机和相关统计软件的帮助下，已变得不太困难。

2. 收集、整理统计数据

回归模型的建立基于回归变量的样本统计数据。当确定好回归模型的变量之后，就要针对这些变量收集、整理统计数据。数据的收集是建立经济问题回归模型的重要一环，是一项基础性工作。样本数据的质量如何对回归模型的水平有至关重要的影响。

常用的样本数据分为时间序列数据和横截面数据。

时间序列数据就是按时间顺序排列的统计数据。如收集 2000 年到 2024 年工农业总产值年度指标，则可得到 25 个按时间顺序排列的数据。对于收集到的时间序列资料，要特别注意数据的可比性和数据的统计口径问题。如历年的国民收入数据是否按可比价格计算。中国在改革开放前，几十年物价不变，而从 20 世纪 80 年代初开始，物价几乎是直线上升。那么所获得的数据是否具有可比性，就要认真考虑。如在宏观经济研究中，国内生产总值（Gross Domestic Product，GDP）与国民生产总值（Gross National Product，GNP）二者在内容上是一致的，但在计算口径上不同。国民生产总值按国民原则计算，反映一国常住居民当期在国内外所从事的生产活动；国内生产总值则以国土为计算原则，反映一国国土范围内所发生的生产活动量。对于没有可比性和统计口径不一致的统计数据要做认真调整，这个调整过程就是数据整理过程。

横截面数据即在同一时间截面上的统计数据。如同一年在不同地块上测得的施肥量与小麦产量实验的统计数据就是横截面数据。又如某一年的全国人口普查数据、工业普查数据、同一年份全国 35 个大中城市的物价指数等都是横截面数据。当用横截面数据作样本时，容易产生异方差性。这是因为一个回归模型往往涉及众多解释变量，如果其中某一因素或一些因素随着解释变量观测值的变化而对被解释变量产生了不同影响，就会产生异方差性。如在研究城镇居民收入与购买消费品的关系时，用 x_i 表示第 i 户的收入量，y_i 表示第 i 户的购买量，购买回归模型为

$$y_i = \beta_0 + \beta_1 x_i + \varepsilon_i, \quad i = 1, 2, \cdots, n$$

在此模型中，随机项 ε_i 就具有不同的方差。因为在购买行为中，低收入的家庭购买行为的差异性比较小，大多购买生活必需品；高收入的家庭购买行为差异很大，高档消费品很多，他们的选择余地很大，这样购买物品所花费用的差异就较大。因而，用随机获取的样本数据建立回归模型，它的随机项 ε_i 就具有异方差性。对于具有异方差性的建模问题，数据整理就要注意消除异方差性，这常与模型参数估计方法结合起来考虑。

统计数据的整理不仅要把一些变量数据进行折算、差分，甚至要把数据对数化、标准化等，有时还需注意剔除个别特别大或特别小的"野值"。在统计数据质量不高时，经常会碰到这种情况。当然，有时还需利用插值的方法把空缺的数据补齐。

3. 确定理论回归模型的数学形式

在收集到所设置变量的数据之后，就要确定适当的数学模型来描述这些变量之间的关系。绘制变量 y_i 与 $x_i (i=1, 2, \cdots, n)$ 的样本散点图是选择数学模型形式的重要一环。一般我们把 (x_i, y_i) 所对应的点在平面直角坐标系上画出来，观察散点图的分布状况。如果 n 个样本点大致分布在一条直线的周围，可考虑用线性回归模型拟合这条直线，即选择线性回归模型。如果 n 个样本点大致分布在一条指数曲线的周围，就可选择指数形式的回归模型进行描述。

经济回归模型的建立通常要依据经济理论和一些数理经济学结果。数理经济学中已对投资函数、生产函数、需求函数、消费函数给出了严格的定义，并把它们分别用公式表示出来。借用这些理论，在其公式中增加随机误差项，就可把问题转化为用随机数学工具处理的回归模型。如数理经济学中有名的 C-D 生产函数是 20 世纪 30 年代初美国经济学家查尔斯·W. 柯布（Charles W Cobb）和保罗·H. 道格拉斯（Paul H Douglas）根据历史统计数据建立的，资本 K 和劳动 L 与产出被确切地表达为

$$y = AK^{\alpha}L^{\beta}$$

式中，α、β 分别为 K 和 L 对产出 y 的弹性。C-D 生产函数指出了厂商行为的一种模式，在函数中变量之间的关系是准确实现的。但是由计量经济学的观点，变量之间的关系并不符合数理经济学所拟定的准确关系模式，而是有随机偏差的。因而给 C-D 生产函数增加一个随机项 U，将变量之间的关系描述为一个随机模型，然后用随机数学方法加以研究，以得出非确定的概率性结论，这更能反映出经济问题的特点。随机模型为

$$y = AK^{\alpha}L^{\beta}U \tag{4.2}$$

或

$$\ln y = \ln A + \alpha \ln K + \beta \ln L + \ln U \tag{4.3}$$

式(4.2)是一个非线性的回归模型；式(4.3)是一个对数线性回归模型。我们在研究工业生产问题和农业生产问题时就可考虑用上述理论模型。

有时候，我们无法根据所获信息确定模型的形式，则可以采用不同的形式进行计算机模拟，从不同的模拟结果中选择较好的一个作为理论模型。

尽管模型中待估的未知参数要在参数估计、检验之后才能确定，但在很多情况下可以根据所研究的经济问题对未知参数的符号以及大小范围事先予以确定。如 C-D 生产函数式(4.2)中的待估参数 A、α、β 都应为正数。

4. 估计模型参数

回归理论模型确定之后，利用收集、整理的样本数据对模型的未知参数做出估计是回归分析的重要内容。未知参数的估计方法中最常用的是普通最小二乘法，它是经典的估计方法。对于不满足模型基本假设的回归问题，人们给出了种种新方法，如岭回归、主成分回归、偏最小二乘估计等，但它们都以普通最小二乘法为基础。除了这些基本的参数估计方法，还有分位数参数估计、贝叶斯参数估计等目前流行的新方法。

5. 模型检验与修改

在模型的未知参数估计出来后，就初步建立了一个回归模型。建立回归模型的目的是应用它研究经济问题，但如果马上就用这个模型去做预测、控制和分析，显然是不够慎重的。因为这个模型是否真正揭示了被解释变量与解释变量之间的关系，必须通过对模型进行检验才能确定。

对于回归模型，一般需要进行统计检验和模型经济意义的检验。

统计检验通常是对回归方程的显著性检验，以及回归系数的显著性检验，还有拟合优度检验、随机误差项的序列相关检验、异方差性检验、解释变量的多重共线性检验等。

在建立经济问题回归模型时，往往还会碰到回归模型通过了一系列统计检验，可就是得不到合理的经济解释的情形。例如，为评估中国 GDP 增长量，以耗电量、铁路运货量和银行贷款发放量这三种经济指标为自变量，从经济理论看，三个自变量和 GDP 之间都是正相关关系，回归模型中三个自变量的偏回归系数也应该都为正，但有时候由于样本容量的限制，或自变量间的多重共线性问题、数据质量问题，或者其他可能的问题，估计出的系数为负。这时即使通过了一系列的统计检验，这个回归模型也没有意义，更谈不上进一步应用了。可见，回归方程经济意义的检验同样非常重要。

如果一个回归模型没有通过某种统计检验，或者通过了统计检验而没有合理的经济意义，就需要对其进行修改。模型的修改有时要从检查变量设置是否合理开始，考虑是否把

某些重要的变量遗漏了，回归模型的基本假设是否都满足，变量间是否具有很强的相关性，样本量是否太少，变量的统计口径是否有变化，理论模型是否合适。模型的修改往往要反复几次，特别是建立一个实际经济问题的回归模型，要反复修正才能得到一个理想模型。

6. 回归模型的运用

当一个经济问题的回归模型通过了各种统计检验，且模型具有合理的经济意义时，就可以运用该模型来进一步研究经济问题了。

经济变量的因素分析是回归模型的一个重要应用。应用回归模型对经济变量之间的关系做出度量后，从模型的回归系数可发现经济变量的结构关系，给出政策评价的一些量化依据。

既然回归模型揭示经济变量间的因果关系，那么可以考虑给定被解释变量值来控制解释变量值。比如把某年的通货膨胀指标定为全国零售物价指数增长5%以下，那么，根据通货膨胀的回归模型可以确定货币的发行量、银行的存款利率等。这就是对经济变量的一种控制。

进行经济预测是回归模型的另一个重要应用。比如我国2023年的国民收入是多少，通过建立国民经济的宏观经济模型就可以对未来做出预测。

在回归模型的运用中，我们还强调定性分析和定量分析的有机结合。这是因为数理统计方法只是从事物的数量表面研究问题，不涉及事物质的规定性。单纯表面上的数量关系是否反映事物的本质？其本质究竟如何？必须依靠专门学科的研究才能下定论。所以，在经济问题的研究中，我们不能仅凭样本数据估计的结果就不加分析地随便给出结论，而必须把参数估计结果和具体经济问题以及现实情况紧密结合，这样才能保证回归模型在经济问题研究中的正确运用。

4.1.3　回归分析发展述评

从高斯提出最小二乘法算起，回归分析已有200多年的历史，其理论和方法研究得到不断发展。统计学中的许多重要方法都与回归分析有着密切联系，如时间序列分析、判别分析、主成分分析、因子分析、典型相关分析等。这些都极大地丰富了统计学方法的宝库。

回归分析方法自身的完善和发展至今是统计学家研究的热点课题。例如自变量的选择、稳健回归、回归诊断、投影寻踪、分位数回归、非参数回归模型等近年仍在大量研究文献中出现。

在回归模型中，当自变量代表时间、因变量不独立并且构成平稳序列时，这种回归模型的研究就是统计学中的另一个重要分支——时间序列分析。它提供了一系列动态数据的处理方法，帮助人们科学地研究分析所获得的动态数据，从而建立描述动态数据的统计模型，以达到预测、控制的目的。

在实际问题的研究应用中，人们发现经典的最小二乘估计结果并不总是令人信服。统计学家从多方面进行努力，试图克服经典方法的不足。例如，为了克服设计矩阵的病态性，提出了以岭估计为代表的多种有偏估计。斯坦于1955年证明了当维数大于2时，正态均值向量最小二乘估计的不可容性，即能够找到另一个估计在某种意义上一致优于最小二乘估计。从此之后，人们提出了许多新的估计，其中主要有岭估计、压缩估计、主成分估计、

Stein 估计，以及特征根估计。这些估计的共同点是有偏差，即它们的均值并不等于待估参数，于是人们把这些估计称为有偏估计。

为了解决自变量个数较多时大型回归模型的自变量选择问题，人们提出了许多关于回归自变量选择的准则和算法；为了克服最小二乘估计对异常值的敏感性，人们提出了各种稳健回归；为了研究模型假设条件的合理性及样本数据对统计推断影响的大小，产生了回归诊断；为了研究回归模型中未知参数非线性的问题，人们提出了许多非线性回归方法，这其中有利用数学规划理论提出的非线性回归参数估计方法、样条回归方法、微分几何方法等；为了分析和处理高维数据，特别是高维非正态数据，产生了投影寻踪回归、切片回归等。

近年来，新的研究方法不断出现，如非参数统计、自助法、刀切法、经验贝叶斯估计等方法都对回归分析起着渗透和促进作用。由此看来，回归分析随着自身不断的完善和发展以及应用领域的扩大，必将在统计学中占有更重要的位置，也必将为人类社会的发展发挥其独特的作用。

4.2　线性回归及参数估计

鉴于本书重点关注金融科技中基于大数据的统计建模方法，而在整个回归分析中，线性回归模型是最基础的回归模型，应用也最为广泛，因此为保证结构的完整性和连贯性，本节简要介绍线性回归的相关知识。此外，许多非线性回归模型可以通过适当变换转化为线性回归问题。本节简要介绍一元线性回归模型、多元线性回归模型及两类参数估计法。回归模型的检验及应用在此不再赘述，读者可查阅统计学、回归分析等相关书籍。

4.2.1　一元线性回归模型

在实际问题研究中，经常需要研究某一现象与影响该现象的某一最主要因素的关系。如影响粮食产量的因素非常多，但在众多因素中，施肥量是一个最重要的因素，我们往往需要研究施肥量这一因素与粮食产量之间的关系；在消费问题的研究中，影响消费的因素很多，但我们可以只研究国民收入与消费额之间的关系，因为国民收入是影响消费的最主要因素；保险公司在研究火灾损失规律时，把火灾发生地与最近消防站的距离作为最主要因素，研究火灾损失与火灾发生地和最近消防站的距离之间的关系。

上述几个例子都是研究两个变量之间的关系，它们的一个共同点是：两个变量之间有着密切的关系，但它们之间密切的程度达不到由一个变量唯一确定另一个变量，即它们间的关系是一种非确定性的关系。那么它们之间到底有什么样的关系呢？

只考虑两个变量 x 与 y，通常首先要收集 n 组样本数据 $(x_1, y_1), (x_2, y_2), \cdots, (x_n, y_n)$，描述 x 与 y 间线性关系的数学结构式可以写为

$$y = \beta_0 + \beta_1 x + \varepsilon \tag{4.4}$$

式 (4.4) 称为变量 y 对 x 的一元线性理论回归模型或总体回归模型。一般我们称 y 为被解释变量（因变量），x 为解释变量（自变量）。式中，β_0 和 β_1 是未知参数，称 β_0 为回归常

数，β_1 为回归系数；ε 表示其他随机因素的影响。在式(4.4)中一般假定 ε 是不可观测的随机误差，它是一个随机变量，通常假定 ε 满足

$$\begin{cases} E(\varepsilon) = 0 \\ D(\varepsilon) = \sigma^2 \end{cases} \tag{4.5}$$

式中，$E(\varepsilon)$ 表示 ε 的数学期望，$D(\varepsilon)$ 表示 ε 的方差。对式(4.4)两端求条件期望，得

$$E(y \mid x) = \beta_0 + \beta_1 x \tag{4.6}$$

称式(4.6)为总体回归方程。以下把条件期望 $E(y|x)$ 简记为 $E(y)$。

一般情况下，对我们所研究的某个实际问题，如果获得的 n 组样本观测值 (x_1, y_1)，$(x_2, y_2), \cdots, (x_n, y_n)$ 符合式(4.4)，则

$$y_i = \beta_0 + \beta_1 x_i + \varepsilon_i, \ i = 1, 2, \cdots, n \tag{4.7}$$

由式(4.5)，有

$$\begin{cases} E(\varepsilon_i) = 0 \\ D(\varepsilon_i) = \sigma^2 \end{cases}, \ i = 1, 2, \cdots, n$$

通常我们还假定 n 组数据是独立观测的，因而 $y_1, y_2, \cdots, y_n$ 与 $\varepsilon_1, \varepsilon_2, \cdots, \varepsilon_n$ 都是相互独立的随机变量。而 $x_1, x_2, \cdots, x_n$ 是确定性变量，其值是可以精确测量和控制的。我们称式(4.7)为一元线性样本回归模型。

对式(4.7)两边分别求数学期望和方差，得

$$E(y_i) = \beta_0 + \beta_1 x_i, \ D(y_i) = \sigma^2, \ i = 1, 2, \cdots, n \tag{4.8}$$

式(4.8)表明随机变量 $y_1, y_2, \cdots, y_n$ 的期望不等，方差相等，因而 $y_1, y_2, \cdots, y_n$ 是独立的随机变量，但并不是同分布的。而 $\varepsilon_1, \varepsilon_2, \cdots, \varepsilon_n$ 是独立同分布的随机变量。

$E(y_i) = \beta_0 + \beta_1 x_i$ 从平均意义上表达了变量 y 与 x 的统计规律性。关于这一点，在应用上非常重要，因为我们经常关心的是这个平均值。例如，在对消费 y 与收入 x 关系的研究中，我们所关心的是当国民收入达到某个水平时，人均消费能达到多少；在小麦亩产 y 与施肥量 x 的关系中，我们所关心的是当施肥量 x 确定后，小麦的平均产量是多少。回归分析的主要任务就是通过 n 组样本观测值 $(x_1, y_1), (x_2, y_2), \cdots, (x_n, y_n)$ 对 β_0, β_1 进行估计。一般用 $\hat{\beta}_0$、$\hat{\beta}_1$ 分别表示 β_0、β_1 的估计值，则称

$$\hat{y} = \hat{\beta}_0 + \hat{\beta}_1 x$$

为 y 关于 x 的一元线性经验回归方程或一元线性样本回归方程。

通常 $\hat{\beta}_0$ 表示经验回归直线在纵轴上的截距。如果模型范围里包括 $x = 0$，则 $\hat{\beta}_0$ 是 $x = 0$ 时 y 概率分布的均值；如果不包括 $x = 0$，$\hat{\beta}_0$ 只是作为回归方程中的分开项，没有具体意义。$\hat{\beta}_1$ 表示经验回归直线的斜率，$\hat{\beta}_1$ 在实际应用中表示自变量 x 每增加一个单位时因变量 y 的平均增加数量。

在实际问题的研究中，为了方便地对参数做区间估计和假设检验，我们还假定模型式(4.4)中误差项 ε 服从正态分布，即

$$\varepsilon \sim N(0, \sigma^2)$$

由于 $\varepsilon_1, \varepsilon_2, \cdots, \varepsilon_n$ 是 ε 的独立同分布的样本，因而有

$$\varepsilon_i \sim N(0, \sigma^2), \ i = 1, 2, \cdots, n$$

在 ε_i 服从正态分布的假定下，进一步有随机变量 y_i 也服从正态分布
$$y_i \sim N(\beta_0 + \beta_1 x_i, \sigma^2), \quad i = 1, 2, \cdots, n$$
将一元线性回归的一般形式式(4.4)用矩阵表示。令

$$
\boldsymbol{y} = \begin{bmatrix} y_1 \\ y_2 \\ \vdots \\ y_n \end{bmatrix}
\qquad
\boldsymbol{x} = \begin{bmatrix} 1 & x_1 \\ 1 & x_2 \\ \vdots & \vdots \\ 1 & x_n \end{bmatrix}
$$

$$
\boldsymbol{\varepsilon} = \begin{bmatrix} \varepsilon_1 \\ \varepsilon_2 \\ \vdots \\ \varepsilon_n \end{bmatrix}
\qquad
\boldsymbol{\beta} = \begin{pmatrix} \beta_0 \\ \beta_1 \end{pmatrix}
$$

于是式(4.4)可表示为
$$
\begin{cases}
\boldsymbol{y} = \boldsymbol{x}\boldsymbol{\beta} + \boldsymbol{\varepsilon} \\
E(\boldsymbol{\varepsilon}) = 0 \\
D(\boldsymbol{\varepsilon}) = \sigma^2 \boldsymbol{I}_n
\end{cases}
$$

式中，$\boldsymbol{I}_n$ 为 n 阶单位矩阵。

4.2.2　多元线性回归模型

许多现象往往不是简单的与某一因素有关，而是受多个因素的影响，此时就需要用两个或两个以上的影响因素作为自变量解释因变量的变化，这种多元回归亦称多重回归。当多个自变量与因变量之间是线性关系时，所进行的回归分析就是多元线性回归。设可预测的随机变量为 y，它受到 p 个非随机因素 $x_1, x_2, \cdots, x_p$ 和不可预测的随机因素 ε 的影响。

多元线性回归数学模型为
$$y = \beta_0 + \beta_1 x_1 + \beta_2 x_2 + \cdots + \beta_{p-1} x_{p-1} + \beta_p x_p + \varepsilon$$
其中 $\varepsilon \sim N(0, \sigma^2)$，$\beta_1, \beta_2, \cdots, \beta_p$ 为回归系数，对 y 和 $x_1, x_2, \cdots, x_p$ 分别进行 n 次独立观测，取得 n 组数据 $y_i, x_{i1}, x_{i2}, \cdots, x_{ip}(i = 1, 2, \cdots, n)$，则有
$$
\begin{aligned}
y_1 &= \beta_0 + \beta_1 x_{11} + \beta_2 x_{12} + \cdots + \beta_p x_{1p} + \varepsilon_1 \\
y_2 &= \beta_0 + \beta_1 x_{21} + \beta_2 x_{22} + \cdots + \beta_p x_{2p} + \varepsilon_2 \\
&\vdots \\
y_n &= \beta_0 + \beta_1 x_{n1} + \beta_2 x_{n2} + \cdots + \beta_p x_{np} + \varepsilon_n
\end{aligned}
\tag{4.9}
$$
其中 $\varepsilon_1, \varepsilon_2, \cdots, \varepsilon_p$ 相互独立，且服从 $N(0, \sigma^2)$ 分布。

令
$$
\boldsymbol{y} = \begin{bmatrix} y_1 \\ y_2 \\ \vdots \\ y_n \end{bmatrix}, \quad
\boldsymbol{\beta} = \begin{bmatrix} \beta_0 \\ \beta_1 \\ \vdots \\ \beta_p \end{bmatrix}, \quad
\boldsymbol{\varepsilon} = \begin{bmatrix} \varepsilon_1 \\ \varepsilon_2 \\ \vdots \\ \varepsilon_n \end{bmatrix}
$$

$$\boldsymbol{x} = \begin{bmatrix} 1 & x_{11} & x_{12} & \cdots & x_{1p} \\ 1 & x_{21} & x_{22} & \cdots & x_{2p} \\ \vdots & \vdots & \vdots & \ddots & \vdots \\ 1 & x_{n1} & x_{n2} & \cdots & x_{np} \end{bmatrix}$$

则式(4.9)用矩阵形式表示为

$$\boldsymbol{y} = \boldsymbol{x\beta} + \boldsymbol{\varepsilon}$$

一元线性回归可看作多元线性回归的特殊形式。

4.2.3 模型的参数估计

回归模型确定后,参数(回归系数)估计是回归分析的重要步骤。本节以古典线性回归模型为例,介绍两种常用的参数估计方法:普通最小二乘法和最大似然法。

为估计模型参数,古典线性回归模型通常需要满足以下假设条件:

(1) 解释变量 x_1,x_2,$\cdots$,x_p 是非随机变量,观测值 x_{i1},x_{i2},$\cdots$,x_{ip} 是常数。

(2) 等方差及不相关的假定条件为

$$\begin{cases} E(\varepsilon_i) = 0, i = 1, 2, \cdots, n \\ \text{Cov}(\varepsilon_i, \varepsilon_j) = \begin{cases} \sigma^2, i = j \\ 0, i \neq j \end{cases}, i、j = 1, 2, \cdots, n \end{cases}$$

这个条件称为高斯-马尔可夫(Gauss-Markov)条件,简称 G-M 条件。在此条件下,可以得到关于回归系数的最小二乘估计及误差项方差 σ^2 估计的一些重要性质,如回归系数的最小二乘估计是回归系数的最小方差线性无偏估计等。

(3) 正态分布的假定条件为

$$\begin{cases} \varepsilon_i \sim N(0, \sigma^2), \quad i = 1, 2, \cdots, n \\ \varepsilon_1, \varepsilon_2, \cdots, \varepsilon_n \text{相互独立} \end{cases}$$

在此条件下便可得到关于回归系数的最小二乘估计及 σ^2 估计的进一步结果,如它们分别是回归系数及 σ^2 的最小方差无偏估计等,并且可以进行回归的显著性检验及区间估计。

(4) 通常为了便于数学上的处理,还要求 $n > p$,即样本量的个数要多于解释变量的个数。

1. 普通最小二乘法

已知一组样本观测值 $\{(x_i, y_i), i = 1, 2, \cdots, n\}$,普通最小二乘法(Ordinary Least Squares,OLS)要求样本回归函数尽可能好地拟合这组值,即样本回归线上的点 $\hat{y}_i$ 与真实观测点 y_i 的"总体误差"尽可能的小。普通最小二乘法给出的判断标准是:被解释变量的估计值与实际观测值之差(残差 $e_i = y_i - \hat{y}_i$)的平方和

$$Q = \sum_{i=1}^{n} e_i^2 = \sum_{i=1}^{n} (y_i - \hat{y}_i)^2 = \sum_{i=1}^{n} [y_i - (\hat{\beta}_0 + \hat{\beta}_1 x_i)]^2$$

最小,即在给定样本观测值之下,选择 $\hat{\beta}_0$、$\hat{\beta}_1$ 使 y_i 与 $\hat{y}_i$ 之差的平方和最小。

为什么用平方和?因为样本回归线上的点 $\hat{y}_i$ 与真实观测点 y_i 之差可正可负,简单求和可能将很大的误差抵消掉,而平方和能反映二者在总体上的接近程度,这就是最小二乘原理。

根据微积分学的运算，当 Q 对 $\hat{\beta}_0$、$\hat{\beta}_1$ 的一阶偏导数为 0 时，Q 达到最小，即

$$
\begin{cases}
\dfrac{\partial Q}{\partial \hat{\beta}_0} = 0 \\[2mm]
\dfrac{\partial Q}{\partial \hat{\beta}_1} = 0
\end{cases}
$$

可推得用于估计 $\hat{\beta}_0$、$\hat{\beta}_1$ 的下列方程组

$$
\begin{cases}
\sum\limits_{i=1}^{n}(y_i - \hat{\beta}_0 - \hat{\beta}_1 x_i) = 0 \\[2mm]
\sum\limits_{i=1}^{n}(y_i - \hat{\beta}_0 - \hat{\beta}_1 x_i)x_i = 0
\end{cases}
\tag{4.10}
$$

解得

$$
\begin{cases}
\hat{\beta}_0 = \dfrac{\sum\limits_{i=1}^{n} x_i^2 \sum\limits_{i=1}^{n} y_i - \sum\limits_{i=1}^{n} x_i \sum\limits_{i=1}^{n} y_i x_i}{n \sum\limits_{i=1}^{n} x_i^2 - \left(\sum\limits_{i=1}^{n} x_i\right)^2} \\[6mm]
\hat{\beta}_1 = \dfrac{n \sum\limits_{i=1}^{n} y_i x_i - \sum\limits_{i=1}^{n} x_i \sum\limits_{i=1}^{n} y_i}{n \sum\limits_{i=1}^{n} x_i^2 - \left(\sum\limits_{i=1}^{n} x_i\right)^2}
\end{cases}
\tag{4.11}
$$

方程组(4.10)称为正规方程组。由于 $\hat{\beta}_0$、$\hat{\beta}_1$ 的估计结果是从最小二乘原理得到的，故称它们为普通最小二乘估计量(Ordinary Least Squares Estimator，OLSE)。

最后，需要说明一个重要的概念，即"估计量"和"估计值"的区别。由式(4.11)给出的参数估计结果是由一个具体样本资料计算出来的，它是一个"估计值"或者"点估计"，是参数估计量 $\hat{\beta}_0$ 和 $\hat{\beta}_1$ 的一个具体数值；但从另一个角度看，仅仅把式(4.11)看成 $\hat{\beta}_0$ 和 $\hat{\beta}_1$ 的一个表达式，那么它就成为 y_i 的函数，而 y_i 是随机变量，所以 $\hat{\beta}_0$ 和 $\hat{\beta}_1$ 也是随机变量，因而从这个角度考虑，就称之为"估计量"。

2. 最大似然法

最大似然法(Maximum Likelihood，ML)，也称最大或然法，是不同于普通最小二乘法的另一种参数估计方法，是从最大似然原理出发发展起来的估计方法。虽然其应用没有普通最小二乘法普遍，但它在计量经济学理论中仍占据重要的地位，因为最大似然原理比最小二乘原理更本质地揭示了通过样本估计总体参数的内在机理。

对于普通最小二乘法，当从模型总体随机抽取容量为 n 的样本观测值后，最合理的参数估计量应该使得模型能最好地拟合样本数据；而对于最大似然法，当从模型总体随机抽取容量为 n 的样本观测值后，最合理的参数估计量应该使得从模型中抽取该样本观测值的概率最大。显然，这是从不同原理出发的两种参数估计方法。

从总体中经过 n 次随机抽取得到样本容量为 n 的样本观测值，在任一次随机抽取中，

样本观测值都以一定的概率出现。如果已经知道总体的参数，那么由变量的频率函数可以计算其概率。如果只知道总体服从某种分布，但不知道其分布参数，通过随机样本可以求出总体的参数估计量。以正态分布总体为例，每个总体都有其分布参数的期望和方差，如果已经得到容量为 n 的样本观测值，在这些可供选择的总体中，哪个总体最可能产生已经得到的样本观测值呢？显然，要对每个可能的正态总体估计取得容量为 n 的样本观测值的联合概率，然后选择其参数能使观测值的联合概率为最大的那个总体。将样本观测值联合概率称为变量的似然函数。在已经取得样本观测值的情况下，使似然函数取最大值的总体分布参数所代表的总体具有最大的概率取得这些样本观测值，该总体参数即是所要求的参数。通过似然函数最大化以求得总体参数估计量的方法称为最大似然法。

在满足基本假设条件下，对一元线性回归模型

$$y = \beta_0 + \beta_1 x + \varepsilon$$

随机抽取样本容量为 n 的样本观测值 $\{(x_i, y_i), i = 1, 2, \cdots, n\}$，由于 y_i 服从如下正态分布：

$$y_i \sim N(\beta_0 + \beta_1 x_i, \sigma^2)$$

于是，y_i 的概率密度函数为

$$P(y_i) = \frac{1}{\sigma\sqrt{2\pi}} e^{\frac{1}{2\sigma^2}(y_i - \beta_0 - \beta_1 x_i)^2}, \quad i = 1, 2, \cdots, n$$

因为 y_i 是相互独立的，所以 y 的所有样本观测值的联合概率，即似然函数为

$$L(\beta_0, \beta_1, \sigma^2) = P(y_1, y_2, \cdots, y_n) = \frac{1}{(2\pi)^{\frac{n}{2}} \sigma^n} e^{-\frac{1}{2\sigma^2} \sum_{i=1}^{n}(y_i - \beta_0 - \beta_1 x_i)^2}$$

将该似然函数最大化，即可求得模型参数的最大似然估计量。

由于似然函数的最大化与似然函数对数的最大化是等价的，所以取对数似然函数如下

$$L^* = \ln L = -n\ln(\sqrt{2\pi}\sigma) - \frac{1}{2\sigma^2} \sum_{i=1}^{n}(y_i - \beta_0 - \beta_1 x_i)^2$$

对 L^* 求最大值，等价于对 $\sum_{i=1}^{n}(y_i - \beta_0 - \beta_1 x_i)^2$ 求最小值。设 $\hat{\beta}_0$、$\hat{\beta}_1$ 满足该最值条件，即

$$\begin{cases} \dfrac{\partial}{\partial \hat{\beta}_0} \sum_{i=1}^{n}(y_i - \hat{\beta}_0 - \hat{\beta}_1 x_i)^2 = 0 \\ \dfrac{\partial}{\partial \hat{\beta}_1} \sum_{i=1}^{n}(y_i - \hat{\beta}_0 - \hat{\beta}_1 x_i)^2 = 0 \end{cases}$$

解得模型的参数估计量为

$$\begin{cases} \hat{\beta}_0 = \dfrac{\sum_{i=1}^{n} x_i^2 \sum_{i=1}^{n} y_i - \sum_{i=1}^{n} x_i \sum_{i=1}^{n} y_i x_i}{n \sum_{i=1}^{n} x_i^2 - \left(\sum_{i=1}^{n} x_i\right)^2} \\[4ex] \hat{\beta}_1 = \dfrac{n \sum_{i=1}^{n} y_i x_i - \sum_{i=1}^{n} y_i \sum_{i=1}^{n} x_i}{n \sum_{i=1}^{n} x_i^2 - \left(\sum_{i=1}^{n} x_i\right)^2} \end{cases}$$

可见，在满足一系列基本假设的情况下，模型结构参数的最大似然估计量与普通最小二乘估计量是相同的。

4.3　模型选择

本小节关注回归模型 $y=f(x_1,x_2,\cdots,x_p)+\varepsilon$ 中 $f(\cdot)$ 的选择问题。为方便起见，假设被解释变量为 Y，解释变量为 $\boldsymbol{X}$，为了对 $\boldsymbol{X}$ 和 Y 的关系建模，可以通过数据集（训练集）得到模型 $\hat{f}(\boldsymbol{X})$。在诸多可供选择的模型中，并非对训练数据拟合程度越高模型就越好，还需要考虑模型的复杂度、泛化能力等。那么如何评价模型的优劣，如何选择合适的模型呢？以下将针对此类问题展开讨论。

4.3.1　模型选择概述

1. 损失函数

损失函数可用来衡量模型的精确程度。假设目标变量 Y 是连续变量，常用的损失函数有平方损失函数

$$L(Y,\hat{f}(\boldsymbol{X}))=[Y-\hat{f}(\boldsymbol{X})]^2$$

以及绝对损失函数

$$L(Y,\hat{f}(\boldsymbol{X}))=|Y-\hat{f}(\boldsymbol{X})|$$

绝对损失函数比平方损失函数有更好的稳健性，即更易排除异常点的影响。也就是说，当 $|Y-\hat{f}(\boldsymbol{X})|$ 较大时，平方项进一步将这个数值放大，影响模型拟合效果（训练精度）。但是平方损失估计的是条件均值 $E(Y|\boldsymbol{X})$，而绝对值损失估计中位数 $\mathrm{Median}(Y|\boldsymbol{X})$。除此之外，Huber 损失也是常用的损失函数，它综合了平方损失和绝对损失，使得估计效率接近平方损失，但同时排除异常点的影响，具体为

$$L(Y,\hat{f}(\boldsymbol{X}))=f(\boldsymbol{X})=\begin{cases}(Y-\hat{f}(\boldsymbol{X}))^2, & Y-\hat{f}(\boldsymbol{X})<\delta\\ 2\delta|Y-\hat{f}(\boldsymbol{X})|-\delta^2, & Y-\hat{f}(\boldsymbol{X})\geqslant\delta\end{cases}$$

对于离散的目标变量 Y，假设 Y 可取值 $1,2,\cdots,K$，则可考虑训练 K 个拟合的概率函数，$\hat{p}_k(\boldsymbol{X})=P(Y=k|\boldsymbol{X})$，它表示该观测属于第 k 类的概率。最终训练的分类器，输出预测概率最高的类别 $\hat{f}(\boldsymbol{X})=\arg\max_k\hat{p}_k(\boldsymbol{X})$。此时，可以使用 0-1 损失函数

$$L(Y,\hat{f}(\boldsymbol{X}))=I(Y\neq\hat{f}(\boldsymbol{X}))$$

还有偏差损失

$$L(Y,\hat{f}(\boldsymbol{X}))=-2\sum_{k=1}^{K}I(Y=k)\ln\hat{p}_k(\boldsymbol{X})$$

对于二元目标变量 Y，模型 $\hat{f}(\boldsymbol{X})$ 输出的可能是连续值，然后根据输出的正负号进行判别。这时，我们倾向于 $\hat{f}(\boldsymbol{X})$ 与 Y 同号，则可以采用指数损失，即

$$L(Y, \hat{f}(\boldsymbol{X})) = \exp(-Y\hat{f}(\boldsymbol{X}))$$

这个损失函数被用于机器学习中的一类重要的集成算法 Adaboost 的训练。

2. 模型误差

评价模型优劣时，需要区分模型在不同数据集上的误差。模型对于训练集

$$T = \{(x_1, y_1), (x_2, y_2), \cdots, (x_n, y_n)\}$$

的误差，描述了模型 $\hat{f}(\boldsymbol{X})$ 对训练数据的拟合程度，被称为训练误差，用 $\overline{\mathrm{err}}$ 表示

$$\overline{\mathrm{err}} = \frac{1}{n} \sum_{i=1}^{n} L(y_i, \hat{f}(x_i))$$

训练误差通常乐观地估计了模型在独立数据集上的表现。随着模型复杂度的增加，模型的训练误差一般随之减小。当模型足够复杂时，训练误差甚至可能为零。然而，这样的过拟合结果导致模型对新数据的预测能力较差。

为此，引入模型的泛化误差或者测试误差，表示模型对新数据 S 的预测能力。泛化误差为

$$\mathrm{Err}_T = E_{(X^0, Y^0)}[L(Y^0, \hat{f}(\boldsymbol{X}^0)) \mid T]$$

该误差固定训练集 T，并对损失函数取期望。新数据 (x_0, y_0) 与训练数据 T 来自同样的分布，但与训练数据独立。假设有测试集

$$S = \{(x_1^s, y_1^s), (x_2^s, y_2^s), \cdots, (x_m^s, y_m^s)\}$$

它与训练集独立同分布。那么可以用下式作为测试误差的估计：

$$\mathrm{Err}_T = \frac{1}{m} \sum_{i=1}^{m} L(y_i^s, \hat{f}(x_i^s))$$

如果同时考虑训练集、测试集两者的随机性，可以得到更易估计处理的期望误差

$$\mathrm{Err} = E_T E_{(X^0, Y^0)}[L(Y^0, \hat{f}(\boldsymbol{X}^0)) \mid T]$$

期望误差能够更加客观地反映模型的预测能力。

例 4.1 （平滑最近邻）Nadaraya-Watson 估计量为

$$\hat{f}(\boldsymbol{x}_0) = \frac{\sum\limits_{(x,y) \in T} K_h(\|\boldsymbol{x} - \boldsymbol{x}_0\|) y}{\sum\limits_{(x,y) \in T} K_h(\|\boldsymbol{x} - \boldsymbol{x}_0\|)} \tag{4.12}$$

其中 $\|\cdot\|$ 是二范数，对于向量 $\boldsymbol{x} = (x_1, x_2, \cdots, x_p)^{\mathrm{T}}$，有 $\|\boldsymbol{x}\|^2 = \sum\limits_{i=1}^{p} x_i^2$，且 $K_h(\cdot)$ 是核函数，窗框 h 是调节参数，共同决定了估计的平滑性。如果 h 取整数，d_h 是 x_0 与其 h-近邻的距离，定义

$$K_h(d) = \begin{cases} 1, & d \leqslant d_h \\ 0, & d > d_h \end{cases} \tag{4.13}$$

则 Nadaraya-Watson 估计退化为 h-近邻估计。此外，还可以令

$$K_h(d) = \exp\left(-\frac{d^2}{h}\right) \tag{4.14}$$

其中 h 可以取任意正实数。对于式（4.13）或式（4.14），可以认为 h 越小，模型的自由度越大，因为较小的 h 增强了 $\hat{f}(x_0)$ 在空间不同区域的变化能力。

3. 自由度

为了防止模型过拟合，首先需要描述模型的复杂度。模型复杂度的描述常借助有效参数的个数或自由度（degree of freedom，d. f.）。对应经典线性回归模型，将协变量的个数 p 定义为自由度，即

$$\text{d. f.} = p \tag{4.15}$$

对于接下来介绍的逐步向前回归，随着第一个自变量的加入，自由度从 0 增加到 1；加入第二个自变量后，自由度从 1 增加到 2……

考虑一般的线性模型

$$\hat{\boldsymbol{y}} = \boldsymbol{S}\boldsymbol{y} \tag{4.16}$$

其中 $\boldsymbol{S}$ 是一个 $N \times N$ 的矩阵，且只依赖于预测变量矩阵 $\boldsymbol{X}$。可以定义自由度为

$$\text{d. f.} = \text{tr}(\boldsymbol{S}) \tag{4.17}$$

经典线性回归模型中，$\boldsymbol{S} = \boldsymbol{X}(\boldsymbol{X}^{\mathrm{T}}\boldsymbol{X})^{-1}\boldsymbol{X}^{\mathrm{T}}$，此时式(4.17)退化为式(4.15)，即式(4.15)是式(4.17)的特殊情况。

现在利用式(4.17)计算平滑最近邻模型式(4.12)的自由度。假设各观测的误差独立，那么式(4.12)对应的矩阵 $\boldsymbol{S}$ 的，第 i 个对角元素为

$$s_{ii} = \frac{K_h(0)}{\sum\limits_{(x,y) \in T} K_h(\|x - x_i\|)}$$

于是自由度为

$$\text{d. f.} = \text{tr}(\boldsymbol{S}) = \sum_{i=1}^{n} \frac{K_h(0)}{\sum\limits_{(x,y) \in T} K_h(\|x - x_i\|)}$$

由此可见，对于核函数式(4.14)，h 越小，自由度越大。

还可以将定义的自由度进一步扩展。考虑可加误差模型 $Y = f(\boldsymbol{x}) + \varepsilon$，其中误差的方差为 $D(\varepsilon) = \sigma_\varepsilon^2$。此时，自由度定义为

$$\text{d. f.} = \frac{\sum\limits_{i=1}^{n} \text{Cov}(\hat{y}_i, y_i)}{\sigma_\varepsilon^2} \tag{4.18}$$

从直观的角度理解式(4.18)，它描述了模型拟合量 $\hat{y}_i$ 与实际数据 y_i 的接近程度。模型拟合越靠近实际数据，模型自由度越高。对于线性模型式(4.16)或平滑最近邻模型式(4.12)，假设各观测的误差独立，可以验证式(4.18)退化为式(4.17)。一般这个自由度未知，需要用自助法估计。

假设当前的估计模型为 $\hat{f}(\cdot)$，我们要衡量它的自由度。$\bar{f}(\cdot)$ 和 $\bar{\sigma}^2$ 分别是全模型（备选模型中自由度最大的）所拟合的函数及估计的残差方差。如果使用参数自助法，则可以从以下正态分布中获得 n 个样本：

$$y_i^b \sim N(\bar{f}(x_i), \bar{\sigma}^2), i = 1, 2, \cdots, n$$

重复 B 次抽样，上角标 b 表示第 $b(b = 1, 2, \cdots, B)$ 次抽样。每次抽样时，利用当前模型 $\hat{f}(\cdot)$（比全模型自由度小）的训练方法，在重抽样数据集上获得新的拟合模型 $\hat{f}^b(\cdot)$，进而得到自由度的估计为

$$\mathrm{d.f.} = \frac{1}{\sigma^2} \frac{1}{B-1} \sum_{b=1}^{B} \sum_{i=1}^{n} f^b(x_i, y_i^b - \bar{y}_i^{\text{boot}})$$

其中 $\bar{y}_i^{\text{boot}} = \frac{1}{B} \sum_{b=1}^{B} \hat{f}^b(x_i)$。也可以不对残差进行正态假设，而是利用非参数自助法获得新的样本。即令 $\bar{\varepsilon}_j = y_j - \bar{f}(x_j)$，然后从所有残差 $\{\bar{\varepsilon}_1, \bar{\varepsilon}_2, \cdots, \bar{\varepsilon}_n\}$ 中通过放回抽样得到 $\{\varepsilon_1^b, \varepsilon_2^b, \cdots, \varepsilon_n^b\}$，再令 $y_i^b = \bar{f}(x_i) + \varepsilon_i^b$，便得到重抽样数据。

4. 模型选择

如果我们有丰富的数据，一种模型选择及其测试方法是，将数据分为训练集、验证集和测试集。首先用训练集训练模型，然后通过验证集在模型中选择，最后通过测试集比较模型的误差。选择模型时需要用到各种评价准则，例如选择 BIC 最小的模型。

估计期望误差的最常用方法为 K 折交叉验证，K 为大于 1 的正整数。这种方法将数据分为不相交的 K 等分：$T = T_1 \bigcup T_2 \bigcup \cdots \bigcup T_K$，依次以其中一份作为测试集，其他 $K-1$ 份作为训练集，测试结果采用 K 组数据的平均值。

算法 4.1 K 折交叉验证

(1) 将数据分为不相交的 K 份：$T = T_1 \bigcup T_2 \bigcup \cdots \bigcup T_K$；

(2) 令循环指示变量 $j = 1$；

(3) 从数据中移除第 j 份得到训练数据 $T_{-j} = \bigcup_{k \neq j} T_j$；

(4) 在数据 T_{-j} 上训练得到模型 $\hat{f}_j$；

(5) 计算模型在测试数据 T_j 上的误差：

$$\overline{\mathrm{err}_j} = \frac{1}{|T_j|} \sum_{(x_i, y_j) \in T_j} L(y_i, \hat{f}_j(x_i))$$

(6) 如果 $j < K$，令 $j = j+1$，返回(3)，否则，进入下一步；

(7) 输出交叉验证误差：$\overline{\mathrm{err}_{\mathrm{cv}}} = \frac{1}{K} \sum_{j=1}^{K} \overline{\mathrm{err}_j}$。

K 折交叉验证按照事先对数据的划分，每次在一定子集上进行模型训练、测试。自助法则对数据集划分加入了随机性。每次从数据集 T 中通过有放回抽样得到等样本量的数据集 T_j'，并在此抽样得到的数据集上训练模型子 $\hat{f}_j$，然后在原始数据集 T 上计算模型误差：

$$\overline{\mathrm{err}_j}^{\text{boot}} = \frac{1}{|T|} \sum_{(x_i, y_i) \in T} L(y_i, \hat{f}(x_i))$$

如此重复 B 次，并以平均值 $\frac{1}{B} \sum_{j=1}^{B} \overline{\mathrm{err}_j}^{\text{boot}}$ 为自助法误差。但此误差也不能客观衡量模型的预测误差，因为抽样数据集 T_b' 与原数据集 T 有很多重合的样本。为此，可以在未被抽样选中的样本 $S_b = \frac{T}{T_b'}$ 上计算误差。

算法 4.2 Bootstrap 误差

(1) 令循环指示变量 $b = 1$；

（2）从数据集 T 中通过有放回抽样得到等样本量的数据集 T_b'；

（3）在数据 T_b' 上训练得到模型子 $\hat{f}_b$；

（4）将在原始数据集 T 中但不在 T_b' 中的所有样本作为测试数据 $S_b = \dfrac{T}{T_b'}$；

（5）在测试集上计算误差：

$$\overline{\mathrm{err}_b} = \frac{1}{|S_b|} \sum_{(x_i,y_i) \in S_b} L(y_i, \hat{f}_j(x_i))$$

（6）如果 $b < B$，令 $b = b+1$，返回（2），否则，进入下一步；

（7）输出自助法误差：$\overline{\mathrm{err}_{\mathrm{boot}}} = \dfrac{1}{B} \sum_{j=1}^{B} \overline{\mathrm{err}_b}$。

在自助法误差的基础上，可以计算模型的过拟合率。首先定义无信息误差率 γ，它表示预测变量与响应变量不相关时的误差率。无信息误差率 γ 的估计量为

$$\hat{\gamma} = \frac{1}{N^2} \sum_{i=1}^{N} \sum_{j=1}^{N} L(y_i, \hat{f}(x_j))$$

它是给定数据集上最坏的误差率。与此同时，训练误差 $\overline{\mathrm{err}}$ 是对误差较为乐观的估计，而自助法误差 $\overline{\mathrm{err}_{\mathrm{boot}}}$ 则是检验模型泛化能力的误差。由此可定义相对过拟合率为

$$\hat{R} = \frac{\overline{\mathrm{err}_{\mathrm{boot}}} - \overline{\mathrm{err}}}{\hat{\gamma} - \overline{\mathrm{err}}}$$

其取值介于 0 与 1 之间。当模型不存在过拟合，即 $\overline{\mathrm{err}_{\mathrm{boot}}} = \overline{\mathrm{err}}$ 时，$\hat{R} = 0$；当模型过拟合较为严重时，$\hat{R} = 1$。

4.3.2 偏差-方差分解

假设产生数据的模型为 $Y = f(x) + \varepsilon$，且 $\hat{f}(x_0)$ 为拟合的模型，那么模型在一点 $X = x_0$ 的误差可以分解。首先

$$E\left[(f(x_0) - E\hat{f}(x_0))(Y - f(x_0)) \mid X = x_0\right]$$
$$= (f(x_0) - E\hat{f}(x_0)) E\left[(Y - f(x_0)) \mid X = x_0\right] = 0$$

类似地，

$$E\left[(f(x_0) - E\hat{f}(x_0))(E\hat{f}(x_0) - \hat{f}(x_0)) \mid X = x_0\right]$$
$$= (f(x_0) - E\hat{f}(x_0)) E\left[(E\hat{f}(x_0) - \hat{f}(x_0)) \mid X = x_0\right] = 0$$

此外，假设在 $X = x_0$ 点 ε 与 $\hat{f}(x_0)$ 独立，那么

$$E\left[(Y - f(x_0))(E\hat{f}(x_0) - \hat{f}(x_0)) \mid X = x_0\right]$$
$$= E\left[(f(x_0) + \varepsilon)(E\hat{f}(x_0) - \hat{f}(x_0)) \mid X = x_0\right] - f(x_0)E\left[E\hat{f}(x_0) - \hat{f}(x_0) \mid X = x_0\right]$$
$$= E\left[\varepsilon(E\hat{f}(x_0) - \hat{f}(x_0)) \mid X = x_0\right]$$
$$= E\hat{f}(x_0)E\left[\varepsilon \mid X = x_0\right] - E\left[\varepsilon\hat{f}(x_0) \mid X = x_0\right] = 0$$

综合以上各式，便得到均方误差分解式为

$$E\left[(Y-\hat{f}(x_0))^2 \mid X=x_0\right]$$

$$=E\left[(Y-f(x_0)+f(x_0)-E\hat{f}(x_0)+E\hat{f}(x_0)-\hat{f}(x_0))^2 \mid X=x_0\right]$$

$$=\sigma_\epsilon^2+[E\hat{f}(x_0)-f(x_0)]^2+E[E\hat{f}(x_0)-\hat{f}(x_0)]^2$$

由此可见均方误差由三部分构成。第一部分 σ_ϵ^2 是数据的固有误差，任何模型都不能将它减小。第二部分是偏差

$$\text{Bias}=E\hat{f}(x_0)-f(x_0)$$

的平方，表示模型均值与 x 点数据均值的差距。第三部分则是拟合模型的内在方差

$$D(\hat{f}(x_0))=E\left[E(\hat{f}(x_0))-\hat{f}(x_0)\right]^2$$

由于模型的固有误差不可减少，因此只能希望降低模型偏差、拟合模型方差来提高模型拟合精度。但是，通常模型偏差和模型方差存在此消彼长的关系，即当试图减小其中一个时，另一个却在增大。

4.3.3 模型选择准则

通过以下准则来衡量模型的优劣、选择模型，这些准则是对模型拟合程度与模型自由度的一个权衡。它们可以避免统计检验，方便地比较不同分布假设下的模型。

作为选择准则的最基本统计量，可以考虑残差平方和（Error Sum of Squares，ESS）或者复相关系数 R。根据最小二乘法的意义，ESS 越小，或者说 R 越大，回归模型的拟合则越好。然而只用这两个统计量作为准则来判断回归模型拟合的好坏，难以达到判断目的。

考虑两个回归模型为包含关系的情形，设

$$M_1: y=\beta_0+\boldsymbol{X}_1\boldsymbol{\beta}_1+\varepsilon_1$$
$$M_2: y=\beta_0+\boldsymbol{X}_1\boldsymbol{\beta}_1+\boldsymbol{X}_2\boldsymbol{\beta}_2+\varepsilon_2$$

这里 $\boldsymbol{X}_1$ 是 $n\times(p-r)$ 解释变量阵，$(\boldsymbol{X}_1,\boldsymbol{X}_2)$ 是 $n\times p$ 解释变量阵。由于 M_1 是 M_2 的特殊情形，所以两者的关系叫作包含。分别记 M_1、M_2 的复相关系数为 R_1、R_2，那么，从复相关系数的定义知道，不管 $\boldsymbol{X}_2$ 对目标变量 y 是否有作用，总有 $R_2\geqslant R_1$。可见，为了提高复相关系数，不论什么变量只要多取就行了。于是，若以复相关系数的大小作为准则来比较 M_1 和 M_2，那么，不管 $\boldsymbol{X}_2$ 是什么变量，几乎总是选择 M_2 为良好模型。因此，可以说，以复相关系数作为准则的模型选择是没有多大意义的。

人们对于回归分析所期望的并不是偶然得到 n 组数据的拟合程度，而是更好地预测未来可能要出现的值。这样一来，这 p 个变量乃是将被选进回归模型的候补变量，于是我们就想挑选其中的 k 个（$k\leqslant p$）。

当有 p 个解释变量可供选择时，如果在回归模型中选进 1 个、2 个、$\cdots$、p 个，那么，总共有

$$\binom{p}{1}+\binom{p}{2}+\cdots+\binom{p}{p}=(1+1)^p-1=2^p-1$$

个可能的回归模型。例如，当 $p=10$ 时，可能的回归模型总共有 $2^{10}-1=1023$ 个。若要客观地选择一个最佳回归模型（变量组合），那么，原则上需要从可能的 1023 个模型中选出。

为了从 10 个变量中选择一个最佳组合,要估计 1023 个模型,不管怎么说都是对时间和精力的浪费。如果牺牲一些客观性,那有没有更有效的变量选择方法呢?

通常 p 个候选变量并不是无差别地对目标变量 y 有相同作用。如果回归分析的目的是结构分析,那么,根据有关现象的先验信息,哪些变量是有效的,哪些变量是无效的,事先会有所判断。如果把预测当作回归分析的目的,那么,优先考虑的变量理应是那些容易观测、成本低以及误差小的变量。例如,在 10 个候选变量中,若能已知有 4 个是绝对不能剔除的,那么,候选变量只剩下 6 个。这样,利用先验信息,使可能的回归模型数目一下子从 1023 个减少为 64 个,这可以有效地降低计算复杂度。

众所周知,作为挑选变量的方法,有把变量一个一个地选进(前向法)或者剔除(后向法)等的逐步回归方法。这里将讨论的是挑选变量子集的客观准则,这些准则已广泛地为人们所研究,不仅在回归模型中得到应用,而且在更一般的统计模型,如时间序列分析中也得到了应用。

1. 自由度调整复相关系数

当在回归模型中逐步增加解释变量时,复相关系数也随之逐步变大。然而,使复相关系数变大的代价是剩余自由度的减少,因为剩余自由度等于样本数与解释变量数之差。自由度小,则意味着估计和预测的可靠性低。这就是说,自由度较小时,尽管回归模型的拟合效果很好,但区间预测或者区间估计的幅度会变大,以致失去实际意义。这样,考虑到"拟合优度"与"可靠度"之间的关系,建议采用自由度调整复相关系数 $\bar{R}$ 当作模型选择的准则,其为自由度调整决定系数 $\bar{R}^2$ 的平方根,即

$$\bar{R}^2 = 1 - \frac{\text{ESS}/(n-p-1)}{\text{TSS}/(n-1)} = \frac{\left[\sum_{i=1}^{n}(y_i - \hat{y}_i)^2\right]/(n-p-1)}{\left[\sum_{i=1}^{n}(y_i - \bar{y})^2\right]/(n-1)}$$

$$= 1 - \frac{n-1}{n-p-1}(1-R^2)$$

上式中,尽管 $1-R^2$ 随着变量的增加而减少,但由于其前面的系数 $\dfrac{n-1}{n-p-1}$ 起修正作用,$\bar{R}^2$ 随变量的增加并不一定增大。当所增加的变量对 y 不产生影响时,$\bar{R}^2$ 反而可能减少。显然,$\bar{R}^2 \leqslant R^2$,并且当 $R^2 < \dfrac{p}{n-1}$ 时,$\bar{R}^2$ 为负值,当然,这时可以得出结论 $x_1, x_2, \cdots, x_p$ 不能用来解释 y 的波动。

2. 赤池信息准则

作为模型选择的一般性理论,赤池弘次(H. Akaike)提出了 AIC 方法。作为表现两个分布 $g(x)$ 和 $f(x)$ 近似度的统计量,有 Kullback 信息量 $I(g;f)$:

$$I(g;f) = \int g(x)\ln\frac{g(x)}{f(x)}\mathrm{d}x$$

这里,$I(g;f)$ 是非负的,只有当 f 与 g 相等时才等于 0。可以认为 $I(g;f)$ 越小,则 f 越接

近于 g。设 $g(x)$ 为真实的概率分布，$f(x, \theta_0)$ 为假定的概率模型，又令使 $I(g; f)$ 最小的 θ 为 θ_0，那么，从 Kullback 信息量来看，$f(x, \theta_0)$ 最接近于真实 $g(x)$。

粗略地说，AIC 是作为模型信息量 $I(g; f)$ 的渐近无偏估计量推导得到的一个统计量。设模型的似然函数为 $L(\theta, x) = f(x, \theta)$，$\theta$ 的维数为 p，则 AIC 的定义为

$$\text{AIC} = -2\ln L(\hat{\theta}, x) + 2p \tag{4.19}$$

式中，$L(\hat{\theta}, x)$ 是似然函数的最大值（即把最大似然估计值代入似然函数），p 是模型中未知参数个数。使 AIC 值最小的模型是可取模型。这样，式 (4.19) 第一项可以解释为衡量模型拟合程度的一个量，第二项可以解释为对增加参数个数的一种惩罚。

这样看来，不仅数据的拟合要好，而且又尽可能地节省参数数目的模型才是最佳模型。当有若干个模型可供选择时，选择使 AIC 值最小的那个模型，这种程序叫作 MAIC(minimum AIC) 程序。由赤池弘次提出的 MAIC 程序的优点是，只要模型的似然函数有定义，不论是什么统计模型都能适用。也应指出，这个程序的缺点是模型的分布类型必须已知。

现在考虑把 MAIC 程序应用于回归模型的选择。在回归分析中，人们总是假定模型的误差项 ε 服从正态分布，即

$$\varepsilon \sim N(0, \sigma^2 \boldsymbol{I})$$

在这个假定下，模型的对数似然函数是

$$\ln L(\boldsymbol{\beta}, \sigma^2; \boldsymbol{y}) = -\frac{n}{2}\ln(2\pi) - \frac{n}{2}\ln \sigma^2 - \frac{1}{2\sigma^2}(\boldsymbol{y} - \boldsymbol{X\beta})^{\mathrm{T}}(\boldsymbol{y} - \boldsymbol{X\beta})$$

而使 $\ln L(\boldsymbol{\beta}, \sigma^2; \boldsymbol{y})$ 为最大的 $\boldsymbol{\beta}$ 和 σ^2（即最大似然估计值）分别由

$$\hat{\boldsymbol{\beta}} = (\boldsymbol{X}^{\mathrm{T}}\boldsymbol{X})^{-1}\boldsymbol{X}^{\mathrm{T}}\boldsymbol{y}$$

和

$$\hat{\sigma}^2 = \frac{1}{n}(\boldsymbol{y} - \boldsymbol{X\hat{\beta}})^{\mathrm{T}}(\boldsymbol{y} - \boldsymbol{X\hat{\beta}})$$

给出。因此，最大对数似然函数是

$$\ln L(\hat{\boldsymbol{\beta}}, \hat{\sigma}^2; \boldsymbol{y}) = -\frac{n}{2}\ln(2\pi) - \frac{n}{2}\ln \hat{\sigma}^2 - \frac{n}{2} \tag{4.20}$$

把式 (4.20) 代入式 (4.19)，得到回归分析的 AIC 为

$$\text{AIC} = n\ln \hat{\sigma}^2 + 2p + C$$

此处 C 是与 p 无关的一个常数，通常把它当作零。

3. C_p 准则

作为选择回归模型的准则，还可以选取 C_p 统计量。

设目标变量 y 对解释变量 $x_1, x_2, \cdots, x_p$ 的回归模型可以表示为

$$y = \beta_0 + \beta_1 x_1 + \cdots + \beta_p x_p + \varepsilon \tag{4.21}$$

并且 y_a 对应于 $(x_{a1}, x_{a2}, \cdots, x_{ap})$ 的预测量 $\hat{y}_a$，由

$$\hat{y}_a = \hat{\beta}_0 + \hat{\beta}_1 x_{a1} + \cdots + \hat{\beta}_p x_{ap}, \quad \alpha = 1, 2, \cdots, n$$

给出。y_a 对应于 $(x_{a1}, x_{a2}, \cdots, x_{ap})$ 的实现值记作 y_a^*，并且采用 $\hat{y}_a$ 作为 y_a^* 的预测值。那么，

预测误差平方和的期望值 $E\left[\sum_{\alpha=1}^{n}(\hat{y}_{\alpha}-y_{\alpha}^{*})^{2}\right]$ 与残差平方和的期望值 $E\left[\sum_{\alpha=1}^{n}(\hat{y}_{\alpha}-y_{\alpha})^{2}\right]$ 之间存在如下关系：

$$E\left[\sum_{\alpha=1}^{n}(\hat{y}_{\alpha}-y_{\alpha}^{*})^{2}\right]=E\left[\sum_{\alpha=1}^{n}(\hat{y}_{\alpha}-y_{\alpha})^{2}\right]+2p\sigma^{2} \tag{4.22}$$

此处 σ^{2} 是回归模型式(4.21)中误差项 ε 的方差。由于式(4.22)的左边是式(4.21)的估计值的平均平方误差，这个值越小，回归模型式(4.21)则越是可取的。因此，若把式(4.22)式的右边看作衡量预测量 $\hat{y}_{\alpha}$ 好坏的一个准则，那么，可由统计量

$$T_{p}=\mathrm{ESS}_{p}+2p\sigma^{2}$$

估计。在进行上述分析以后，将上式标准化，并建议以

$$C_{p}=\frac{\mathrm{ESS}_{p}}{\hat{\sigma}^{2}}+2p \tag{4.23}$$

作为模型选择准则，此处 $\hat{\sigma}^{2}$ 是 σ^{2} 的估计量。不言而喻，使 C 最小的模型是可取的模型。

式(4.23)的右边第一项是表示模型拟合优度的量，第二项可以解释为对变量增加的惩罚。从这点来看，C_{p} 与 AIC 是相似的。事实上，可以证明，AIC 与 C_{p} 准则渐近地相等。在样本数少的情形下，利用 C_{p} 准则可以节省参数。C_{p} 准则还有一个优点，是它不需要假定分布类型已知。

然而在计算 C_{p} 准则时，怎样估计未知参数 σ^{2}，仍没有一个令人满意的方法，而且 σ^{2} 的不同估计值还会影响变量挑选的结果。这可以说是 C_{p} 准则的一个缺点。通常人们采用包含所有 p 个解释变量的最大模型的无偏方差估计量，即

$$\hat{\sigma}^{2}=\frac{\mathrm{ESS}_{p}}{n-p-1}$$

此外，还可以考虑采用所有可能模型的无偏方差估计量中的最小者作为 σ^{2} 的估计量。

4. 贝叶斯信息准则

BIC 也被称为 Schwarz 准则，它按照贝叶斯的观点进行模型选择。假设备选模型属于参数族

$$G=\{g_{1}(\cdot\mid\theta_{1}),g_{2}(\cdot\mid\theta_{2}),\cdots,g_{K}(\cdot\mid\theta_{K})\}$$

选择第 k 个模型的先验分布为 $P(g_{k})$，参数 θ_{k} 的先验分布为 $\pi_{k}(\theta_{k})$，且在模型 $g_{k}(\cdot\mid\theta_{k})$ 下获得数据 $t_{i}=(x_{i},y_{i})$ 的概率为 $g_{k}(t_{i}\mid\theta_{k})$。于是，已知数据观测 $t_{1},t_{2},\cdots,t_{n}$ 的全体 T，模型 $g_{k}(\cdot\mid\theta_{k})$ 及其参数的后验分布为

$$P(g_{k}(\cdot\mid\theta_{k})\mid T)\propto P(g_{k})\times\int\prod_{i=1}^{n}g_{k}(t_{i}\mid\theta_{k})\pi_{k}(\theta_{k})\mathrm{d}\theta_{k}$$

通常，假设模型的先验概率相等，即 $P(g_{k})$ 为常数。通过对以上积分项的拉普拉斯逼近等变换，得到最终的准则表达式

$$\mathrm{BIC}=2\ln L(\hat{\theta},x)+2p\cdot\ln n$$

其中 p 是自由度。特别地，正态线性模型对数似然可表示为

$$\ln L(\hat{\beta},x)=-\frac{1}{2}\sum_{i=1}^{n}\left(y_{i}-\beta_{0}-\sum_{j=1}^{p}x_{ij}\beta_{j}\right)^{2}$$

4.3.4 回归变量选择

本节介绍用回归模型选择方法来确定哪些自变量应该被纳入模型中，并用 AIC、BIC 等准则选择模型。最优子集、逐步回归都是离散的模型选择策略，因为一个变量要么被完全纳入模型，要么被完全剔除。与此相反，分阶段回归、岭回归、LASSO 都是连续的模型选择策略。

1. 最优子集

当存在很多预测变量时，变量选择能提高估计、预测精确度，还能获得更好的解释性。最优子集回归在预测变量的所有子集中寻找使 AIC、BIC 等某个准则最小的一个。例如，有 X_1、X_2、X_3 三个因变量时，所有可供考虑的回归模型有

$$Y = \beta_0 + \beta_1 X_1 + \varepsilon$$
$$Y = \beta_0 + \beta_1 X_2 + \varepsilon$$
$$Y = \beta_0 + \beta_1 X_3 + \varepsilon$$
$$Y = \beta_0 + \beta_1 X_1 + \beta_2 X_2 + \varepsilon$$
$$Y = \beta_0 + \beta_1 X_1 + \beta_3 X_3 + \varepsilon$$
$$Y = \beta_0 + \beta_2 X_2 + \beta_3 X_3 + \varepsilon$$
$$Y = \beta_0 + \beta_1 X_1 + \beta_2 X_2 + \beta_3 X_3 + \varepsilon$$

随着变量数的增多，需要遍历的模型数目呈指数级增多。当有 p 个变量时，一共有 $2^p - 1$ 个模型需要计算。即便使用较为巧妙的搜索方法（如分支定界法），当 p 超过 40 时所需要的计算时间也超出我们能够承受的范围，因此需要寻求其他高效的搜索方法。

2. 逐步回归

逐步回归可以分为向前逐步回归和向后逐步回归两种。向前逐步回归变量选择由常数项开始，每次加入一个变量，这个变量使得模型拟合度提升最优。向后逐步回归则从全模型开始——即所有回归变量都纳入模型，每次移除一个对模型拟合贡献最弱的变量。选择每次加入或移除的变量时，可以使用线性回归中的 F 统计量，也可以根据变量与残差的相关性选择。

逐步回归是一种贪心算法，产生一系列嵌套模型。虽然与最优子集变量选择相比，逐步回归只能得到次优的结果，但逐步回归也有自身的优势。当预测变量很多时，逐步回归方法比最优子集回归方法的运算速度快，减轻了过拟合程度。此外，逐步回归能帮我们提高模型的精确度以及可解释性。然而，这是一个离散的选择过程，每个变量被加入或者丢弃——这通常会带来较大的方差、较弱的模型预测能力。

3. 向前分阶段回归

逐步回归采取贪心策略，每次直接加入或移除一个变量。与逐步回归相反，向前分阶段回归采取了非常保守的策略——每个变量以很小的步长逐渐进入模型。向前分阶段回归的模型选择步骤是：首先预测变量中心化，并且将模型初始化为截距项 $\hat{\mu}^{(0)}$。在每一步计算时，模型检测和当前残差最相关的预测变量。假设 $\hat{\mu}^{(k)}$ 是当前模型（第 k 步）对响应变量 y

的拟合，那么第 $j(j=1,2,\cdots,p)$ 个变量与残差的相关系数正比于

$$c_j = \frac{1}{\boldsymbol{X}_j^{\mathrm{T}}\boldsymbol{X}_j}\boldsymbol{X}_j^{\mathrm{T}}(\boldsymbol{y}-\hat{\boldsymbol{\mu}}^{(k)})$$

与残差相关系数最高的分量为

$$j_0 = \underset{j}{\mathrm{argmax}}\{|c_j|\}$$

令 $s_{j_0} = \mathrm{sign}(c_j)$，那么对 $\hat{\boldsymbol{\mu}}^{(k)}$ 的更新表达式为

$$\hat{\boldsymbol{\mu}}^{(k+1)} = \hat{\boldsymbol{\mu}}^{(k)} + \varepsilon s_{j_0}\boldsymbol{X}_{j_0}$$

其中 ε 是分阶段回归的步长，通常设定为一个很小的正数。回归系数仅对第 j_0 个分量更新，其他保持不变。

$$\beta_{j_0+} = \beta_{j_0} + \varepsilon s_{j_0}$$

$\hat{\boldsymbol{\mu}}^{(k)}$ 最终会达到全模型的拟合值 $\bar{\boldsymbol{y}} = \boldsymbol{X}(\boldsymbol{X}^{\mathrm{T}}\boldsymbol{X})^{-1}\boldsymbol{X}^{\mathrm{T}}\boldsymbol{y}$。由此可见

$$\mathrm{sign}(\beta_{j_0+} - \beta_{j_0}) = s_{j_0}$$

即回归系数的改变量 $\beta_{j_0+} - \beta_{j_0}$ 与相关系数 c_j 同号。换言之，当相关系数 c_j 不变号时，回归系数单调变化。

4.4 广义线性模型

4.4.1 二点分布回归

首先从一个最简单的情形考虑如何扩充广义线性模型的定义。假设 Y 是二元响应变量，只能取 0 和 1 两个值。这个响应变量可以表示人们是否做出某一选择，例如 1 表示顾客购买了产品，0 表示没有购买；也可以表示债券是否违约，例如 1 表示违约，0 表示不违约。对这类响应变量，可以考虑在给定协变量 $X_1,X_2,\cdots,X_p$ 的情况下，对 Y 取值 1 和 0 的概率建模。即考虑两个非负概率

$$P(Y=1\mid X_1,X_2,\cdots,X_p), P(Y=0\mid X_1,X_2,\cdots,X_p)$$

且它们的和为 1。特别地，可以考虑前者与线性函数 $U=\beta_0+\beta_1 X_1+\cdots+\beta_p X_p$ 的关系。一种简单的关系是假设

$$P(Y=1\mid U)=\beta_0+\beta_1 X_1+\cdots+\beta_p X_p$$

但是，注意到等号右边的取值不能限制在区间 $[0,1]$ 内。假设 $\Phi(u)$ 是标准正态分布的累积分布函数，于是令

$$P(Y=1\mid U)=\Phi(u)$$

或者用 $\psi(u)$ 表示 Logistic 分布的分布函数，即

$$\psi(u) = \frac{\mathrm{e}^u}{1+\mathrm{e}^u}$$

那么可用 $P(Y=1|U)=\psi(u)$ 描述 Y 的概率分布。注意，$\Phi(u)$ 和 $\psi(u)$ 的值域为 $[0,1]$，这

使得由此定义的 $P(Y=1|U)$ 符合概率分布的要求。此外，$\Phi(u)$ 和 $\psi(u)$ 都是严格单调的函数，这使得每个协变量都对 $P(Y=1|U)$ 有单调的影响，这样的单调性与线性模型是类似的。当然还可以选择其他概率函数来定义 $P(Y=1|U)$。实际上，只要函数是单调递增、值域为 $[0,1]$ 的，都可用来定义 $P(Y=1|U)$。当用 $\Phi(u)$ 定义 $P(Y=1|U)$ 时，所得的模型被称为 Probit 模型，使用 $\psi(u)$ 则得到 Logistic 回归模型，该模型的计算更简单，因而被广泛使用。

参数的估计一般使用最大似然估计。对于观测 $(\boldsymbol{x}_i,y_i)(i=1,2,\cdots,n)$，似然函数可表示为

$$\prod_{i=1}^{n}\left[P(Y=1\mid \boldsymbol{x}_i^{\mathrm{T}}\boldsymbol{\beta})\right]^{y_i}\left[1-P(Y=1\mid \boldsymbol{x}_i^{\mathrm{T}}\boldsymbol{\beta})\right]^{1-y_i}$$

对于 Logistic 回归，它等于

$$\prod_{i=1}^{n}\left[\frac{\mathrm{e}^{\boldsymbol{x}_i^{\mathrm{T}}\boldsymbol{\beta}}}{1+\mathrm{e}^{\boldsymbol{x}_i^{\mathrm{T}}\boldsymbol{\beta}}}\right]^{y_i}\left[\frac{1}{1+\mathrm{e}^{\boldsymbol{x}_i^{\mathrm{T}}\boldsymbol{\beta}}}\right]^{1-y_i}=\prod_{i=1}^{n}\left[\mathrm{e}^{\boldsymbol{x}_i^{\mathrm{T}}\boldsymbol{\beta}}\right]^{y_i}\left[\frac{1}{1+\mathrm{e}^{\boldsymbol{x}_i^{\mathrm{T}}\boldsymbol{\beta}}}\right]$$

对数似然为

$$\ell(\boldsymbol{\beta})=\sum_{i=1}^{n}y_i\boldsymbol{x}_i^{\mathrm{T}}\boldsymbol{\beta}-\log(1+\mathrm{e}^{\boldsymbol{x}_i^{\mathrm{T}}\boldsymbol{\beta}})$$

如何理解 Logistic 的回归系数呢？首先，事件发生的概率与不发生的概率之比称为优势比，即

$$\mathrm{Odds}=\frac{P(Y=1\mid U)}{1-P(Y=1\mid U)}$$

它从相对的角度描述事件发生可能性的大小。例如，投掷一个均匀的骰子，出现数字 3 的概率是 $1/6$，而这个事件的优势比是 $1/5$——这是特定事件与其他事件"个数"的比例。对于 Logistic 回归模型，这个值等于

$$\mathrm{Odds}=\exp(\beta_0+\beta_1X_1+\cdots+\beta_pX_p)=\mathrm{e}^{\beta_0}\,\mathrm{e}^{\beta_1X_1}\cdots\mathrm{e}^{\beta_pX_p}$$

由此可见，对于变量 $X_j(j=1,2,\cdots,p)$，取值每增大一个单位，优势比就增大 e^{β_j} 倍。

4.4.2 指数分布族

指数分布族包含二项分布、正态分布等。借助指数分布族，对响应变量 Y 的描述将不再局限于正态分布。当观测值 $y_1,y_2,\cdots,y_n$ 的概率密度函数可以表达为如下形式时，称观测 $y_1,y_2,\cdots,y_n$ 来自指数分布族。

$$f(y_i\mid \theta_i,\varphi_i)=\exp\left\{\frac{y_i\theta_i-b(\theta_i)}{\varphi_i}+c(y_i,\varphi_i)\right\} \tag{4.24}$$

其中：

(1) θ_i 是指数分布族的自然参数，是感兴趣的参数，φ_i 称为尺度参数或讨厌参数；

(2) $b(\cdot)$ 以及 $c(\cdot)$ 是依据不同指数分布族而确定的函数，注意 $c(\cdot)$ 只由 y_i 和 φ 决定。

指数分布族的均值、方差都有简洁的表达式。由于

$$0 = \frac{\partial}{\partial \theta_i} E\left(\log f(y_i \mid \theta_i, \varphi_i)\right) = E\left(\frac{\partial}{\partial \theta_i} \log f(y_i \mid \theta_i, \varphi_i)\right) = E\left(\frac{y_i - b'(\theta_i)}{\varphi_i}\right)$$

因此可知随机变量 Y_1 的均值为

$$E(Y_i) = b'(\theta_i) \tag{4.25}$$

此外，由于

$$E\left(\frac{y_i - b'(\theta_i)}{\varphi_i}\right)^2 = E\left(\frac{\partial}{\partial \theta_i} \log f(y_i \mid \theta_i, \varphi_i)\right)^2 = -E\left(\frac{\partial^2}{\partial \theta_i^2} \log f(y_i \mid \theta_i, \varphi_i)\right) = \frac{b''(\theta_i)}{\varphi_i}$$

可以得到方差公式为

$$D(Y_i) = E(Y_i - b'(\theta))^2 = \varphi_i b''(\theta_i)$$

指数分布族包含了很多常用的概率分布。例如，正态分布 $N(\mu, \sigma^2)$ 的概率密度函数为

$$f(y \mid \mu, \sigma^2) = \frac{1}{\sqrt{2\pi\sigma^2}} \exp\left\{-\frac{(y-\mu)^2}{2\sigma^2}\right\}$$

它可以化为式(4.24)的形式

$$f(y \mid \mu, \sigma^2) = \exp\left\{\frac{y\mu - \mu^2/2}{\sigma^2} - \frac{y^2}{2\sigma^2} - \frac{1}{2}\log(2\pi\sigma^2)\right\}$$

对应式(4.24)，有 $\theta = \mu$，$\varphi = \sigma^2$，$b(\mu) = \frac{\mu^2}{2}$ 以及

$$c(y, \varphi) = \frac{y^2}{2\varphi} + \frac{1}{2}\log(2\pi\varphi)$$

由此可见，正态分布属于式(4.24)所定义的指数分布族。

同样地，Bernoulli 分布 $B(1, \pi)$ 也属于指数分布族，这是因为其分布律为

$$f(y \mid \pi) = \pi^y (1-\pi)^{1-y}, \quad y \in \{0, 1\}$$

可以化为

$$f(y \mid \pi) = \exp\left\{y\log\frac{\pi}{1-\pi} + \log(1-\pi)\right\}$$

再令 $\theta = \log\frac{\pi}{1-\pi}$，可得

$$f(y \mid \theta) = \exp\{y\theta - \log(1 + e^\theta)\}$$

对应式(4.24)，有 $\theta = \log\frac{\pi}{1-\pi}$，$\varphi = 1$，$b(\mu) = \log(1 + e^\theta)$ 以及 $c(y, \varphi) = 0$。

此外，泊松分布 $P(\lambda)$ 的分布律为

$$f(y \mid \lambda) = \frac{\lambda^y}{y!} e^{-\lambda}, \quad y = 0, 1, 2, \cdots$$

伽马分布 $Ga(u, v)$ 的概率密度函数为

$$f(y \mid \mu, v) = \frac{1}{\mu^v \Gamma(v)} y^{v-1} e^{-y/\mu}$$

可以验证泊松分布 $P(\lambda)$ 和伽玛分布 $Ga(u, v)$ 都属于指数分布族。上述分布总结如表 4-1 所示。

表 4 - 1　指数分布族总结

分　布	θ	φ	$b(\theta)$	$E(y)=b'(\theta)$	$D(y)=\varphi b''(\theta)$
正态分布 $N(\mu,\sigma^2)$	μ	σ^2	$\dfrac{\theta^2}{2}$	θ	σ^2
两点分布 $B(1,\pi)$	$\log\dfrac{\pi}{1-\pi}$	1	$\log(1+e^\theta)$	$\pi=\dfrac{e^\theta}{1+e^\theta}$	$\pi(1-\pi)$
二项分布 $B(n,\pi)$	$\log\dfrac{\pi}{1-\pi}$	1	$n\log(1+e^\theta)$	$n\pi$	$n\pi(1-\pi)$
泊松分布 $P(\lambda)$	$\log\lambda$	1	$\lambda=e^\theta$	$\lambda=e^\theta$	$\lambda=e^\theta$
伽马分布 $Ga(u,v)$	$-\dfrac{1}{\mu v}$	v^{-1}	$-\log(\theta)$	μv	$\mu^2 v$

4.4.3　广义线性模型

利用指数概率分布族，可以对各类响应变量类型建模。两点分布可以描述二元响应变量，二项分布、泊松分布适用于离散变量，正态分布、伽马分布用于连续变量。

然而，为了建立模型，需要建立响应变量 y_i 与协变量 $\boldsymbol{x}_i=(1,x_{i1},x_{i2},\cdots,x_{ip})^{\mathrm{T}}$ 之间的关系。为此，假定响应变量 y_i 服从指数分布族，其均值 μ_i 与协变量 x_i 有如下关系：

$$g(\mu_i)=\boldsymbol{x}_i^{\mathrm{T}}\boldsymbol{\beta} \quad 或 \quad \mu_i=g^{-1}(\boldsymbol{x}_i^{\mathrm{T}}\boldsymbol{\beta})$$

其中，$\boldsymbol{\beta}$ 是回归系数；$g(\cdot)$ 被称为连接函数，它可以被指定为不同形式。由此可见，$\boldsymbol{x}_i^{\mathrm{T}}\boldsymbol{\beta}$ 决定了指数分布族的均值，而由均值可以确定指数分布族的参数 θ（见表 4 - 1），最终通过这样的关系链决定 Y 的分布。这就是广义线性模型的思想基础。

连接函数 $g(\cdot)$ 的选取依赖于具体的问题、数据。一种被称为典则连接或自然连接的函数，产生了很多经典的回归模型，它的选取使得

$$\theta_i=g(\mu_i)=\boldsymbol{x}_i^{\mathrm{T}}\boldsymbol{\beta}$$

对于正态分布，由表 4 - 1 可知，典则连接使得 $\mu_i=\boldsymbol{x}_i^{\mathrm{T}}\boldsymbol{\beta}$，于是得到了 4.1 节介绍的线性回归模型。对于两点分布，典则连接使得 $\log\left(\dfrac{\pi}{1-\pi}\right)=\boldsymbol{x}_i^{\mathrm{T}}\boldsymbol{\beta}$，或等价地 $\pi=\dfrac{e^{\boldsymbol{x}_i^{\mathrm{T}}\boldsymbol{\beta}}}{1+e^{\boldsymbol{x}_i^{\mathrm{T}}\boldsymbol{\beta}}}$，由此得到了 4.4.1 小节介绍的 Logistic 回归。泊松分布与对数连接则得到泊松回归模型，适用于计数型的响应变量。常用的连接函数总结于表 4 - 2 中。

表 4 - 2　常用连接函数

名　称	连 接 函 数
恒等连接	$g(\mu)=\mu$
Logit 连接	$g(\mu)=\log(\dfrac{\mu}{1-\mu})$
Probit 连接	$g(\mu)=\Phi^{-1}(\mu)$，Φ 是标准正态分布的分布函数
对数连接	$g(\mu)=\log(\mu)$
重对数连接	$g(\mu)=\log(-\log(1-\mu))$
倒数连接	$g(\mu)=\dfrac{1}{\mu}$
乘方	$g(\mu)=\begin{cases}\mu^\lambda, & \lambda>0 \\ \log(\mu), & \lambda<0\end{cases}$

4.4.4　模型估计

广义线性模型估计系数 $\boldsymbol{\beta}$ 的方法为最大似然估计。假设数据 $(x_i, y_i)(i=1,2,\cdots,n)$ 来自某指数分布族式 (4.24)，那么数据的对数似然正比于

$$\log\Big\{\prod_{i=1}^{n} f(y_i \mid \theta_i, \varphi_i)\Big\} \propto l = \sum_{i=1}^{n} \frac{y_i\theta_i - b(\theta_i)}{\varphi_i}$$

注意到参数 θ_i 是均值 $\mu_i = g^{-1}(\boldsymbol{x}_i^{\mathrm{T}}\boldsymbol{\beta})$ 的函数，求解 $\boldsymbol{\beta}$ 最大似然估计等价于求解下列方程的根：

$$\frac{\partial}{\partial\boldsymbol{\beta}}l = \sum_{i=1}^{n} \frac{\dfrac{\partial\theta_i}{\partial\mu_i}\dfrac{\partial\mu_i}{\partial\boldsymbol{\beta}}\Big[y_i - \dfrac{\partial b(\theta_i)}{\partial\theta_i}\Big]}{\varphi_i} = \sum_{i=1}^{n} \frac{\dfrac{\partial\theta_i}{\partial\mu_i}\dfrac{\partial\mu_i}{\partial\boldsymbol{\beta}}[y_i - \mu_i]}{\varphi_i} = 0 \qquad (4.26)$$

其中第二个等式用到了关系式 (4.25)。此外

$$\frac{\partial\theta_i}{\partial\mu_i} = \Big[\frac{\partial\mu_i}{\partial\theta_i}\Big]^{-1} = [b''(\theta_i)]^{-1}, \qquad \frac{\partial\mu_i}{\partial\boldsymbol{\beta}} = \frac{\partial g^{-1}(\boldsymbol{x}_i^{\mathrm{T}}\boldsymbol{\beta})}{\partial\boldsymbol{\beta}} = \frac{1}{g'(\mu_i)}\boldsymbol{x}_i$$

代入式 (4.26) 可得

$$\sum_{i=1}^{n} \frac{y_i - \mu_i}{\varphi_i b''(\theta_i)g'(\mu_i)}\boldsymbol{x}_i = 0 \qquad (4.27)$$

下面分两种情况考虑此方程的解。

1. 线性模型求解

首先考虑线性回归模型，即假设有正态分布、恒等连接函数。此时有 $g'(\mu_i)=1$ 且 $\varphi_i b''(\theta_i)=\sigma_i^2$。令对角矩阵 $\boldsymbol{V}=\mathrm{diag}(\sigma_1^2,\sigma_2^2,\cdots,\sigma_n^2)$，向量 $\boldsymbol{y}=(y_1,y_2,\cdots,y_n)^{\mathrm{T}}$ 且有矩阵 $\boldsymbol{X}=(x_1,x_2,\cdots,x_n)^{\mathrm{T}}$，于是可写为

$$\boldsymbol{X}^{\mathrm{T}}\boldsymbol{V}^{-1}\boldsymbol{y} - \boldsymbol{X}^{\mathrm{T}}\boldsymbol{V}^{-1}\boldsymbol{X}\boldsymbol{\beta} = \boldsymbol{0}$$

对于线性模型，可以直接求解 $\boldsymbol{\beta}$：

$$\hat{\boldsymbol{\beta}} = (\boldsymbol{X}^{\mathrm{T}}\boldsymbol{V}^{-1}\boldsymbol{X})^{-1}\boldsymbol{X}^{\mathrm{T}}\boldsymbol{V}^{-1}\boldsymbol{y}$$

这对应于加权最小二乘或广义最小二乘的结果。

2. 一般模型求解

现在考虑非线性模型情况下的解。此时回归系数 $\boldsymbol{\beta}$ 没有显式解，只能通过迭代求解，可以考虑 Fisher 得分迭代或者 Newton-Raphson 迭代。Newton-Raphson 迭代通过一阶泰勒展开逼近式 (4.27) 左边，即设当前估计值为 $\boldsymbol{\beta}^{(k)}$、$\theta_i^{(k)}$、$\mu_i^{(k)}$，那么将式 (4.27) 化为

$$\frac{\partial}{\partial\boldsymbol{\beta}}l(\boldsymbol{\beta}^{(k)}) + \frac{\partial^2}{\partial\boldsymbol{\beta}\partial\boldsymbol{\beta}^{\mathrm{T}}}l(\boldsymbol{\beta}^{(k)})(\boldsymbol{\beta}-\boldsymbol{\beta}^{(k)}) = \boldsymbol{0}$$

解得迭代的更新表达式为

$$\boldsymbol{\beta}^{(k+1)} = \boldsymbol{\beta}^{(k)} + \Big[-\frac{\partial^2}{\partial\boldsymbol{\beta}\partial\boldsymbol{\beta}^{\mathrm{T}}}l(\boldsymbol{\beta}^{(k)})\Big]^{-1}\frac{\partial}{\partial\boldsymbol{\beta}}l(\boldsymbol{\beta}^{(k)}) \qquad (4.28)$$

令上式中

$$-\frac{\partial^2}{\partial\boldsymbol{\beta}\partial\boldsymbol{\beta}^{\mathrm{T}}}l(\boldsymbol{\beta}^{(k)}) = \boldsymbol{I}_{\mathrm{obs}}$$

则 I_{obs} 是观测 Fisher 信息矩阵。观测 Fisher 信息矩阵一般难以求解，于是用期望 Fisher 信息矩阵代替，便得到 Fisher 得分迭代法。期望信息矩阵为

$$I(\boldsymbol{\beta}^{(k)}) = E\left(-\frac{\partial^2}{\partial\boldsymbol{\beta}\partial\boldsymbol{\beta}^{\mathrm{T}}}l(\boldsymbol{\beta}^{(k)})\right) = E\left\{-\left[\frac{\partial}{\partial\boldsymbol{\beta}}l(\boldsymbol{\beta}^{(k)})\right]\left[\frac{\partial}{\partial\boldsymbol{\beta}}l(\boldsymbol{\beta}^{(k)})\right]^{\mathrm{T}}\right\} = \sum_{i=1}^n \frac{1}{\varphi_i b''(\theta_i^{(k)})\left[g'(\mu_i^{(k)})\right]^2}\boldsymbol{x}_i\boldsymbol{x}_i^{\mathrm{T}}$$

令对角矩阵

$$\boldsymbol{W}_{(k)} = \mathrm{diag}(\varphi_1 b''(\theta_1^{(k)}), \varphi_2 b''(\theta_2^{(k)}), \cdots, \varphi_n b''(\theta_n^{(k)}))$$

$$\boldsymbol{V}_{(k)} = \mathrm{diag}(g'(\mu_1^{(k)}), g'(\mu_2^{(k)}), \cdots, g'(\mu_n^{(k)}))$$

于是，用 $I(\boldsymbol{\beta}^{(k)})$ 替代式(4.28)中的 $-\dfrac{\partial^2}{\partial\boldsymbol{\beta}\partial\boldsymbol{\beta}^{\mathrm{T}}}l(\boldsymbol{\beta}^{(k)})$，得到与式(4.28)对应的迭代公式

$$\boldsymbol{\beta}^{(k+1)} = \boldsymbol{\beta}^{(k)} + [\boldsymbol{X}^{\mathrm{T}}(\boldsymbol{W}_{(k)}\boldsymbol{V}_{(k)}^2)^{-1}\boldsymbol{X}]^{-1}\boldsymbol{X}^{\mathrm{T}}(\boldsymbol{W}_{(k)}\boldsymbol{V}_{(k)}^2)^{-1}(\boldsymbol{y}-\boldsymbol{\mu}^{(k)})$$

4.4.5 模型检验与诊断

假设 $\hat{\boldsymbol{\beta}}$、$\hat{\mu}_i$、$\hat{\theta}_i$ 分别是通过模型估计中介绍的迭代方法对回归系数、均值、模型参数的估计。广义线性模型的学生化残差(studentized residual，SR)可表示为

$$\boldsymbol{\varepsilon} = \hat{\boldsymbol{\Sigma}}^{-1/2}(\boldsymbol{y}-\hat{\boldsymbol{\mu}})$$

其中 $\boldsymbol{\Sigma} = \mathrm{diag}(\varphi_1 b''(\hat{\theta}_1), \varphi_2 b''(\hat{\theta}_2), \cdots, \varphi_n b''(\hat{\theta}_n))$。借助残差，我们可以找出没有被很好拟合的观测。类似线性回归的残差平方和，定义 Pearson 统计量来衡量模型的拟合优度：

$$\chi^2 = \boldsymbol{\varepsilon}^{\mathrm{T}}\boldsymbol{\varepsilon} = \sum_{i=1}^n \frac{(y_i - \hat{\mu}_i)^2}{\varphi_i b''(\hat{\theta}_i)}$$

此外，偏差也能衡量模型的拟合优度：

$$D = -2\sum_{i=1}^n \{l_i(\boldsymbol{x}_i^{\mathrm{T}}\hat{\boldsymbol{\beta}}) - l_i(g(y_i))\}$$

其中，$l_i(\boldsymbol{x}_i^{\mathrm{T}}\hat{\boldsymbol{\beta}})$ 是第 i 个观测当前拟合的似然，$l_i(g(y_i))$ 是单个观测能达到的最优拟合似然，g 是连接函数。Pearson 统计量和偏差都渐近服从自由度为 $n-p$ 的 $\chi^2(n-p)$ 分布。

与线性回归类似，可以定义 t-统计量衡量单个回归变量的显著性。令 $\hat{\alpha}_i$ 为期望信息矩阵的逆矩阵 $[I(\hat{\boldsymbol{\beta}})]^{-1}$ 的第 i 个对角元素。那么 t-统计量定义为

$$t_i = \frac{\hat{\beta}_i}{\sqrt{\hat{\alpha}_i}} \quad (i = 1, 2, \cdots, p)$$

上式的平方渐近服从 $\chi^2(1)$ 分布。

4.5 高维回归系数压缩

本节介绍几类典型的系数压缩回归方法，它们在使用最优函数建模时，会加入额外的惩罚函数。一般地，假设预测变量 y_i 与协变量 $\boldsymbol{x}_i$ 的关系满足某一广义线性模型，那么对回归系数 $\boldsymbol{\beta}$ 的最大似然估计表达式为

$$\max_{\beta} \sum_{i=1}^{n} \log f(y_i \mid \theta_i(\boldsymbol{x}_i^{\mathrm{T}}\boldsymbol{\beta}), \varphi_i)$$

加入惩罚项后，可以将其写为

$$\min_{\beta} \left\{ -\sum_{i=1}^{n} \log f(y_i \mid \theta_i(\boldsymbol{x}_i^{\mathrm{T}}\boldsymbol{\beta}), \varphi_i) + \sum_{j=1}^{p} p_\lambda(\beta_j) \right\}$$

这样做可以控制模型的估计和预测误差，甚至还能起到变量选择的作用。本节将重点介绍线性回归模型，一般广义线性模型有类似性质。特别地，当 $p_\lambda(\beta_j) = \lambda \beta_j^2$ 时得到 4.5.1 小节介绍的岭回归；当 $p_\lambda(\beta_j) = \lambda |\beta_j|$ 时得到 4.5.2 小节介绍的 LASSO 回归模型，它能将一些系数压缩为 0，能快速求解 LASSO 模型的 Shooting 算法以及路径算法。

我们可以根据不同大小的调节系数 $\lambda(>0)$ 来选择模型。这是比之前介绍的离散模型选择更精确的模型选择方法，最优子集回归可以作为这类模型的特例。如果

$$p_\lambda(\beta_j) = \begin{cases} \lambda, & \text{变量 } X_j \text{ 被选入模型} \\ 0, & \text{其他} \end{cases}$$

那么离散模型回归算法退化为最优子集回归。

在 4.5.5 小节中，将讨论几种常见的惩罚函数。虽然 LASSO 模型能起到变量选择的作用，但它一般会选出比真实模型更多的变量。需要在很强的条件下，LASSO 方法才能选出正确的模型。在 4.5.5 小节中，还将讨论 Oracle 性质。一些非凸惩罚项、两步估计方法都能使估计具有 Oracle 性质。

本节中，响应变量用 $\boldsymbol{y} = (y_1, y_2, \cdots, y_n)^{\mathrm{T}}$ 表示。用 $\boldsymbol{X}$ 表示 $n \times p$ 的变量矩阵，每行对应一个观测，每列对应一个协变量。用 $\boldsymbol{X}_1, \boldsymbol{X}_2, \cdots, \boldsymbol{X}_p$ 表示矩阵 $\boldsymbol{X}$ 的各列，此时设矩阵第一列不是常数列 $\boldsymbol{1}$，即 $\boldsymbol{X} = (\boldsymbol{X}_1, \boldsymbol{X}_2, \cdots, \boldsymbol{X}_p)$。本节中另外假设响应变量、协方差矩阵都已归一化，即

$$\boldsymbol{y}^{\mathrm{T}}\boldsymbol{y} = 1, \ \boldsymbol{y}^{\mathrm{T}}\boldsymbol{1} = 0$$

且对 $j = 1, 2, \cdots, p$ 有

$$\boldsymbol{X}_j^{\mathrm{T}}\boldsymbol{X}_j = 1, \ \boldsymbol{X}_j^{\mathrm{T}}\boldsymbol{1} = 0$$

其中 $\boldsymbol{1}$ 是各分量全为 1 的 n 维向量。因为归一化，所以回归系数没有常数项。

4.5.1　岭回归

当预测变量存在较为明显的相关关系时，通过对回归系数的控制，岭回归能达到减小方差的目的。用 $\| \cdot \|$ 表示向量的二范数 L_2，那么有

$$\| \boldsymbol{y} - \boldsymbol{X}\boldsymbol{\beta} \|^2 = \sum_{i=1}^{n} \left(y_i - \sum_{j=1}^{p} x_{ij}\beta_j \right)^2$$

对于线性回归模型（正态假设），最大似然等价于最小二乘，加入 $\boldsymbol{\beta}$ 的 L_2 范数惩罚项后，岭回归的解可以表示为

$$\hat{\boldsymbol{\beta}}^{\text{ridge}} = \underset{\beta}{\arg\min} \left\{ \frac{1}{2} \| \boldsymbol{y} - \boldsymbol{X}\boldsymbol{\beta} \|^2 + \lambda \sum_{j=1}^{p} \beta_j^2 \right\} \qquad (4.29)$$

或者等价地有

$$\hat{\boldsymbol{\beta}}^{\text{ridge}} = \underset{\beta}{\arg\min} \left\{ \frac{1}{2} \| \boldsymbol{y} - \boldsymbol{X}\boldsymbol{\beta} \|^2 \right\} \qquad (4.30)$$

$$\text{s.t.} \quad \lambda \sum_{j=1}^{p} \beta_j^2 \leqslant t \tag{4.31}$$

它在运用最小二乘法的同时,把系数的 L_2 范数控制在一个范围内。这是一个带约束的二次优化问题。其中,t 是控制模型复杂度的参数,这个参数需要根据 4.2 节中介绍的各种准则设置。式(4.30)最优化问题等价的 Lagrangian 形式为式(4.29),其中 λ 也是控制模型复杂的参数,它与式(4.31)中的 t 有一一对应关系。由此可以解得岭回归解的表达式为

$$\hat{\boldsymbol{\beta}}^{\text{ridge}} = (\boldsymbol{X}^{\text{T}}\boldsymbol{X} + \lambda \boldsymbol{I})^{-1}\boldsymbol{X}^{\text{T}}\boldsymbol{y}$$

通过显式表达式,可以分析岭回归的性质。

回顾最小二乘的表达式 $\hat{\boldsymbol{\beta}} = (\boldsymbol{X}^{\text{T}}\boldsymbol{X})^{-1}\boldsymbol{X}^{\text{T}}\boldsymbol{y}$,现在假设矩阵 $\boldsymbol{X}$ 是列正交的,即 $\boldsymbol{X}^{\text{T}}\boldsymbol{X} = \boldsymbol{I}$。这时,可以发现岭回归估计系数 $\boldsymbol{\beta}$ 的任一分量与最小二乘估计有如下对应关系:

$$\hat{\beta}_j^{\text{ridge}} = \frac{\hat{\beta}_j}{1+\lambda}$$

可以看出,岭回归将最小二乘的系数缩小了。

根据奇异值分解,可以考虑更一般的情况。回顾矩阵奇异值分解是将矩阵 $\boldsymbol{X}$ 分解为

$$\boldsymbol{X} = \boldsymbol{U}\boldsymbol{D}\boldsymbol{V}^{\text{T}}$$

其中 $\boldsymbol{U}$ 和 $\boldsymbol{V}$ 都是列正交矩阵。矩阵奇异值分解与主成分分析有直接的联系。矩阵 $\boldsymbol{D}$ 对角元的平方 d_j^2 对应于第 j 个主成分的样本方差。

根据这个分解形式,最小二乘拟合的结果为

$$\hat{\boldsymbol{y}} = \boldsymbol{X}\hat{\boldsymbol{\beta}} = \boldsymbol{X}(\boldsymbol{X}^{\text{T}}\boldsymbol{X})^{-1}\boldsymbol{X}^{\text{T}}\boldsymbol{y} = \boldsymbol{U}\boldsymbol{U}^{\text{T}}\boldsymbol{y} = \sum_{j=1}^{p}\boldsymbol{u}_j\boldsymbol{u}_j^{\text{T}}\boldsymbol{y}$$

式中,$\boldsymbol{u}_j$ 是 $\boldsymbol{U}$ 的列向量,即 $\boldsymbol{U} = (\boldsymbol{u}_1, \boldsymbol{u}_2, \cdots, \boldsymbol{u}_p)$。由此可见,拟合的结果是将 $\boldsymbol{y}$ 投影到 $\boldsymbol{U}$ 的每个列向量上,并表示为这些列向量的线性组合。

对于岭回归,有

$$\begin{aligned}
\hat{\boldsymbol{y}}^{\text{ridge}} &= \boldsymbol{X}(\boldsymbol{X}^{\text{T}}\boldsymbol{X} + \lambda \boldsymbol{I})^{-1}\boldsymbol{X}^{\text{T}}\boldsymbol{y} \\
&= \boldsymbol{U}\boldsymbol{D}(\boldsymbol{D}^2 + \lambda \boldsymbol{I})^{-1}\boldsymbol{D}\boldsymbol{U}^{\text{T}}\boldsymbol{y} \\
&= \sum_{j=1}^{p} \frac{d_j^2}{d_j^2 + \lambda}\boldsymbol{u}_j\boldsymbol{u}_j^{\text{T}}\boldsymbol{y}
\end{aligned}$$

注意到 $\dfrac{d_j^2}{d_j^2 + \lambda} \leqslant 1$,且 d_j^2 越小这个比值越小,即在样本方差较小的主成分上有较大压缩。这里的潜在假设是,响应变量更能被有较大方差的主成分解释;也就是说,响应变量在有较大方差的主成分方向上变化较大。

岭回归的自由度通过以下式子衡量:

$$\text{d.f.}(\lambda) = \text{tr}\{\boldsymbol{X}(\boldsymbol{X}^{\text{T}}\boldsymbol{X} + \lambda \boldsymbol{I})^{-1}\boldsymbol{X}^{\text{T}}\} = \sum_{j=1}^{p} \frac{d_j^2}{d_j^2 + \lambda}$$

它是参数 λ 的单调递减函数。尽管 p 个变量的系数非零,但它们已经被压缩,所以自由度比 p 小。

4.5.2　LASSO 回归

虽然岭回归能提升模型拟合的精确度,但拟合的系数都非零。也就是说,岭回归并不

能达到变量选择的目的。Tibshirani 提出的 LASSO(Least Absolute Shrinkage and Selection Operator)回归模型通过一阶惩罚项，能将一些系数恰好压缩为零，实现变量选择。除此以外，在高维问题中，LASSO 模型有较高的预测精确度和计算能力。LASSO 模型的解可表示为

$$\hat{\boldsymbol{\beta}}^{\text{LASSO}} = \underset{\boldsymbol{\beta}}{\arg\min}\left\{\frac{1}{2}\parallel \boldsymbol{y} - \boldsymbol{X}\boldsymbol{\beta}\parallel^{2} + \lambda\sum_{j=1}^{p}\mid\beta_{j}\mid\right\}$$

或者等价地表为

$$\hat{\boldsymbol{\beta}}^{\text{LASSO}} = \underset{\boldsymbol{\beta}}{\arg\min}\left\{\frac{1}{2}\parallel \boldsymbol{y} - \boldsymbol{X}\boldsymbol{\beta}\parallel^{2}\right\}$$

$$\text{s. t. }\sum_{j=1}^{p}\beta_{j}^{2} \leqslant t \tag{4.32}$$

图 4-2 解释了 LASSO 模型为何能够达到选择变量的目的。假设截距项为零并且 $\boldsymbol{\beta} = (\beta_1, \beta_2)^{\text{T}}$ 是二维的，那么最优化式子中第一项

$$f(\beta_1, \beta_2) = \sum_{i=1}^{n}(y_i - x_{i1}\beta_1 - x_{i2}\beta_2)^2$$

的等高线为 (β_1, β_2) 平面上的椭圆。在最小二乘估计得到的点 $\hat{\boldsymbol{\beta}}$ 处取值最小，向外延伸取值增大。然而，岭回归、LASSO 模型约束项式(4.32)则要求 $\boldsymbol{\beta} = (\beta_1, \beta_2)^{\text{T}}$ 在图 4-2 的灰色区域内。因此，无论是 LASSO 模型还是岭回归，最优解都是某条等高线与灰色约束区域的交点。从图 4-2 中可以发现，由于 LASSO 模型约束区域的形状特殊，在数轴上呈尖角状，所以等高线更容易与某个角相交，使得某些系数恰好被估计为零。若是在高维空间，这样的尖角会有更多，从而使得一些系数更容易被估计为零。

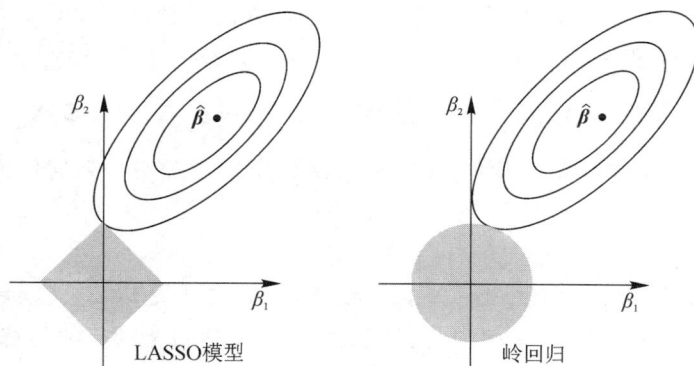

图 4-2　LASSO 与岭回归最优解的对比

LASSO 回归具有变量筛选的功能，但如果几个变量高度相关，则 LASSO 回归可能只选其中一个，而且 LASSO 回归不一定总能选出正确的变量。

LASSO 回归已经越来越多地出现于经济学文献中，但由于机器学习主要以预测为目标导向，如果简单照搬机器学习方法进行实证研究，则难免陷入误区。以 LASSO 回归在经济学中的应用为例，至少需要注意以下两方面的问题。

第一，作为收缩估计量，LASSO 回归是有偏的。经济学家向来不喜欢有偏估计。解决方法之一为所谓 Post LASSO 估计量，即仅使用 LASSO 回归进行变量筛选，然后扔掉

LASSO 回归中的回归系数，仅对筛选出来的变量进行 OLS 回归。

第二，作为变量筛选算子，LASSO 回归并不一定就能保证避免"遗漏变量偏差"。比如，假设解释变量中包含一个我们感兴趣的处理变量以及诸多控制变量，如果直接使用 LASSO 回归估计此方程，并进行控制变量的选择，则可能忽略掉对处理变量有影响的变量（由于这些变量可能与处理变量高度相关，故在回归方程中包含处理变量的情况下，它们的作用可能被忽略），导致遗漏变量偏差。为此，相关学者提出了更为稳健的"post double LASSO"估计量，即将被解释变量与处理变量分别对所有控制变量进行 LASSO 回归，然后对这两个 LASSO 回归（即所谓 double LASSO）所得的非零控制变量取并集之后，再代入原方程进行 OLS 回归。

4.5.3 Shooting 算法

Shooting 算法每次迭代更新 $\boldsymbol{\beta}$ 的一个分量，因此该算法属于坐标下降算法。虽然需要反复迭代多次，但 Shooting 算法每次迭代所需运算量很小，因此整体有较高的计算效率。记

$$Q_\lambda(\boldsymbol{\beta}) = \frac{1}{2} \parallel \boldsymbol{y} - \boldsymbol{X}\boldsymbol{\beta} \parallel^2 + \lambda \sum_{j=1}^{p} |\beta_j|$$

Shooting 算法每次更新 $\boldsymbol{\beta}$ 的一个分量 $\beta_j (j=1,2,\cdots,p)$，其他分量固定。$Q_\lambda(\boldsymbol{\beta})$ 对 β_j 的下梯度为

$$\frac{\partial}{\partial \beta_j} Q_\lambda(\boldsymbol{\beta}) = -(\boldsymbol{y} - \boldsymbol{X}\boldsymbol{\beta})^{\mathrm{T}} \boldsymbol{X}_j + \lambda r_j$$

其中，$\boldsymbol{X}_j$ 是回归矩阵 $\boldsymbol{X}$ 的第 j 个列向量；若 $\beta_j > 0$，有 $r_j = 1$；若 $\beta_j < 0$，有 $r_j = -1$；若 $\beta_j = 0$，有 $r_j \in [-1,1]$，即此时下梯度不唯一。若 $\boldsymbol{\beta}$ 的其他分量固定，β_j 达到最优解的必要条件是存在下梯度等于 0，即

$$\frac{\partial}{\partial \beta_j} Q_\lambda(\boldsymbol{\beta}) = -(\boldsymbol{y} - \boldsymbol{X}_{-j}\boldsymbol{\beta}_{-j} - \boldsymbol{X}_j\beta_j)^{\mathrm{T}} \boldsymbol{X}_j + \lambda r_j = -\boldsymbol{\varepsilon}_{-j}^{\mathrm{T}} \boldsymbol{X}_j + \beta_j \boldsymbol{X}_j^{\mathrm{T}} \boldsymbol{X}_j + \lambda r_j = 0$$

$\boldsymbol{\varepsilon}_{-j} = \boldsymbol{y} - \boldsymbol{X}_{-j}\boldsymbol{\beta}_{-j}$ 为移除变量 j 后的残差，$\boldsymbol{X}_{-j}$ 是矩阵 $\boldsymbol{X}$ 移除第 j 列后所得矩阵，$\boldsymbol{\beta}_{-j}$ 为 $\boldsymbol{\beta}$ 去掉第 j 个元素后的余量。上式最后一个等式可改写为

$$-\lambda r_j = \boldsymbol{X}_j^{\mathrm{T}} \boldsymbol{X}_j \beta_j - \boldsymbol{\varepsilon}_{-j}^{\mathrm{T}} \boldsymbol{X}_j$$

等式左边是阶梯状的折线（如图 4-3 中实线所示），右边是以 $\boldsymbol{X}_j^{\mathrm{T}} \boldsymbol{X}_j (=1)$ 为斜率、以 $-\boldsymbol{\varepsilon}_{-j}^{\mathrm{T}} \boldsymbol{X}_j$ 为截距的直线（如图 4-3 中虚线所示）。β_j 的解恰位于此折线与直线的交点处。这可以分三种情况讨论：当 $-\boldsymbol{\varepsilon}_{-j}^{\mathrm{T}} \boldsymbol{X}_j > \lambda$ 时，交点在 β_j 的负半轴（图 4-3(b)）；当 $-\boldsymbol{\varepsilon}_{-j}^{\mathrm{T}} \boldsymbol{X}_j < \lambda$ 时，交点在 β_j 的正半轴；当 $-\lambda \leqslant -\boldsymbol{\varepsilon}_{-j}^{\mathrm{T}} \boldsymbol{X}_j \leqslant \lambda$ 时（图 4-3(a)），$\beta_j = 0$。

综上，可总结为以下迭代更新表达式

$$\beta_j = (|\boldsymbol{\varepsilon}_{-j}^{\mathrm{T}} \boldsymbol{X}_j| - \lambda)_+ \operatorname{sign}(\boldsymbol{\varepsilon}_{-j}^{\mathrm{T}} \boldsymbol{X}_j) = \begin{cases} \lambda + \boldsymbol{\varepsilon}_{-j}^{\mathrm{T}} \boldsymbol{X}_j, & -\boldsymbol{\varepsilon}_{-j}^{\mathrm{T}} \boldsymbol{X}_j > \lambda \\ -\lambda + \boldsymbol{\varepsilon}_{-j}^{\mathrm{T}} \boldsymbol{X}_j, & -\boldsymbol{\varepsilon}_{-j}^{\mathrm{T}} \boldsymbol{X}_j < -\lambda \\ 0, & \text{其他} \end{cases} \quad (4.33)$$

其中，如果 $x \geqslant 0$，那么 $(x)_+ = x$；如果 $x < 0$，那么 $(x)_+ = 0$。因此可以得到如下算法，由于 $Q_\lambda(\boldsymbol{\beta})$ 是第一项严格凸的，可以保证此算法收敛到最优解。

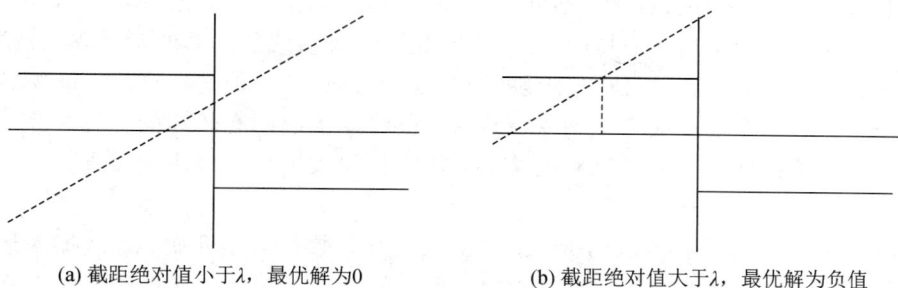

(a) 截距绝对值小于λ，最优解为0　　(b) 截距绝对值大于λ，最优解为负值

图 4-3　坐标下降算法迭代更新表达式分类推断示意图

算法 4.3　Shooting

(1) 获取初始化变量 $\boldsymbol{\beta}^0 \in \mathbf{R}^p$，令 $j = -1$；

(2) repeat；

(3) 令 $j = (j+1) \bmod p + 1$，即在各个分量上循环；

(4) 用式(4.33)更新 $\boldsymbol{\beta}$ 的第 j 个分量 β_j；

(5) 直至计算收敛。

4.5.4　路径算法

通常，我们需要对不同的 λ 计算 $\hat{\boldsymbol{\beta}}^{\text{LASSO}}$（记为 $\hat{\boldsymbol{\beta}}^{\text{LASSO}}(\lambda)$），然后通过交叉验证、$C_p$ 统计量等方法选择较好的参数 λ。事实上，我们能够以较低的计算成本，计算所有 λ 取值下的参数 $\hat{\boldsymbol{\beta}}^{\text{LASSO}}(\lambda)$ 估计。这是由于 LASSO 的正则化估计路径是分段线性的，即如下定理所述。

定理 4.1　存在 $\lambda_0 = 0 < \lambda_1 < \cdots < \lambda_{m-1} < \lambda_m = \infty$ 以及 $\boldsymbol{\gamma}_0, \boldsymbol{\gamma}_1, \cdots, \boldsymbol{\gamma}_{m-1} \in \mathbf{R}^p$，使得当 $\lambda_k \leqslant \lambda < \lambda_{k+1}(0 \leqslant k \leqslant m-1)$ 时，$\hat{\boldsymbol{\beta}}^{\text{LASSO}}(\lambda) = \hat{\boldsymbol{\beta}}^{\text{LASSO}}(\lambda_k) + (\lambda - \lambda_k)\boldsymbol{\gamma}_k$。

首先，存在最大值 $\lambda_{\max} = \lambda_{m-1}$，使得 $\lambda \geqslant \lambda_{\max}$ 时，$\hat{\boldsymbol{\beta}}^{\text{LASSO}}(\lambda) = 0$，即各个分量为零；而当 $\lambda < \lambda_{\max}$ 时，存在某个分量非零。这个最大值 $\lambda_{\max}$ 可由下式计算：

$$\lambda_{\max} = \max_{1 \leqslant j \leqslant p} \left\{ \frac{1}{n} \left| 2\boldsymbol{X}_j^{\mathrm{T}} \boldsymbol{y} \right| \right\}$$

利用正则化估计路径是分段线性的特点，我们能方便地计算不同 λ 下的 $\hat{\boldsymbol{\beta}}^{\text{LASSO}}(\lambda)$。我们需要计算的仅仅是有限个 $(\lambda_k, \boldsymbol{\gamma}_k)(k = 1, 2, \cdots, m-1)$ 对其他 λ 取值下的解，只需要通过线性插值即可获得。通常，λ_k 的个数为 $O(n)$。整个路径的计算复杂度为 $O(np\min(n,p))$；当 $p \gg n$ 时，计算复杂度为 $O(p)$。

1. 最小角回归算法

最小角回归(least angle regression，LAR)算法效率很高，与普通的最小二乘算法计算量相当。在一定限制条件下，可以通过最小角回归算法得到 LASSO 回归或分阶段回归的正则化估计路径。

在介绍最小角回归算法前需要指出，该算法假定 p 个预测变量 $X_1, X_2, \cdots, X_p$ 是线性独立的。当 $p > n$ 时，线性独立的条件不可能得到满足。此时，算法会从 $X_1, X_2, \cdots, X_p$ 选出极大线性独立的向量，这些向量的数目不会超过 n，即最终所选择的变量数不超过 n。

4.3.4 小节介绍了逐步回归和分阶段回归。逐步回归是一种贪心算法，每次加入或移除一个变量，并且这个变量被完全纳入模型中；虽然逐步回归有较高的计算效率，但损失了模型精度。分阶段回归则采取保守的策略，每次只加入该变量很小的一部分，但计算速度较慢。

最小角回归可视为两种方法的折中。它也从所有系数都为零开始，每次加入最相关的变量，虽然没有把变量完全加入，但却计算了可能的最大步长——这点使其效率优于分阶段回归。这个最大步长恰是下一个变量进入活动集合（即回归系数非零）的转折点。

首先，以两个自变量情形为例说明最小角回归的计算步骤。假设只有两个变量 X_1 和 X_2，下面从这个简单情形了解最小角回归的一般估计过程。最小二乘估计 $\hat{y}$ 是向量 y 在向量 X_1 和 X_2 构成空间中的投影。初始状态下，两个变量的系数都为 0，此时对 y 的估计值为 $\hat{\mu}_0 = 0$，残差为原响应向量 $\varepsilon = y$。假设 X_1 与残差 $\varepsilon = y$ 的相关系数最大，即 $X_1^T y > X_2^T y$，那么，沿着 $\mu_1 = X_1$ 的方向增大对 y 的估计，即

$$\hat{\mu}_1 = \hat{\mu}_0 + \gamma_1 u_1 \quad (\gamma_1 \geqslant 0)$$

随着 γ_1 从零逐渐增大，残差向量 $y - \hat{\mu}_1$ 与变量 X_1 的相关性在减小，而与变量 X_2 的相关性在增大。直到某个位置，残差 $y - \hat{\mu}_1$ 与向量 X_1、X_2 的相关性相等。此时，令 μ_2 为与 X_1 和 X_2 具有相等夹角的方向矢量，按下式进一步改变对响应变量的估计：

$$\hat{\mu}_2 = \hat{\mu}_1 + \gamma_2 \mu_2 \quad (\gamma_2 \geqslant 0)$$

当 γ_2 从零开始逐渐增大时，残差 $y - \hat{\mu}_2$ 与向量 X_1、X_2 的相关性会以相等的速率减小，直到 $\hat{\mu}_2$ 等于 y 的最小二乘估计。

现在考虑多个变量的一般情况。记 $\hat{\mu}_A$ 为当前对 y 的估计，那么第 j 个变量与残差的相关系数成正比，可写成

$$\hat{c}_j = X_j^T (y - \hat{\mu}_A)$$

此外，记 A 为活动集（即一个集合），它是当前回归系数非零的自变量指标集合，与残差有最大的相关系数绝对值，即

$$\hat{C} = \max_j \{|\hat{c}_j|\} \text{ 且 } A = \{j : |\hat{c}_j| = \hat{C}\}$$

并且定义一个回归系数矩阵 $X_A = (\cdots, s_j x_j, \cdots)_{j \in A}$，其中 $s_j = \text{sign}(c_j)$。这样 X_A 的各列与残差有小于 90° 的夹角。

现在需要确定下一步更新的方向，它是与 X_A 中各列具有相等夹角的单位向量，且使得活动集中变量与残差的相关系数等速率减小。记 $\tilde{\mu}_A$ 为与 X_A 中各列等夹角的向量，且要求 $\tilde{\mu}_A$ 在 X_A 各列张成的空间中，即存在 w_A，使得 $\tilde{\mu}_A = X_A w_A$。又由于 $\tilde{\mu}_A$ 与 X_A 各列相关且有小于 90° 的夹角，且

$$X_A^T \tilde{u}_A = 1_A$$

其中 1_A 代表一个值全部为 1 的列向量，向量的维数为集合 A 中的元素个数。可以解得 $w_A = (X_A^T X_A)^{-1} 1_A$，因此 $\tilde{u}_A = X_A (X_A^T X_A)^{-1} 1_A$。进一步将 $\tilde{u}_A$ 归一化，得

$$\|\tilde{u}_A\|^2 = \tilde{u}_A^T \tilde{u}_A = 1_A^T (X_A^T X_A)^{-1} 1_A$$

记 $\eta_A = \dfrac{1}{\parallel \tilde{u}_A \parallel}$，得到归一化向量 $\mu_A = \eta_A X_A (X_A^T X_A)^{-1} \mathbf{1}_A$。沿此方向更新对响应变量的估计 $\tilde{u}_A$：

$$\mu(\gamma) = \hat{\mu}_A + \gamma \mu_A$$

与二维情形类似，随着 γ 从零开始增大，A 中所标记的变量 $X_j (j \in A)$ 与残差相关系数的绝对值以相等的速率在减小。这是由于对 $j \in A$ 有

$$|c_j(\gamma)| = s_j X_j^T (y - \mu(\gamma)) = s_j X_j^T (y - \hat{\mu}_A) + \gamma s_j X_j^T u_A = \hat{C} - \gamma \eta_A$$

同时，活动集 A 之外的变量与残差的相关系数也在变化，对 $j \notin A$，记 $a_j = X_j^T \mu_A$，那么

$$c_j(\gamma) = X_j^T (y - \mu(\gamma)) = c_j - \gamma a_j$$

最大步长 γ_j 可以通过关系式 $|c_j(\gamma)| = \hat{C} - \gamma_j \eta_A$ 确定，即

$$\hat{\gamma} = \max_{j \in A_A^c} \{\gamma_j\} \tag{4.34}$$

这个 $\hat{\gamma}$ 使得 $|c_j(\gamma)| (j \in A)$ 减小，直到某个向量与残差的相关系数绝对值等于活动集与残差的相关系数绝对值。在下一步估计中，这个向量加入活动集之中，重复上面的步骤更新估计。

上面的步骤只是确定了对 y 的估计，如何获得回归系数 β 的估计呢？注意初始时，$\beta = 0$，且有 $\mu_A = \eta_A X_A w_A$，由此可以确定 β 的更新方向为

$$\hat{d} = S_A \eta_A w_A = S_A \eta_A (X_A^T X_A)^{-1} \mathbf{1}_A$$

其中，$S_A = \mathrm{diag}(s_j)_{j \in A}$ 是对角矩阵。一步迭代后的回归系数为

$$\hat{\beta}_{A+} = \hat{\beta}_A + \hat{\gamma} \hat{d} \tag{4.35}$$

注意在下一步迭代初始，新加入变量的回归系数为 0。

2. 最小角回归的 LASSO 修正

只需将上述算法稍作修改，就能得到 LASSO 在不同 λ 下的估计。LASSO 与最小角回归唯一的不同在于，LASSO 多了以下限制条件：

$$\mathrm{sign}(\hat{\beta}_j) = \mathrm{sign}(\hat{c}_j)$$

即当前 β 系数的估计值必须与相关系数符号一致。为了在 LAR 算法中实现此限制，只需在每步计算时确定 β 各分量符号改变的步长；若其小于 LAR 步长，那么在符号改变点停止 LAR 当前步，从 A 中移除符号改变的变量，再进行下一步计算。

具体地，可以通过式(4.35)确定当前活动变量回归系数的符号改变点。对于 $\hat{\beta}_{A+}$ 的第 k 个分量 $\hat{\beta}_{A+}(k)$，假设 $\hat{\beta}_{A+}(k)$ 和 $\hat{d}(k)$ 分别是对应向量 $\hat{\beta}_A$、$\hat{d}$ 的第 k 个分量，那么活动集中的第 k 个分量符号改变点为

$$\gamma_k = -\frac{\hat{\beta}_{A+}(k)}{\hat{d}(k)}$$

最近的下一个符号改变点为

$$\hat{\gamma} = \min_{\gamma_k > 0} \{\gamma_k\}$$

如果不存在 $\gamma_k > 0$，那么 $\hat{\gamma} = \infty$。由该式计算的步长将与式(4.34)计算的步长比较，如

果 $\bar{\gamma} > \tilde{\gamma}$，那么 LAR 执行步长 $\tilde{\gamma}$ 并进入下一步 LAR 计算；如果 $\tilde{\gamma} \leqslant \bar{\gamma}$，那么 LAR 执行步长 $\tilde{\gamma}$，在 $\tilde{\gamma}$ 处从活动集 A 中移除符号改变的变量，进入下一轮计算。

3. 最小角回归的分阶段回归修正

对 LAR 算法做出调整，也能得到分阶段回归算法。分阶段回归对响应变量估计 $\hat{\boldsymbol{\mu}}$ 的更新由很多步长为 ϵ 的计算步骤组成。假设在接下来的 N 次更新中，第 j 个变量 X_j 被选择 N_j 次。令 $\boldsymbol{P} = \dfrac{1}{N}(N_1, N_2, \cdots, N_p)^{\mathrm{T}}$，且 $\boldsymbol{P}_A$ 是角标对应于 A 的 $\boldsymbol{P}$ 的子向量。那么对 $\hat{\boldsymbol{\mu}}_A$ 的更新可表示为

$$\hat{\boldsymbol{\mu}}_+ = \hat{\boldsymbol{\mu}}_A + N\epsilon \boldsymbol{X}_A \boldsymbol{P}_A \tag{4.36}$$

与 LAR 的更新表达式

$$\boldsymbol{\mu}(\gamma) = \hat{\boldsymbol{\mu}}_A + \gamma_A \boldsymbol{u}_A = \hat{\boldsymbol{\mu}}_A + \gamma \eta_A \boldsymbol{X}_A (\boldsymbol{X}_A^{\mathrm{T}} \boldsymbol{X}_A)^{-1} \boldsymbol{1}_A \tag{4.37}$$

比较，易见，式(4.36)与式(4.37)一致的必要条件是，式(4.37)中的 $\boldsymbol{w}_A = \eta_A(\boldsymbol{X}_A^{\mathrm{T}} \boldsymbol{X}_A)^{-1} \boldsymbol{I}_A$，可以表达为变量 $X_j(j \in A$ 的非负线性组合，即 $\boldsymbol{w}_A$ 属于集合

$$C_A = \Big\{ v = \sum_{j \in A} s_j \boldsymbol{X}_j P_j, P_j > 0 \Big\}$$

若 $\boldsymbol{w}_A$ 不属于 C_A，则计算 $\boldsymbol{w}_A$ 在 C_A 中的投影 $\boldsymbol{w}_A^p$，并将 LAR 的更新表达式(4.37)修改为

$$\boldsymbol{\mu}(\gamma) = \hat{\boldsymbol{\mu}}_A + \gamma \boldsymbol{X}_A \boldsymbol{w}_A^p$$

如此得到 LAR 的分阶段回归修正。

4.5.5 其他惩罚项及 Oracle 性质

本小节介绍其他惩罚项形式，讨论让惩罚项具有 Oracle 性质的条件。Shooting 算法能够扩展到这些惩罚项形式，Friedman 对此类算法做了总结并延伸。

对于惩罚项 $p(\beta_j)$，我们考虑一般的目标函数形式：

$$\frac{1}{2} \| \boldsymbol{y} - \boldsymbol{X\beta} \|^2 + \sum_{j=1}^p p_\lambda(\beta_j) \tag{4.38}$$

之前介绍的 LASSO 回归和岭回归都可以视为它的特例。当 $p_\lambda(\beta_j) = \lambda|\beta_j|$ 时，式(4.38)便成为 LASSO 回归，而当 $p_\lambda(\beta_j) = \lambda\beta_j^2$ 时得到岭回归。

一种自然的拓展方式是考虑以下惩罚项：

$$p_\lambda(\beta_j) = \lambda |\beta_j|^q (q \geqslant 0) \tag{4.39}$$

此类惩罚项的回归被称为 Bridge 回归。只有当 $q \leqslant 1$ 时，$p_\lambda(\beta_j) = \lambda|\beta_j|^q$ 在 $\beta_j = 0$ 点不可导，使得一些回归系数恰好为 0；只有当 $q \geqslant 1$ 时，得到凸的惩罚项，便于计算。因此 $q = 1$ 的地位特殊。当 $q = 0$ 时，式(4.39)对应最优子集回归。

另一种思路是考虑 LASSO 方法与岭回归的线性组合。Zou 和 Hastie 引入弹性网络（Elastic-Net）回归模型，它的惩罚项为

$$p_\lambda(\beta_j) = \lambda \sum_{j=1}^p (\alpha\beta_j^2 + (1-\alpha)|\beta_j|) \tag{4.40}$$

其中 $0 \leqslant \alpha \leqslant 1$。这种方法能像 LASSO 方法那样选择变量，也能如岭回归那样具有压缩系数的功能。一般不用过度压缩系数，就能处理组效应问题，并能处理 $p > n$ 的情况。当 $\alpha = 1$ 时退化为岭回归，当 $\alpha = 0$ 时退化为 LASSO 回归。式(4.40)与式(4.39)相比有更高的计算

效率，并且可以在一定程度上逼近式(4.39)。仿照式(4.33)的推导过程，当用 Shooting 算法求解式(4.38)且惩罚形式为式(4.40)的回归问题时，只需将算法 4.3 中第(3)步迭代表达式替换为式(4.41)。

$$\beta_j = \frac{\text{sign}(\boldsymbol{X}_j^{\text{T}}\boldsymbol{\varepsilon}_{-j})\,(\,|\,\boldsymbol{X}_j^{\text{T}}\boldsymbol{\varepsilon}_{-j} - \lambda_1\,|\,)_{+}}{1 + \lambda_2} \tag{4.41}$$

其中，与式(4.33)相同，$\boldsymbol{\varepsilon}_{-j} = \boldsymbol{y} - \boldsymbol{X}_{-j}\boldsymbol{\beta}_{-j}$，$\boldsymbol{X}_j$ 是矩阵 $\boldsymbol{X}$ 的第 j 个列向量；$\boldsymbol{X}_{-j}$ 是矩阵 $\boldsymbol{X}$ 移除第 j 列后的矩阵。

在式(4.38)中，尽管惩罚项 $p_\lambda(\beta_j)$ 的存在使得最小二乘估计更为精确，但惩罚项的存在使得估计值 $\hat{\boldsymbol{\beta}}$ 始终是有偏的(估计期望的绝对值比真实值的绝对值小)。平滑剪切绝对偏差(Smoothly Clipped Absolute Deviation，SCAD)惩罚项克服了这一缺陷，可以在 β_j 有足够高的显著性时，取消对系数的惩罚。它的导数形式为

$$p'_\lambda(\beta_j) = \lambda\left\{ I(\,|\,\beta_j\,| \leqslant \lambda) + \frac{(a\lambda - |\,\beta_j\,|)_{+}}{(a-1)\lambda} I(\,|\,\beta_j\,| > \lambda) \right\} \text{sign}(\beta_j)$$

其中常数 $a > 2$。当式(4.38)中的惩罚项更换为 SCAD 时，仍然采用 Shooting 算法求解该问题，则 $\boldsymbol{\beta}$ 各分量的迭代更新表达式为

$$\beta_j = \begin{cases} \boldsymbol{\varepsilon}_{-j}^{\text{T}}\boldsymbol{X}_j, & |\,\boldsymbol{\varepsilon}_{-j}^{\text{T}}\boldsymbol{X}_j\,| > a\lambda \\ \text{sign}(\boldsymbol{X}_j^{\text{T}}\boldsymbol{\varepsilon}_{-j})(\,|\,\boldsymbol{X}_j^{\text{T}}\boldsymbol{\varepsilon}_{-j}\,| - \lambda), & |\,\boldsymbol{\varepsilon}_{-j}^{\text{T}}\boldsymbol{X}_j\,| < 2\lambda \\ \{(a-1)\boldsymbol{\varepsilon}_{-j}^{\text{T}}\boldsymbol{X}_j - \text{sign}(\boldsymbol{\varepsilon}_{-j}^{\text{T}}\boldsymbol{X}_j)a\lambda\}/(a-2), & \text{其他} \end{cases} \tag{4.42}$$

由式(4.42)可见，当 $\boldsymbol{X}_j$ 与残差 $\boldsymbol{\varepsilon}_{-j}$ 的相关性足够高，即 $|\,\boldsymbol{X}_j^{\text{T}}\boldsymbol{\varepsilon}_{-j}\,| > a\lambda$ 时，没有再对 β_j 进行惩罚。

非凸惩罚 SCAD 在一定程度上消除了由惩罚项带来的偏差。为了考虑 SCAD 在样本量趋于无穷($n \to \infty$)时的极限性质，用 λ_n 表示样本量为 λ_n 时所选择的调节系数 λ，且用 $\boldsymbol{\beta}^0 = (\beta_1^0, \beta_2^0, \cdots, \beta_p^0)^{\text{T}}$ 表示真实的回归系数。

首先，希望在 SCAD 中 $z = \boldsymbol{X}_j^{\text{T}}\boldsymbol{\varepsilon}_{-j}$ 被惩罚的区域逐渐缩小到零，即使得 $\lambda_n \to 0$。因为随着样本量的增大，$z = \boldsymbol{X}_j^{\text{T}}\boldsymbol{\varepsilon}_{-j}$ 在迭代中收敛到真值 β_j^0；因此，对于 $\beta_j^0 \neq 0$，将逐渐消除惩罚带来的偏差。

此外，在 $\lambda_n \to 0$ 的过程中，也同时期望保持对系数为零项($\beta_j^0 = 0$)的惩罚，这样可以有较高的概率得到真实的非零系数集合 $A = \{j: \beta_j^0 \neq 0\}$。为了保持对所有 $\beta_j^0 = 0$ 项的惩罚，$\lambda_n \to 0$ 的速度不能太快，即惩罚区域缩小的速度不能太快。λ_n 的速度应该比 $\dfrac{1}{\sqrt{n}}$ 慢——这是 $z = \boldsymbol{X}_j^{\text{T}}\boldsymbol{\varepsilon}_{-j}$ 收敛到真值的速度。

Fan 证明了在 $\lambda_n \to 0$，$\sqrt{n}\lambda_n \to \infty$ 的条件下，SCAD 具有以下 Oracle 性质：

(1) $P(\beta_{A^c} = 0) \to 1$。

(2) $\hat{\beta}_A$ 以 $\sqrt{n}$ 的速度收敛到 β_A^0，且达到最优估计效率。

顾名思义，Oracle 性质指"事先知道"$\boldsymbol{\beta}^0$ 的非零分量，且以最优估计效率对它们进行估计；而对于其他分量，估计值依概率 1 收敛到 0。

正如 Fan 在文章中指出的那样，Oracle 性质直接和统计学中最大似然估计的 Super-

Efficiency 概念相关。设样本 $u_1, u_2, \cdots, u_n$ 独立同分布来自正态分布 $N(\theta, 1)$，令 $\bar{u}_n = \frac{1}{n} \sum_{i=1}^{n} u_i$ 且 $0 \leqslant t < 1$，构造估计量

$$\hat{\theta}_n = \begin{cases} t\bar{u}_n, & |\bar{u}_n| < n^{-c} \\ \bar{u}_n, & |\bar{u}_n| \geqslant n^{-c} \end{cases}$$

与 SCAD 类似，$|\bar{u}_n| < n^{-c}$ 构成了估计量的惩罚区域，且当 $0 < c < \frac{1}{2}$ 时，可以确保惩罚区域缩小到零，但缩小的速度又比 $\frac{1}{\sqrt{n}}$ 慢。此时，若真值 $\theta = 0$，那么估计效率为 t^2——优于 $\theta \neq 0$ 的最优估计效率 1。

最后，简要介绍自适应 (Adaptive) LASSO，它是一种 LASSO 方法的两步回归修正。它的惩罚项形式为

$$p_\lambda(\beta_j) = \frac{|\beta_j|}{|\hat{\beta}_j|^q}$$

其中，$\hat{\beta}_j$ 是 β_j 的 $\sqrt{n}$-相合估计。估计系数时，第一步可以通过 LASSO 方法计算 $\hat{\beta}_j$，并用交叉验证选择调节参数 λ。第二步，将 $\hat{\beta}_j$ 代入自适应 LASSO，再次用交叉验证选择参数 λ。这样得到的估计量也具有 Oracle 性质。

习 题 4

4.1 回归模型的参数估计方法包括哪些?

4.2 模型选择准则主要包括哪些?

4.3 简要推导偏差-方差分解过程。

4.4 解释什么是过拟合。过拟合会产生怎样的问题?

4.5 指数分布族包含哪些? 请简述其主要性质。

4.6 岭回归主要解决了什么问题?

4.7 简述 LASSO 回归的优缺点。

第5章

分 类 方 法

1. 熟悉分类问题及分类的一般步骤。

2. 掌握决策树分类法、K-最近邻分类法、朴素贝叶斯分类法、人工神经网络分类法、支持向量机分类法及相关应用。

3. 理解决策树学习中的信息增益比、基尼指数以及支持向量机中的核技术等。

5.1 分类方法概述

分类问题是监督学习的一个核心问题，其任务就是要确定样本属于哪个预定义的目标类。分类方法在许多领域具有广泛的应用。例如：根据电子邮件的标题和内容检查出垃圾邮件，银行根据客户资信状况进行贷款审批，网上银行服务需要根据用户的 IP 地址、历史交易记录等信息辨别一个在线交易是否存在诈骗等。

在监督学习中，当输出变量为有限个离散值时即为分类问题。而输入变量（实例、特征向量）可以是离散的，也可以是连续的。监督学习从数据中学习一个分类模型或分类决策函数的过程称为分类器。分类器能把未知类别的样本映射到给定类别中的某一个。分类器对新的输入进行输出的预测称为分类，可能的输出称为类别。分类的任务是通过学习得到一个目标函数或者分类模型 f，把每个输入变量映射到一个预先定义的类标记（输出变量）下，且对新的输入变量进行分类，预测其输出的类别。

分类问题一般包括模型构建与预测应用两个步骤，如图 5-1 所示。

（1）**模型构建（归纳、学习）**：通过对训练集合的归纳，建立分类模型，也称为训练阶段。

（2）**预测应用（测试、分类）**：根据建立的分类模型，对测试集合进行测试，也称为测试阶段。

为了提高分类的准确性、有效性和可伸缩性，在进行分类之前，通常要对数据进行预处理，包括：

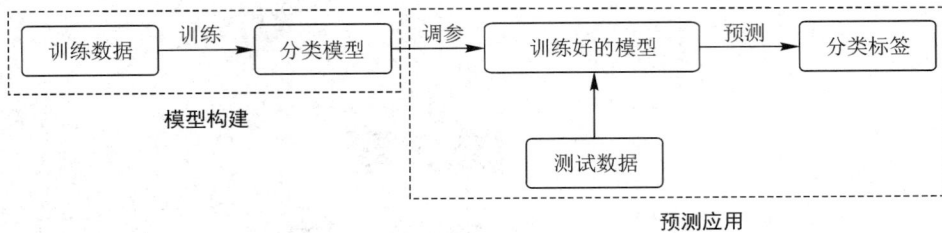

图 5 - 1　分类器训练和预测过程

（1）**数据清理**。其目的是消除或减少数据噪声，处理缺失值。

（2）**相关性分析**。由于数据集中的许多特征（属性）可能与分类任务不相关，若包含这些属性将减慢和可能误导学习过程。相关性分析的目的就是删除这些不相关或冗余的属性。

（3）**数据变换**。数据可以概化到较高层的概念，比如，属性"收入"的数值可以概化为离散值：低，中，高。又如，属性"市"可概化到高层概念"省"。

对数据进行预处理后，将数据集随机地分为训练数据集和测试数据集。在训练阶段，使用训练数据集来构造模型；在测试阶段，使用测试数据集来评估模型的分类准确率，如果认为模型的准确率可以接受，就可以用该模型对其他实例进行分类。

对分类器的评价用评价指标来衡量，评价指标一般是分类准确率，其定义是：对于给定的测试数据集，分类器正确分类的样本数与总样本数之比。对于二类分类（或二元分类，类别数为 2）问题，常用的评价指标是精确率与召回率。通常以关注的类为正类，其他类为负类，分类器在测试数据集上的预测或正确或不正确，4 种情况出现的总数分别记作：

TP——将正类预测为正类数；

FN——将正类预测为负类数；

FP——将负类预测为正类数；

TN——将负类预测为负类数。

精确率定义为

$$P = \frac{\text{TP}}{\text{TP} + \text{FP}}$$

召回率定义为

$$R = \frac{\text{TP}}{\text{TP} + \text{FN}}$$

此外还有 F_1 值，是精确率和召回率的调和均值，满足

$$\frac{2}{F_1} = \frac{1}{P} + \frac{1}{R}$$

当精确率和召回率都很高时，F_1 值也会高。

分类方法主要有 K-最近邻法、感知器法、朴素贝叶斯法、决策树法、决策列表法、支持向量机法、Logistic 回归模型法、提升法、贝叶斯网络法、神经网络法、Winnow 法等。本章将选取部分方法进行介绍。

5.2　决策树分类

　　决策树是统计学习中简单且广泛使用的一类方法，被看作最基本的分类与回归方法，本节仅讨论用于分类的决策树。决策树模型呈树形结构，在分类问题中，表示基于特征对实例进行分类的过程。它可以被认为是 if-then 规则的集合，也可以被认为是定义在特征空间与类空间上的条件概率分布。其主要优点是模型具有可读性，分类速度快。学习时，利用训练数据，根据损失函数最小化的原则建立决策树模型。预测时，对新的数据，利用决策树模型进行分类。决策树学习通常包括 3 个步骤：特征选择、决策树的生成和决策树的修剪。这些决策树学习的思想主要来源于 Quinlan 在 1986 年提出的 ID3 算法和 1993 年提出的 C4.5 算法，以及 Breiman 等人在 1984 年提出的 CART 算法。

　　决策树算法简单直观，容易解释，而且在实际应用中具有其他算法难以比肩的速度优势。决策树主要有两大优点：

　　（1）决策树模型可读性好，具有描述性，有助于人工分析；

　　（2）效率高，决策树只需要一次构建，可反复使用，每一次预测的最大计算次数不超过决策树的深度。

5.2.1　决策树模型

　　定义 5.1　决策树分类模型是一种描述对实例进行分类的树形结构。决策树由结点和有向边组成。结点有两种类型：内部结点和叶结点。内部结点表示一个特征或属性，叶结点表示一个类。

　　图 5-2 是一个决策树的示意图，图中圆和方框分别表示内部结点和叶结点。

　　从最上方根结点开始，对实例的某一特征进行测试，根据测试结果，将实例分配到其子结点上；这时，每一个子结点对应着

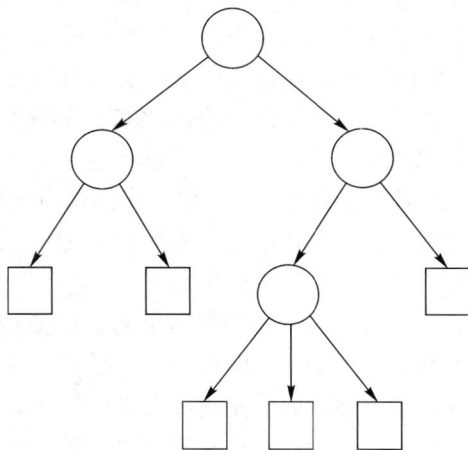

图 5-2　决策树模型

该特征的一个取值。如此递归地对实例进行测试并分配，直至达到叶结点。最后将实例分到叶结点的类中。

　　可以将决策树看成一个 if-then 规则的集合。将决策树转换成 if-then 规则的过程是这样的：对由决策树的根结点到叶结点的每一条路径构建一条规则；路径上内部结点的特征对应着规则的条件，而叶结点的类对应着规则的结论。决策树的路径或其对应的 if-then 规则集合具有一个重要的性质：互斥并且完备。这就是说，每一个实例都被一条路径或一条规则所覆盖，而且只被一条路径或一条规则所覆盖。这里所谓覆盖，是指实例的特征与路径上的特征一致或实例满足规则的条件。

5.2.2 决策树学习

假设给定训练数据集

$$D = \{(\boldsymbol{x}_1, y_1), (\boldsymbol{x}_2, y_2), \cdots, (\boldsymbol{x}_N, y_N)\}$$

其中，$\boldsymbol{x}_i = (x_i^{(1)}, x_i^{(2)}, \cdots, x_i^{(n)})^{\mathrm{T}}$ 为输入实例（特征向量），n 为特征个数，$y_i \in \{1, 2, \cdots, K\}$ 为类标记，N 为样本容量。决策树学习的目标是根据给定的训练数据集构建一个决策树模型，使它能够对实例进行正确的分类。

决策树学习本质上是从训练数据集中归纳出一组分类规则。与训练数据集不相矛盾的决策树（即能对训练数据进行正确分类的决策树）可能有多个，也可能一个都没有。我们需要的是一个与训练数据矛盾较小，同时具有很好泛化（预测）能力的决策树。

决策树学习用损失函数表示，损失函数通常是正则化的极大似然函数。决策树学习的策略是以损失函数为目标函数的最小化。当损失函数确定以后，学习问题就变为在损失函数意义下选择最优决策树的问题。因为从所有可能的决策树中选取最优决策树是 NP 完全问题，所以现实中决策树学习算法通常采用启发式方法近似求解这一最优化问题。这样得到的决策树是次最优的。

决策树学习的算法通常是一个递归地选择最优特征，并根据该特征对训练数据进行分割，使得对各个子数据集有一个最好分类的过程。这一过程对应着对特征空间的划分，也对应着决策树的构建。开始，构建根结点，将所有训练数据都放在根结点上。选择一个最优特征，按照这一特征将训练数据集分割成子集，使得各个子集有一个在当前条件下最好的分类。如果这些子集已经能够被基本正确分类，那么构建叶结点，并将这些子集分到所对应的叶结点中去；如果还有子集不能被基本正确分类，那么就对这些子集选择新的最优特征，继续对其进行分割，构建相应的结点。如此递归地进行下去，直至所有训练数据子集被基本正确分类，或者没有合适的特征为止。最后，每个子集都被分到叶结点上，即都有了明确的类。这就生成了一棵决策树。

以上方法生成的决策树可能对训练数据有很好的分类能力，但对未知的测试数据却未必有很好的分类能力，即可能发生过拟合现象。我们需要对已生成的树自下而上进行剪枝，将树变得更简单，从而使它具有更好的泛化能力。具体地，就是去掉过于细分的叶结点，使其回退到父结点，甚至更高的结点，然后将父结点或更高的结点改为新的叶结点。

此外，如果特征数量很多，也可以在决策树学习开始的时候，对特征进行选择，只留下对训练数据有足够分类能力的特征。

综上所述，决策树学习算法包含特征选择、决策树的生成与决策树的剪枝过程。决策树的生成对应于模型的局部选择，决策树的剪枝对应于模型的全局选择。决策树的生成只考虑局部最优，相对地，决策树的剪枝则考虑全局最优。

1. 特征选择

特征选择是指选取对训练数据具有分类能力的特征，这样可以提高决策树学习的效率。如果利用一个特征进行分类的结果与随机分类的结果没有很大差别，则称这个特征是没有分类能力的。经验上看，扔掉这样的特征对决策树学习的精度影响不大。通常特征选择的准则是信息增益或信息增益比。这需要用到熵及条件熵的概念。

在信息论与概率统计中,熵是表示随机变量不确定性的度量。

定义 5.2 设 X 是取有限个值的离散随机变量,其概率分布为

$$P(X=x_i)=p_i, \quad i=1,2,\cdots,n$$

则随机变量的熵定义为

$$H(X)=-\sum_{i=1}^n p_i \log p_i \tag{5.1}$$

通常,式(5.1)中的对数 $\log$ 是指以 2 为底或以 e 为底(自然对数)的对数,这时熵的单位分别称作比特或纳特。熵越大,随机变量的不确定性就越大。

定义 5.3 设二维离散型随机变量(X,Y)的联合概率分布为

$$P(X=x_i,Y=y_j)=p_{ij}, \quad i=1,2,\cdots,n; j=1,2,\cdots,m$$

已知随机变量 X 的条件下随机变量 Y 的不确定性用条件熵 $H(Y|X)$ 衡量,即

$$H(Y \mid X)=\sum_{i=1}^n p_i H(Y \mid X=x_i)$$

这里,$p_i=P(X=x_i)$,$i=1,2,\cdots,n$。

当熵和条件熵中的概率是由数据估计(特别是极大似然估计)得到的时,所对应的熵和条件熵分别称为经验熵和经验条件熵。若 $p_i=0$,则定义 $0\log 0=0$。

信息增益表示得知特征 X 的信息而使得类 Y 的信息的不确定性减少的程度。

定义 5.4 特征 A 对训练数据集 D 的信息增益$g(D,A)$定义为集合 D 的经验熵$H(D)$与特征 A 给定条件下集合 D 的经验条件熵 $H(D|A)$之差,即

$$g(D,A)=H(D)-H(D \mid A)$$

决策树学习应用信息增益准则选择特征。给定训练数据集 D 和特征 A,经验熵 $H(D)$ 表示对数据集 D 进行分类的不确定性。而经验条件熵 $H(D|A)$ 表示在特征 A 给定的条件下对数据集 D 进行分类的不确定性。那么它们的差,即信息增益,就表示由于特征 A 而使得对数据集 D 的分类的不确定性减少的程度。显然,对于数据集 D 而言,信息增益依赖于特征,不同的特征往往具有不同的信息增益。信息增益大的特征具有更强的分类能力。

根据信息增益准则的特征选择方法是:对训练数据集(或子集)D,计算其每个特征的信息增益,并比较它们的大小,选择信息增益最大的特征。

设训练数据集为 D,$|D|$ 表示其样本容量,即样本个数。设有 K 个类 C_k,$k=1,2,\cdots,K$,$|C_k|$ 为属于类 C_k 的样本个数,$\sum_{k=1}^K |C_k|=|D|$。设特征 A 有 n 个不同的取值$\{a_1,a_2,\cdots,a_n\}$,根据特征 A 的取值将 D 划分为 n 个子集 $D_1,D_2,\cdots,D_n$,$|D_i|$ 为 D_i 的样本个数,$\sum_{i=1}^n |D_i|=|D|$。记子集 D_i 中属于类 C_k 的样本的集合为 D_{ik},即 $D_{ik}=D_i \bigcap C_k$,$|D_{ik}|$ 为 D_{ik} 的样本个数。于是信息增益的算法如下。

算法 5.1 (信息增益的算法)

输入:训练数据集 D 和特征 A;

输出:特征 A 对训练数据集 D 的信息增益 $g(D,A)$。

(1) 计算数据集 D 的经验熵 $H(D)$:

$$H(D) = -\sum_{k=1}^{K} \frac{|C_k|}{|D|} \text{lb} \frac{|C_k|}{|D|}$$

（2）计算特征 A 对数据集 D 的经验条件熵 $H(D|A)$：

$$H(D|A) = -\sum_{i=1}^{n} \frac{|D_i|}{|D|} H(D_i) = -\sum_{i=1}^{n} \frac{|D_i|}{|D|} \sum_{k=1}^{K} \frac{|D_{ik}|}{|D_i|} \text{lb} \frac{|D_{ik}|}{|D_i|}$$

（3）计算信息增益 $g(D,A)$：

$$g(D,A) = H(D) - H(D|A)$$

例 5.1　表 5-1 为贷款申请训练数据，由 15 个样本组成。数据集包括贷款申请人的 4 个特征（属性）及类别：第 1 个特征是年龄，有 3 个可能值；第 2 个特征为是否有工作，有两个可能值；第 3 个特征是否有自己的房子，有两个特征值；第 4 个特征是信用程度，有三个可能值；最后一列是类别，即是否同意贷款。对所给的训练数据集 D，根据信息增益准则选择最优特征。

表 5-1　贷款申请样本数据表

序号	年龄	有工作	有自己的房子	信用程度	同意贷款
1	青年	否	否	一般	否
2	青年	否	否	好	否
3	青年	是	否	好	是
4	青年	是	是	一般	是
5	青年	否	否	一般	否
6	中年	否	否	一般	否
7	中年	否	否	好	否
8	中年	是	是	好	是
9	中年	否	是	非常好	是
10	中年	否	是	非常好	是
11	老年	否	是	非常好	是
12	老年	否	是	好	是
13	老年	是	否	好	是
14	老年	是	否	非常好	是
15	老年	否	否	一般	否

解　首先根据类别计算数据集经验熵 $H(D)$ 为

$$H(D) = -\frac{9}{15} \text{lb} \frac{9}{15} - \frac{6}{15} \text{lb} \frac{6}{15} = 0.971$$

然后计算各特征对数据集 D 的信息增益。分别以 A_1, A_2, A_3, A_4 表示年龄、有工作、有自己的房子和信用程度这 4 个特征，则

$$g(D,A_1) = H(D) - H(D \mid A_1)$$

$$= 0.971 - \left[\frac{5}{15}H(D_1) + \frac{5}{15}H(D_2) + \frac{5}{15}H(D_3)\right]$$

$$= 0.971 - \left[\frac{5}{15}\left(-\frac{2}{5}\mathrm{lb}\frac{2}{5} - \frac{3}{5}\mathrm{lb}\frac{3}{5}\right) + \right.$$

$$\left.\frac{5}{15}\left(-\frac{3}{5}\mathrm{lb}\frac{3}{5} - \frac{2}{5}\mathrm{lb}\frac{2}{5}\right) + \frac{5}{15}\left(-\frac{4}{5}\mathrm{lb}\frac{4}{5} - \frac{1}{5}\mathrm{lb}\frac{1}{5}\right)\right]$$

$$= 0.971 - 0.888 = 0.083$$

这里，D_1、D_2、D_3 分别是 D 中 A_1 取值为青年、中年、老年的样本子集。类似可计算得

$$g(D,A_2) = 0.324, \quad g(D,A_3) = 0.363$$

最后，比较各特征的信息增益值，选取信息增益值最大的特征 A_3 为最优特征。

以信息增益作为划分训练数据集的特征，存在偏向于选择取值较多的特征，为克服此问题，可使用信息增益比这一准则对该问题进行校正。

定义 5.5　特征 A 对训练数据集 D 的信息增益比 $g_R(D,A)$ 定义为其信息增益 $g(D,A)$ 与训练数据集 D 关于特征 A 的值的熵 $H_A(D)$ 之比，即

$$g_R(D,A) = \frac{g(D,A)}{H_A(D)}$$

此外，还可采用基尼指数最小化准则选择最优特征，同时决定该特征的最优二值切分点。

定义 5.6　分类问题中，假设有 K 个类，样本点属于第 k 类的概率为 p_k，则概率分布的基尼指数定义为

$$\mathrm{Gini}(p) = \sum_{k=1}^{K} p_k(1-p_k) = 1 - \sum_{k=1}^{K} p_k^2$$

对于二类分类问题，若样本点属于第 1 个类的概率是 p，则概率分布的基尼指数为

$$\mathrm{Gini}(p) = 2p(1-p)$$

对于给定的样本集合 D，其基尼指数为

$$\mathrm{Gini}(D) = 1 - \sum_{k=1}^{K} \left(\frac{|C_k|}{|D|}\right)^2$$

这里，C_k 是 D 中属于第 k 类的样本子集，K 是类的个数。

2. 决策树的生成

ID3 算法是决策树的生成的经典算法之一，它使用信息增益作为特征选择准则，包含了决策树作为机器学习算法的主要思想。以下以 ID3 算法为例，介绍决策树的生成。

算法 5.2　（ID3 算法）

输入：训练数据集 D 和特征 A；

输出：决策树 T。

（1）对当前样本集，计算所有特征的信息增益。

（2）选择信息增益最大的特征作为内部结点，把特征取值相同的样本划分为同一个样本子集。

（3）若样本子集的类别取值只有一种，则分支为叶结点，判断其类别并标记相应的标号；否则返回（1），对样本子集递归调用本算法，直至生成决策树 T。

例 5.2 对表 5-1 的数据集，利用 ID3 算法建立决策树。

解 根据例 5.1 的结果可知，特征 A_3（有自己的房子）的信息增益值最大，所以选择其作为根结点的特征。它将训练集 D 划分为两个子集 D_1（A_3 取值为"是"）和 D_2（A_3 取值为"否"）。由于 D_1 只有同一类的样本点，所以它成为一个叶结点，结点的类标号为"是"。

对 D_2 则需从特征 A_1（年龄）、A_2（有工作）和 A_4（信用程度）中选择新的特征。需要对 D_2 子集计算各个特征的信息增益值

$$g(D_2,A_1)=H(D_2)-H(D_2|A_1)=0.918-0.667=0.251$$
$$g(D_2,A_2)=H(D_2)-H(D_2|A_2)=0.918$$
$$g(D_2,A_3)=H(D_2)-H(D_2|A_4)=0.918-0.444=0.474$$

选择信息增益最大的特征 A_2（有工作）作为结点的特征。由于 A_2 有两个可能取值，从这一结点引出两个子结点：一个对应"是"（有工作）的子结点，包含 3 个样本，它们属于同一类，所以这是一个叶结点，类标记为"是"；另一个是对应"否"（无工作）的子结点，包含 6 个样本，它们也属于同一类，所以这也是一个叶结点，类标记为"否"。

综上所述，生成一棵决策树，如图 5-3 所示。该决策树只用了两个特征（有两个内部结点）。

ID3 算法理论清晰，方法简单，学习能力较强，但也存在以下缺点：

（1）信息增益的计算依赖于特征数目较多的特征，而特征取值最多的属性并不一定最优。比如一个变量有 2 个值，各为 $1/2$，另一个变量为 3 个值，各为 $1/3$，其实他们都是完全不确定的变量，但是取 3 个值比取 2 个值的信息增益大。

（2）ID3 没有考虑连续特征，比如长度、密度都是连续值，无法在 ID3 中运用。

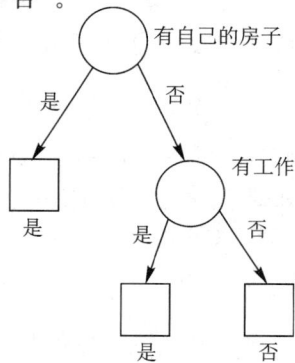

图 5-3 决策树的生成

（3）ID3 算法是单变量决策树（在分支结点上只考虑单个特征），许多复杂概念的表达困难，特征相互关系强调不够，容易导致决策树中子树的重复或有些特征在决策树的某一路径上被检验多次。

（4）算法的抗噪性差，训练例子中正类和反类的比例较难控制，而且没有考虑缺失值和过拟合问题。

针对 ID3 算法在实际应用中的诸多不足，大量的改进算法被提出，如 C4.5 算法和分类回归树（Classification and Regression Tree，CART）算法。生成决策树的核心问题是在每一步如何选择恰当的特征对训练数据集进行划分。ID3 算法使用信息增益作为特征选择准则，C4.5 算法使用信息增益比作为特征选择准则，CART 算法则使用基尼指数作为特征选择准则。C4.5 算法是基于 ID3 算法进行改进的算法，目标是通过学习，找到一个从属性值到类别的映射关系，并且这个映射能用于对新的未知类别进行分类。C4.5 算法产生的分类规则易于理解，准确率高，改进了 ID3 算法倾向于选择具有最大增益比的属性作为分裂属性的缺点，而且相比于 ID3 算法，C4.5 算法能处理非离散数据或不完整数据。C4.5 算法由于使用了熵模型，里面有大量耗时的对数运算，如果是连续值还需要大量的排序运算，而且 C4.5 算法只能用于分类，学者们仍然在不断探索决策树的生成算法。CART 算法最早由

Breiman 等人提出,目前已在统计领域和数据挖掘技术中广泛使用。Python 中的 scikit-learn 模块的 Tree 子模块主要使用 CART 算法实现决策树。

3. 决策树的剪枝

决策树生成算法递归地产生决策树,直到不能继续下去为止。这样产生的树往往对训练数据的分类很准确,但对未知的测试数据的分类却没有那么准确,即会出现过拟合现象。过拟合的原因在于学习时过多地考虑如何提高对训练数据的正确分类,从而构建出过于复杂的决策树。解决这个问题的办法是考虑决策树的复杂度,对已生成的决策树进行简化。

在决策树学习中将已生成的树进行简化的过程称为剪枝。具体地说,剪枝就是从已生成的树上裁掉一些子树或叶结点,并将其根结点或父结点作为新的叶结点,从而简化决策树模型。

以下介绍一种简单的决策树学习的剪枝算法。

决策树的剪枝往往通过极小化决策树整体的损失函数或代价函数来实现。设树 T 的叶结点个数为 $|T|$,t 是 T 的叶结点,该叶结点有 N_t 个样本点,其中 k 类的样本点有 N_{tk} 个,$k=1,2,\cdots,K$,$H_t(T)$ 为叶结点 t 上的经验熵,α 为参数且 $\alpha \geqslant 0$,则决策树学习的损失函数可以定义为

$$C_\alpha(T) = \sum_{t=1}^{|T|} N_t H_t(T) + \alpha |T| \tag{5.2}$$

其中,经验熵为

$$H_t(T) = -\sum_k \frac{N_{tk}}{N_t} \log \frac{N_{tk}}{N_t} \quad (\text{此 log 指以 2 或以 e 为底的对数})$$

在损失函数中,将式(5.2)右端的第一项记作

$$C(T) = \sum_{t=1}^{|T|} N_t H_t(T) = -\sum_{t=1}^{|T|} \sum_{k=1}^{K} N_{tk} \log \frac{N_{tk}}{N_t}$$

这时有

$$C_\alpha(T) = C(T) + \alpha |T| \tag{5.3}$$

式(5.3)中,$C(T)$ 表示模型对训练数据的预测误差,即模型与训练数据的拟合程度,$|T|$ 表示模型复杂度,参数 $\alpha(\alpha \geqslant 0)$ 控制两者之间的影响。较大的 α 促使选择较简单的模型(树),较小的 α 促使选择较复杂的模型(树)。$\alpha=0$ 意味着只考虑模型与训练数据的拟合程度,不考虑模型的复杂度。

剪枝就是当 α 确定时,选择损失函数最小的模型,即损失函数最小的子树。当 α 值确定时,子树越大,往往与训练数据的拟合越好,但是模型的复杂度就越高;相反,子树越小,模型的复杂度就越低,但是往往与训练数据的拟合就不好。损失函数正好表示了对两者的平衡。

可以看出,决策树生成只考虑了通过提高信息增益(或信息增益比等)对训练数据进行更好的拟合。而决策树剪枝通过优化损失函数还考虑了减小模型复杂度。决策树生成学习局部的模型,而决策树剪枝形成学习整体的模型。

式(5.2)或式(5.3)定义的损失函数的极小化等价于正则化的极大似然估计。所以,利用损失函数最小原则进行剪枝就是用正则化的极大似然估计进行模型选择。

算法 5.3 （决策树的剪枝算法）

输入：生成算法产生的整个树 T，参数 α；

输出：修剪后的子树 T_α。

（1）计算每个结点的经验熵；

（2）递归地从树的叶结点向上回缩。

设一组叶结点回缩到其父结点之前与之后的整体树分别为 T_B 与 T_A，其对应的损失函数值分别是 $C_\alpha(T_B)$ 与 $C_\alpha(T_A)$，如果 $C_\alpha(T_A) \leqslant C_\alpha(T_B)$，则进行剪枝，即将父结点变为新的叶结点。

（3）返回（2），直至不能继续剪枝为止，得到损失函数最小的子树 T_α。

5.3 K-最近邻分类

本章开篇提出了分类的两个基本步骤：归纳和预测。决策树分类属于积极学习方法，应用训练数据集，就可以开始学习从输入特征到类标号的模型。与之相反的策略是推迟对训练数据集的建模，直到需要分类测试数据集时再进行，这种策略的技术被称为消极学习方法。

找出和测试数据集的特征相对接近的所有训练集，这些训练集称为最近邻，可以用来确定测试数据集的类标号。最近邻分类法把每个数据（样本）看作 n 维空间上的一个数据点，其中 n 是特征个数。给定一个测试数据集，计算该测试数据与训练数据集中其他数据点的邻近度。给定样本 x 的 K-最近邻是指和 x 距离最近的 K 个数据点。

图 5-4 给出了位于圆圈中心的数据点的 1-最近邻、2-最近邻、3-最近邻。该数据点根据其近邻的类标号进行分类。如果数据点的近邻中含有多个类标号，则将该数据点指派到其最近邻的多数类。在图 5-4(a) 中，数据点的 1-最近邻是一个负例，因此该点被指派到负类。如果最近邻是三个，如图 5-4(c) 所示，其中包括两个正例和一个负例，根据多数表决方案，该点被指派到正类。在最近邻中正例和负例个数相同的情况下（见图 5-4(b)），可随机选择一个类标号来分类该点。

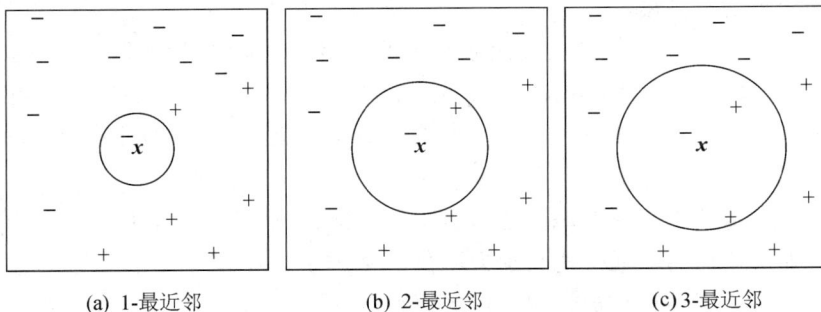

(a) 1-最近邻　　　　　　　(b) 2-最近邻　　　　　　　(c) 3-最近邻

图 5-4　某数据点的 1-最近邻、2-最近邻、3-最近邻

由上可知，K-最近邻分类法的基本三要素就是：距离度量、K 值的选择和分类决策规则。对于训练数据集 D，当这三者确定后，对于任何一个新的输入实例（测试样本），其所属的类唯一地确定。选择适合的 K 值是非常重要的。如果 K 太小，则最近邻分类器容易受到由于训练数据中的噪声而产生的过拟合的影响；相反，如果 K 太大，最近邻分类法可能会误分类测试样例，因为最近邻列表中可能包含远离其近邻的数据点。在应用中，K 值一般取一个比较小的数值，通常采用交叉验证法来选取最优的 K 值。

如何度量样本之间的距离（或相似度）是 K-最近邻分类算法的关键步骤之一。经常使用的距离是欧氏距离，但也可以是其他距离，如更一般的 L_p 距离或 Minkowski 距离。

定义 5.7 设特征空间 $\mathcal{X}$ 是 n 维实数向量空间 $\mathbf{R}^n$，$\boldsymbol{x}_i$、$\boldsymbol{x}_j \in \mathcal{X}$，$\boldsymbol{x}_i = (x_i^{(1)}, x_i^{(2)}, \cdots, x_i^{(n)})^{\mathrm{T}}$，$\boldsymbol{x}_j = (x_j^{(1)}, x_j^{(2)}, \cdots, x_j^{(n)})^{\mathrm{T}}$，$\boldsymbol{x}_i$、$\boldsymbol{x}_j$ 的 L_p 距离定义为

$$L_p(\boldsymbol{x}_i, \boldsymbol{x}_j) = \left(\sum_{l=1}^n |x_i^{(l)} - x_j^{(l)}|^p \right)^{\frac{1}{p}}$$

这里 $p \geq 1$。当 $p=2$ 时，称为欧氏距离，即

$$L_2(\boldsymbol{x}_i, \boldsymbol{x}_j) = \left(\sum_{l=1}^n |x_i^{(l)} - x_j^{(l)}|^2 \right)^{\frac{1}{2}}$$

当 $p=1$ 时，称为曼哈顿距离，即

$$L_1(\boldsymbol{x}_i, \boldsymbol{x}_j) = \sum_{l=1}^n |x_i^{(l)} - x_j^{(l)}|$$

当 $p=\infty$ 时，它是各个坐标距离的最大值，即

$$L_\infty(\boldsymbol{x}_i, \boldsymbol{x}_j) = \max_l |x_i^{(l)} - x_j^{(l)}|$$

不同的距离度量所确定的最近邻点不一定相同。

例 5.3 已知二维空间的 3 个点 $\boldsymbol{x}_1 = (1,1)^{\mathrm{T}}$，$\boldsymbol{x}_2 = (5,1)^{\mathrm{T}}$，$\boldsymbol{x}_3 = (4,4)^{\mathrm{T}}$，试求在 p 取不同值时，L_p 距离下 $\boldsymbol{x}_1$ 的最近邻点。

解 因为 $\boldsymbol{x}_1$ 和 $\boldsymbol{x}_2$ 只有第一维的值不同，所以 p 为任何值时，$L_p(\boldsymbol{x}_1, \boldsymbol{x}_2) = 4$。而

$$L_1(\boldsymbol{x}_1, \boldsymbol{x}_3) = 6, L_2(\boldsymbol{x}_1, \boldsymbol{x}_3) = 4.24, L_3(\boldsymbol{x}_1, \boldsymbol{x}_3) = 3.78, L_4(\boldsymbol{x}_1, \boldsymbol{x}_3) = 3.57$$

于是得到：$p=1$ 或 2 时，$\boldsymbol{x}_2$ 是 $\boldsymbol{x}_1$ 的最近邻点；$p \geq 3$ 时，$\boldsymbol{x}_3$ 是 $\boldsymbol{x}_1$ 的最近邻点。

此外，K-最近邻法中的分类决策规则往往是多数表决，即由输入数据点的 K 个最近邻点的多数类决定输入实例的类。

当距离度量及 K 值的选择和分类决策规则确定后，即可利用如下算法对新的数据点进行分类。

算法 5.4 （K-最近邻分类算法）

输入：测试样本 $\boldsymbol{x}$ 及训练数据集 D，参数 p；

输出：测试样本 $\boldsymbol{x}$ 的类标号。

(1) 初始化距离为最大值；

(2) 计算测试样本和每个训练样本的距离 d；

(3) 得到目前 K 个最近邻样本中的最大距离 $\max d$；

(4) 如果 $d < \max d$，则将该训练样本作为 K 最邻近样本；

(5) 重复步骤 (2)～(4)，直到测试样本和所有训练样本的距离都计算完成；

（6）统计 K 个最邻近样本中每个类比出现的次数；

（7）选择出现频率最大的类别作为测试样本的类别。

最近邻分类属于一类更广泛的技术，这种技术称为基于实例的学习，它使用具体的训练实例进行预测，而不必维护源自数据的抽象（或模型）。基于实例的学习算法需要邻近性度量来确定实例间的相似性或距离，还需要分类函数根据测试实例与其他实例的邻近性返回测试实例的预测类标号。

像最近邻分类这样的消极学习方法不需要建立模型，然而，分类测试样例的开销很大，因为需要逐个计算测试样例和训练样例之间的相似度。相反，积极学习方法通常花费大量计算资源来建立模型，模型一旦建立，分类测试样例就会非常快。

最近邻分类法基于局部信息进行预测，而决策树模型则试图找到一个拟合整个输入空间的全局模型。正是因为这样的局部分类决策，最近邻分类（K 很小时）对噪声非常敏感。

最近邻分类可以生成任意形状的决策边界，这样的决策边界、决策树，和基于规则的分类器通常所局限的直线决策边界相比，能提供更加灵活的模型表示。最近邻分类的决策边界还有很高的可变性，因为它们依赖于训练样例的组合，增加最近邻的数目可以降低这种可变性。

此外，还需注意，除非采用适当的邻近性度量和数据预处理，否则最近邻分类可能做出错误的预测。例如，我们想根据身高（以米为单位）和体重（以千克为单位）等特征来对一群人分类。特征高度的可变性很小，从 1.5 米到 1.85 米，而体重范围则可能是从 45 千克到 100 千克。如果不考虑特征值的单位，那么邻近性度量可能就会被人的体重差异所左右。

5.4 朴素贝叶斯分类

在很多应用中，特征和类别之间的关系是不确定的。换句话说，尽管测试样本的特征集和某些训练样例相同，但是也不能正确地预测它的类标号。这种情况产生的原因可能是噪声，或者出现了某些影响分类的因素但它们却没有包含在分析中。例如，只根据一个人的饮食和锻炼的频率来预测他是否有患心脏病的危险。实际上尽管大多数饮食健康、经常锻炼身体的人患心脏病的概率较小，但仍有人由于遗传、过量抽烟、酗酒等其他原因而患病。而确定一个人的饮食是否健康、体育锻炼是否充分也是需要论证的课题，这反过来也会给学习问题带来不确定性。

贝叶斯分类法属于生成学习算法，它是由训练数据学习联合概率分布，以贝叶斯定理为基础，对特征和类别的概率关系进行建模的一种计算方法。本节主要学习朴素贝叶斯分类法，它是一种基于贝叶斯定理与特征条件独立假设的分类方法，其实现简单，学习与预测的效率都很高。它的基本原理为：对于给定的训练数据集，首先基于特征条件独立假设学习输入输出的联合概率分布；然后基于此模型，对给定的输入 x（特征向量），利用贝叶斯定理求出后验概率最大的输出 y（类标记）。

假设 X 是定义在输入空间 $\mathcal{X} \subseteq \mathbf{R}^n$ 上的随机向量，Y 是定义在输出空间 $\mathcal{Y} = \{c_1, c_2, \cdots, c_k, \cdots, c_K\}$ 上的随机变量，$P(X, Y)$ 是 X 和 Y 的联合概率分布. 训练集 $D = \{(x_1, y_1),$

$(\boldsymbol{x}_2,y_2),\cdots,(\boldsymbol{x}_N,y_N)\}$由 $P(\boldsymbol{X},Y)$独立同分布产生。

朴素贝叶斯法通过训练数据集学习联合概率分布 $P(\boldsymbol{X},Y)$。先验概率分布为

$$P(Y=c_k),\ k=1,2,\cdots,K$$

其中，$\{c_1,c_2,\cdots,c_k,\cdots,c_K\}$为类标记集合。条件概率分布为

$$P(\boldsymbol{X}=\boldsymbol{x}\mid Y=c_k)=P(X^{(1)}=x^{(1)},\cdots,X^{(n)}=x^{(n)}\mid Y=c_k),\ k=1,2,\cdots,K$$

为简化计算，朴素贝叶斯法对条件概率分布作了条件独立性的假设，具体如下：

$$P(\boldsymbol{X}=\boldsymbol{x}\mid Y=c_k)=P(X^{(1)}=x^{(1)},\cdots,X^{(n)}=x^{(n)}\mid Y=c_k),k=1,2,\cdots,K$$

$$=\prod_{j=1}^{n}P(X^{(j)}=x^{(j)}\mid Y=c_k) \tag{5.4}$$

条件独立在实际应用中是非常"朴素"的假设。如一个人的手臂长短和他的阅读能力之间的关系（彼此独立）。你可能会发现手臂较长的人阅读能力也较强。这种关系可以用另一个因素解释，那就是年龄。小孩子的手臂往往比较短，也不具备成年人的阅读能力。如果年龄一定，则观察的手臂长度和阅读能力之间的关系就消失了。因此，我们可以得出结论，在年龄一定时，手臂长度和阅读能力二者条件独立。

对给定的输入 $\boldsymbol{x}$，通过学习到的模型计算后验分布 $P(Y=c_k|\boldsymbol{X}=\boldsymbol{x})$，将后验概率最大的类作为 $\boldsymbol{x}$ 的类输出。后验概率的计算根据贝叶斯定理进行

$$P(Y=c_k\mid \boldsymbol{X}=\boldsymbol{x})=\frac{P(\boldsymbol{X}=\boldsymbol{x}\mid Y=c_k)P(Y=c_k)}{\sum\limits_{k=1}^{K}P(\boldsymbol{X}=\boldsymbol{x}\mid Y=c_k)P(Y=c_k)} \tag{5.5}$$

将式(5.4)代入式(5.5)，可得

$$P(Y=c_k\mid \boldsymbol{X}=\boldsymbol{x})=\frac{P(Y=c_k)\prod\limits_{j=1}^{n}P(X^{(j)}=x^{(j)}\mid Y=c_k)}{\sum\limits_{k=1}^{K}P(Y=c_k)\prod\limits_{j=1}^{n}P(X^{(j)}=x^{(j)}\mid Y=c_k)}$$

对于 $k\in\{1,2,\cdots,K\}$，选取上述后验概率取值最大的类别，即为输入 $\boldsymbol{x}$ 对应的类标号 y，即

$$y=f(\boldsymbol{x})=\mathop{\arg\max}\limits_{c_k}\frac{P(Y=c_k)\prod\limits_{j=1}^{n}P(X^{(j)}=x^{(j)}\mid Y=c_k)}{\sum\limits_{k=1}^{K}P(Y=c_k)\prod\limits_{j=1}^{n}P(X^{(j)}=x^{(j)}\mid Y=c_k)}$$

算法 5.5 （朴素贝叶斯分类算法）

输入：测试样本 $\boldsymbol{x}$ 及训练数据集 $D=\{(\boldsymbol{x}_1,y_1),(\boldsymbol{x}_2,y_2),\cdots,(\boldsymbol{x}_N,y_N)\}$，其中 $\boldsymbol{x}_i=(x_i^{(1)},x_i^{(2)},\cdots,x_i^{(n)})^{\mathrm{T}}$，$x_i^{(j)}$ 是第 i 个样本的第 j 个特征，$x_i^{(j)}\in\{a_{j1},a_{j2},\cdots,a_{jS_j}\}$，$a_{jl}$ 是第 j 个特征可能取的第 l 个值，$j=1,2,\cdots,S_j$，$y_i\in\{c_1,c_2,\cdots,c_K\}$；

输出：测试样本 $\boldsymbol{x}$ 的类标号。

(1) 计算先验概率及条件概率

$$P(Y=c_k)=\frac{\sum\limits_{i=1}^{N}I(y_i=c_k)}{N},\ k=1,2,\cdots,K$$

$$P(X^{(j)}=a_{jl} \mid Y=c_k) = \frac{\sum_{i=1}^{N} I(x_i^{(j)}=a_{jl}, y_i=c_k)}{\sum_{i=1}^{N} I(y_i=c_k)}$$

$k=1,2,\cdots,K$；$j=1,2,\cdots,n$；$l=1,2,\cdots,S_j$；$I(\cdot)$ 为示性函数。

（2）对于给定的测试样本 $x=(x^{(1)},x^{(2)},\cdots,x^{(n)})^{\mathrm{T}}$，计算

$$P(Y=c_k)\prod_{j=1}^{n} P(X^{(j)}=x^{(j)} \mid Y=c_k)，\quad k=1,2,\cdots,K$$

（3）确定测试样本 x 的类

$$y=\underset{c_k}{\mathrm{argmax}}\, P(Y=c_k)\prod_{j=1}^{n} P(X^{(j)}=x^{(j)} \mid Y=c_k)$$

例 5.4 已知表 5-2 的训练数据集，其共有两个特征，试利用朴素贝叶斯分类法确定 $x=(2,S)^{\mathrm{T}}$ 的类标号。

表 5-2 训练数据集（朴素贝叶斯分类法）

	1	2	3	4	5	6	7	8	9	10	11	12	13	14	15
$X^{(1)}$	1	1	1	1	1	2	2	2	2	2	3	3	3	3	3
$X^{(2)}$	S	M	M	S	S	S	M	M	L	L	L	M	M	L	L
Y	-1	-1	1	1	-1	-1	-1	1	1	1	1	1	1	1	-1

解 根据算法 5.5，计算如下概率：

$$P(Y=1)=\frac{9}{15}, P(Y=-1)=\frac{6}{15}$$

$$P(X^{(1)}=1|Y=1)=\frac{2}{9}, P(X^{(1)}=2|Y=1)=\frac{3}{9}, P(X^{(1)}=3|Y=1)=\frac{4}{9}$$

$$P(X^{(2)}=S|Y=1)=\frac{1}{9}, P(X^{(2)}=M|Y=1)=\frac{4}{9}, P(X^{(2)}=L|Y=1)=\frac{4}{9}$$

$$P(X^{(1)}=1|Y=-1)=\frac{3}{6}, P(X^{(1)}=2|Y=-1)=\frac{2}{6}, P(X^{(1)}=3|Y=-1)=\frac{1}{6}$$

$$P(X^{(2)}=S|Y=-1)=\frac{3}{6}, P(X^{(2)}=M|Y=-1)=\frac{2}{6}, P(X^{(2)}=L|Y=-1)=\frac{1}{6}$$

对于给定的 $x=(2,S)^{\mathrm{T}}$，计算后验概率：

$$P(Y=1)P(X^{(1)}=2|Y=1)P(X^{(2)}=S|Y=1)=\frac{9}{15}\times\frac{3}{9}\times\frac{1}{9}=\frac{1}{45}$$

$$P(Y=-1)P(X^{(1)}=2|Y=-1)P(X^{(2)}=S|Y=-1)=\frac{6}{15}\times\frac{2}{6}\times\frac{3}{6}=\frac{1}{15}$$

因此，选取后验概率值较大的类标号，即 $y=-1$。

原始的朴素贝叶斯分类只能处理离散数据，当某些特征取值为连续变量时，可以使用高斯朴素贝叶斯完成分类任务。处理连续数据时，一种经典假设是与每个类相关的连续变量的分布是高斯分布，用条件概率密度进行计算

$$P(X^{(j)} = v \mid Y = c_k) = \frac{1}{\sqrt{2\pi}\sigma_{c_k}} e^{-\frac{(v - \mu_{c_k})^2}{2\sigma_{c_k}^2}}$$

其中，μ_{c_k} 与 $\sigma_{c_k}^2$ 分别表示数据集中属于第 c_k 类的样本的均值和方差。

此外，当特征属性为连续值，而且分布服从伯努利分布时，可采用伯努利朴素贝叶斯分类；当特征属性服从多项分布时，可采用多项式朴素贝叶斯分类。

5.5 人工神经网络

人工神经网络(artificial neural network，ANN，简称神经网络)的研究是由试图模拟生物神经系统而激发的。人类的大脑主要由称为神经元(Neuron)的神经细胞组成，如图 5-5 所示，神经元通过叫作轴突(Axon)的纤维丝连在一起。当神经元受到刺激时，神经脉冲通过轴突从一个神经元传到另一个神经元。一个神经元通过树突连接到其他神经元的轴突，树突是神经元细胞体的延伸物。树突和轴突的连接点叫作神经键。神经学家发现，人的大脑通过在同一个脉冲反复刺激下改变神经元之间的神经键连接强度来进行学习。

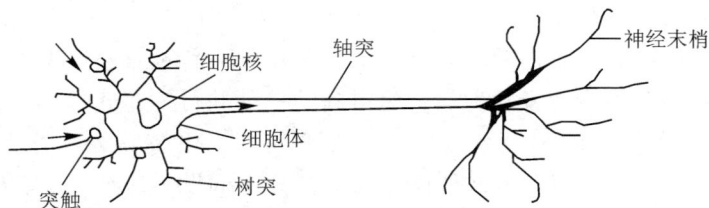

图 5-5 生物神经元结构

人工神经网络是一种人脑的抽象计算模型，具有自学习、自组织、自适应以及很强的非线性函数逼近能力，拥有强大的容错性。它可以实现仿真、二值图像识别、预测及模糊控制等功能，是处理非线性系统的有力工具。

人工神经网络具有以下几个基本特征：

(1) **具有信息处理的高度并行性**。从解剖学和生理学的角度来看，生物的神经系统是一个复杂的并行系统，它不同于传统的冯诺依曼型体系结构的计算机。人工神经网络的各组成部分同时参与运算，单个神经元的运算速度并不高，但总体的处理速度极快，是巨量信息并行处理和大规模并行计算的基础。

(2) **具有复杂的非线性特征**。非线性关系是自然界的普遍特性，大脑的智慧就是一种非线性现象。构成人工神经网络的神经元是一种非线性的处理单元，只有当神经元对所有输入信号的整理结果超过某个阈值后才输出一个信号。具有阈值特性的神经元构成的神经网络具有更好的性能，可以提高神经网络的容错性和存储容量。因此，人工神经网络是一种具有复杂的非线性特征的超大规模连续时间动力学系统。

(3) **具有联想记忆存储功能**。联想记忆存储是人脑的特有功能之一，如同出于仿生学的考虑一样，如何在人工计算模型上实现该功能一直是人工智能领域的研究重点之一。在人工神经网络中，知识与信息都等势分布存储于整个网络内的各神经元及其连接权值上，表现为神经元之间分布式的物理信息。神经网络能接受和处理模拟的、混沌的、模糊的和随机的信息，具有一定的联系记忆能力。在进行自然语言处理理解、模式识别、机器人控制，以及不完整信息等方面具有优势。

（4）**具有自组织、自学习能力。**人工神经网络可以根据外界环境的输入信息改变突触连接强度，重新调整神经元之间的相互关系，从而达到自适应于环境变化的目的。人工神经网络不但对处理的信息可以有多种变化，而且在处理信息的同时，非线性动力系统本身也在不断变化，经常采用迭代过程描述动力系统的演化过程。因此，人工神经网络具有自适应、自组织、自学习能力。

（5）**具有多平衡态的非凸性。**一个系统的演化方向在一定条件下将取决于某个特定的状态函数。例如，能量函数的极值相对于系统具有比较稳定的状态。非凸性是指这种函数有多个极值，故系统具有多个较稳定的平衡态，这将导致系统演化的多样性。

（6）**具有鲁棒性和容错性。**生物神经系统不会由于个别神经元的损失而失去对原有模式的记忆能力，在人工神经网络中，每个神经元及其连接只表示一部分信息，而不是一个完整的具体概念。神经网络信息处理的结果通过突触连接强度的变化进行映射，神经网络功能的实现只要求满足部分条件，当个别神经元失效时，整个网络仍能正常工作，人工神经网络具有鲁棒性和容错性。

人工神经网络是一种非程序化、适应性、具有大脑风格的信息处理模型，其本质是通过网络结构和连接权值的变化及动力学行为得到的一种并行分布式的信息处理能力，并在不同程度和层次上模仿人脑神经系统的信息处理能力。本节首先从人工神经网络的起源——感知器开始，展示如何训练这种模型来解决分类问题；其次，介绍神经网络的基本组成结构——人工神经元（Artificial Neuron，简称神经元）；最后，给出神经网络的类型，并选取分类问题中使用较广泛的 BP 神经网络模型进行简要描述，以便使读者掌握神经网络的基本工作原理。

5.5.1 感知器

定义 5.8 设输入空间（特征空间）$\mathcal{X} \subseteq \mathbf{R}^n$ 是 n 维实数向量空间，输出空间是 $\mathcal{Y} = \{+1, -1\}$。输入 $\boldsymbol{x} = (x^{(1)}, x^{(2)}, \cdots, x^{(n)})^{\mathrm{T}} \in \mathcal{X}$ 表示实例（样本）的特征向量，对应于输入空间的点，$y \in \mathcal{Y}$ 表示实例的类别。由输入空间到输出空间的如下函数：

$$f(\boldsymbol{x}) = \mathrm{sign}(\boldsymbol{w} \cdot \boldsymbol{x} + b)$$

称为感知器。其中，$\boldsymbol{w}$ 和 b 为感知器模型参数，$\boldsymbol{w} = (w^{(1)}, w^{(2)}, \cdots, w^{(n)}) \in \mathbf{R}^n$ 叫作权值或权值向量，$b \in \mathbf{R}$ 叫作偏置，$\boldsymbol{w} \cdot \boldsymbol{x}$ 表示 $\boldsymbol{w}$ 和 $\boldsymbol{x}$ 的内积。$\mathrm{sign}(\cdot)$ 是符号函数，作为输出结点的激活函数，即

$$\mathrm{sign}(x) = \begin{cases} +1, & x \geqslant 0 \\ -1, & x < 0 \end{cases}$$

由定义可知，感知器是一种线性分类模型，属于判别模型，是最简单的人工神经网络模型。图 5-6 展示了一个简单的感知器模型。感知器包含两种结点：多个输入结点，用来

表示输入特征；一个输出结点，用来提供模型输出。每个输入结点都通过一个加权的链连接到输出结点。这个加权的链用来模拟神经元间神经键连接的强度。训练一个感知器模型就相当于不断调整链的权值，直到能拟合训练数据的输入输出关系为止。

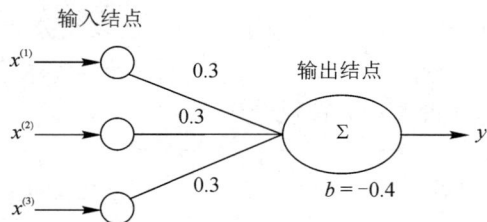

图 5-6　感知器模型

感知器对输入加权求和，再减去偏置因子 b，然后考察结果的符号，得到输出值 $\hat{y}$。图 5-6 中的模型有三个输入结点，各结点到输出结点的权值都等于 0.3，偏置因子 $b=-0.4$。

表 5-3 是一个数据集，包含三个特征 $(x^{(1)}, x^{(2)}, x^{(3)})$ 和一个输出变量 y，当三个输入中至少有两个 0 时，y 取 -1，而三个输入中至少有两个大于 0 时，y 取 +1。

表 5-3　感知器数据集

数据	$x^{(1)}$	$x^{(2)}$	$x^{(3)}$	y
1	1	0	0	-1
2	1	0	1	+1
3	1	1	0	+1
4	1	1	1	+1
5	0	0	1	-1
6	0	1	0	-1
7	0	1	1	+1
8	0	0	0	-1

模型的输出计算公式如下

$$y = \begin{cases} +1, & \text{如果 } 0.3x^{(1)} + 0.3x^{(2)} + 0.3x^{(3)} - 0.4 \geqslant 0 \\ -1, & \text{如果 } 0.3x^{(1)} + 0.3x^{(2)} + 0.3x^{(3)} - 0.4 < 0 \end{cases}$$

对于数据 1 来说

$$0.3x^{(1)} + 0.3x^{(2)} + 0.3x^{(3)} - 0.4 = 0.3 \times 1 + 0.3 \times 0 + 0.3 \times 0 - 0.4 < 0$$

那么 $\hat{y} = -1$；对于数据 2 来说

$$0.3x^{(1)} + 0.3x^{(2)} + 0.3x^{(3)} - 0.4 = 0.3 \times 1 + 0.3 \times 0 + 0.3 \times 1 - 0.4 > 0$$

那么 $\hat{y} = +1$。

上例中的权重及偏置是提前设定的，在感知器的实际应用中则需要借助感知器学习算法对参数进行学习。感知器学习算法是误分类驱动的，因此求解参数 w, b 可转化为求解以下损失函数极小化问题的解：

$$\min_{\boldsymbol{w},b} L(\boldsymbol{w},b) = -\sum_{\boldsymbol{x}_i \in M} y_i(\boldsymbol{w} \cdot \boldsymbol{x}_i + b) \tag{5.6}$$

其中 M 为误分类点的集合。该损失函数就是感知器学习的经验风险函数，如果没有误分类点，损失函数值为 0。求解损失函数最小化问题的基本步骤是选取初始值 $\boldsymbol{w}_0$、b_0，然后用梯度下降法不断地极小化目标函数式(5.6)。为此，随机选取误分类点 $(\boldsymbol{x}_i, y_i)$，对 $\boldsymbol{w}, b$ 进行更新，$\boldsymbol{w} \leftarrow \boldsymbol{w} + \eta y_i \boldsymbol{x}_i$，$b \leftarrow b + \eta y_i$，其中 $\eta(0 < \eta \leqslant 1)$ 是步长，也称为学习率，从而通过不断迭代使得损失函数 $L(\boldsymbol{w}, b)$ 不断减小，直到为 0。

算法 5.6 （感知器学习算法）

输入：训练数据集 $D = \{(\boldsymbol{x}_1, y_1), (\boldsymbol{x}_2, y_2), \cdots, (\boldsymbol{x}_N, y_N)\}$，其中 $\boldsymbol{x}_i = (x_i^{(1)}, x_i^{(2)}, \cdots, x_i^{(n)})^{\mathrm{T}} \in \mathcal{X}, y_i \in \mathcal{Y} = \{-1, +1\}, i = 1, 2, \cdots, N$；学习率为 $\eta(0 < \eta \leqslant 1)$。

输出：$w \in \mathbf{R}^N, b \in \mathbf{R}$；感知器模型 $f(\boldsymbol{x}) = \mathrm{sign}(\boldsymbol{w} \cdot \boldsymbol{x} + b)$。

(1) 选取初始值 $\boldsymbol{w}_0, b_0$；

(2) 在训练集中选取数据 $(\boldsymbol{x}_i, y_i)$；

(3) 如果 $y_i(\boldsymbol{w} \cdot \boldsymbol{x}_i + b) \leqslant 0, \boldsymbol{w} \leftarrow \boldsymbol{w} + \eta y_i \boldsymbol{x}_i, b \leftarrow b + \eta y_i$；

(4) 转至(2)，直到训练集中没有误分类点。

算法 5.6 为感知器学习算法的原始形式，简单易实现。

例 5.5 现有训练数据：$\boldsymbol{x}_1 = (3,3)^{\mathrm{T}}, y_1 = +1$；$\boldsymbol{x}_2 = (4,3)^{\mathrm{T}}, y_2 = +1$；$\boldsymbol{x}_3 = (1,1)^{\mathrm{T}}$，$y_3 = -1$，试用算法 5.6 求解感知器模型 $f(\boldsymbol{x}) = \mathrm{sign}(\boldsymbol{w} \cdot \boldsymbol{x} + b)$。这里，$\boldsymbol{w} = (w^{(1)}, w^{(2)})^{\mathrm{T}}$，$\boldsymbol{x} = (x^{(1)}, x^{(2)})^{\mathrm{T}}$。

解 设定 $\eta = 1$。

(1) 取初始值 $\boldsymbol{w}_0 = (0,0)^{\mathrm{T}}, b_0 = 0$；

(2) 对数据 $\boldsymbol{x}_1 = (3,3)^{\mathrm{T}}, y_1(\boldsymbol{w}_0 \cdot \boldsymbol{x}_1 + b_0) = 0$，未能被正确分类，更新 $\boldsymbol{w}, b$ 如下：

$$\boldsymbol{w}_1 = \boldsymbol{w}_0 + y_1 \boldsymbol{x}_1 = (3,3)^{\mathrm{T}}, \quad b_1 = b_0 + y_1 = 1$$

得到线性模型

$$\boldsymbol{w}_1 \cdot \boldsymbol{x} + b_1 = 3x^{(1)} + 3x^{(2)} + 1$$

(3) 对于数据 $\boldsymbol{x}_1$、$\boldsymbol{x}_2$，$y_i(\boldsymbol{w}_0 \cdot \boldsymbol{x}_i + b_0) > 0$，被正确分类，不改变 $\boldsymbol{w}, b$；

对于数据 $\boldsymbol{x}_3 = (1,1)^{\mathrm{T}}$，$y_3(\boldsymbol{w}_0 \cdot \boldsymbol{x}_3 + b_0) > 0$，未能被正确分类，更新 $\boldsymbol{w}$、b。

$$\boldsymbol{w}_2 = \boldsymbol{w}_1 + y_3 \boldsymbol{x}_3 = (2,2)^{\mathrm{T}}, \quad b_2 = b_1 + y_3 = 0$$

得到线性模型

$$\boldsymbol{w}_2 \cdot \boldsymbol{x} + b_2 = 2x^{(1)} + 2x^{(2)}$$

如此继续下去，直到

$$\boldsymbol{w}_7 = (1,1)^{\mathrm{T}}, b_7 = -3$$

$$\boldsymbol{w}_7 \cdot \boldsymbol{x} + b_7 = x^{(1)} + x^{(2)} - 3$$

对于所有数据点，$y_i(\boldsymbol{w}_7 \cdot \boldsymbol{x}_i + b_7) > 0$，没有误分类点，损失函数达到极小。因此，感知器模型为

$$f(\boldsymbol{x}) = \mathrm{sign}(x^{(1)} + x^{(2)} - 3)$$

迭代过程见表 5-4。

表 5 - 4　求解例 5.5 的迭代过程

迭代次数	误分类点	w	b	$w \cdot x + b$
0		0	0	0
1	x_1	$(3,3)^{\mathrm{T}}$	1	$3x^{(1)} + 3x^{(2)} + 1$
2	x_3	$(2,2)^{\mathrm{T}}$	0	$2x^{(1)} + 2x^{(2)}$
3	x_3	$(1,1)^{\mathrm{T}}$	-1	$x^{(1)} + x^{(2)} - 1$
4	x_3	$(0,0)^{\mathrm{T}}$	-2	-2
5	x_1	$(3,3)^{\mathrm{T}}$	-1	$3x^{(1)} + 3x^{(2)} - 1$
6	x_3	$(2,2)^{\mathrm{T}}$	-2	$2x^{(1)} + 2x^{(2)} - 2$
7	x_3	$(1,1)^{\mathrm{T}}$	-3	$x^{(1)} + x^{(2)} - 3$
8	无	$(1,1)^{\mathrm{T}}$	-3	$x^{(1)} + x^{(2)} - 3$

值得注意的是，上述迭代中选取的误分类点不一样，得到的感知器模型可能会不一样，也就是说，感知器学习算法由于采取不同的初值或选取不同的误分类点，解可以不同，但是算法是否收敛呢？有定理已经证明，当训练数据集线性可分时，感知器学习算法是收敛的，即经过有限次迭代可以得到一个将训练数据集完全正确划分的感知器模型。

定义 5.9　给定一个训练数据集 D（如算法 5.6 所示），如果存在某个超平面 S，有

$$w \cdot x + b = 0$$

能够将数据集的正实例点和负实例点完全正确地划分到超平面的两侧，即对所有 $y_i = +1$ 的实例，有 $w \cdot x_i + b > 0$，对所有 $y_i = -1$ 的实例，有 $w \cdot x_i + b < 0$，则称数据集 D 为线性可分数据集；否则，称数据集 D 线性不可分。

虽然在训练数据集线性可分条件下，感知器学习算法是收敛的，但是解可能有许多个，为了得到唯一的感知器模型，即得到唯一的超平面，就需要对分离超平面增加约束条件，这便是下一节所要描述的线性支持向量机。而当数据集线性不可分时，感知器学习算法不收敛，迭代结果会发生震荡，这时就需要借助其他机器学习算法，这也是感知器未能得到广泛应用的原因，但是它作为人工神经网络的起源，以及支持向量机的基础，在机器学习领域具有非常重要的地位。

5.5.2　神经元

人工神经网络中最基本的单元是人工神经元，本质上是一个函数。在生物神经网络中，每个神经元与其他神经元相连，当它"兴奋"时就会向相连的神经元发送化学物质，从而改变这些神经元内的电位；如果某神经元的电位超过了一个"阈值"，那么它就会被激活即"兴奋"起来，向其他神经元发送化学物质。而人工神经元则以实数向量为输入、实数值为输出的非线性函数来表示多个输入信号到一个输出信号的非线性转换。

定义 5.10　神经元是如下定义的非线性函数：

$$y = f\left(\sum_{i=1}^{n} w_i x_i + b\right)$$

或者

$$y = f(z), \ z = \sum_{i=1}^{n} w_i x_i + b$$

其中 $x_1, x_2, \cdots, x_n$ 是输入，取实数值；y 是输出，取实数值；z 是中间结果，又称作净输入，取实数值；$w_1, w_2, \cdots, w_n$ 是权重，b 是偏置，取实数值；$z = \sum_{i=1}^{n} w_i x_i + b$ 是仿射函数；$f(\cdot)$ 是特定的非线性函数，称为激活函数。

由以上定义可知，神经元由两部分组成，首先使用仿射函数对输入 $x_1, x_2, \cdots, x_n$ 进行仿射变换，得到净输入 z，然后使用激活函数 $f(z)$ 对净输入 z 进行非线性变换，得到输出 y。权重 $w_1, w_2, \cdots, w_n$ 与偏置 b 是神经元的参数，通过学习得到。人工神经网络模型示意图如图 5-7 所示。

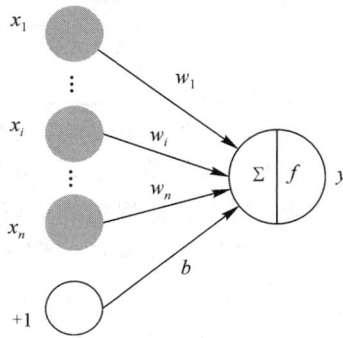

图 5-7　人工神经网络模型

为了方便，通常增加一个恒为 1 的输入，取偏置 b 为其权重，将仿射变换转换成线性变换。此外，神经元也可以用向量表示。设向量

$$\boldsymbol{x} = \begin{bmatrix} x_1 \\ x_2 \\ \vdots \\ x_n \end{bmatrix}, \ \boldsymbol{w} = \begin{bmatrix} w_1 \\ w_2 \\ \vdots \\ w_n \end{bmatrix}$$

为输入和权重，则神经元可表示为

$$y = f(\boldsymbol{w} \cdot \boldsymbol{x} + b)$$

或

$$y = f(z), \quad z = \boldsymbol{w} \cdot \boldsymbol{x} + b$$

激活函数有多种形式，常用的有如下三种：

(1) Sigmoid 函数，也称为 Logistic 函数，是最常用的激活函数：

$$f(z) = \frac{1}{1 + \mathrm{e}^{-z}}$$

(2) 双曲正切函数：

$$f(z) = \tanh(z) = \frac{\mathrm{e}^z - \mathrm{e}^{-z}}{\mathrm{e}^z + \mathrm{e}^{-z}}$$

(3) 整流线性函数：

$$f(z) = \mathrm{relu}(z) = \max(0, z)$$

例 5.6　图 5-8 是一个神经元，激活函数为 Sigmoid 函数，写出神经元函数。

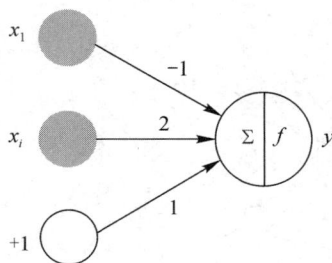

图 5-8　神经元例

解　神经元的仿射函数是 $z = -x_1 + 2x_2 + 1$，激活函数是 $f(z) = \dfrac{1}{1 + e^{-z}}$，那么该神经

元函数为 $y = \dfrac{1}{1 + e^{x_1 - 2x_2 - 1}}$。

5.5.3　人工神经网络的类型

人工神经网络是由神经元连接组成的网络，采用不同类型的神经元以及神经元的不同连接方式可以构建出不同的网络结构，即形成不同的神经网络模型。按照网络结构来分，可将神经网络分为以下几种类型：前馈神经网络、反馈神经网络和图神经网络。

（1）**前馈神经网络**（Feedforward Neural Network，FNN）：也被称为多层感知机（multi-layer perceptron，MLP），其中不同的神经元属于不同的层，由输入层—隐藏层—输出层构成，信号从输入层往输出层单向传递，中间无反馈，其目的是为了拟合某个函数，由一个有向无环图表示，其简单示意图如图 5-9 所示。

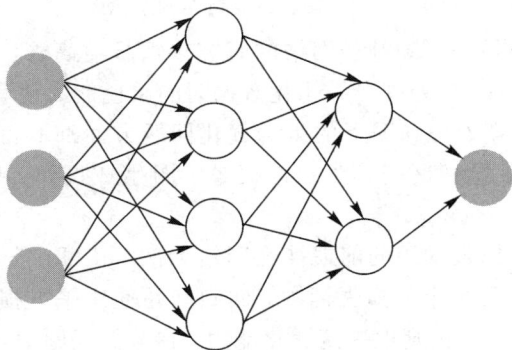

图 5-9　前馈神经网络结构示意图

常用的模型结构有：卷积神经网络、BP 神经网络、RBF 神经网络等。感知器也可看作是一种简单的前馈神经网络。

（2）**反馈神经网络**（Feedback Neural Network，FBNN）：其输出不仅与当前输入以及网络权重有关，还和网络之前的输入有关。它可用一个有向循环图或无向图表示，该神经网络具有很强的联想记忆能力和优化计算能力。其简单示意图如图 5-10 所示。

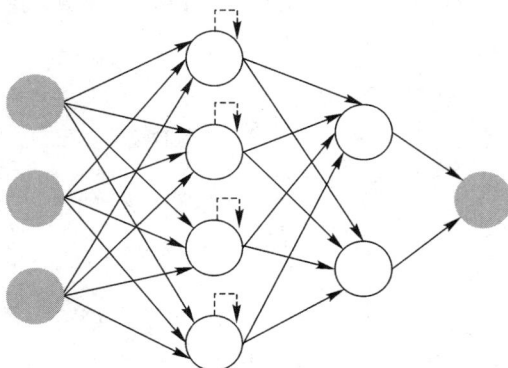

图 5-10 反馈神经网络结构示意图

常用的模型结构有：RNN、Hopfield 网络、玻尔兹曼机、LSTM 等。

（3）图神经网络（Graph Neural Networks，GNN）：是一种在拓扑空间内按图结构组织来进行推理的函数集合，其简单示意图如图 5-11 所示。

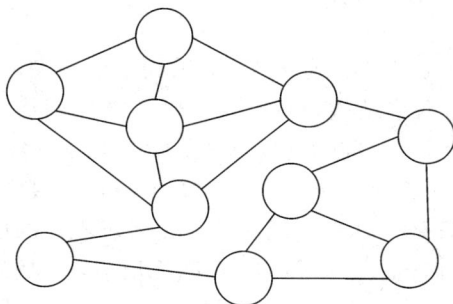

图 5-11 图神经网络结构示意图

近年来，深度学习领域关于图神经网络的研究热情日益高涨，图神经网络已经成为深度学习领域的研究热点。GNN 处理非结构化数据时的出色能力使其在网络数据分析、推荐系统、物理建模、自然语言处理和图上的组合优化问题方面都取得了新的突破。常用的图神经网络模型结构有：图卷积网络、图自编码器、图生成网络、图循环网络、图注意力网络。

神经网络模型众多，以最常用的前馈神经网络为例，其可在分类及回归问题中进行应用，分类问题一般使用交叉熵作为损失函数，回归问题使用平方损失作为损失函数，还可在损失函数中加入 L_1、L_2 等正则项提高泛化能力。在分类问题中，当用于二类分类时，神经网络的输出层只有一个神经元，其输出是一个概率值，预测时对于输入计算其属于类别 1 的概率，如果概率大于 0.5，则将输入分类到类别 1，否则分到类别 0；当用于多类分类时（K 类），神经网络的输出层也只有一个神经元，输出由 K 个概率值组成的概率向量，预测时对于输入计算其属于各个类别的概率，将输入分到概率最大的类别，这时输入只可能被分到一个类别；当用于多标签分类时，神经网络的输出层有 L 个神经元，每个神经元的输出是一个概率值，预测时对于输入计算其属于各个类别的概率，将输入分到概率大于 0.5

的所有类别，这时输入可以被分到多个类别(赋予多个标签)。

在用于分类的神经网络模型中，BP 神经网络是一类被广泛使用并且引发神经网络研究热点的模型，本节以介绍该模型作为结尾，以求帮助读者初步掌握神经网络的工作原理。

BP 神经网络是 1986 年由 Rumelhart 和 McCelland 为首的科研小组提出的，BP 神经网络是一种按误差反向传播算法训练的多层前馈网络。BP 神经网络由三层组成，分别是输入层、中间层(隐含层)和输出层，其中输入层、输出层一般为一层，隐含层可根据需要选择一层或多层。这三层中的每一层神经元状态只影响下一层的神经元状态，若预测结果得不到期望输出，网络则进行反向传播。BP 神经网络示意图如图 5-12 所示。

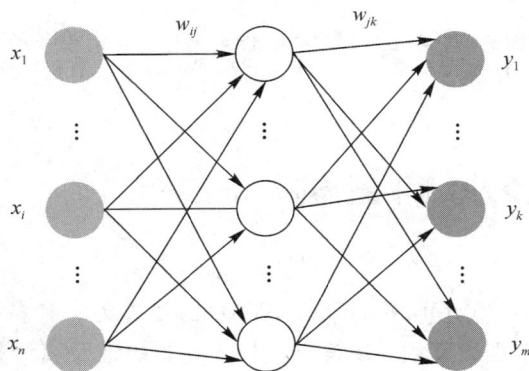

图 5-12　BP 神经网络结构示意图

图 5-12 中，输入值为 $x_1, x_2, \cdots, x_n$，输出值为 $y_1, y_2, \cdots, y_m$，权值为 w_{ij} 和 w_{jk}。神经网络向前传导过程可以看成是从 n 个自变量到 m 个因变量的函数映射过程。

学习的主要思路是：输入数据，利用反向传播算法对网络的权值和阈值不断地进行调整训练，根据预测误差调整权值和阈值，输出与期望趋近的结果，直到预测结果可以达到期望。据此，BP 神经网络的具体工作流程如下：

(1) **初始化网络**。通过输入样本来确定网络的输入维数，有 n 个输入神经元，m 个输出神经元，初始化输入层和隐含层的连接权值 w_{ij} 以及输出层神经元之间的连接权值 w_{jk}，初始化隐含层的阈值 a 和输出的阈值 b，并设置学习率 η 和激活函数。

(2) **计算隐含层输出**。隐含层输出 H 的计算公式为

$$H_j = f(\sum_{i=1}^{n} w_{ij}x_i + a_j), j = 1, 2, \cdots, l$$

其中，l 为隐含层节点数，$f(\cdot)$ 为隐含层激活函数。

(3) **计算输出层**。BP 神经网络的预测输出 Y 为

$$Y_k = \sum_{j=1}^{l} w_{jk}H_j + b_k, k = 1, 2, \cdots, m$$

(4) **计算误差**。误差 e 的计算为

$$e_k = Y_k - O_k, k = 1, 2, \cdots, m$$

其中，Y_k 为神经网络的预测值，O_k 是实际期望的值。

(5) **更新权值**。通过预测误差 e 对权值 w_{ij} 和 w_{jk} 进行更新，

$$w_{ij} = w_{ij} + \eta H_j(1 - H_j)x_i \sum_{k=1}^{m} w_{jk}e_k,\ i = 1,2,\cdots,n;j = 1,2,\cdots,l$$

$$w_{jk} = w_{jk} + \eta H_j e_k,\ j = 1,2,\cdots,l\ ;k = 1,2,\cdots,m$$

（6）**更新阈值**。根据预测误差 e 更新阈值 a 和 b，

$$a_j = a_j + \eta H_j(1 - H_j)\sum_{k=1}^{m} w_{jk}e_k,\ j = 1,2,\cdots,l$$

$$b_k = b_k + \eta e_k,\ k = 1,2,\cdots,m$$

（7）**判断迭代条件**。判断迭代是否可以结束，若算法迭代没有结束，则返回第（2）步，直到算法结束。

以上流程中，第（1）步到第（3）步是前馈过程，第（4）步到第（7）步是神经网络反向更新参数的过程，即误差反向传播。

5.6 支持向量机

支持向量机（Support Vector Machine，SVM）已经成为一种备受关注的分类方法。这种方法具有坚实的统计学理论基础，在解决小样本、非线性及高维模式识别中表现出许多特有的优势，并可推广到人脸识别、行人检测、文本分类等问题中。SVM 可以用于数值预测和分类，主要应用于二分类问题。此外，SVM 可以很好地应用于高维数据，避免了维数灾难问题。

SVM 建立在统计学习理论的 VC 维理论和结构风险最小原理基础上，根据有限的样本信息在模型的复杂性和学习能力之间寻求最佳平衡，以求获得最好的推广能力。它使用一种非线性映射，把原始训练数据映射到较高的维上并搜索最佳分离超平面。SVM 可分为三类：线性可分 SVM、线性 SVM、非线性 SVM。

（1）如果训练数据线性可分，则通过硬间隔最大化学习得到一个线性分类器即线性可分 SVM，也称为硬间隔 SVM；

（2）如果训练数据近似线性可分，则通过软间隔最大化学习得到一个线性分类器即线性 SVM，也称为软间隔 SVM；

（3）对于数据非线性可分的情况，通过扩展线性 SVM 的方法，得到非线性 SVM，即采用非线性映射把输入数据变换到较高维空间，在新的空间搜索分离超平面。

为了解释 SVM 的基本思想，首先介绍最大边距分类/最大边缘超平面的概念以及选择它的基本原理。然后，描述在线性可分的数据上怎样训练一个线性 SVM，从而明确地找到这种最大边缘超平面。最后，介绍如何将 SVM 方法扩展到非线性可分的数据上。

5.6.1 线性可分 SVM

假设给定一个包含 N 个训练样本（实例）的数据集。每个样本表示为一个二元组 $(\boldsymbol{x}_i, y_i)$，$i = 1,2,\cdots,N$，其中 $\boldsymbol{x}_i = (x_i^{(1)}, x_i^{(2)}, \cdots, x_i^{(n)})^{\mathrm{T}}$，对应于第 i 个样本的特征向量。为方便计，令 $y_i \in \{-1, +1\}$ 表示它的类标号。支持向量机方法的主要学习目标就是要找到一个分离

超平面,可以将实例分到不同的类。

　　考虑如图 5-13 所示的数据集,方块和圆圈分别代表实例(样本)所属的不同类别。当数据集是线性可分的时,我们能够找到这样一个超平面,使得所有的方块位于这个超平面的一侧,而所有的圆圈位于它的另一侧。然而,正如图 5-13 所示,可能存在无穷多个那样的超平面。虽然它们的训练误差都等于零,但是不能保证这些超平面在未知数据上运行的同样好。分类器必须根据其在检验(测试)样本上的运行效果,从这些超平面中选择一个来表示它的决策边界 k。

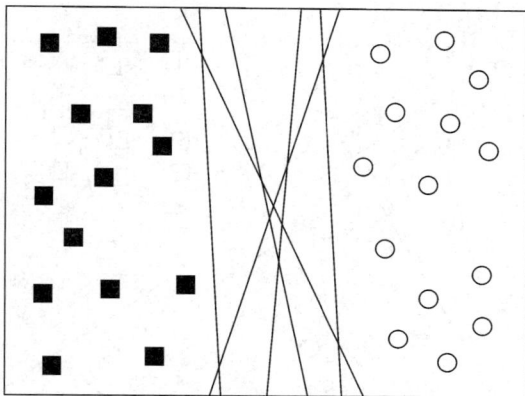

图 5-13　一个线性可分数据集上的可能决策边界

　　为了更好地理解不同的超平面对泛化误差的影响,考虑两个决策边界 B_1 和 B_2,如图 5-14 所示。

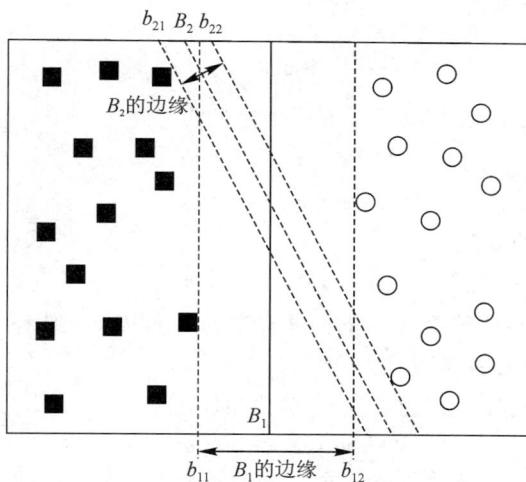

图 5-14　决策边界的边缘

　　这两个决策边界都能准确无误地将训练样本划分到各自的类中。每个决策边界 B_i 都对应着一对超平面,分别记为 b_{i1} 和 b_{i2}。其中,b_{i1} 是这样得到的:平行移动一个和决策边界平行的超平面,直到触到最近的方块为止;类似地,平行移动一个和决策边界平行的超平面,直到触到最近的圆圈,可以得到 b_{i2}。这两个超平面之间的间距称为分类器的边缘。

注意到 B_1 的边缘显著大于 B_2 的边缘。在这个例子中，B_1 就是训练样本的最大边缘超平面，b_{11} 和 b_{12} 之间的距离为最大边距，这种分类称为最大边距分类。

线性可分 SVM 就是要寻找具有最大边缘的超平面，因此它也经常被称为最大边距分类器。下面将对线性决策边界、边缘、线性 SVM 模型给出详细的描述。

1. 线性决策边界

图 5-15 显示了包含圆圈和方块的二维训练集。图中的实线表示决策边界，它将训练样本一分为二，划入各自的类中。

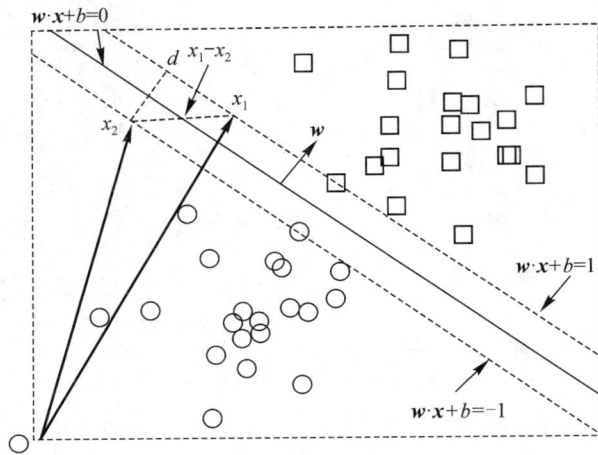

图 5-15 SVM 的决策边界和边缘

任何位于决策边界上的样本都必须满足

$$\boldsymbol{w} \cdot \boldsymbol{x} + b = 0$$

其中，$\boldsymbol{w}$ 和 b 是模型的参数。

例如，如果 $\boldsymbol{x}_p$ 和 $\boldsymbol{x}_q$ 是两个位于决策边界上的点，则

$$\boldsymbol{w} \cdot \boldsymbol{x}_p + b = 0$$
$$\boldsymbol{w} \cdot \boldsymbol{x}_q + b = 0$$

上述两个方程相减便得到

$$\boldsymbol{w} \cdot (\boldsymbol{x}_p - \boldsymbol{x}_q) = 0$$

其中，$\boldsymbol{x}_p - \boldsymbol{x}_q$ 是一个平行于决策边界的向量，它的方向从 $\boldsymbol{x}_p$ 到 $\boldsymbol{x}_q$。由于点积的结果为零，因此，$\boldsymbol{w}$ 的方向必然垂直于决策边界。

对于任何位于决策边界上方的方块 $\boldsymbol{x}_s$，可以证明：

$$\boldsymbol{w} \cdot \boldsymbol{x}_s + b = k \tag{5.7}$$

其中 $k > 0$。同理，对于任何位于决策边界下方的方块 $\boldsymbol{x}_c$，可以证明

$$\boldsymbol{w} \cdot \boldsymbol{x}_c + b = k' \tag{5.8}$$

其中 $k' < 0$。如果标记所有方块的类标号为 $+1$，标记所有圆圈的类标号为 -1，则可用以下方式预测任何测试样本 $\boldsymbol{x}_t$ 的类标号 y

$$y = \begin{cases} +1 & \text{如果 } \boldsymbol{w} \cdot \boldsymbol{x}_t + b > 0 \\ -1 & \text{如果 } \boldsymbol{w} \cdot \boldsymbol{x}_t + b < 0 \end{cases}$$

2. 线性分类器的边缘

考虑那些离决策边界最近的方块和圆圈。由于该方块位于决策边界的上方，因此对于某个正值 k，它必然满足式(5.7)；而对于某个负值 k'，圆圈必须满足式(5.8)。调整决策边界的参数 $\boldsymbol{w}$ 和 b，两个平行的超平面 b_{i1} 和 b_{i2} 可以表达如下：

$$b_{i1}: \boldsymbol{w} \cdot \boldsymbol{x} + b = 1 \tag{5.9}$$

$$b_{i2}: \boldsymbol{w} \cdot \boldsymbol{x} + b = -1 \tag{5.10}$$

决策边界的边缘由这两个超平面之间的距离给定。为了计算边缘，令 $\boldsymbol{x}_1$ 是 b_{i1} 上的一个数据点，$\boldsymbol{x}_2$ 是 b_{i2} 上的一个数据点，如图 5-15 所示。将 $\boldsymbol{x}_1$ 和 $\boldsymbol{x}_2$ 分别代入式(5.9)和式(5.10)中，则边缘 d 可以通过两式相减得到 $\boldsymbol{w} \cdot (\boldsymbol{x}_1 - \boldsymbol{x}_2) = 2$，即 $\|\boldsymbol{w}\| \times d = 2$，其中 $\|\boldsymbol{w}\|$ 代表向量 $\boldsymbol{w}$ 的模长，所以 $d = \dfrac{2}{\|\boldsymbol{w}\|}$。

3. 线性可分 SVM 模型

SVM 的训练阶段包括从训练数据中估计决策边界的参数 $\boldsymbol{w}$ 和 b。选择的参数必须满足以下两个条件

$$\begin{cases} \boldsymbol{w} \cdot \boldsymbol{x}_i + b \geqslant 1 & \text{如果 } y_i = 1 \\ \boldsymbol{w} \cdot \boldsymbol{x}_i + b \leqslant -1 & \text{如果 } y_i = -1 \end{cases}$$

这些条件要求类标号为 +1 的训练实例(方块)都必须位于超平面 $\boldsymbol{w} \cdot \boldsymbol{x} + b = 1$ 上或者位于它的上方，而那些条件要求类标号为 -1 的训练实例(圆圈)都必须位于超平面 $\boldsymbol{w} \cdot \boldsymbol{x} + b = -1$ 上或者位于它的下方。这两个不等式可以概括为如下形式

$$y_i(\boldsymbol{w} \cdot \boldsymbol{x}_i + b) \geqslant 1, \ i = 1, 2, \cdots, N$$

而使得上式等号成立的点也称为支持向量，即在确定最大边缘超平面时，只有支持向量起作用。

尽管前面的条件也可以用于其他的线性分类器(包括感知器)，但是 SVM 增加了一个要求：其决策边界的边缘必须是最大的。为计算简便，最大化边缘等价于最小化下面的目标函数：

$$f(\boldsymbol{w}) = \frac{1}{2} \|\boldsymbol{w}\|^2$$

因此，线性可分 SVM 的学习任务可以形式化地描述为以下被约束的优化问题：

$$\min_{\boldsymbol{w}, b} \frac{\|\boldsymbol{w}\|^2}{2}$$

$$\text{s.t.} \quad y_i(\boldsymbol{w} \cdot \boldsymbol{x}_i + b) \geqslant 1, \ i = 1, 2, \cdots, N$$

由于目标函数是二次的，而约束条件是线性的，因此这个问题是一个凸优化问题，可以通过标准的拉格朗日乘子方法求解。将目标函数改写为拉格朗日函数

$$L(\boldsymbol{w}, b, \boldsymbol{\lambda}) = \frac{1}{2} \|\boldsymbol{w}\|^2 - \sum_{i=1}^{N} \lambda_i [y_i(\boldsymbol{w} \cdot \boldsymbol{x}_i + b) - 1]$$

其中，参数 λ_i 称为拉格朗日乘子，从而求得 $\boldsymbol{w}^*$ 和 b^*，得到最大边缘超平面 $\boldsymbol{w}^* \cdot \boldsymbol{x} + b^* = 0$。有定理表明，对于线性可分训练数据集来说，最大边缘超平面是存在且唯一的。

例 5.7　采用例 5.5 的数据集：$\boldsymbol{x}_1 = (3,3)^{\mathrm{T}}, y_1 = +1$；$\boldsymbol{x}_2 = (4,3)^{\mathrm{T}}, y_2 = +1$；，$\boldsymbol{x}_3 =$

$(1,1)^T, y_3 = -1$，试求最大边缘超平面。

解 根据数据集构造约束最优化问题：

$$\min_{w,b} \frac{1}{2}(w_1^2 + w_2^2)$$

$$\text{s. t.} \quad 3w_1 + 3w_2 + b \geqslant 1$$

$$4w_1 + 3w_2 + b \geqslant 1$$

$$-w_1 - w_2 + b \geqslant 1$$

求得最优解为 $w_1^* = w_2^* = \dfrac{1}{2}$，$b^* = -2$。于是，最大边缘超平面为

$$\frac{1}{2}x^{(1)} + \frac{1}{2}x^{(2)} - 2 = 0$$

5.6.2 线性 SVM

在现实问题中，数据集通常是线性不可分的。有一类特殊数据集如图 5-16 所示，其中存在一些特异点，将这些特异点除去后，剩下大部分的样本点组成的数据集是线性可分的。该情况下我们无法找到最大间距超平面，使得其中所有样本点都满足 $y_i(\boldsymbol{w} \cdot \boldsymbol{x}_i + b) \geqslant 1$。

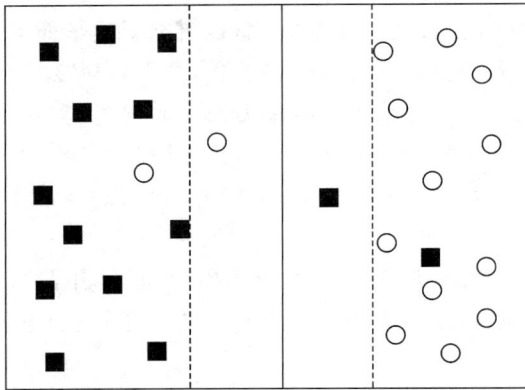

图 5-16 线性不可分数据集

解决这个问题的办法是引入一个参数，称为松弛变量 ξ_i，放宽约束条件

$$y_i(\boldsymbol{w} \cdot \boldsymbol{x}_i + b) \geqslant 1 - \xi_i \tag{5.11}$$

可以把 ξ_i 理解为样本数据 x_i 违反最大边缘规则的程度。针对正常样本，$\xi_i = 0$；而部分违反最大边缘规则的样本，$\xi_i > 0$。对每一个 ξ_i 进行一个代价为 C 的"惩罚"，C 称为惩罚系数，那么 SVM 优化问题变为在满足式(5.11)约束条件下求解下式的极小化

$$\frac{\|\boldsymbol{w}\|^2}{2} + C\sum_{i=1}^{N}\xi_i \tag{5.12}$$

惩罚系数 C 越大，对错误分类的惩罚越重；C 较小时，允许部分点违反最大边缘规则。松弛因子的引入就是为了纠正过拟合问题，让支持向量机对噪声数据有更强的适应性，即噪声样本数据出现时，仍然保持分隔超平面不变。

5.6.3　非线性 SVM

前面提到的支持向量机只能用于处理线性分类问题，但有时还会面对非线性分类问题。如图 5-17 所示的数据集，在 $\mathbf{R}^2$ 空间中无法用一条直线（线性）将数据集中的圆圈和正方形正确地分隔开，但可以用一条圆形曲线（非线性）分隔。

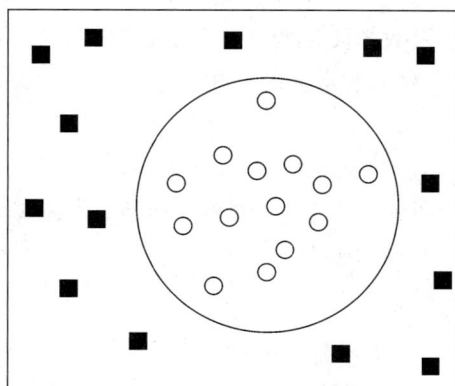

图 5-17　非线性数据集

这种使用非线性模型（超曲面）进行分类的问题称为非线性分类问题。

求解分隔超曲面往往要比分隔超平面困难很多，因此面对一个非线性分类问题时，希望能将其转化为一个线性问题，从而降低求解难度。转化问题的方法是使用某种非线性变换 φ，将原来空间中的数据集映射到空间 H（通常是更高维的）中。以图 5-17 中的数据集为例，非线性变换函数为

$$\varphi(\boldsymbol{x}) = (x_1, x_2, x_1^2 + x_2^2)$$

变换 φ 为原数据增加了一个维度 $x_1^2 + x_2^2$。映射后的数据集在 $\mathbf{R}^2$ 空间上的情形如图 5-18 所示。可以看出，映射到 $\mathbf{R}^2$ 空间后，原非线性分类问题变成了线性分类问题，此时再应用线性支持向量机，便可求得图中的最大边缘超平面。

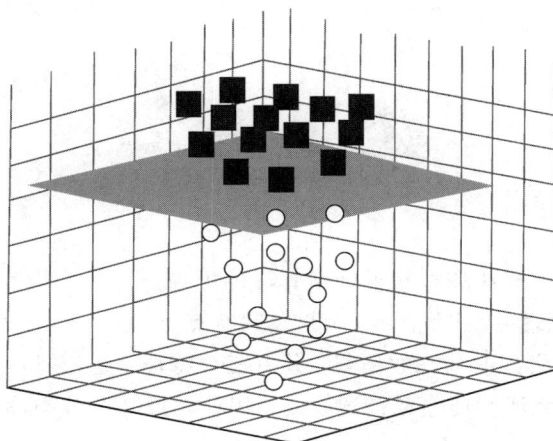

图 5-18　将非线性分类问题映射到高维空间

虽然可以利用非线性变换处理非线性分类问题，但如果映射后的空间 H 维度非常高，将导致进行非线性变换所使用的储存空间和计算资源消耗过大，有时甚至无法实现。但是利用核技术可以解决这个问题。核技术的核心思想是：利用核函数直接计算映射到空间 H 后的内积，而不是分步骤先做映射再做内积。下面是几种常用的核函数：

（1）**线性核**

$$K(\boldsymbol{x}, \boldsymbol{y}) = \boldsymbol{x} \cdot \boldsymbol{y} + c$$

式中，c 为可选参数。这种核函数主要用于线性可分的情况，线性核函数参数少，运算速度快，适合在特征数量相对样本数据非常多时使用。

（2）**多项式核**

$$K(\boldsymbol{x}, \boldsymbol{y}) = (\gamma \boldsymbol{x} \cdot \boldsymbol{y} + c)^d$$

式中，γ 表示调节参数；d 为多项式次数；c 为可选参数。当多项式阶数高时复杂度会很高，正交归一后的数据可优先选择此核函数。

（3）**高斯核**

$$K(\boldsymbol{x}, \boldsymbol{y}) = \exp\left\{ - \frac{\| \boldsymbol{x} - \boldsymbol{y} \|^2}{2\gamma^2} \right\}$$

式中，γ 为高斯核的带宽，γ^2 越大，高斯核函数越平滑，即模型的偏差和方差大，泛化能力差，容易过拟合；γ^2 越小，高斯核函数变化越剧烈，模型对噪声样本比较敏感。高斯核函数灵活性较强，大多数情况都有较好的性能，在不确定用哪个做核函数时可以优先选择高斯核函数。

（4）**Sigmoid 核**

$$K(\boldsymbol{x}, \boldsymbol{y}) = \tanh(\gamma \boldsymbol{x} \cdot \boldsymbol{y} + c)$$

式中，tanh 为双曲正切函数；γ 表示调节参数；c 为可选参数，一般取 $\frac{1}{n}$，其中 n 为数据维度。

在实际应用中，往往依赖领域知识直接选择核函数，核函数选择的有效性需要通过实验验证。

习 题 5

5.1 简述 **K**-最邻近算法和朴素贝叶斯算法的思想。

5.2 概述 SVM 原理并说明常用核函数及其特点。

5.3 表 5－5 为搜集到的训练数据集，共有三个特征：是否拥有房产、婚姻情况、年收入情况，输出类标号为无法偿还债务情况。试利用朴素贝叶斯分类确定 $\boldsymbol{x} = $（无房，已婚，年收入＝120）的类标号。

表 5－5 朴素贝叶斯分类法训练数据集

ID	拥有房产（是/否）	婚姻情况（单身/已婚/离婚）	年收入（单位：千元）
1	是	单身	125
2	否	已婚	100
3	否	单身	75
4	是	已婚	120
5	否	离婚	95
6	否	已婚	60
7	是	离婚	220
8	否	单身	85
9	否	已婚	75
10	否	单身	90

5.4 根据表 5－6 及情景描述，运用决策树建模并计算出我们该怎么预判用户购买的金融产品到期后是否复投？

情景： 用户在购买互联网金融产品（类似于买理财产品），如在金融平台上充值购买相应期限和约定利率的金融产品，产品到期后，用户有两种选择，一个是提现（赎回），另一个就是复投。

表 5－6 预判用户到期是否复投数据集

序号	日期	初始预期	金融产品	客户类别	购买金额/元	是否复投
1	2022.1.1	复投	1 个月定存	VIP 用户	20000	复投
2	2022.1.2	不复投	12 个月定存	普通用户	20000	不复投
3	2022.1.3	复投	3 个月定存	VIP 用户	50000	不复投
4	2022.1.4	复投	1 个月定存	普通用户	10000	复投
5	2022.1.5	复投	6 个月定存	普通用户	10000	不复投
6	2022.1.6	不复投	1 个月定存	普通用户	8000	不复投
7	2022.1.7	复投	12 个月定存	VIP 用户	30000	不复投
8	2022.1.8	复投	12 个月定存	VIP 用户	50000	复投
9	2022.1.9	不复投	3 个月定存	普通用户	10000	不复投

第 6 章
时间序列分析

【学习目标】

1. 了解时间序列的概念。
2. 熟悉平稳时间序列的模型及其特质。
3. 熟悉金融时间序列模型的建模过程。
4. 关注时间序列模型在金融领域中的应用。

6.1 时间序列分析概述

从统计学意义上讲，时间序列是将某一个变量在不同时间上的不同数值，按照时间的先后顺序排列而成的数列。这种变量由于受到偶然因素的影响，往往表现出某种随机性，在数学上可以使用一组随机变量：

$$\cdots, X_1, X_2, \cdots, X_t, \cdots$$

表示一个随机事件的时间序列，简记为 $\{X_t, t \in T\}$，或 $\{X_t\}$。

由于我们不可能获得所有的随机时间序列值，因此通常的做法是分析其观察值序列。用 $x_1, x_2, \cdots, x_m$ 或者 $\{x_t, t = 1, 2, \cdots, m\}$ 表示该随机序列的 m 个有序观察值，也称为 $\{X_t\}$ 的一个实现。

在日常生活中，观察值序列有很多。比如，某市城镇居民 1990—1999 年每年消费支出按照时间顺序记录下来，就构成了一个序列长度为 10 的消费支出时间序列（单位：亿元）：

$$1686, 1925, 2356, 3027, 3891, 4874, 5430, 5796, 6217, 6796$$

我们进行时间序列分析的目的是揭示随机时序 $\{X_t\}$ 的性质，而要实现这个目标就要分析它的观察值序列 $\{x_t\}$ 的性质，由观察值序列的性质来推断随机时序 $\{X_t\}$ 的性质。

综上所述，时间序列数据本质上反映的是某个或者某些随机变量随时间不断变化的趋势，而时间序列分析方法的核心就是从数据中挖掘出这种规律，并利用其对将来的数据做出估计。其作用主要是：

第一，可以反映社会经济现象的发展变化过程，描述现象的发展状态和结果；

第二，可以研究社会经济现象的发展趋势和发展速度；

第三，可以探索现象发展变化的规律，对某些社会经济现象进行预测；

第四，利用时间序列可以在不同地区或国家之间进行对比分析，这也是统计分析的重要方法之一。

在本章中，我们讨论时间序列分析的基本理论，引进对金融时间序列有用的简单的经济计量模型。

6.1.1　时间序列分析方法

1. 描述性时间序列分析

早期的时序分析通常都是通过直观的数据比较或绘图观测，寻找序列中蕴涵的发展规律，这种分析方法就称为描述性时序分析。古埃及人就是依靠这种分析方法发现了尼罗河泛滥的规律。而在天文、物理、海洋学等自然科学领域，这种简单的描述性时序分析方法常常能使人们发现意想不到的规律。

木星绕天空运行，运行三年，如果处于金位，则该年为大丰收年；如果处于水位，则该年为大灾年；再运行三年，如果处于木位，则该年为小丰收年；如果处于火位，则该年为小灾年，所以天下平均六年大丰收，六年小丰收，十二年大饥荒。这是 2500 多年前我国对农业生产 3 年小波动、12 年左右大周期的记录，这就是一个典型的描述性时序分析。

描述性时间序列分析方法是人们在认识自然、改造自然过程中发现的实用的方法。对于很多自然现象，只要观察时间足够长，就能运用描述性时间序列分析发现自然规律。根据自然规律做出恰当的政策安排，有利于社会的发展和进步。

描述性时间序列分析的优点主要是操作简单、直观有效，这也是描述性时间序列分析方法的突出特点。它通常也是人们进行统计时序分析的第一步，通过图示的方法直观地反映出序列的波动特征。其缺点主要是在金融、保险、法律、人口、心理学等社会科学研究领域，随机变量的发展通常会呈现出非常强的随机性，想通过对序列简单的观察和描述，总结出随机变量发展变化的规律，并准确预测出它们将来的走势通常是非常困难的。

2. 统计性时间序列分析

为了更准确地估计随机序列发展变化的规律，从 20 世纪 20 年代开始，学术界利用数理统计学原理分析时间序列。研究的重心从总结表面现象转移到分析序列值内在的相关关系，由此开辟了一门应用统计学科——时间序列分析。

纵观时间序列分析方法的发展历史，可以将时间序列分析方法分为以下两大类。

1）频域分析方法

频域分析方法也被称为"频谱分析"或"谱分析"方法。

早期的频域分析方法假设任何一种无趋势的时间序列分析都可以分解成若干不同频率的周期波动，它是从频率的角度揭示时间序列的规律，借助了傅里叶变换，用正弦、余弦项之和来逼近某个函数。20 世纪 60 年代，Burg 在分析地震信号时提出最大熵谱估计理论，该理论克服了传统频域分析所固有的分辨率不高和频率漏泄等缺点，使得频域分析进入一个新的阶段。

频域分析方法主要运用于电力工程、信息工程、物理学、天文学、海洋学和气象科学等领域，它是一种非常有用的纵向数据分析方法。一般来说，谱分析过程都比较复杂，研究人员通常要具有较强的数学基础才能熟练使用。近年来，随着大数据、人工智能等技术的广泛应用与发展，频域分析也逐渐被应用在经济金融领域，如基于频域分析方法的金融周期分析、金融市场间的波动溢出分析等。

2）时域分析方法

时域分析方法主要是从序列自相关的角度揭示时间序列的发展规律。相对于谱分析方法，它具有理论基础扎实、操作步骤规范、分析结果易于解释等优点。它广泛运用于自然科学和社会科学的各个领域，成为时间序列分析的主流方法。

时域分析方法的基本思想是事件的发展通常具有一定的连贯性，这种惯性用统计的语言来描述就是序列值之间存在一定的相关关系，而且这种相关关系具有某种统计规律。我们分析的重点就是寻找这种规律，并拟合出适当的数学模型来描述这种规律，进而利用这个拟合模型来预测序列未来的走势。

时域分析方法具有相对固定的分析过程，通常遵循如下的分析步骤：

第一步，考察观察值序列的特征。

第二步，根据序列的特征选择适当的拟合模型。

第三步，根据序列的观察数据确定模型的口径。

第四步，检验模型，优化模型。

第五步，利用拟合好的模型来推断序列其他的统计性质或预测序列将来的发展。

时域分析方法中最经典的模型包括自回归（Autoregressive，AR）模型、移动平均（Moving Average，MA）模型、自回归移动平均（Autoregressive Moving Average，ARMA）模型、求和自回归移动平均（Autoregressive Integrated Moving Average，ARIMA，也称为Box-Jenkins）模型等。目前它们已广泛应用于自然科学和社会科学的各个领域，成为时间序列分析的主流方法。

随着研究的深入，统计学家们发现上述经典模型在理论和应用上还存在许多局限性，所以纷纷转向异方差、多变量和非线性时间序列分析方法的研究，并取得了突破性的进展。

在异方差分析方面，涌现出了自回归条件异方差（Autoregressive Conditional Heteroskedasticity，ARCH）模型、广义自回归条件异方差（Generalized Autoregressive Conditional Heteroskedasticity，GARCH）模型、指数广义自回归条件异方差（Exponential Generalized Autoregressive Conditional Heteroskedasticity，EGARCH）模型、方差无穷广义自回归条件异方差（Integrated Generalized Autoregressive Conditional Heteroskedasticity，IGARCH）模型和依均值广义自回归条件异方差（Generalized Autoregressive Conditional Heteroskedasticity-in-Mean，GARCH-M）模型等限制条件更为宽松的异方差模型。这些异方差模型是对经典的 ARIMA 模型的很好补充。

在多变量分析方面，统计学家们提出了协整理论，在多变量时间序列建模过程中"变量是平稳的"不再是必需条件，而只要求它们的某种线性组合平稳。协整概念的提出极大地促进了多变量时间序列分析方法的发展。此外，向量自回归（Vector Autoregression，VAR）模型采用多方程联立的形式，不以经济学理论为基础，而是使用相关关系估计内生变量的动态变动关系。

在非线性分析方面，新的模型层出不穷，如双线性模型、门限自回归模型、状态相依模型、马尔可夫转移模型、多元适应回归样条方法、非线性状态空间建模、非线性可加自回归模型。现在基于机器学习，有更多的非线性方法被创造出来。非线性是一个异常广阔的研究空间，在非线性的模型构造、参数估计、模型检验等各方面都有大量的研究工作需要完成。

3. 时间序列的统计特征

对于任何一个时间序列，我们只有搞清楚它的统计特征，才能进一步研究其平稳性。

1）概率分布

从数理统计的基础知识我们知道，一个随机变量的统计特征可以由分布函数或密度函数来描述，因此，一个随机变量簇 $\{X_t, t \in T\}$ 的统计特征也完全由它们的联合分布函数或联合密度函数决定。设 X_t 的分布函数为 $F_t(x)$，那么时间序列 $\{X_t, t \in T\}$ 的概率分布簇为

$$\{F_{t_1, t_2, \cdots, t_m}(x_1, x_2, \cdots, x_m), m \text{ 为任意正整数}, \forall t_1, \cdots, t_m \in T\}$$

其中，$F_{t_1, t_2, \cdots, t_m}(x_1, x_2, \cdots, x_m) = P\{X_{t_1} \leqslant x_1, \cdots, X_{t_m} \leqslant x_m\}$。

概率分布簇是极其重要的统计特征描述工具，因为序列的所有统计性质理论上都可以通过概率分布推测出来，但是概率分布簇的重要性也就停留在这样的理论意义上。在实际应用中，要得到序列的联合概率分布几乎是不可能的，而且联合概率分布通常涉及非常复杂的数学运算，这些原因使我们很少直接使用联合概率分布进行时间序列分析。

2）特征统计量

对于时间序列，通常使用一些特征统计量来描述其性质，尽管这些特征统计量不能描述随机序列全部的统计性质，但由于它们的概率意义明显，易于计算，而且往往能代表随机序列的主要概率特征。其主要的特征统计量包括均值、方差、自协方差和自相关系数。

（1）**均值**：对于时间序列 $\{X_t, t \in T\}$，只要满足条件 $\int_{-\infty}^{\infty} x \, \mathrm{d}F_t(x) < \infty$，序列 $\{X_t\}$ 在 t 时刻的均值为

$$\mu_t = EX_t = \int_{-\infty}^{\infty} x \, \mathrm{d}F_t(x)$$

（2）**方差**：对于时间序列 $\{X_t, t \in T\}$，只要满足条件 $\int_{-\infty}^{\infty} x^2 \, \mathrm{d}F_t(x) < \infty$，序列 $\{X_t\}$ 在 t 时刻的方差为

$$\sigma_t^2 = DX_t = E(X_t - \mu_t)^2 = \int_{-\infty}^{\infty} (x - \mu_t)^2 \, \mathrm{d}F_t(x)$$

（3）**自协方差**：对于时间序列 $\{X_t, t \in T\}$，任取 $t, s \in T$，序列 $\{X_t\}$ 的自协方差为

$$\gamma(t, s) = E(X_t - \mu_t)(X_s - \mu_s)$$

（4）**自相关系数**：对于时间序列 $\{X_t, t \in T\}$，任取 $t, s \in T$，序列 $\{X_t\}$ 的自相关系数为

$$\rho(t, s) = \frac{\gamma(t, s)}{\sqrt{DX_t \cdot DX_s}}$$

6.1.2　时间序列的平稳性

平稳时间序列有两种定义，根据限制条件的严格程度，分为严平稳时间序列和宽平稳时间序列。

定义 6.1　对于时间序列 $\{X_t, t \in T\}$，任意正整数 m，任取 $t_1, t_2, \cdots, t_m \in T$，对任意整数 k，有 $F_{t_1, t_2, \cdots, t_m}(x_1, x_2, \cdots, x_m) = F_{t_{1+k}, t_{2+k}, \cdots, t_{m+k}}(x_1, x_2, \cdots, x_m)$，则称时间序列

$\{X_t, t \in T\}$ 为严平稳时间序列。

严平稳是一种条件比较苛刻的平稳性定义，它认为只有当序列的所有统计特征不随时间的平移而发生变化才是平稳的时间序列。而我们知道，随机变量簇的统计性质完全由它们的联合概率分布簇决定。由于在实际问题中，要确定严平稳时间序列的概率分布是十分困难的，因此，很少用到严平稳时间序列，真正用到的比较多的是宽平稳时间序列。它认为序列的统计性质主要由它的低阶矩决定，所以只要保证序列低阶（二阶）矩平稳，就能保证序列的主要性质近似稳定。

定义 6.2 对于时间序列 $\{X_t, t \in T\}$，如果满足以下三个条件：

(1) $\forall t \in T$，有 $EX_t = \mu$，μ 为常数；

(2) $\forall t \in T$，$EX_t^2 < \infty$；

(3) $\forall t$、s、$k \in T$，且 $k+s-t \in T$，有 $\gamma(t,s) = \gamma(k, k+s-t)$

则称时间序列 $\{X_t, t \in T\}$ 为宽平稳（弱平稳或二阶平稳）时间序列。

宽平稳只要求序列二阶平稳，对高于二阶的矩没有任何要求。所以通常情况下，严平稳序列也满足弱平稳条件，而宽平稳序列不能反推严平稳成立。

在实际应用中，研究最多的是宽平稳时间序列，以后见到平稳随机序列，如果不特别注明，指的都是宽平稳时间序列。如果序列不满足平稳条件，就称为非平稳时间序列。针对平稳序列，我们有一套非常成熟的平稳序列建模方法。

事实上，并不是所有的平稳序列都值得建模。只有那些序列值之间具有密切的相关关系、历史数据对未来的发展有一定影响的序列，才值得我们花时间去挖掘历史数据中的有效信息，用来预测序列未来的发展。如果序列值彼此之间没有任何相关性，那就意味着该序列是一个没有记忆的序列，过去的行为对将来的发展没有丝毫影响，这种序列称为纯随机序列，也被称为白噪声序列。从统计分析的角度来说，白噪声序列是没有任何分析价值的序列，也是时间序列分析中最常用的平稳序列之一，但是它在我们进行时间序列分析时所起的作用却非常大。

定义 6.3 对于时间序列 $\{X_t, t \in T\}$，如果满足：

(1) $\forall t \in T$，有 $EX_t = \mu$；

(2) $\forall t, s \in T$，有

$$\gamma(t,s) = \begin{cases} \sigma^2, & t = s \\ 0, & t \neq s \end{cases}$$

则称时间序列 $\{X_t, t \in T\}$ 为白噪声序列，也称为纯随机序列、白噪音序列。

白噪声的学习或许能够唤起你对经典线性回归的回忆。在经典线性回归中，往往假设回归等式中的扰动项为白噪声序列，同时还经常附加一个条件，就是正态分布。

对时间序列平稳性有两种检验方法，一种是根据时序图的特征做出判断的图检验方法，另一种是构造检验统计量进行假设检验的方法，主要是单位根检验法。

1. 图检验

平稳性的图检验方法依靠的原理是平稳时间序列具有常数均值和方差。这意味着平稳序列的时序图应该显示出该序列始终在一个常数值附近波动而且波动的范围有界的特点。如果序列的时序图显示出该序列有明显的趋势性或周期性，那么该序列通常就不是平稳序列。根据这个性质，很多非平稳序列通过查看它的时序图就可以直接识别出来。

2. 单位根检验④

单位根检验是构造统计量进行序列平稳性检验的最常用方法。它的理论基础是：如果序列是平稳的，那么该序列的所有特征根都应该在单位圆内。基于这个性质构造的序列平稳性检验方法称作单位根检验。单位根检验的统计量有很多种，其中最经典、最简单的一种是 DF 检验。

在时间序列分析领域，平稳非白噪声序列被认为是值得分析且最容易分析的一种序列。当一个序列经过预处理被识别为平稳非白噪声序列时，就说明该序列是一个蕴涵相关信息的平稳序列。在统计上，我们通常是建立一个线性模型来拟合该序列的发展，借此提取该序列中的有用信息。本章将选取部分经典模型如 AR、MA、ARMA 以及条件异方差等模型进行介绍。

6.2　AR 模 型

AR 模型，即自回归模型，就是变量对变量自身的滞后期项进行回归。为了有效地利用 AR 模型，有必要对它的基本性质进行研究。本节我们将细地讨论 AR(1) 和 AR(2) 的性质，对一般的 AR(p) 模型只给出相应结果，且主要关注平稳序列的情形。

6.2.1　AR(1)模型

一阶自回归模型记作 AR(1)，表现为当期的随机变量对自身的滞后一期项和一个随机扰动项进行线性回归。AR(1)模型可以写成：

$$x_t = \phi_0 + \phi_1 x_{t-1} + \varepsilon_t \tag{6.1}$$

其中，ϕ_0 是截距项或者称为常数项。注意，为了简单起见，我们暂时假定 $\{\varepsilon_t\}$ 是一个均值为 0，方差为 σ^2 的白噪声时间序列。

差分方程的相关理论表明，在公式(6.1)这样的模型中，一阶滞后项的系数 ϕ_1 对模型的性质具有非常重要的影响。特别地，如果 $|\phi_1| \geqslant 1$，那么随机扰动因素 ε_t 对 x_t 的影响会随着时间的推移而不断积累，永远也不会消失。这样，就决定了我们无法得到一个具有有限方差的平稳时间序列 $\{x_t\}$。相反，如果 $|\phi_1| < 1$，那么随机扰动因素 ε_t 对 x_t 的影响会随着时间的推移而逐渐消失，消失的速度与 $|\phi_1|$ 的大小有关，但只要满足 $|\phi_1| < 1$，我们最终就可以得到一个平稳的时间序列 $\{x_t\}$。可以使用数学语言来归纳上述内容。注意到式(6.1)所描述的模型不随时间变化而改变，所以在 $t-1$ 期，式(6.1)变成

---

④ 根据 Wold 分解定理，任意平稳序列 $\{x_t\}$ 都可以分解成 $x_t = V_t + \xi_t$，其中 V_t 称为确定性部分，ξ_t 称为

随机性部分。假设 V_t 可以由过去 p 期的历史数据描述，即 $x_t = \sum_{j=1}^{p} \phi_j x_{t-j} + \xi_t, 1 \leqslant p < \infty, \xi_t \sim N(0, \sigma^2)$，

那么其特征方程为 $\lambda^p - \phi_1 \lambda^{p-1} - \cdots - \phi_p = 0$，因此可求出 p 个非零特征根 $\lambda_1, \lambda_2, \cdots, \lambda_p$，若满足每个特征根的绝对值都小于 1，即 $|\lambda_i| < 1, 1 \leqslant i \leqslant p$，则序列 $\{x_t\}$ 平稳。

$$x_{t-1} = \phi_0 + \phi_1 x_{t-2} + \varepsilon_{t-1} \tag{6.2}$$

将式(6.2)代回到式(6.1)中,可以得到:

$$\begin{aligned}
x_t &= \phi_0 + \phi_1 x_{t-1} + \varepsilon_t \\
&= \phi_0 + \phi_1 (\phi_0 + \phi_1 x_{t-2} + \varepsilon_{t-1}) + \varepsilon_t \\
&= \phi_0 + \phi_1 \phi_0 + \phi_1^2 x_{t-2} + \phi_1 \varepsilon_{t-1} + \varepsilon_t
\end{aligned}$$

按照这个思路,重复这样的过程 n 次,就可以获得

$$x_t = \phi_0 (1 + \phi_1 + \phi_1^2 + \cdots + \phi_1^n) + \phi_1^{n+1} x_{t-n-1} + \varepsilon_t + \phi_1 \varepsilon_{t-1} + \phi_1^2 \varepsilon_{t-2} + \cdots + \phi_1^n \varepsilon_{t-n}$$
$$\tag{6.3}$$

当 $n \to \infty$ 时,可以将式(6.3)写成

$$x_t = \frac{\phi_0}{1 - \phi_1} + \varepsilon_t + \phi_1 \varepsilon_{t-1} + \phi_1^2 \varepsilon_{t-2} + \cdots \tag{6.4}$$

实质上,式(6.3)是一个无穷阶移动平均(infinite order moving average,MA(∞))模型的形式。相关内容将在 6.3 节进行讲述。

此外,我们还可引入滞后算子 B 进行简化表示[5]。滞后算子 B 的基本运行规则为

$$Bx_t = x_{t-1}, \ B^2 x_t = x_{t-2}, \ \cdots, \ B^p x_t = x_{t-p}$$

那么,式(6.1)可表示为

$$(1 - \phi_1 B) x_t = \phi_0 + \varepsilon_t \tag{6.5}$$

当 $|\phi_1| < 1$ 时,$(1 - \phi_1 B)^{-1} = 1 + \phi_1 B + \phi_1^2 B^2 + \cdots$ 关系式成立,式(6.5)左右两边同乘以 $(1 - \phi_1 B)^{-1}$,即

$$\begin{aligned}
x_t &= (1 - \phi_1 B)(\phi_0 + \varepsilon_t) \\
&= (1 + \phi_1 + \phi_1^2 + \cdots)\phi_0 + (1 + \phi_1 B + \phi_1^2 B^2 + \cdots)\varepsilon_t \\
&= \frac{\phi_0}{1 - \phi_1} + (1 + \phi_1 B + \phi_1^2 B^2 + \cdots)\varepsilon_t \\
&= \frac{\phi_0}{1 - \phi_1} + \varepsilon_t + \phi_1 \varepsilon_{t-1} + \phi_1^2 \varepsilon_{t-2} + \cdots
\end{aligned}$$

结果与式(6.4)保持一致。

当然,在以上运算过程中,我们一直使用了一个假设,即当 $n \to \infty$ 时,$\phi_1^n x_{t-n}$ 的影响就消失了。所以 $|\phi_1| < 1$ 的假设关键性地决定了我们能否将 AR(1)模型写成 x_t 是随机扰动项的函数。实质上,在一般条件都满足的情况下,$|\phi_1| < 1$ 这个假设也是 AR(1)平稳的充要条件。

我们还需求解 AR(1)模型的特征统计量。

(1) AR(1)模型的均值。

---

[5] 滞后算子 B 的运算符合标准的"结合律"与"交换律"等法则:

(1) $B^0 = 1$;

(2) 对于任何常数 ϕ_0,取滞后运算还等于原常数,即 $B^p \phi_0 = \phi_0$;

(3) 结合律与分配律,即

$$x_{t-p} + x_{t-q} = B^p x_t + B^q x_t = (B^p + B^q) x_t, x_{t-p} + y_{t-p} = B^p x_t + B^p y_t = B^p (x_t + y_t);$$

(4) 交换律,即 $B^p B^q x_t = B^q (B^p x_t) = x_{t-p-q}$。

可以利用 AR(1) 模型的等同表达形式，即式 (6.4)，对其左右同时取期望，得

$$E(x_t) = \mu = \frac{\phi_0}{1 - \phi_1} \tag{6.6}$$

这里是利用了白噪声均值为 0 的特性，其中，μ 表示期望值或均值。进而利用式 (6.6)，式 (6.4) 就可以重新写为

$$x_t = \mu + \varepsilon_t + \phi_1 \varepsilon_{t-1} + \phi_1^2 \varepsilon_{t-2} + \cdots$$

或

$$x_t - \mu = \varepsilon_t + \phi_1 \varepsilon_{t-1} + \phi_1^2 \varepsilon_{t-2} + \cdots \tag{6.7}$$

此外，由式 (6.6) 可知，均值 $\mu = 0$ 当且仅当 $\phi_0 = 0$，则对于没有截距项 ϕ_0 的 AR(1) 模型 $x_t = \phi_1 x_{t-1} + \varepsilon_t$ 来说，在其他假设条件不变的情况下，$\mu = E(x_t) = 0$。此时，称模型为中心化 AR(1) 模型。

（2）AR(1) 模型的方差。

根据方差的定义，对于平稳模型有 $\gamma_0 \overset{\text{def}}{=} E(x_t - \mu)^2$，注意到 6.1.1 小节中关于方差的定义中含有 $(x_t - \mu)$ 项，正是式 (6.7) 中所对应的内容，所以将式 (6.7) 代入平稳模型的方差定义中，再利用白噪声序列方差不变，就可以得到下面结果：

$$\begin{aligned}
\gamma_0 &= E(x_t - \mu)^2 = E[\varepsilon_t + \phi_1 \varepsilon_{t-1} + \phi_1^2 \varepsilon_{t-2} + \cdots]^2 \\
&= E[\varepsilon_t^2] + \phi_1^2 E[\varepsilon_{t-1}^2] + \phi_1^4 E[\varepsilon_{t-2}^2] + \phi_1^6 E[\varepsilon_{t-3}^2] + \cdots \\
&= 1 + \phi_1^2 + \phi_1^4 + \phi_1^6 + \cdots \sigma^2 = \frac{\sigma^2}{1 - \phi_1^2}
\end{aligned} \tag{6.8}$$

可以看出，只要假设 $|\phi_1| < 1$，方差就保持恒定，不随时间的变化而变化。

因为平稳 AR(1) 模型的均值和方差保持不变，所以 $\{x_t\}$ 序列的任一观测值落在某个特定区间内的概率在所有时刻点 t 上也是恒定的，比如在围绕均值上下两个标准差的范围（对应 90% 的置信区间）内，即 $u \pm 2\sqrt{\gamma_0}$。

（3）AR(1) 模型的协方差与自相关函数。

因为平稳 AR(1) 模型的均值恒定，所以自协方差的定义为 $\gamma_j \overset{\text{def}}{=} E(x_t - \mu)(x_{t-j} - \mu)$，根据这一定义结合式 (6.7) 可以推导出平稳 AR(1) 模型的自协方差的一般表达式：

$$\begin{aligned}
\gamma_j &= E[(x_t - \mu)(x_{t-j} - \mu)] \\
&= E[(\varepsilon_t + \phi_1 \varepsilon_{t-1} + \phi_1^2 \varepsilon_{t-2} + \cdots)(\varepsilon_t + \phi_1 \varepsilon_{t-j-1} + \phi_1^2 \varepsilon_{t-j-2} + \cdots)] \\
&= \phi_1^j E(\varepsilon_{t-j}^2) + \phi_1^{j+2} E(\varepsilon_{t-j-1}^2) + \phi_1^{j+4} E(\varepsilon_{t-j-2}^2) + \cdots \\
&= \phi_1^{\,j}(1 + \phi_1^2 + \phi_1^4) \sigma^2 = \frac{\sigma^2}{1 - \phi_1^2} \phi_1^j
\end{aligned} \tag{6.9}$$

下面使用式 (6.8) 和式 (6.9) 的结果，就可以得到平稳 AR(1) 模型的自相关函数（Autocorrelation Function，ACF）计算公式：

$$\rho_j \overset{\text{def}}{=} \frac{\gamma_j}{\gamma_0} = \phi_1^j \tag{6.10}$$

对于 $|\phi_1|$，其取值越靠近 1，则暗示 $\{x_t\}$ 序列相邻观测值之间的相关性越强。很明显，平稳 AR(1) 模型的自相关函数图应该是随着滞后期数的增加而呈现逐渐衰减的态势。进一步，当 $\phi_1 > 0$ 时，相邻两期之间正相关；当 $\phi_1 < 0$ 时，奇数期自相关系数为负，偶数期自相关系数为负。但是只要 $|\phi_1| < 1$ 的条件满足，距离越近的观测值之间的相关性越强，

而距离越远的观测值之间的相关性越弱。

此外，还经常用到偏自相关函数（partial autocorrelation function，PACF），更纯粹地衡量相关程度。

6.2.2　AR(2)模型

二阶自回归模型记作 AR(2)，符合下列形式

$$x_t = \phi_0 + \phi_1 x_{t-1} + \phi_2 x_{t-2} + \varepsilon_t \tag{6.11}$$

与 AR(1)的介绍相同，我们假设 $\{\varepsilon_t\}$ 为白噪声时间序列，与 AR(1)的处理类似，很容易求出 AR(2)的均值，即

$$E(x_t) = \mu = \frac{\phi_0}{1 - \phi_1 - \phi_2} \tag{6.12}$$

对于 AR(2)模型，方差、自协方差的求解需要同时进行，而不再像处理 AR(1)模型那样分别进行。通过式(6.12)观察到

$$\phi_0 = \mu(1 - \phi_1 - \phi_2) \tag{6.13}$$

然后，将式(6.13)代入式(6.11)中，得到

$$x_t = \mu(1 - \phi_1 - \phi_2) + \phi_1 x_{t-1} + \phi_2 x_{t-2} + \varepsilon_t$$

整理后得到

$$x_t - \mu = \phi_1(x_{t-1} - \mu) + \phi_2(x_{t-2} - \mu) + \varepsilon_t \tag{6.14}$$

为构造出自协方差的形式，可以在式(6.14)两侧同时乘以 $(x_{t-j} - \mu)$，然后取期望，就得到以下关系式

$$\gamma_j = \phi_1 \gamma_{j-1} + \phi_2 \gamma_{j-2} \tag{6.15}$$

而根据自相关函数的定义，利用式(6.15)同时可以获得自相关函数的关系式

$$\rho_j = \phi_1 \rho_{j-1} + \phi_2 \rho_{j-2} \tag{6.16}$$

特别地，对于间隔为1的自相关函数，满足 $\rho_1 = \phi_1 \rho_0 + \phi_2 \rho_{-1} = \phi_1 + \phi_2 \rho_1$，因此对于平稳 AR(2)模型，我们有 $\rho_0 = 1$，$\rho_1 = \dfrac{\phi_1}{1 - \phi_2}$。式(6.16)的结果是：平稳 AR(2)模型的自相关函数满足二阶差分方程

$$(1 - \phi_1 B - \phi_2 B^2)\rho_j = 0 \tag{6.17}$$

其中 B 是滞后算子，这个差分方程决定了平稳 AR(2)模型的自相关函数的性质。

由以上知识，我们可以自行推导出 AR(2)模型的方差解析表达式为

$$\gamma_0 = \frac{1 - \phi_2}{(1 + \phi_2)\left[(1 - \phi_2)^2 - \phi_1^2\right]} \sigma^2 \tag{6.18}$$

6.2.3　AR(p)模型与平稳性的判定

AR(1)模型和 AR(2)模型的结果可以推广到 AR(p)模型中去，对 AR(p)模型的定义式如下：

$$x_t = \phi_0 + \phi_1 x_{t-1} + \phi_2 x_{t-2} + \cdots + \phi_p x_{t-p} + \varepsilon_t \tag{6.19}$$

其中 $\phi_p \neq 0$。所以，其均值为

$$E(x_t) = \mu = \frac{\phi_0}{1 - \phi_1 - \cdots - \phi_p}$$

当 $\phi_0 = 0$ 时，模型(6.19)称为中心化 AP(p) 模型，令 $y_t = x_t - \mu$，$\{y_t\}$ 为 $\{x_t\}$ 的中心化序列。考试中心化 $AR(p)$ 模型，只要上式分母不等于 0，对应的多项式方程则为

$$\lambda^p - \phi_1\lambda^{p-1} - \phi_2\lambda^{p-2} - \cdots - \phi_p = 0 \qquad (6.20)$$

称式(6.20)为该 $AR(p)$ 模型的特征方程。如果这个方程的特征根都是模小于 1 的，则该序列是平稳的。对于平稳 $AR(p)$ 模型，其自相关函数满足差分方程

$$(1 - \phi_1 B - \phi_2 B^2 - \phi_p B^p)\rho_j = 0$$

自相关函数的图像呈现出正弦、余弦和指数衰减的混合状，具体形状取决于其特征根的性质。

　　AR 模型是常用的平稳序列的拟合模型之一，但并非所有的 AR 模型都是平稳的。可以运用特征根法和平稳域法对 AR 模型的平稳性进行检验。

　　例 6.1　考察如下四个 AR 模型的平稳性，其中 $\{\varepsilon_t\}$ 为标准正态白噪声序列。

(1) $x_t = 0.8x_{t-1} + \varepsilon_t$　　　　　　(2) $x_t = -1.1x_{t-1} + \varepsilon_t$

(3) $x_t = x_{t-1} - 0.5x_{t-2} + \varepsilon_t$　　　(4) $x_t = x_{t-1} + 0.5x_{t-2} + \varepsilon_t$

　　解　拟合这四个序列的序列值并绘制时序图，结果如图 6-1 所示。

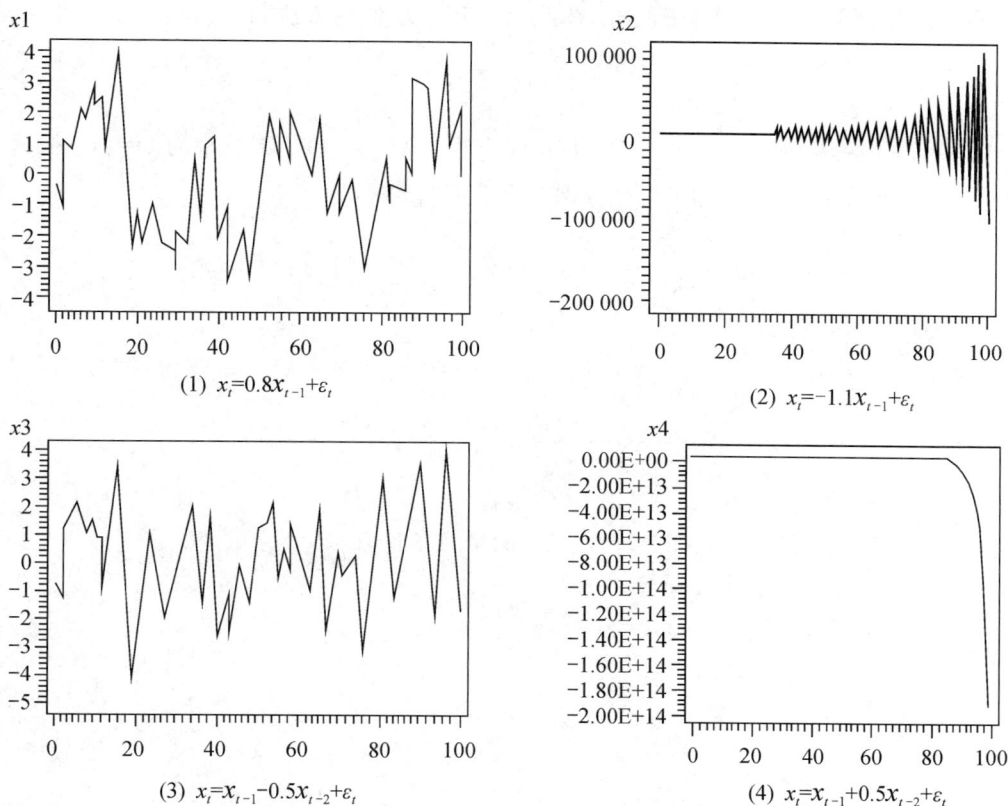

(1) $x_t = 0.8x_{t-1} + \varepsilon_t$　　　　　(2) $x_t = -1.1x_{t-1} + \varepsilon_t$

(3) $x_t = x_{t-1} - 0.5x_{t-2} + \varepsilon_t$　　　(4) $x_t = x_{t-1} + 0.5x_{t-2} + \varepsilon_t$

图 6-1　四个 AR 序列时序图

根据图 6-1 可以直观地判断出模型(1)、(3)平稳，模型(2)、(4)非平稳。

图示法只是一种粗糙的直观判别方法，我们有两种准确的平稳性判别方法：特征根判别和平稳域判别。

1. 特征根法

任一中心化 AR(p)模型($\phi_0=0$)都可以视为一个非齐次线性差分方程：

$$x_t - \phi_1 x_{t-1} - \cdots - \phi_p x_{t-p} = \varepsilon_t \tag{6.21}$$

我们在前面分析过，要$\{x_t\}$平稳就要求式(6.21)差分方程的特征根都在单位圆内，即$|\lambda_i|<1$，$i=1,2,\cdots,p$。

在引入滞后算子之后，我们还可以推导出与特征根判别等价的性质：序列$\{x_t\}$平稳的条件是自回归系数多项式$\Phi(B)=1-\phi_1 B-\phi_2 B^2-\cdots-\phi_p B^p$ 的 p 个根都在单位圆外。

2. 平稳域法

对于一个 AR(p)模型而言，如果没有平稳性的要求，实际上也就意味着对参数向量$(\phi_1,\phi_2,\cdots,\phi_p)^{\mathrm{T}}$ 没有任何限制，它们可以取遍 p 维欧氏空间的所有点，但是如果加上了平稳性限制，参数向量$(\phi_1,\phi_2,\cdots,\phi_p)^{\mathrm{T}}$ 就只能取 p 维欧氏空间的一个子集，使得特征根都在单位圆内的系数集合

$$\{\phi_1,\phi_2,\cdots,\phi_p \mid 特征根都在单位圆内\}$$

称为 AR(p)模型的平稳域。对于低阶 AR 模型，用平稳域的方法判别模型的平稳性通常更为简便。

1）AR(1)模型的平稳域

考虑 AR(1)模型 $x_t=\phi_1 x_{t-1}+\varepsilon_t$，其特征方程为$\lambda-\phi_1=0$，特征根为$\lambda=\phi_1$。根据 AR 模型平稳的充要条件，容易推出 AR(1)模型平稳的充要条件：

$$|\phi_1|<1$$

所以，AR(1)模型的平稳域是$\{\phi_1 \mid -1<\phi_1<1\}$。

2）AR(2)模型的平稳域

考虑 AR(2)模型 $x_t=\phi_1 x_{t-1}+\phi_2 x_{t-2}+\varepsilon_t$，其特征方程为$\lambda^2-\phi_1\lambda-\phi_2=0$，特征根为

$$\lambda_1=\frac{\phi_1+\sqrt{\phi_1^2+4\phi_2}}{2},\ \lambda_2=\frac{\phi_1-\sqrt{\phi_1^2+4\phi_2}}{2}$$

根据 AR 模型平稳的充要条件，AR(2)模型平稳的充要条件是$|\lambda_1|<1$ 且$|\lambda_2|<1$。

根据一元二次方程的性质和 AR(2)模型的平稳条件有

$$\begin{cases}\lambda_1+\lambda_2=\phi_1\\\lambda_1\lambda_2=-\phi_2\end{cases},\ |\lambda_1|<1,\ |\lambda_2|<1$$

可以推导出：

$$|\phi_2|=|\lambda_1\lambda_2|<1$$
$$\phi_2+\phi_1=-\lambda_1\lambda_2+\lambda_1+\lambda_2=1-(1-\lambda_1)(1-\lambda_2)<1$$
$$\phi_2-\phi_1=-\lambda_1\lambda_2-\lambda_1-\lambda_2=1-(1+\lambda_1)(1+\lambda_2)<1$$

这三个限制条件意味着 AR(2)模型的平稳域是一个三角形区域，即为集合$\{\phi_1,\phi_2 \mid |\phi_2|<1,\ 且\ \phi_2\pm\phi_1<1\}$所表示的区域。

例 6.2 分别用特征根判别法和平稳域判别法检验例 6.1 中四个 AR 模型的平稳性。

解　表 6 - 1 中列出了相关结果。

表 6 - 1　AR 模型的平稳性

模型	特征根判别	平稳域判别	结论
(1)	$\lambda_1 = 0.8$	$\phi_1 = 0.8$	平稳
(2)	$\lambda_2 = -1.1$	$\phi_1 = -1.1$	非平稳
(3)	$\lambda_1 = \dfrac{1+i}{2}, \lambda_2 = \dfrac{1-i}{2}$	$|\phi_2| = 0.5, \phi_2 + \phi_1 = 0.5, \phi_2 - \phi_1 = -1.5$	平稳
(4)	$\lambda_1 = \dfrac{1+\sqrt{3}}{2}, \lambda_2 = \dfrac{1-\sqrt{3}}{2}$	$|\phi_2| = 0.5, \phi_2 + \phi_1 = 1.5, \phi_2 - \phi_1 = -0.5$	非平稳

6.3　ARMA 模型

ARMA 模型，即自回归移动平均模型，是指利用时间序列的过去值、当期值以及滞后随机扰动项的加权所建立的模型。AR 模型、MA 模型均可看做 ARMA 模型的特殊形式。本节先给出 MA 模型的相关知识，据此再介绍 ARMA 模型的性质、建模及估计过程。

6.3.1　MA 模型

1. MA 模型的定义

具有如下结构的模型称为 q 阶移动平均模型，简记为 MA(q)：

$$\begin{cases} x_t = \mu + \varepsilon_t - \theta_1 \varepsilon_{t-1} - \theta_2 \varepsilon_{t-2} - \cdots - \theta_q \varepsilon_{t-q} \\ \theta_q \neq 0 \\ E(\varepsilon_t) = 0, D(\varepsilon_t) = \sigma_\varepsilon^2, E(\varepsilon_t \varepsilon_s) = 0, s \neq t \end{cases} \tag{6.22}$$

使用 MA(q) 模型需要满足两个限制条件：

条件一：$\theta_q \neq 0$，这个限制条件保证了模型的最高阶数为 q。

条件二：$E(\varepsilon_t) = 0, D(\varepsilon_t) = \sigma_\varepsilon^2, E(\varepsilon_t \varepsilon_s) = 0, s \neq t$，这个条件保证了随机干扰序列 $\{\varepsilon_t\}$ 为零均值白噪声序列。

通常缺省默认式(6.22)的限制条件，把模型简记为

$$x_t = \mu + \varepsilon_t - \theta_1 \varepsilon_{t-1} - \theta_2 \varepsilon_{t-2} - \cdots - \theta_q \varepsilon_{t-q} \tag{6.23}$$

当 $\mu = 0$ 时，模型式(6.23)称为中心化 MA(q) 模型。非中心化 MA(q) 模型只要做一个简单的位移 $y_t = x_t - \mu$，就可以转化为中心化 MA(q) 模型。这种中心化运算不会影响序列值之间的相关关系，所以今后在分析 MA 模型的相关关系时，常简化为对其中心化模型进行分析。

同样引入滞后算子 B，中心化 MA(q) 模型可简化为

$$x_t = \Theta(B) \varepsilon_t \tag{6.24}$$

其中，$\Theta(B) = 1 - \theta_1 B - \theta_2 B^2 - \cdots - \theta_q B^q$，为 q 阶移动平均系数多项式。

2. MA 模型的统计特征

（1）常数均值：

当 $q < \infty$ 时，MA(q) 模型具有常数均值，即

$$E(x_t) = E(\mu + \varepsilon_t - \theta_1 \varepsilon_{t-1} - \theta_2 \varepsilon_{t-2} - \cdots - \theta_q \varepsilon_{t-q}) = \mu$$

特别地，如果该模型为中心化 MA(q) 模型，则该模型均值为零。

(2) 常数方差：

$$D(x_t) = D(\mu + \varepsilon_t - \theta_1 \varepsilon_{t-1} - \theta_2 \varepsilon_{t-2} - \cdots - \theta_q \varepsilon_{t-q}) = (1 + \theta_1^2 + \cdots + \theta_q^2)\sigma_\varepsilon^2$$

(3) 自协方差函数与滞后阶数相关，且 q 阶截尾[⑥]：

$$
\begin{aligned}
\gamma_k &= E(x_t x_{t-k}) \\
&= E\left[(\varepsilon_t - \theta_1 \varepsilon_{t-1} - \cdots - \theta_q \varepsilon_{t-q})(\varepsilon_{t-k} - \theta_1 \varepsilon_{t-k-1} - \cdots - \theta_q \varepsilon_{t-k-q})\right] \\
&= \begin{cases}
(1 + \theta_1^2 + \cdots + \theta_q^2)\sigma_\varepsilon^2, & k = 0 \\
\left(-\theta_k + \sum\limits_{i=1}^{q} \theta_i \theta_{k+i}\right)\sigma_\varepsilon^2, & 1 \leqslant k \leqslant q \\
0, & k > q
\end{cases}
\end{aligned}
$$

(4) 自相关系数 q 阶截尾：

$$
\rho_k = \frac{\gamma_k}{\gamma_0} = \begin{cases}
1, & k = 0 \\
\dfrac{-\theta_k + \sum\limits_{i=1}^{q} \theta_i \theta_{k+i}}{1 + \theta_1^2 + \cdots + \theta_q^2}, & 1 \leqslant k \leqslant q \\
0, & k > q
\end{cases}
$$

据此可得，MA(1) 模型的自相关系数为

$$
\rho_k = \begin{cases}
1, & k = 0 \\
\dfrac{-\theta_1}{1 + \theta_1^2}, & k = 1 \\
0, & k \geqslant 2
\end{cases}
$$

MA(2) 模型的自相关系数为

$$
\rho_k = \begin{cases}
1, & k = 0 \\
\dfrac{-\theta_1 + \theta_1 \theta_2}{1 + \theta_1^2 + \theta_2^2}, & k = 1 \\
\dfrac{-\theta_2}{1 + \theta_1^2 + \theta_2^2}, & k = 2 \\
0, & k \geqslant 3
\end{cases}
$$

3. MA 模型的可逆性

通过计算可得，以下两个 MA(1) 模型的自相关系数完全相等。

$$\text{模型 1：} x_t = \varepsilon_t - \theta \varepsilon_{t-1} \qquad \text{模型 2：} x_t = \varepsilon_t - \frac{1}{\theta}\varepsilon_{t-1}$$

也就是说，出现了自相关系数和模型之间不是一一对应的关系。为了确保一个给定的自相关系数能够对应唯一的 MA 模型，需引入 MA 模型的可逆性。

模型 1、2 还可表示为如下自相关模型形式

[⑥] 自协方差 q 阶截尾是指对于任意 $k > q$，$\gamma_k = 0$；反之称为拖尾。

模型 1：$\dfrac{x_t}{1-\theta B}=\varepsilon_t$ 　　　　模型 2：$\dfrac{x_t}{1-\dfrac{1}{\theta}B}=\varepsilon_t$

显然，如果 $|\theta|<1$，则模型 1 收敛，而模型 2 不收敛；如果 $|\theta|>1$，则模型 2 收敛，而模型 1 不收敛。

因此，若一个 MA 模型能够表示成收敛的 AR 模型形式，那么该 MA 模型称为可逆模型。一个自相关系数唯一对应一个可逆 MA 模型。

以中心化 MA(q) 模型 (6.24) 为例，假设 $\dfrac{1}{\lambda_1}$，$\dfrac{1}{\lambda_2}$，$\cdots$，$\dfrac{1}{\lambda_q}$ 是系数多项式 $\Theta(B)$ 的 q 个根，即

$$\Theta(B)=\prod_{k=1}^{q}(1-\lambda_k B) \tag{6.25}$$

将式 (6.25) 代入模型式 (6.24) 中进行变换可得

$$\varepsilon_t=\frac{x_t}{(1-\lambda_1 B)\cdots(1-\lambda_q B)} \tag{6.26}$$

其收敛的充要条件是 $|\lambda_i|<1$，也就是说 MA(q) 模型的系数多项式的根都在单位圆外 $\left(\dfrac{1}{|\lambda_i|}>1\right)$，此为 MA($q$) 模型的可逆性条件。

由此可得，MA(1) 模型的可逆性条件为 $-1<\theta_1<1$，MA(2) 模型的可逆性条件为 $|\theta_2|<1$ 且 $\theta_2\pm\theta_1<1$。

例 6.3 判断下列四个 MA 模型的可逆性。

(1) $x_t=\varepsilon_t-2\varepsilon_{t-1}$；(2) $x_t=\varepsilon_t-0.5\varepsilon_{t-1}$；

(3) $x_t=\varepsilon_t-\dfrac{4}{5}\varepsilon_{t-1}+\dfrac{16}{25}\varepsilon_{t-2}$；(4) $x_t=\varepsilon_t-\dfrac{5}{4}\varepsilon_{t-1}+\dfrac{25}{16}\varepsilon_{t-2}$。

解 MA 模型是否可逆如表 6-2 所示。

表 6-2 MA 模型的可逆性

模　型	条　件	结　论
$x_t=\varepsilon_t-2\varepsilon_{t-1}$	$\lvert\theta_1\rvert=2>1$	不可逆
$x_t=\varepsilon_t-0.5\varepsilon_{t-1}$	$\lvert\theta_1\rvert=0.5<1$	可逆
$x_t=\varepsilon_t-\dfrac{4}{5}\varepsilon_{t-1}+\dfrac{16}{25}\varepsilon_{t-2}$	$\lvert\theta_2\rvert=\dfrac{16}{25}<1$ $\theta_2+\theta_1=-\dfrac{16}{25}+\dfrac{4}{5}=\dfrac{4}{25}<1$ $\theta_2-\theta_1=-\dfrac{16}{25}-\dfrac{4}{5}=-\dfrac{36}{25}<1$	可逆
$x_t=\varepsilon_t-\dfrac{5}{4}\varepsilon_{t-1}+\dfrac{25}{16}\varepsilon_{t-2}$	$\lvert\theta_2\rvert=\dfrac{25}{16}>1$	不可逆

6.3.2　ARMA(p,q) 模型的定义及性质

1. ARMA(p,q) 模型的定义

具有如下结构的模型称为自回归移动平均模型，简记为 ARMA(p,q) 模型：

$$\begin{cases} x_t = \phi_0 + \phi_1 x_{t-1} + \cdots + \phi_p x_{t-p} + \varepsilon_t - \theta_1 \varepsilon_{t-1} - \cdots - \theta_q \varepsilon_{t-q} \\ \phi_p \neq 0, \theta_q \neq 0 \\ E(\varepsilon_t) = 0, D(\varepsilon_t) = \sigma_\varepsilon^2, \quad E(\varepsilon_t \varepsilon_s) = 0, s \neq t \\ E(x_s \varepsilon_t) = 0, \forall s < t \end{cases}$$

若 $\phi_0 = 0$，则该模型称为中心化 ARMA(p,q) 模型。缺省默认条件，则中心化 ARMA(p,q) 模型可以简写为

$$x_t = \phi_1 x_{t-1} + \cdots + \phi_p x_{t-p} + \varepsilon_t - \theta_1 \varepsilon_{t-1} - \cdots - \theta_q \varepsilon_{t-q}$$

默认条件与 AR 模型、MA 模型相同。引进延迟（滞后）算子，ARMA(p,q) 模型可简记为 $\Phi(B) x_t = \Theta(B) \varepsilon_t$，其中 $\Phi(B) = 1 - \phi_1 B - \cdots - \phi_p B^p$ 为 p 阶自回归系数多项式；$\Theta(B) = 1 - \theta_1 B - \cdots - \theta_q B^q$ 为 q 阶移动平均系数多项式。

显然，当 $q = 0$ 时，ARMA(p,q) 模型就退化成 AR(p) 模型；当 $p = 0$ 时，ARMA(p,q) 模型就退化成 MA(q) 模型。所以，AR(p) 模型和 MA(q) 模型实际上是 ARMA(p,q) 模型的特例，它们统称为 ARMA 模型。而 ARMA(p,q) 模型的统计性质也正是 AR(p) 模型和 MA(q) 模型统计性质的有机组合。

2. ARMA(p,q) 模型的平稳条件与可逆性

对于一个 ARMA(p,q) 模型，令 $z_t = \Theta(B) \varepsilon_t$，显然 $\{z_t\}$ 是一个均值为零、方差为 $(1 + \theta_1^2 + \cdots + \theta_q^2) \sigma_\varepsilon^2$ 的平稳序列。于是 ARMA(p,q) 模型可以改写为

$$\Phi(B) x_t = z_t$$

类似于 AR(p) 模型平稳性的分析，容易推导出 ARMA(p,q) 模型的平稳条件是：$\Phi(B) = 0$ 的根都在单位圆外。也就是说，ARMA(p,q) 模型的平稳性完全由其自回归部分的平稳性决定。

同理，可推导出 ARMA(p,q) 模型的可逆条件和 MA(q) 模型的可逆条件完全相同：当 $\Theta(B) = 0$ 的根都在单位圆外时，ARMA(p,q) 模型可逆。

当 $\Phi(B) = 0$，$\Theta(B) = 0$ 的根都在单位圆外时，ARMA(p,q) 模型称为平稳可逆模型，这是一个由它的自相关系数唯一识别的模型。

6.3.3 ARMA 模型的建立与估计

如果把 AR 模型和 MA 模型看作 ARMA 模型的特殊情况，那么前面介绍的内容主要集中在平稳 ARMA 过程的理论模型方面，而在分析现实问题时，经常要考虑如何选择模型的具体形式、如何估计建立理论模型等内容。因此，接下来就对 ARMA 模型的实证建模和应用进行介绍。首先讨论 ARMA 模型的滞后期选择问题，然后介绍 ARMA 模型的建模步骤与回归估计方法。

1. ARMA 模型的滞后期设立

使用 ARMA 模型分析实际问题，首先需要处理的问题就是模型中的滞后期数。如何设立一个"最优"的滞后期数，从而使得模型能够较好地拟合现实数据的特征呢？基本思想是在确立滞后期时，应该兼顾模型的简约度和拟合程度。基于这个传统的建模指导思想，一般有两种常见的方法可以选择滞后期。

第一种方法称为"向下检验法"。其基本内容是，从一个最大的滞后期开始检验最后一个滞后项的系数是否显著，如果不显著，则去掉该滞后项，依此类推下去，直至最后一个滞后项系数显著为止。该方法思路比较简单，但在实际应用中有时可能需要重复进行很多次

相似的检验才能最终确定滞后期数。另外，必须首先设立一个最大滞后期数，如果这个期数选择不当，那么也可能会造成检验结论不能真实反映实际数据的动态特点。如果在实证分析中使用这种方法，建议初始设定的最大滞后期不要过小，对于季度数据，一般可以考虑 8 或者 4，但前者可能更为可靠一些。

另一种经常使用的滞后期数的选择方法是信息准则法。常用的信息准则包括 Akaike Information Criterion(AIC)和 Schwartz Information Criterion(SIC)，SIC 有时也写成 BIC。假定我们分析的模型是类似于式(6.19)的 AR 模型，总样本大小为 T，对应有效样本(经过滞后期调整后的样本)大小为 T_s，那么 AIC 和 BIC 的定义如下：

$$\text{AIC}(p) = \ln\left(\frac{\sum_{t=1}^{T}\varepsilon_t^2}{T_s}\right) + \frac{2p}{T_s} \tag{6.27-1}$$

$$\text{BIC}(p) = \ln\left(\frac{\sum_{t=1}^{T}\varepsilon_t^2}{T_s}\right) + \frac{p\ln(T_s)}{T_s} \tag{6.27-2}$$

式(6.27-1)和式(6.27-2)中，p 为正在考虑的滞后期数。使用 AIC 和 BIC 选择滞后期的原则是相同的，都是选择对应的 AIC 或 BIC 值最小时对应的滞后期数。在实践中需要比较 p 取不同值时对应的 AIC 或 SIC 的一组值，选择最小的信息准则对应的 p 值即可。

总之，我们可以遵循上述过程确定一个 AR 模型的滞后期数，同样也可以类似地用来分析 ARMA 模型。

2. 建模步骤

假如某个观察值序列通过序列预处理可以判定为平稳非白噪声序列，就可以利用 ARMA 模型对该序列建模。建模的基本步骤如图 6-2 所示。

(1) 求出该观察值序列的样本自相关系数(ACF)和样本偏自相关系数(PACF)的值。

(2) 根据样本自相关系数和偏自相关系数的性质，选择阶数适当的 ARMA(p,q)模型进行拟合。

(3) 估计模型中未知参数的值。

(4) 检验模型的有效性。如果拟合模型不通过检验，转向步骤(2)，重新选择模型再进行拟合。

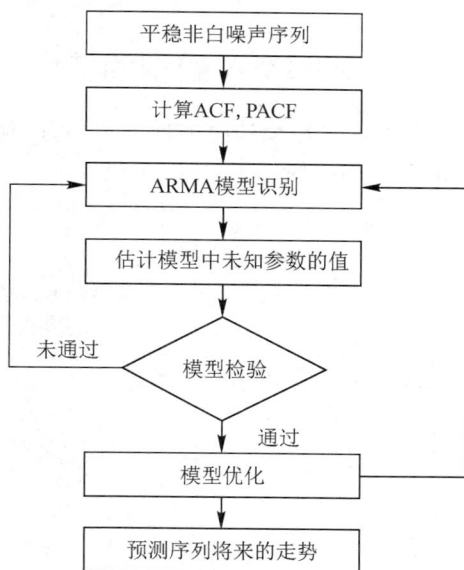

图 6-2　ARMA 建模步骤

(5) 模型优化。如果拟合模型通过检验，仍然转向步骤(2)；充分考虑各种可能，建立多个拟合模型，从所有通过检验的拟合模型中选择最优模型。

(6) 利用拟合模型，预测序列的将来走势。

3. ARMA 模型的回归估计

在实证分析过程中，ARMA 模型的估计涉及一些非常具体的问题。例如，假设我们估计下面的 AR 模型：

$$x_t = \phi_0 + \phi_1 x_{t-1} + \phi_2 x_{t-2} + \cdots + \phi_p x_{t-p}, \quad t = 1, 2, \cdots, T \quad\quad (6.28)$$

假设该模型不存在序列相关性,那么可以使用传统的 OLS 估计,即用当前期的 x_t 作为被解释变量,对一个常数项和它本身的 p 个滞后期进行回归。

尽管式(6.28)可以看作是一个传统的回归方程,但是又存在一个特殊的实践性问题,那就是如何处理初始值 $x_0, x_{-1}, x_{-2}, \cdots, x_{1-p}$。例如,在 $t=1$ 时,回归方程式(6.28)应该写成

$$x_t = \phi_0 + \phi_1 x_0 + \phi_2 x_{-1} + \cdots + \phi_p x_{1-p}$$

以一个 AR(4)模型为例,如果样本观测值为 100,但是由于滞后了 4 期,这样实际卷入 AR(4)回归估计的有效观测值个数只有 $100-4=96$ 个。

对于 AR 模型,一旦模型设立完毕并且正确地进行了回归估计,那么接下来就可以遵循传统的假设检验步骤来有针对性地进行统计检验和推断了。

以上的讨论主要以 AR 模型为例,而对于 MA 模型,由于涉及观测不到的随机干扰序列,所以一般来说,OLS 估计在 MA 模型回归中是无效的,经常使用的是非线性 OLS,即 NLS 估计。NLS 估计的内部算法较为复杂,在此不做深入分析。

6.4 ▍ARIMA 模型

6.4.1 ARIMA 模型的结构

具有如下结构的模型称为求和自回归移动平均模型,简记为 ARIMA(p, d, q)模型,表述如下:

$$\begin{cases} \Phi(B) \nabla^d x_t = \Theta(B) \varepsilon_t \\ E(\varepsilon_t) = 0, \ D(\varepsilon_t) = \sigma_\varepsilon^2, \ E(\varepsilon_t \varepsilon_s) = 0, \ s \neq t \\ E(x_s \varepsilon_t) = 0, \ \forall s < t \end{cases} \quad\quad (6.29)$$

式(6.29)中,$\nabla^d = (1-B)^d$;$\Phi(B) = 1 - \phi_1 B - \cdots - \phi_p B^p$,为平稳可逆 ARMA($p, q$)模型的自回归系数多项式;$\Theta(B) = 1 - \theta_1 B - \cdots - \theta_q B^q$,为平稳可逆 ARMA($p, q$)模型的移动平均系数多项式。

求和自回归移动平均模型这个名字的由来是:d 阶差分后序列可以表示为

$$\nabla^d x_t = \sum_{i=0}^{d} (-1)^i C_d^i x_{t-i} \quad\quad (6.30)$$

式(6.30)中,$C_d^i = \dfrac{d!}{i!(d-i)!}$,即差分后序列等于原序列的若干序列值的加权和,对于差分平稳序列又可以拟合自回归移动平均(ARMA)模型,所以称它为求和自回归移动平均模型。

式(6.29)可以简记为

$$\nabla^d x_t = \frac{\Theta(B)}{\Phi(B)} \varepsilon_t \qu\quad\quad (6.31)$$

式(6.31)中,$\{\varepsilon_t\}$ 为零均值白噪声序列。

由式(6.31)容易看出,ARIMA 模型的实质就是差分运算与 ARMA 模型的组合,这一关系意义重大。这说明任何非平稳序列如果能通过适当阶数的差分实现差分后平稳,就可以对差分后序列进行 ARMA 模型拟合。而 ARMA 模型的分析方法非常成熟,这意味着对

差分平稳序列的分析也将是非常简单可靠的。

6.4.2　ARIMA 模型的性质

1. 平稳性

假如 $\{x_t\}$ 服从 ARIMA(p,d,q) 模型

$$\Phi(B)\nabla^d x_t = \Theta(B)\varepsilon_t \tag{6.32}$$

式 (6.32) 中，$\nabla^d = (1-B)^d$，$\Phi(B) = 1-\phi_1 B - \cdots - \phi_p B^p$，$\Theta(B) = 1-\theta_1 B - \cdots - \theta_q B^q$。记 $\phi(B) = \Phi(B)\nabla^d$，$\phi(B)$ 称为广义自回归系数多项式。显然，ARIMA 模型的平稳性完全由 $\phi(B) = 0$ 的根的性质决定。

因为 $\{x_t\}$ 在 d 阶差分后平稳，服从 ARMA(p,q) 模型，所以不妨设

$$\Phi(B) = \prod_{i=1}^{p}(1-\lambda_i B)，\quad |\lambda_i| < 1；i = 1,2,\cdots,p$$

则

$$\phi(B) = \Phi(B)\nabla^d = \left[\prod_{i=1}^{p}(1-\lambda_i B)\right](1-B)^d \tag{6.33}$$

由式 (6.33) 容易判断，ARIMA(p,d,q) 模型的广义自回归系数多项式共有 $p+d$ 个根，其中 p 个根 $\left(\dfrac{1}{\lambda_1},\cdots,\dfrac{1}{\lambda_p}\right)$ 在单位圆外，d 个根在单位圆上。

自回归系数多项式的根即为特征根的倒数，所以 ARIMA(p,d,q) 模型共有 $p+d$ 个特征根，其中 p 个根在单位圆内，d 个根在单位圆上。由于有 d 个特征根在单位圆上而非单位圆内，所以当 $d \neq 0$ 时，ARIMA(p,d,q) 模型不平稳。

2. 方差齐性

对于 ARIMA(p,d,q) 模型，当 $d \neq 0$ 时，不仅均值非常数，而且序列方差也非齐性。以最简单的随机游走模型 ARIMA$(0,1,0)$ 为例：

$$\begin{aligned} x_t &= x_{t-1} + \varepsilon_t \\ &= x_{t-2} + \varepsilon_t + \varepsilon_{t-1} \end{aligned}$$

$$\vdots$$

$$= x_0 + \varepsilon_t + \varepsilon_{t-1} + \cdots + \varepsilon_1$$

显然，$D(x_t) = t\sigma_\varepsilon^2$ 是时间 t 的递增函数，随着时间趋向无穷，序列 $\{x_t\}$ 的方差也趋向无穷。但 1 阶差分之后

$$\nabla_{x_t} = \varepsilon_t$$

差分后序列方差齐性

$$D(\nabla_{x_t}) = \sigma_\varepsilon^2$$

6.4.3　ARIMA 模型建模

使用 ARIMA 模型对观察序列建模是一件比较简单的事情，遵循如下所示的操作流程。

第一步，获得观察值序列；

第二步，判断序列是否平稳，若不平稳，则需进行差分运算；

第三步，序列平稳之后要进行白噪声检验，若通过检验，则分析结束，若未通过，则拟合 ARMA 模型，再次进行白噪声检验。

例 6.4　对 1889—1970 年美国国民生产总值平减指数（GNP）序列建模，数据见表 6-3。

表 6-3　1889—1970 年美国国民生产总值平减指数（GNP）序列（行数据）

25.9	25.4	24.9	24	24.5	23	22.7	22.1	22.2	22.9
23.6	24.7	24.5	25.4	25.7	26	26.5	27.2	28.3	28.1
29.1	29.9	29.7	30.9	31.1	31.4	32.5	36.5	45	52.6
53.8	61.3	52.2	49.5	50.7	50.1	51	51.2	50	50.4
50.6	49.3	44.8	40.2	39.3	42.2	42.6	42.7	44.5	43.9
43.2	43.9	47.2	53	56.8	58.2	59.7	66.7	74.6	79.6
79.1	80.2	85.6	87.5	88.3	89.6	90.9	94	97.5	100
101.6	103.3	104.6	105.8	107.2	108.8	110.9	113.9	117.6	122.3
128.2	135.3								

解　（1）判断序列的平稳性。

由图 6-3 所示时序图显示，该序列有显著的趋势，为典型的非平稳序列。

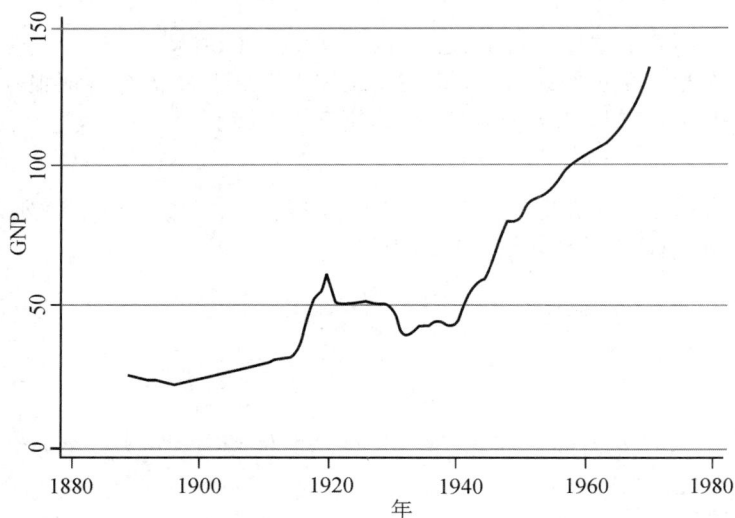

图 6-3　1889—1970 年美国 GNP 平减指数序列时序图

（2）差分平稳。

因为原序列呈现出近似线性趋势，所以选择一阶差分，差分后序列时序图如图 6-4 所示，差分后序列已经没有非常显著的趋势特征，基本围绕着 0 值波动。

为了进一步确定差分后序列的平稳性，对差分后序列进行 ADF（Augment Dickey Fvuer）检验，检验结果见表 6-4 所示。

检验结果显示，该序列检验统计量的 P 值均小于显著性水平（$\alpha = 0.05$），所以可以确认一阶差分后序列实现了平稳。

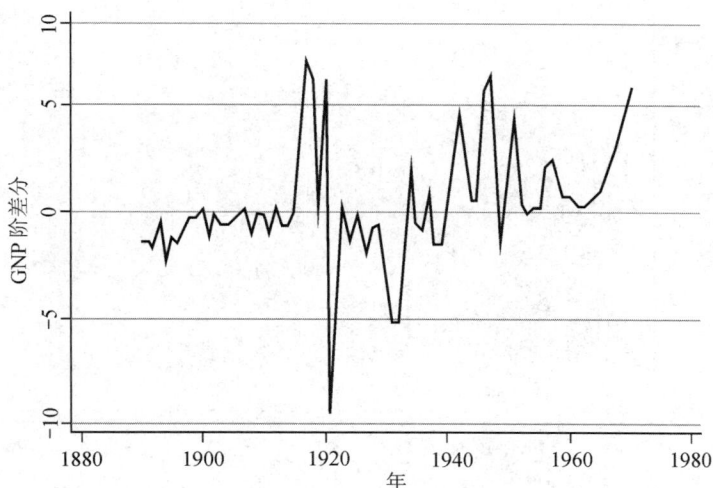

图 6 - 4　1889—1970 年美国 GNP 平减指数序列一阶差分后时序图

表 6 - 4　ADF 检验结果

类型	延迟阶数	检验统计量 ADF	P 值
类型一	0	-4.38	<0.0001
	1	-3.25	0.0015
	2	-2.61	0.0097
类型二	0	-5.14	0.0001
	1	-4.03	0.0021
	2	-3.44	0.0124
类型三	0	-5.73	<0.0001
	1	-4.62	0.0019
	2	-4.03	0.0114

（3）对差分平稳序列进行纯随机性 LB(Ljung-Box)检验。一阶差分后序列纯随机检验结果如表 6 - 5 所示。

表 6 - 5　纯随机检验结果

延迟阶数	纯随机性检验	
	检验统计量 LB	P 值
6	25.33	0.0003
12	28.09	0.0054
18	37.18	0.0050

检验结果显示，各阶延迟下 LB 统计量的 P 值都小于显著水平（$\alpha=0.05$），所以可以认为差分后序列为平稳非白噪声序列。

（4）对平稳非白噪声差分后序列拟合 ARMA 模型。一阶差分后序列的自相关图（图 6 - 5）和偏自相关图分别如图 6 - 5 和图 6 - 6 所示。

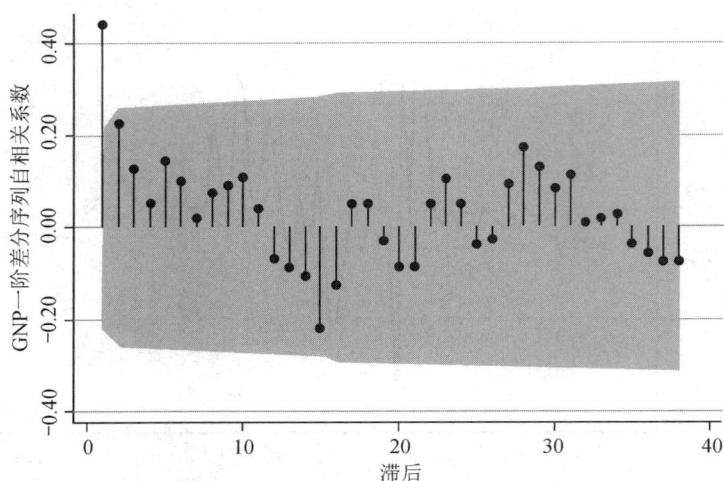

图 6-5　1889—1970 年美国 GNP 平减指数序列一阶差分后序列自相关图

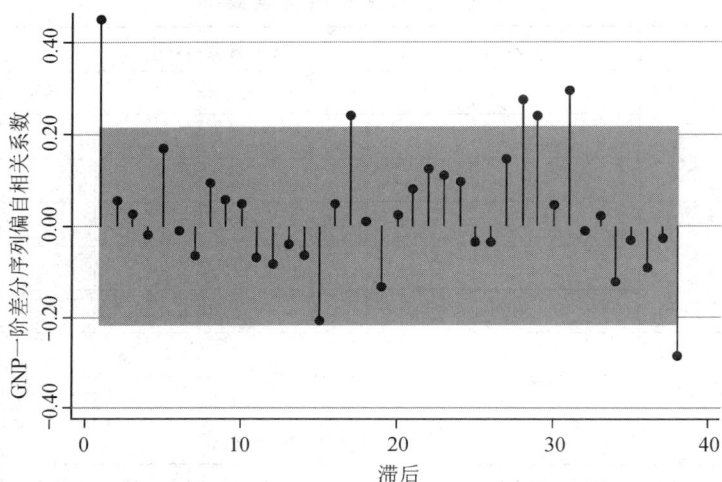

图 6-6　1889—1970 年美国 GNP 平减指数序列一阶差分后序列偏自相关图

一阶差分后序列自相关图显示拖尾特征，偏自相关图显示一阶截尾特征。所以考虑用 AR(1)模型拟合一阶差分后序列。考虑到前面已经进行的一阶差分运算，实际上使用 ARIMA(1,1,0)模型拟合原序列。

基于条件最小二乘估计方法，得到拟合结果为

$$\nabla x_t = 1.3746 + \frac{\varepsilon_t}{1 - 0.4695B}$$

或等价表示为

$$x_t = 0.7292 + 1.4695x_{t-1} - 0.4695x_{t-2} + \varepsilon_t$$

式中，$D(\varepsilon_t) = 6.3564$。

（5）拟合检验（$\alpha = 0.05$）。对 ARIMA 模型拟合结果进行残差白噪声检验和参数显著性检验，检验结果见表 6-6 所示。

表 6 - 6 残差白噪声检验和参数显著性检验

残差白噪声检验			参数显著性检验		
延迟阶数	LB 统计量	P 值	参数	t 统计量	P 值
6	2.68	0.7489	μ	2.64	0.0099
12	4.93	0.9344	ϕ_1	4.57	<0.0001

显然，LB 统计量的 P 值都大于显著性水平 0.05，可以认为拟合模型的残差序列为白噪声序列。参数的显著性检验显示两参数均显著非零。这说明 ARIMA(1,1,0) 模型对该序列的拟合显著成立。

6.4.4 ARIMA 模型预测

在最小均方误差预测原理下，ARIMA 模型和 ARMA 模型的预测方法非常相似。

ARIMA(p,d,q) 模型的一般表示方法为

$$\Phi(B)(1-B)^d x_t = \Theta(B)\varepsilon_t \tag{6.34}$$

和 ARMA 模型一样，式(6.34)也可以用随机扰动项的线性函数来表示：

$$x_t = \varepsilon_t + \Psi_1\varepsilon_{t-1} + \Psi_2\varepsilon_{t-2} + \cdots = \Psi(B)\varepsilon_t \tag{6.35}$$

式(6.35)中，$\Psi_1, \Psi_2, \cdots$ 的值由如下等式确定

$$\Phi(B)(1-B)^d \Psi(B) = \Theta(B)$$

如果把 $\Phi^*(B)$ 记为 广义自相关函数，有

$$\Phi^*(B) = \Phi(B)(1-B)^d = 1 - \tilde{\phi}_1 B - \bar{\phi}_2 B^2 - \cdots$$

容易验证 $\Psi_1, \Psi_2, \cdots$ 的值满足如下递推公式：

$$\begin{cases} \Psi_1 = \tilde{\phi}_1 - \theta_1 \\ \Psi_2 = \tilde{\phi}_1\Psi_1 + \tilde{\phi}_2 - \theta_2 \\ \vdots \\ \Psi_j = \tilde{\phi}_1\Psi_{j-1} + \cdots + \tilde{\phi}_{p+d}\Psi_{j-p-d} - \theta_j \end{cases} \tag{6.36}$$

式(6.36)中，$\Psi_j = \begin{cases} 0, & j<0 \\ 1, & j=0 \end{cases}$, $\theta_j = 0$, $j>q$。

那么，x_{t+l} 的真实值为

$$x_{t+l} = (\varepsilon_{t+l} + \Psi_1\varepsilon_{t+l-1} + \cdots + \Psi_{l-1}\varepsilon_{t+1}) + (\Psi_l\varepsilon_t + \Psi_{l+1}\varepsilon_{t-1} + \cdots)$$

由于 $\varepsilon_{t+l}, \varepsilon_{t+l-1}, \cdots, \varepsilon_{t+1}$ 的不可获得性，所以 x_{t+l} 的估计值只能为

$$\hat{x}_t(l) = \Psi_0^*\varepsilon_t + \Psi_1^*\varepsilon_{t-1} + \Psi_2^*\varepsilon_{t-2} + \cdots$$

真实值与预测值之间的均方误差为

$$E[x_{t+l} - \hat{x}_t(l)]^2 = (1 + \Psi_1^2 + \cdots + \Psi_{l-1}^2)\sigma_\varepsilon^2 + \sum_{j=0}^{\infty}(\Psi_{l+j} - \Psi_j^*)^2\sigma_\varepsilon^2$$

要使均方误差最小，当且仅当

$$\Psi_j^* = \Psi_{l+j}$$

所以在均方误差最小原则下，l 期预测值为

$$\hat{x}_t(l) = \Psi_l\varepsilon_t + \Psi_{l+1}\varepsilon_{t-1} + \Psi_{l+2}\varepsilon_{t-2} + \cdots$$

l 期预测误差为

$$e_t(l) = \varepsilon_{t+l} + \Psi_1 \varepsilon_{t+l-1} + \cdots + \Psi_{l-1} \varepsilon_{t+1}$$

真实值等于预测值加上预测误差：

$$x_{t+l} = (\Psi_l \varepsilon_t + \Psi_{l+1} \varepsilon_{t-1} + \cdots) + (\varepsilon_{t+l} + \Psi_1 \varepsilon_{t+l-1} + \cdots + \Psi_{l-1} \varepsilon_{t+1})$$
$$= \hat{x}_t(l) + e_t(l)$$

l 期预测误差的方差为

$$D[e_t(l)] = (1 + \Psi_1^2 + \cdots + \Psi_l^2 - 1) \sigma_\varepsilon^2$$

例 6.5 对 1889—1970 年美国国民生产总值平减指数序列做为期 10 年的预测。

解 结果如表 6-7 和图 6-7 所示。

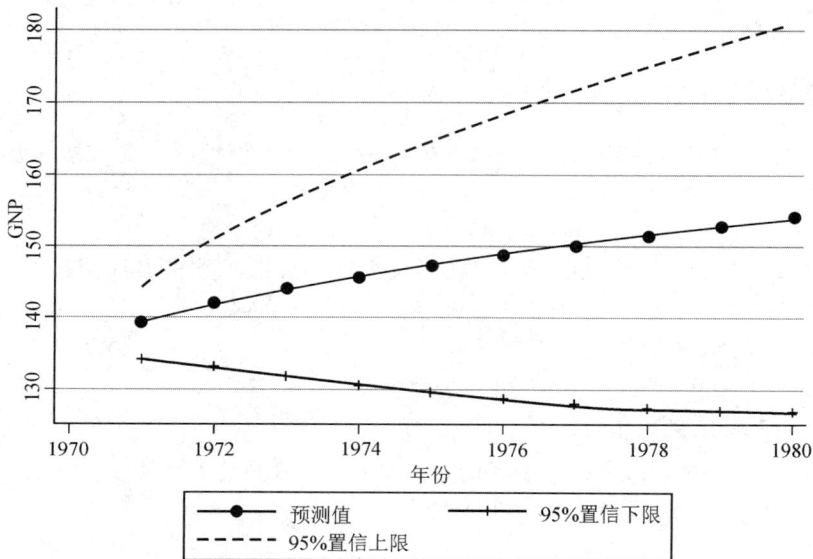

图 6-7　1971—1980 年美国 GNP 平减指数序列预测

表 6-7　**1889—1970 年美国国民生产总值平减指数序列**

年份	预测值	标准差	95％置信下限	95％置信上限
1971	139.3626	2.5212	134.4212	144.304
1972	141.9991	4.4813	133.216	150.7823
1973	143.9662	6.1833	131.874	156.0853
1974	145.6189	7.6601	130.6054	160.6324
1975	147.124	8.9578	129.567	164.6811
1976	148.5599	10.1166	128.7317	168.3811
1977	149.9633	11.1671	128.0762	171.8503
1978	151.3514	12.1318	127.5734	175.1293
1979	152.7323	13.0275	127.1989	178.2657
1980	154.1098	13.8664	126.9322	181.2874

6.5 条件异方差模型

使用 ARIMA 模型拟合非平稳序列时,残差序列 $\{\varepsilon_t\}$ 要满足如下三个条件:

① 零均值,$E(\varepsilon_t)=0$;

② 方差齐性,$D(\varepsilon_t)=\sigma_\varepsilon^2$;

③ 纯随机,$\mathrm{Cov}(\varepsilon_t,\varepsilon_{t-i})=0,\forall i\geqslant 1$。

这三个假设中,零均值假定最容易实现,只要对序列进行中心化处理就可以实现。所以这个假定通常无须检验。纯随机假定则是 ARIMA 模型检验的重要步骤,通过使用 Q 统计量、LB 统计量、DW(Durbin Watson)统计量可以实现,而方差齐性则没有任何检验。在缺省检验的情况下通常默认残差序列一定满足这个条件。但实际上,这个假定条件并不总是满足,忽视异方差的存在会导致残差的方差被严重低估,进而参数显著性检验容易犯纳伪错误,导致模型的拟合精度受影响。因此,为了提高模型的拟合精度,需要对残差序列进行方差齐性检验,并且对异方差序列进行深入分析。由于方差齐性变换可以有效实现对异方差序列的精确拟合,但这个方法更多地是具有理论上的意义,实践中的可操作性并不强。因为要使用方差齐性变换必须事先知道异方差函数的形式,而这通常是不可能的。为了更精确地估计异方差函数,Engle 于 1982 年提出了条件异方差模型。

6.5.1 条件异方差模型的结构

1. ARCH 模型

1982 年,Engle 根据 1958 年 2 季度至 1977 年 2 季度的数据,研究英国因工资上涨导致的通货膨胀问题时,对物价指数序列构建了一个自回归模型:

$$P_t=0.0257+0.334P_{t-1}+0.408P_{t-4}-0.404P_{t-5}$$
$$-0.0559(P_{t-1}-W_{t-1})+\varepsilon_t \tag{6.37}$$

式(6.37)中,P 代表物价指数;W 代表工资指数;$D(\varepsilon_t)=23\times 10^{-6}$。

在方差齐性的假定下,根据上述自回归方程和方差估计值,很容易预测出 1977 年 3 季度物价指数的 95% 的波动范围为 $(\hat{P}_{t+1}-1.96\sqrt{23\times 10^{-6}},\ \hat{P}_{t+1}+1.96\sqrt{23\times 10^{-6}})$。

但是 Engle 以经济学家的经验,认为这个预测的置信区间偏小,与实际情况可能不符。因为从 1974 年开始,物价指数的平均波动等于 230×10^{-6}。也就是说,物价指数最近 4 年的方差是过去 20 年方差的 10 倍。鉴于经济变量通常具有集群效应[⑦]的特征,1977 年 3 季度延续大幅波动的可能性更大。

Engle 构造 ARCH 模型的思想原理是:集群效应的存在意味着方差非齐,而且集群效应的特征是一段时间小幅波动,再一段时间大幅波动,这意味着序列的波动存在相关性。因为如果序列的波动不存在相关性的话,就不会产生小幅波动和大幅波动集中交替出现,

---

⑦ 集群效应是指在消除非平稳因素影响后,残差序列在大部分时段小幅波动,但是会在某些时段出现持续大幅波动。

而是呈现出大幅波动和小幅波动完全无规律。

基于这个思想，Engle 重新拟合 1958 年 2 季度至 1977 年 2 季度英国物价指数序列。他构造的模型结构如下：

$$\begin{cases} P_t = 0.0321 + 0.021P_{t-1} + 0.27P_{t-4} - 0.334P_{t-5} - 0.0697(P_{t-1} - W_{t-1}) + \varepsilon_t \\ D(\varepsilon_t) = h_t \\ h_t = 19 \times 10^{-6} + 0.846(0.4\varepsilon_{t-1}^2 + 0.3\varepsilon_{t-2}^2 + 0.2\varepsilon_{t-3}^2 + 0.1\varepsilon_{t-4}^2) \end{cases} \quad (6.38)$$

与式(6.37)相比，改进的主要是假定残差序列方差非齐 $D(\varepsilon_t) = h_t$，而且异方差可以用历史波动($\varepsilon_{t-1}^2, \varepsilon_{t-2}^2, \varepsilon_{t-3}^2, \varepsilon_{t-4}^2$)的线性回归进行拟合：

$$h_t = 19 \times 10^{-6} + 0.846(0.4\varepsilon_{t-1}^2 + 0.3\varepsilon_{t-2}^2 + 0.2\varepsilon_{t-3}^2 + 0.1\varepsilon_{t-4}^2)$$

Engle 把其称为延迟 4 阶自回归条件异方差模型，简记为 ARCH(4)。

ARCH 模型的全称是自回归条件异方差模型，其基本思想是：在以前的信息集条件下，某一时刻的残差服从正态分布，并且该正态分布的均值为 0，其方差是一个随时间变化的量，即具有异方差性，并且这个随时间变化的方差是过去有限项残差项平方自回归形式的线性组合，这样就构成了 ARCH(q)模型：

$$\begin{cases} x_t = f(t, x_{t-1}, x_{t-2}, \cdots) + \varepsilon_t \\ \varepsilon_t = \sqrt{h_t} e_t \\ h_t = \omega + \sum_{j=1}^{q} \lambda_j \varepsilon_{t-j}^2 \end{cases} \quad (6.39)$$

式(6.39)中，$f(t, x_{t-1}, x_{t-2}, \cdots)$ 为 $\{x_t\}$ 的自回归模型；$\{e_t\}$ 为独立同标准正态分布的序列，$\lambda_j > 0 (j = 0, 1, \cdots, q)$，$\sum_{j=1}^{q} \lambda_j < 1$。

由于模型涉及开方运算，因此必须保证 h_t 值为非负，即 $\lambda_j \geqslant 0 (j = 0, 1, \cdots, q)$。$\sum_{j=1}^{q} \lambda_j < 1$，是保证 ARCH 模型平稳性的条件。

2. GARCH 模型

ARCH 模型是利用零均值平方序列的 q 阶移动平均拟合当期异方差函数值。由于移动平均模型具有自相关系数 q 阶截尾性，因此 ARCH 模型实际上只适用于异方差函数短期自相关过程。对于残差序列的异方差函数具有长期关系的，如果还用 ARCH 模型，移动平均阶数 q 将会很高，要估计的参数会很多，这会影响参数估计的难度并最终影响 ARCH 模型拟合精度。

为了解决这个问题，Bollerslov 在 1985 年提出了广义自回归条件异方差(GARCH)模型，它的结构如下：

$$\begin{cases} x_t = f(t, x_{t-1}, x_{t-2}, \cdots) + \varepsilon_t \\ \varepsilon_t = \sqrt{h_t} e_t \\ h_t = \omega + \sum_{i=1}^{p} \eta_i h_{t-i} + \sum_{j=1}^{q} \lambda_j \varepsilon_{t-j}^2 \end{cases} \quad (6.40)$$

式(6.40)中，$f(t, x_{t-1}, x_{t-2}, \cdots)$ 为 $\{x_t\}$ 的自回归模型；$\{e_t\}$ 为独立同标准正态分布的序列，$\omega > 0$，$\eta_i \geqslant 0 (i = 0, 1, \cdots, p)$，$\lambda_j \geqslant 0 (j = 0, 1, \cdots, q)$，$\sum_{i=1}^{p} \eta_i + \sum_{j=1}^{q} \lambda_j < 1$。

GARCH 模型实际上就是在 ARCH 模型的基础上增加考虑了异方差函数的 p 阶自相关。

3. GARCH 模型的变体

GARCH 模型是迄今为止比较常用的异方差序列拟合模型。但它的有效使用必须满足如下两个约束条件：

一是参数非负，即 $\omega > 0$，$\eta_i \geqslant 0$，$\lambda_j \geqslant 0$；

二是参数有界，即 $\sum\limits_{i=1}^{p} \eta_i + \sum\limits_{j=1}^{q} \lambda_j < 1$。

这两个约束条件限制了 GARCH 模型的使用范围。为了拓宽 GARCH 模型的使用，统计学家们从不同的角度出发，构造了多个 GARCH 模型的变体。

1）指数 GARCH 模型（EGARCH 模型）

为了放宽 GARCH 模型中参数非负的约束，Nelson 于 1991 年提出了 EGARCH 模型，该模型结构如下：

$$\begin{cases} x_t = f(t, x_{t-1}, x_{t-2}, \cdots) + \varepsilon_t \\ \varepsilon_t = \sqrt{h_t}\, e_t \\ \ln(h_t) = \omega + \sum\limits_{i=1}^{p} \eta_i \ln(h_{t-i}) + \sum\limits_{j=1}^{q} \lambda_j g(e_{t-j}) \\ g(e_t) = \theta e_t + \gamma(|e_t| - E|e_t|) \end{cases} \tag{6.41}$$

式（6.41）中条件方差采用了自然对数形式，意味着 h_t 非负。

2）方差无穷 GARCH 模型（IGARCH 模型）

当 GARCH 模型平稳时，ε_t 的无条件方差为

$$D(\varepsilon_t) = \frac{\omega}{1 - \left(\sum\limits_{i=1}^{p} \eta_i + \sum\limits_{j=1}^{q} \lambda_j\right)}$$

因而 GARCH 模型参数有界约束的目的是保证 ε_t 的无条件方差有界，GARCH 模型能实现宽平稳。

如果把这个约束条件改为

$$\sum\limits_{i=1}^{p} \eta_i + \sum\limits_{j=1}^{q} \lambda_j = 1$$

就构成 IGARCH 模型。对于 IGARCH 模型而言，ε_t 的无条件方差无界，所以它不是宽平稳的，但它却是严平稳的。

3）依均值 GARCH 模型（GARCH-M 即 GARCH-Mean 模型）

有时序列均值与条件方差之间具有某种相关关系，这时可以把条件标准方差作为附加回归因子建模，建模结构如下：

$$\begin{cases} x_t = f(t, x_{t-1}, x_{t-2}, \cdots) + \delta \sqrt{h_t} + \varepsilon_t \\ \varepsilon_t = \sqrt{h_t}\, e_t \\ h_t = \omega + \sum\limits_{i=1}^{p} \eta_i h_{t-i} + \sum\limits_{j=1}^{q} \lambda_j \varepsilon_{t-j}^2 \end{cases}$$

4）AR-GARCH 模型

对残差序列 $\{\varepsilon_t\}$ 拟合 GARCH 模型有一个基本要求：$\{\varepsilon_t\}$ 为零均值、纯随机异方差序列。有时回归函数 $f(t, x_{t-1}, x_{t-2}, \cdots)$ 不能充分提取原序列 $\{x_t\}$ 中的相关信息，残差序列

可能具有相关性，而不是纯随机的。这时需要对 $\{\varepsilon_t\}$ 先拟合自回归模型，再考察自回归残差序列 $\{v_t\}$ 的方差齐性，如果 $\{v_t\}$ 具有异方差性，对它拟合 GARCH 模型。这样构造的模型称为 AR-GARCH 模型，表述如下：

$$\begin{cases} x_t = f(t, x_{t-1}, x_{t-2}, \cdots) + \varepsilon_t \\ \varepsilon_t = \sum_{k=1}^{m} \beta_k \varepsilon_{t-k} + v_t \\ v_t = \sqrt{h_t} e_t \\ h_t = \omega + \sum_{i=1}^{p} \eta_i h_{t-i} + \sum_{j=1}^{q} \lambda_j v_{t-j}^2 \end{cases} \tag{6.42}$$

式 (6.42) 中，$f(t, x_{t-1}, x_{t-2}, \cdots)$ 为 $\{x_t\}$ 的自回归模型；$\{e_t\}$ 为独立同标准正态分布的序列，$\omega > 0$，$\eta_i \geqslant 0 (i = 0, 1, \cdots, p)$，$\lambda_j \geqslant 0 (j = 0, 1, \cdots, q)$，$\sum_{i=1}^{p} \eta_i + \sum_{j=1}^{q} \lambda_j < 1$。

6.5.2 条件异方差模型建模

GARCH 模型建模主要遵循以下五个步骤。

1. 回归拟合

根据观察值序列的性质，拟合回归模型 $f(t, x_{t-1}, x_{t-2}, \cdots)$。

2. 残差自相关性检验

通过 DW 统计量对回归模型拟合残差自相关性进行检验。

3. 异方差自相关性检验

经过前两个步骤的处理，残差序列为零均值、纯随机序列，现在对它的异方差性进行检验，最常用的统计量检验方法是 Portmanteau Q 检验和拉格朗日乘子检验。

1) Portmanteau Q 检验

假设条件：

原假设：残差平方序列纯随机；

备择假设：残差平方序列具有自相关性。

用自相关系数表示，该假设条件等价于

$$H_0: \rho_1 = \rho_2 = \cdots = \rho_m = 0, \forall m \geqslant 1$$
$$H_1: 至少存在某个 \rho_k \neq 0, \forall m \geqslant 1, k \leqslant m$$

检验统计量：

$$Q(q) = n(n+2) \sum_{i=1}^{q} \frac{\rho_i^2}{n-i} \tag{6.43}$$

式 (6.43) 中，n 为观察序列长度；ρ_i 为残差平方延迟 i 自相关系数，记

$$\rho_i = \frac{\sum_{t=i+1}^{n} (\varepsilon_t^2 - \hat{\sigma}^2)(\varepsilon_{t-i}^2 - \hat{\sigma}^2)}{\sum_{t=1}^{n} (\varepsilon_t^2 - \hat{\sigma}^2)^2}$$

原假设成立时，Portmanteau Q 统计量近似服从自由度为 $q-1$ 的 χ^2 分布。

$$Q(q) \sim \chi^2(q-1)$$

2) 拉格朗日乘子检验

假设条件：

原假设：残差平方序列纯随机；

备择假设：残差平方序列具有自相关性。

用数学语言描述即为

$$H_0: \rho_1 = \rho_2 = \cdots = \rho_m = 0, \ \forall m \geqslant 1$$
$$H_1: \text{至少存在某个 } \rho_k \neq 0, \ \forall m \geqslant 1, k \leqslant m$$

检验统计量

$$\mathrm{LM}(q) = \boldsymbol{W}^{\mathrm{T}} \boldsymbol{W} \tag{6.44}$$

式(6.44)中，

$$\boldsymbol{W} = \left(\frac{\rho_1^2}{\hat{\sigma}^2}, \ \frac{\rho_2^2}{\hat{\sigma}^2}, \ \cdots, \ \frac{\rho_q^2}{\hat{\sigma}^2} \right)$$

$$\rho_i = \frac{\displaystyle\sum_{t=i+1}^{n} (\varepsilon_t^2 - \hat{\sigma}^2)(\varepsilon_{t-i}^2 - \hat{\sigma}^2)}{\displaystyle\sum_{t=1}^{n} (\varepsilon_t^2 - \hat{\sigma}^2)^2}$$

$$\hat{\sigma}^2 = \frac{\displaystyle\sum_{t=1}^{n} \varepsilon_t^2}{n}$$

$\mathrm{LM}(q)$ 统计量近似服从自由度为 $q-1$ 的 χ^2 分布，即

$$\mathrm{LM}(q) \sim \chi^2(q-1)$$

4. GARCH 模型参数估计

如果残差序列存在异方差，就尝试采用 GARCH(p,q) 模型进行拟合。使用极大似然估计方法，采用迭代技术，计算所有未知参数的估计值。

5. 正态性检验

GARCH 模型拟合好之后，需要对模型进行有效性检验。GARCH 模型的基本假定之一是：$\{e_t\}$ 为标准正态分布序列，即 $\dfrac{\varepsilon_t}{\sqrt{h_t}} \sim (0,1)$。

1) 假设条件

原假设 H_0：$\{e_t\}$ 服从标准正态分布；

备择假设 H_1：$\{e_t\}$ 不服从标准正态分布。

2) 检验统计量

1982 年，Beara 和 Jarque 基于偏度和峰度给出正态检验统计量：

$$T_n = \frac{n}{6} b_1^2 + \frac{n}{24} (b_2 - 3)^2$$

式中，b_1 为偏度函数，b_2 为峰度函数，且

$$b_1 = \frac{\sqrt{n}\sum\limits_{t=1}^{n}\hat{\mu}_t^3}{\left(\sum\limits_{t=1}^{n}\hat{\mu}_t^2\right)^{\frac{3}{2}}}, \quad b_2 = \frac{\sqrt{n}\sum\limits_{t=1}^{n}\hat{\mu}_t^4}{\left(\sum\limits_{t=1}^{n}\hat{\mu}_t^2\right)^2}$$

在原假设成立的条件下，$T_n \sim \chi^2(2)$。

当 T_n 统计量大于 $\chi^2_{1-\alpha}(2)$ 分位点，或该统计量的 P 值小于 α 时，有理由拒绝原假设 H_0，认为 $\{e_t\}$ 不服从标准正态分布；否则，不能拒绝原假设 H_0，认为 $\{e_t\}$ 服从标准正态分布。

习 题 6

6.1 白噪声序列的定义是什么？

6.2 表 6-8 是某公司在 2015—2018 年间每月的销售量。

表 6-8 某公司月度销售量

月份	2015 年	2016 年	2017 年	2018 年
1	153	134	145	117
2	187	175	203	178
3	234	243	189	149
4	212	227	214	178
5	300	298	295	248
6	221	256	220	202
7	201	237	231	162
8	175	165	174	135
9	123	124	119	120
10	104	106	85	96
11	85	87	67	90
12	78	74	75	63

（1）绘制该序列时序图及样本自相关图。

（2）判断该序列的平稳性。

（3）判断该序列的纯随机性。

6.3 考虑 AR(2) 模型 $x_t = \phi_0 + \phi_1 x_{t-1} + \phi_2 x_{t-2} + \varepsilon_t$，其中 $\{\varepsilon_t\}$ 表示方差为 σ^2 的白噪声序列。请问该 AR 模型的平稳性条件是什么？

6.4 登录国家统计局网站,收集 2010 年到最近的 CPI 月度指数,通过分析该时序变量的自相关函数和偏自相关函数判断以下问题:

(1) AR 模型和 MA 模型哪一个更适合用来捕捉该序列的动态特征?

(2) 设立你选择的模型形式,判断滞后期的选择情况。

6.5 简述平稳序列的建模步骤。

6.6 某股票连续 105 天的收盘价如表 6−9 所示(行数据),选择适当模型拟合该序列的发展,并估计下一天的收盘价。

表 6−9 某股票连续 105 天收盘价

304	303	307	299	296	293	301	293	301	295	284	286	286	287	284
282	278	281	278	277	279	278	270	268	272	273	279	279	280	275
271	277	278	279	283	284	282	283	279	280	280	279	278	283	278
270	275	273	273	272	275	273	273	272	273	272	273	271	272	271
273	277	274	274	272	280	282	292	295	295	294	290	291	288	288
290	293	288	289	291	293	293	290	288	287	289	292	288	288	285
282	286	286	287	284	283	286	282	287	286	287	292	292	294	291

6.7 利用上海证券交易所综合价格指数近两年的日度数据,估计以下模型(运用统计软件),并综合比较其异同。

(1) GARCH (1,1);

(2) EGARCH。

第 7 章
随 机 过 程

---●【学习目标】

　　1. 熟悉随机变量、条件期望、布朗运动等，掌握泊松过程的概念、理论、性质，熟悉非时齐、复合、条件泊松过程。
　　2. 掌握马尔科夫链的定义、状态分类及相关应用。
　　3. 理解离散指标鞅和连续指标鞅的概念、鞅的类型、停时以及相关应用。

7.1　随机过程概述

　　随机过程是现代概率论的一个重要内容，其理论产生于 20 世纪初期，该学科的理论基础是由柯尔莫哥洛夫和杜布奠定的，最早源于对物理学的研究，如吉布斯、玻尔兹曼、庞加莱等人对统计力学的研究，后来爱因斯坦、维纳、莱维等人对布朗运动的开创性工作，使其逐步发展起来。随机过程作为研究客观世界中随机演变过程的理论工具，已在工程科学技术和社会科学等方面得到了广泛的应用，并随着应用领域的逐步扩大，随机过程理论研究日臻深刻。

　　当人们试图描绘一些真实世界、充满复杂而未知因素的运动时，发现不确定的因素（通常称之为噪声）对事物的变化至关重要。由于是使用概率模型去研究一个不确定的量会随着时间怎么变化，因此可以将其看作一个随机的过程，从而对不确定性下的运动进行精细的数学描述。

　　在大数据时代，我们周边充满了各种各样的数据，这些数据最基本的特点就是含有巨量的噪音，而随机过程就是从这些噪音里提取信息的武器。比如赌博的资金、股票的价格，都是跟着时间变化的随机的量，再比如沪深 300 指数每日收盘价构成的数据序列、某十字路口每分钟通过的车辆数量的构成、股票交易量对股票价格的影响关系等都是十分常见的随机过程建模场景，而根本原因就是这堆随机变量之间往往是有联系的。可见，作为各模型的理论基础以及研究金融市场的基本数学工具之一，随机过程的应用极其广泛，学习好随机过程也尤为重要。

7.1.1　预备知识

1. 随机变量

随机变量是定义于样本空间上的实数值映射，随机试验不论与数量是否直接有关，都能用数量化的方式表达，而量化的好处是可以用数学分析的方法来研究随机现象。对于任意一个随机试验 $S=\{e\}$，它的每一个可能结果 e 都可以用一个实数 $X(e)$ 与之相对应。由于实数 $X(e)$ 是随着试验结果 e 的不同而改变的量，所以称它为随机变量。

定义 7.1　设随机试验 E 的样本空间 $S=\{e\}$。若对每个试验结果 e，都有确定的实数 $X(e)$ 与之对应，则称实值变量 $X(e)$ 为随机变量，简记为 X。随机变量常用字母 X,Y,Z，$X_1,X_2,\cdots$ 或希腊字母 ξ,η,ζ 等来表示。

由定义 7.1 可知，随机变量是定义在样本空间 S（它的元素不一定是实数）上的一个实值单值函数。按照随机变量可能取得的值，可以把它们分为离散型和连续型两种基本类型，离散型随机变量在一定区间内取值为有限个或可数个，而连续型随机变量则在一定区间内变量取值有无限个，或数值无法一一列举出来。

2. 条件数学期望

在概率论中，条件期望是一个实数随机变量相对于一个条件概率分布的期望值。

定义 7.2　设两个随机事件 A,B，若 $P(B)>0$，则称 $P(A\mid B)=\dfrac{P(AB)}{P(B)}$ 为事件 B 发生时事件 A 的条件概率（若 $P(B)>0$，则 $P(AB)$ 无意义或规定为 0）。设 (X,Y) 为两个离散型随机变量，其联合分布律为 $P(X=x_i,Y=y_j)=p_{ij}\geqslant 0$，$\sum\limits_i\sum\limits_j p_{ij}=1$，若 $P(Y=y_j)=\sum\limits_i p_{ij}\xlongequal{\text{def}}p._j>0$，则称

$$P(X=x_i\mid Y=y_j)=\frac{P(X=x_i,Y=y_j)}{P(Y=y_j)}=\frac{p_{ij}}{p._j}$$

为给定 $Y=y_j$ 时，X 的条件分布律；称

$$E(X\mid Y=y_j)\xlongequal{\text{def}}\sum_i x_i P(X=x_i\mid Y=y_j)$$

为给定 $Y=y_j$ 时，X 的条件数学期望。

定义 7.3　设 (X,Y) 具有联合概率密度函数 $f(X,Y)$，Y 的概率密度函数为 $f_Y(y)>0$，$E\mid X\mid<\infty$，若 $E(X,Y)$ 满足：

（1）$E(X,Y)$ 是随机变量 Y 的函数，当 $Y=y$ 时，它的取值为 $E(X|Y=y)$；

（2）对任意 $D\in\mathcal{B}$[⑧]，有 $E[E(X|Y)|Y\in D]=E(X|Y\in D)$，称 $E(X,Y)$ 为 X 关于 Y 的条件数学期望。

---

⑧　$\mathcal{B}$ 为博雷尔 σ 域，即包含研究对象的最小 σ 域。一般我们在 σ 域（或 σ 代数）上定义概率，σ 域是一个由样本空间 S 中的某些子集构成的非空集类，即设 $\mathcal{F}$ 为 σ 域，$\mathcal{F}$ 中的任何元素对可列次交、并、差等运算封闭。如 $\mathcal{F}_0=\{\varPhi,S\}$，$\mathcal{F}_0=\{\varPhi,A,A^c,S\}$（$A$ 为由任意样本点构成的集合，A^c 为 A 的补集）均为 σ 域。

3. 收敛性和极限定理

设 $X_1,X_2,\cdots,X_n,\cdots$ 为一随机变量序列,

(1) 若对任意 $\varepsilon>0$, $\lim\limits_{n\to\infty}P(|X_n-X|\geqslant\varepsilon)=0$,则称该随机变量序列依概率收敛到随机变量 X;

(2) 若 $E|X_n|^p$ 存在,且 $\lim\limits_{n\to\infty}E|X_n-X|^p=0$,则称该随机变量序列 p 阶收敛到随机变量 X,特别地,当 $p=2$ 时,称为均方收敛;

(3) 若 $P(\lim\limits_{n\to\infty}X_n=X)=1$,则称该随机变量序列几乎必然收敛到随机变量 X;

(4) 若其分布函数序列 $F_n(x)$ 满足 $\lim\limits_{n\to\infty}F_n(x)=F(x)$ 在每一个 $F(x)$ 连续点处成立,这里 $F(x)$ 为 X 的分布函数,则称该随机变量序列依分布收敛到 X 的分布。

7.1.2　随机过程的定义

在概率论中,我们研究了随机变量和 n 维随机向量,在极限定理中涉及到了无穷多个随机变量,但仅局限性在它们之间是相互独立的情形。对此加以推广,即研究一簇无穷多个相互有关的随机变量,这就是随机过程。

随机过程将普通函数的概念从实数与实数的对应关系推广到实数与随机变量的对应关系。对普通函数而言,当 $x\in T$ 时,总有一个确定的实数 x 与之对应;而对随机过程而言,当 $x\in T$ 时,与之对应的 $X(e,t)$ 是一个随机变量。

为了便于理解,请先看如下例子,而后我们会给出具体的定义。

例 7.1　在一条自动生产线上检验产品质量,每次检验一个,区分正品或次品。那么,整个检验的样本空间 $S=\{e\}$, e 是由逐次检验的结果:正品或次品组成的序列。为了描述检验的全过程,引入二元函数

$$X(e,t)=\begin{cases}0, & \text{第 } t \text{ 次查出正品} \\ t, & \text{第 } t \text{ 次查出次品}\end{cases} \quad t\in T\equiv\{1,2,3,\cdots,n,\cdots\}$$

$X(e,t)$ 具有两个特点:

(1) 对每一确定的 $e\in S$(注意:每一样本点对应一次试验的实现), $X(e,t)$ 是 t 的实函数。对所有 $e\in S$, $X(e,t)$ 是一簇 t 的函数。

(2) 对每一确定 $t\in T$, $X(e,t)$ 是一个随机变量。对所有的 $t\in T$, $X(e,t)$ 是一簇随机变量。

具有上述这样两个特点,用来描述随机事件发展全过程的二元函数 $X(e,t)$ 就是随机过程。

定义 7.4　设随机试验的样本空间 $S=\{e\}$,如果对于每个 $e\in S$,对应有参数 t 的函数 $X(e,t)$, $t\in T\subset(-\infty,+\infty)$,那么,对于所有的 $e\in S$,得到一簇 t 的函数

$$\{X(e,t),t\in T\}$$

称为随机过程,简称过程,简记为 $\{X(t),t\in T\}$ 或 $X(t)$ 或 $X_t(e)$ 或 X_T, T 称为参数集。

随机过程是随机变量概念的推广,随机变量是在固定时间 t 上的试验结果,是一个数的集合;而随机过程是在 $t\in T$ 上的试验结果,是一个时间函数的集合。当 t 固定时,随机过程就成为一个随机变量。

7.1.3 有限维分布和数字特征

定义 7.5 $\forall n \in N$，$\forall t_1, t_2, \cdots, t_n \in T$，$n$ 维随机向量 $(X(t_1), X(t_2), \cdots, X(t_n))$ 的联合分布函数

$$F(x_1, x_2, \cdots, x_n; t_1, t_2, \cdots, t_n) = P(X(t_1) < x_1, X(t_2) < x_2, \cdots, X(t_n) < x_n)$$

称为随机过程 $X(t)$ 的 n 维有限维分布。称

$$\{F(x_1, x_2, \cdots, x_n; t_1, t_2, \cdots, t_n) \mid \forall n \in N, \forall t_1, t_2, \cdots, t_n \in T\}$$

为随机过程 $X(t)$ 的有限维分布函数簇。

有限维分布函数簇满足如下两个性质：

(1)（对称性）设 $i_1, i_2, \cdots, i_n$ 为 $1, 2, \cdots, n$ 的任意排列，$\forall t_1, t_2, \cdots, t_n \in T$，则

$$F(x_1, x_2, \cdots x_n; t_1, t_2, \cdots t_n) = F(x_{i_1}, x_{i_2}, \cdots, x_{i_n}; t_{i_1}, t_{i_2}, \cdots, t_{i_n})$$

(2)（相容性）设 $m < n$，$\forall t_1, t_2, \cdots, t_m, t_{m+1}, \cdots, t_n \in T$，则

$$F(x_1, x_2, \cdots, x_m, \infty, \cdots, \infty; t_1, t_2, \cdots, t_n) = F(x_1, x_2, \cdots, x_m; t_1, t_2, \cdots, t_m)$$

一个随机过程的概率特征完全由其有限维分布簇决定。

定理 7.1 （柯尔莫哥洛夫定理）

若分布函数簇 $F(x_1, x_2, \cdots, x_n; t_1, t_2, \cdots, t_n)$；$t_1, t_2, \cdots, t_n \in T$；$n \geqslant 1$ 满足对称性和相容性，则必存在一个随机过程 $\{X(t), t \in T\}$，使该分布函数簇恰为该随机过程的有限维分布函数簇。

定义 7.6 随机过程 $\{X(t), t \in T\}$ 的数字特征表示如下，称：

(1) $\mu(t) = E[X(t)]$ 为均值函数；

(2) $D(t) = E[X(t) - \mu(t)]^2 = E[X^2(t)] - \mu^2(t)$ 为方差函数；

(3) 对任意 $s, t \in T$，$R(s, t) = E[X(s)X(t)]$ 为（自）相关函数；

(4) $\Gamma(s, t) = \mathrm{Cov}(X(s), X(t)) = E[(X(s) - \mu(s))(X(t) - \mu(t))] = E[X(s)X(t)] - \mu(s)\mu(t)$ 为（自）协方差函数。

例 7.2 设有正弦波过程 $X(t) = a\cos(\omega t + \theta)$，其中 a, ω 为常数，θ 为 $[-\pi, \pi]$ 上的均匀分布的随机变量，其均值函数为 $\mu(t) = 0$，协方差函数为

$$\Gamma(s, t) = \frac{a^2}{2}\cos(\omega(s - t))$$

7.1.4 随机过程的分类

对于随机过程的分类，我们从状态空间的特征和概率特征两个角度出发进行分析。

1. 状态空间的特征分类法

随机过程 $\{X(t), t \in T\}$ 的取值称为过程所处的状态，所有状态的全体称为状态空间。根据状态空间的特征，一般把随机过程分为两大类：

(1) 离散状态，即 $X(t)$ 取一些离散的值；

(2) 连续状态，即 $X(t)$ 的取值范围是连续的。

更细致地进行分类，可将随机过程分为：

(1) 离散参数离散状态随机过程，如马尔可夫链；

（2）连续参数离散状态随机过程，如泊松过程；

（3）离散参数连续状态随机过程，如马尔可夫序列；

（4）连续参数连续状态随机过程，如高斯过程、布朗运动。

例 7.3　到达总机交换台的电话呼叫次数可以看成一个泊松过程。

例 7.4　英国植物学家 Brown 注意到漂浮在液面上的微小粒子不断进行无规则运动，这种运动是分子大量随机碰撞的结果，称为布朗运动，以 $(X(t),Y(t))$ 表示粒子在平面上的位置，则它是平面上的布朗运动。

2. 概率特征分类法

设 $X_T = \{X(t),t \in T\}$ 为随机过程，按其概率特征，分类如下：

1）独立增量过程

对 $t_1 < t_2 < \cdots < t_n, t_i \in T, 1 \leqslant i \leqslant n$，若增量

$$X(t_1),X(t_2)-X(t_1),X(t_3)-X(t_2),\cdots,X(t_n)-X(t_{n-1})$$

相互独立，则称 $\{X(t),t \in T\}$ 为独立增量过程。若对一切 $0 \leqslant s < t$，增量 $X(t)-X(s)$ 的分布只依赖于 $t-s$，则称 X_T 有平稳增量。有平稳增量的独立增量过程简称为独立平稳增量过程。常见的泊松过程就是最简单也是最重要的独立平稳增量过程。

2）马尔可夫过程

粗略地说，一随机过程，若已知现在的 t 状态 X_t，那么将来的状态 $X_u (u > t)$ 的取值（或取某些状态）的概率与过去状态 $X_s (s < t)$ 的取值无关，或更简单地说，已知现在，将来与过去无关（条件独立），则称此性质为马尔可夫性（简称为无后效性或简称为马氏性）。我们会在之后的小节中具体讨论。

3）平稳过程及二阶矩过程

一随机过程 X_T，若 $\forall \tau, t \in T, D(X(t))$ 存在且 $E(X(t)) = m$，$\mathrm{Cov}(X_t,X_{t+\tau}) = \Gamma(\tau)$ 仅依赖 τ，则称 X_T 为宽平稳过程，即它的协方差不随时间推移而改变。一随机过程 X_T，若 $\forall t_1,t_2,\cdots,t_n \in T$ 及 $h > 0$，$(X_{t_1},X_{t_2},\cdots,X_{t_n})$ 与 $(X_{t_1+h},X_{t_2+h},\cdots,X_{t_n+h})$ 有相同的联合分布，则称该过程为严平稳过程。一随机过程 X_T，若 $\forall t \in T, DX_t$ 存在，则称其为二阶矩过程。

4）鞅的定义

若 $\forall t \in T, E|X(t)| < \infty$，且 $\forall t_1 < t_2 < \cdots < t_n < t_{n+1}$，有

$$E(X(t_{n+1}) \mid X(t_1),X(t_2),\cdots,X(t_n)) = X(t_n)$$

则称 $\{X(t),t \in T\}$ 为鞅。

5）更新过程

设 $(X_k,k \geqslant 1)$ 为独立同分布的正的随机变量序列，$\forall t > 0, S_0 = 0, S_n = \sum_{k=1}^{n} X_k$，并定义

$$N(t) = \max\{n : n \geqslant 0, S_n \leqslant t\}$$

$\{N(t),t > 0\}$ 为更新过程。$N(t)$ 可以解释为 $[0,t]$ 内更换零件的数或系统来的信号（粒子）数，或"服务站"来的"顾客数"等。

7.2　泊 松 过 程

7.2.1　指数分布

定义 7.7　若随机变量 X 的密度函数

$$p(x) = \begin{cases} \lambda \mathrm{e}^{-\lambda x}, & x \geqslant 0 \\ 0, & x < 0 \end{cases}$$

则称 X 服从指数分布，记作 $X \sim \mathrm{Exp}(\lambda)$，其中参数 $\lambda > 0$。指数分布的分布函数为

$$F(x) = \begin{cases} 1 - \mathrm{e}^{-\lambda x}, & x \geqslant 0 \\ 0, & x < 0 \end{cases}$$

指数分布是一种偏态分布，由于指数分布随机变量只可能取非负实数，所以指数分布常被用作各种"寿命"分布，譬如电子元器件的寿命、动物的寿命、电话的通话时间、随机服务系统中的服务时间等都可假定服从指数分布，指数分布在可靠性与排队论中有着广泛的应用。

下面给出指数分布在连续分布类中所特有的一个性质。

定理 7.2　（指数分布的无记忆性）如果随机变量 $X \sim \mathrm{Exp}(\lambda)$，则对任意 $s > 0, t > 0$，有

$$P(X > s + t \mid X > s) = P(X > t) \tag{7.1}$$

式(7.1)的含义为：记 X 是某种产品的使用寿命(h)，若 X 服从指数分布，那么已知此产品使用了 $s(h)$ 没发生故障，则再能使用 $t(h)$ 而不发生故障的概率与已使用的 $s(h)$ 无关，只相当于重新开始使用 $t(h)$ 的概率，即对已使用过的 $s(h)$ 没有记忆。

指数分布是一种连续概率分布，与泊松分布是有关系的：指数函数的无记忆性来自于泊松过程 $k = 0$ 时的时间指数性，而泊松过程 $k = 0$ 时的时间指数性来自于泊松分布 λ 的恒定性。可以简要总结为：泊松分布是单位时间内独立事件发生次数的概率分布，指数分布是独立事件的时间间隔的概率分布。

7.2.2　泊松过程的定义

泊松过程是实际中非常常见的一种随机过程，是由法国人 Poisson 于 1837 年引入的，理解泊松过程之前，我们需要了解以下概念。

定义 7.8　随机过程就是一个计数过程，而所谓的计数过程就是表示在一段时间内某个事件发生的次数，用数学语言描述就是 $\{N(t), t \geqslant 0\}$，$\{N(t)\}$ 表示在时间 t 内事件发生的次数，它需要满足以下四个条件：

(1) $N(t) \geqslant 0$；

(2) $N(t)$ 是整数值；

(3) 若 $s < t$，则 $N(s) \leqslant N(t)$；

(4) 当 $s < t$ 时，$N(s) - N(t)$ 等于在区间 $(s, t]$ 上事件发生的次数。

在计数过程 $\{N(t), t \geqslant 0\}$ 中，如果在不相重叠的时间区间内事件发生的次数是相互独立的，则称 $\{N(t)\}$ 为独立增量过程。

在计数过程 $\{N(t),t\geqslant 0\}$ 中，如果在任一时间区间内事件发生的次数只与时间的长短有关，而与起始时刻无关，即 $N(t+s)-N(t)$ 仅与 s 有关而与 t 无关，则称该过程为平稳增量过程。

下面引入泊松过程的定义。

定义 7.9　一个计数过程 $\{N(t),t\geqslant 0\}$ 是泊松过程，则其具有强度参数 λ，$\lambda>0$，且满足以下条件：

(1) $N(0)=0$；

(2) 该过程既是独立增量过程又是平稳增量过程；

(3) 在充分小的时间内，发生一次事件的概率为 $P(N(t,t+\Delta t)=1)=\lambda\Delta t+o(\Delta t)$；

(4) 在充分小的时间内，发生两次及两次以上次事件的概率为 $P(N(t+\Delta t)-N(t)\geqslant 2)=o(\Delta t)$。

例 7.5　考虑某一电话交换台在 $[0,t]$ 内传来的呼唤数，记为 $N(t)$，显然它是一计数过程。若它是一平稳独立增量过程，且在一很短时间间隔 Δt 内来一次呼唤的概率与 Δt 成正比，来一次以上呼唤的概率是 (Δt) 的高阶无穷小，则 $\{N(t),t\geqslant 0\}$ 就是泊松过程，$N(t)$ 表示在 $[0,t]$ 内事件发生的次数。

我们可以得到以下重要定理：

定理 7.3　若 $\{N(t),t\geqslant 0\}$ 为泊松过程，且 $\forall s,t\geqslant 0$，则在时间区间内事件出现 n 次的概率为

$$P(N(s+t)-N(s)=n)=\frac{(\lambda t)^n}{n!}\mathrm{e}^{-\lambda t},\ n=0,1,2,\cdots$$

即 $N(s+t)-N(t)$ 服从参数为 λt 的泊松分布。

证明　由增量平稳性，记 $P_n(t)=P(N(t)=n)=P(N(s+t)-N(s)=n)$。先看 $n=0$ 的情形：因为

$$\{N(t+h)=0\}=\{N(t)=0,N(t+h)-N(t)=0\},\ h>0$$

故

$$\begin{aligned}P_0(t+h)&=P(N(t+h)=0)\\&=P(N(t)=0,N(t+h)-N(t)=0)\\&=P(N(t)=0)P(N(t+h)-N(t)=0)\\&=P_0(t)P_0(h)\end{aligned}$$

另一方面，

$$P_0(h)=P(N(t+h)-N(t)=0)=1-(\lambda h+o(h))$$

代入上式，有

$$\frac{P_0(t+h)-P_0(t)}{h}=-\left(\lambda P_0(t)+\frac{o(h)}{h}\right)$$

令 $h\to 0$，对上式两边取极限，得

$$P_0'(t)=-\lambda P_0(t)$$

这是一阶线性常系数微分方程，由初始条件 $P_0(0)=P(N(0)=0)=1$，可得

$$P_0(t)=\mathrm{e}^{-\lambda t}$$

再看 $n>0$ 的情形，因

$$\{N(t+h)=n\}=\{N(t)=n,N(t+h)-N(t)=0\}$$
$$\bigcup\ \{N(t)=n-1,N(t+h)-N(t)=1\}$$
$$\bigcup\ \left\{\bigcup_{l=2}^{n}(N(t)=n-l,N(t+h)-N(t)=l)\right\}$$

故

$$P_n(t+h)=P_n(t)(1-\lambda h-o(h))+P_{n-1}(t)(\lambda h+o(h))+o(h)$$

化简可得

$$\frac{P_n(t+h)-P_n(t)}{h}=-\lambda P_n(t)+\lambda P_{n-1}(t)+\frac{o(h)}{h}$$

令 $h\to0$，对上式两边取极限，有

$$P_n'(t)=-\lambda P_n(t)+\lambda P_{n-1}(t)$$

且初始条件

$$P_n(0)=P(N(0)=n)=0$$

即

$$\frac{\mathrm{d}}{\mathrm{d}t}\left[\mathrm{e}^{\lambda t}P_n(t)\right]=\lambda\mathrm{e}^{\lambda t}P_{n-1}(t)$$

当 $n=1$ 时

$$\frac{\mathrm{d}}{\mathrm{d}t}\left[\mathrm{e}^{\lambda t}P_1(t)\right]=\lambda$$

注意到初始条件 $P_1(0)=0$，可得

$$P_1(t)=(\lambda t)\mathrm{e}^{-\lambda t}$$

再用归纳法，即有

$$P_n(t)=\frac{(\lambda t)^n}{n!}\mathrm{e}^{-\lambda t}$$

例 7.6 通过某十字路口的车流是一泊松过程。设 1 min 内没有车辆通过的概率为 0.2，求 2 min 内有多于一辆车通过的概率。

解 以 $N(t)$ 表示在 $[0,t]$ 内通过的车辆数，设 $\{N(t),t\geqslant0\}$ 是泊松过程，则

$$P\{N(t)=k\}=v_k(t)=\frac{(\lambda t)^k}{k!}\mathrm{e}^{-\lambda t},\quad k=0,1,2,\cdots$$

故

$$P\{N(1)=0\}=v_0(1)=\mathrm{e}^{-\lambda}=0.2\Rightarrow\lambda=-\ln0.2$$
$$P\{N(2)>1\}=1-P\{N(2)\leqslant1\}=1-v_0(2)-v_1(2)$$
$$=1-\mathrm{e}^{-2\lambda}-2\lambda\mathrm{e}^{-2\lambda}=1-(0.2)^2+2\ln0.2\cdot(0.2)^2$$
$$=0.83$$

7.2.3 泊松过程的性质

1. 数字特征与条件概率

设 $\{N(t),t\geqslant0\}$ 是参数为 λ 的泊松过程，则有 $N(t)$ 服从参数为 λt 的泊松分布，由泊

松分布的数字特征即可得到如下泊松过程的数字特征：

(1) 均值函数 $\mu_N(t)=E(N(t))=\lambda t$；

(2) 方差函数 $\sigma_N^2(t)=D(N(t))=\lambda t$；

(3) 自协方差函数 $C_N(s,t)=\lambda\min\{s,t\}\stackrel{\text{def}}{=}\lambda(s\wedge t)$；

(4) 自相关函数 $r_N(s,t)=\lambda(s\wedge t)+\lambda^2 st$。

关于泊松过程，我们常常遇到两类条件概率。在已知某一确定时刻的事件发生数目的条件下，一类是求该时刻后某一时刻的给定事件发生数目的条件概率，另一类是求该时刻前某一时刻的给定事件发生数目的条件概率。

对于第一类条件概率，只需用独立增量性即可完成计算。不妨设 $s<t,m\leqslant n$，则有

$$
\begin{aligned}
P(N(t)=n,N(s)=m) &= P(N(t)-N(s)=n-m,N(s)=m) \\
&= P(N(t)-N(s)=n-m) \\
&= e^{-\lambda(t-s)}\frac{[\lambda(t-s)]^{n-m}}{(n-m)!}
\end{aligned}
$$

对于第二类条件概率，需要用贝叶斯公式完成计算。不妨设 $s<t,m\leqslant n$，则有

$$
\begin{aligned}
P(N(s)=m\mid N(t)=n) &= \frac{P(N(s)=m,N(t)=n)}{P(N(t)=n)} \\
&= \frac{P(N(t)-N(s)=n-m)P(N(s)=m)}{P(N(t)=n)} \\
&= \frac{e^{-\lambda(t-s)}\dfrac{[\lambda(t-s)]^{n-m}}{(n-m)!}\cdot e^{-\lambda s}\dfrac{(\lambda s)^m}{m!}}{e^{-\lambda t}\dfrac{(\lambda t)^n}{n!}} \\
&= C_n^m\left(\frac{s}{t}\right)^m\left(1-\frac{s}{t}\right)^{n-m}
\end{aligned}
$$

2. 等待时间与到达时间间隔的分布

对于一个泊松过程，我们将第 n 个事件到达的时刻记为 S_n，也称为直到第 n 个事件的等待时间。

定理 7.4 等待时间 S_n 服从参数为 n 和 λ 的 Γ 分布，记为 $S_n\sim\Gamma(n,\lambda)$，其概率密度函数为

$$
f_{S_n}(t)=\frac{\lambda^n}{\Gamma(n)}e^{-\lambda t}t^{n-1}=\lambda e^{-\lambda t}\frac{(\lambda t)^{n-1}}{(n-1)!},\quad t\geqslant 0
$$

证明 注意到第 n 个事件在时刻 t 前发生，当且仅当直到 t 为止发生事件的个数至少是 n，用泊松随机变量表示为

$$
N(t)\geqslant n\Leftrightarrow S_n\leqslant t
$$

这是一个非常重要的等价命题。因此有

$$
\begin{aligned}
F_{S_n}(t)=P(S_n\leqslant t)=P(N(t)\geqslant n) \\
=\sum_{j=n}^{\infty}e^{-\lambda t}\frac{(\lambda t)^j}{j!}
\end{aligned}
$$

对 t 求导可得

$$f_{S_n}(t) = -\sum_{j=n}^{\infty} \lambda e^{-\lambda t} \frac{(\lambda t)^j}{j!} + \sum_{j=n}^{\infty} \lambda e^{-\lambda t} \frac{(\lambda t)^{j-1}}{(j-1)!}$$

$$= \lambda e^{-\lambda t} \frac{(\lambda t)^{n-1}}{(n-1)!} - \sum_{j=n}^{\infty} \lambda e^{-\lambda t} \frac{(\lambda t)^j}{j!} + \sum_{j=n+1}^{\infty} \lambda e^{-\lambda t} \frac{(\lambda t)^{j-1}}{(j-1)!}$$

$$= \lambda e^{-\lambda t} \frac{(\lambda t)^{n-1}}{(n-1)!}$$

所以 $S_n \sim \Gamma(n,\lambda)$。

对于一个泊松过程，我们将第一个事件到达的时间记为 T_1，对 $n \geqslant 2$，用 T_n 表示第 $n-1$ 个事件与第 n 个事件发生的时间间隔。补充定义 $S_0 = 0$，容易看出 S_n 和 T_n 的关系为

$$S_n = \sum_{i=1}^{n} T_i, \quad T_n = S_n - S_{n-1}, n \geqslant 1$$

定理 7.5　$\{N(t), t \geqslant 0\}$ 是参数为 λ 的泊松过程，当且仅当其到达时间间隔 $T_1, T_2, \cdots$ 独立同分布且服从参数为 λ 的指数分布。

证明　仅证明必要性。若 $\{N(t), t \geqslant 0\}$ 是参数为 λ 的泊松过程，我们先计算 T_1 的分布。注意到事件 $\{T_1 > t\}$ 等价于泊松过程在区间 $(0, t]$ 中没有事件发生，从而

$$F_{T_1}(t) = P(T_1 \leqslant t) = 1 - P(T_1 > t) = 1 - P(N(t) = 0) = 1 - e^{-\lambda t}, t \geqslant 0$$

因此 T_1 服从参数为 λ 的指数分布。

接下来考虑 T_2 在给定 $T_1 = s$ 下的条件分布。同样，注意到事件 $\{T_2 > t, T_1 = s\}$ 等价于泊松过程在区间 $(s, s+t]$ 中没有事件发生，从而

$$F_{T_2 \mid T_1}(t \mid s) = P(T_2 \leqslant t \mid T_1 = s)$$
$$= 1 - P(T_2 > t \mid T_1 = s) = 1 - P(T_2 > t, T_1 = s \mid T_1 = s)$$
$$= 1 - P(N(s+t) - N(s) = 0 \mid T_1 = s)$$
$$= 1 - P(N(s+t) - N(s) = 0)$$
$$= 1 - e^{-\lambda t}, t \geqslant 0$$

因此 T_2 与 T_1 相互独立且服从参数为 λ 的指数分布。

重复同样的推导可得 $T_1, T_2, \cdots$ 相互独立，且同服从参数为 λ 的指数分布。

3. 到达时刻的条件分布

下面再介绍一下到达时刻的条件分布。如果已知在 $(0, t]$ 内恰好有 n 个事件发生，想要确定这 n 个事件发生的时刻的概率分布。下面我们首先看恰好有 1 个事件发生的情况。

定理 7.6　设 $\{N(t), t \geqslant 0\}$ 是参数为 λ 的泊松过程。若已知在 $(0, t]$ 内恰好有 1 个事件发生，则此事件发生的时刻 S_1 在 $(0, t]$ 内服从均匀分布。

证明　为证明条件均匀分布，只需要求出 S_1 的条件分布函数。对任意的 $0 < s \leqslant t$ 有

$$P(S_1 \leqslant s \mid N(t) = 1) = \frac{P(T_1 \leqslant s, N(t) = 1)}{P(N(t) = 1)}$$
$$= \frac{P(N(s) = 1) P(N(t) - N(s) = 0)}{P(N(t) = 1)}$$
$$= \frac{\lambda s e^{-\lambda s} \cdot e^{-\lambda(t-s)}}{\lambda t e^{-\lambda t}} = \frac{s}{t}, 0 < s \leqslant t$$

所以有 $S_1 \mid N(t) = 1 \sim U(0, t)$。

推广到 n 个事件，这里需要涉及次序统计量的概念，在这里不做详细介绍。

4. 泊松过程的合成与分解

定理 7.7　$\{N_1(t)\}$ 服从强度为 λ 的泊松过程，$\{N_2(t)\}$ 服从强度为 μ 的泊松过程，两个泊松过程独立，$N(t)=N_1(t)+N_2(t)$，$\{N(t)\}$ 服从强度为 $\lambda+\mu$ 的泊松过程。

定理 7.8　设 $\{N(t),t\geq0\}$ 是参数为 λ 的泊松过程，若每个事件独立且独立于 $\{N(t),t\geq0\}$，以概率 p 为第一类事件，以概率 $1-p$ 为第二类事件，定义 $\{N_1(t)\}$ 和 $\{N_2(t)\}$ 分别表示到 t 时刻为止的第一类事件和第二类事件发生的个数，则 $\{N_1(t),t\geq0\}$ 和 $\{N_2(t),t\geq0\}$ 分别是参数为 λp 和 $\lambda(1-p)$ 的泊松过程，且它们相互独立。

7.2.4　非时齐泊松过程

非时齐泊松过程相比泊松过程，其强度 λ 不再是常数，而与 t 有关，也就是说不具有平稳增量性。它反映了一类其变化与时间有关的过程，如设备的故障率与使用年限有关，放射性物质的衰变速度与衰变时间有关，等等。

定义 7.10　计数过程 $\{N(t),t\geq0\}$ 若满足以下条件：

(1) $N(0)=0$；

(2) $\{N(t),t\geq0\}$ 是独立增量过程；

(3) $P(N(t+h)-N(t)=1)=\lambda(t)h+o(h)$；

(4) $P(N(t+h)-N(t)\geq2)=o(h)$，

则称该过程为强度函数是 $\lambda(t)$（一般要求为连续函数）的非时齐泊松过程。非时齐泊松过程的均值函数为

$$m(t)=\int_0^t \lambda(s)\mathrm{d}s$$

定理 7.9　若 $\{N(t),t\geq0\}$ 是非时齐（非时间齐次）具有强度函数 $\{\lambda(t),t\geq0\}$ 的泊松过程，则 $\forall s,t\geq0$，

$$P(N(t+s)-N(t)=n)=\mathrm{e}^{-(m(t+s)-m(t))}\frac{(m(t+s)-m(t))^n}{n!}$$

我们把定义 7.9 的过程也称为时齐泊松过程，显然，在定理 7.8 中，如令 $\lambda(s)=\lambda$ 即转化为定理 7.3。非时齐泊松过程问题可转化到泊松过程中进行讨论，反过来也可以由强度为 λ 的泊松过程构造出一个强度函数为 $\lambda(t)$ 的非时齐泊松过程。

定理 7.10　设 $\{N(t),t\geq0\}$ 是一个强度为 $\lambda(t)$ 的非时齐泊松过程，$\forall t\geq0$，令 $N^*(t)=N(m^{-1}(t))$，$m^{-1}(t)$ 为 $m(t)$ 的反函数，则 $\{N^*(t),t\geq0\}$ 是强度为 1 的泊松过程。

例 7.7　设某设备的使用期限为 10 年，在前 5 年内平均 2.5 年需要维修一次，后 5 年平均 2 年需维修一次，求在使用期限内只维修过 1 次的概率。

解　因为维修次数与使用时间有关，所以该过程是非时齐泊松过程，强度函数

$$\lambda(t)=\begin{cases}\dfrac{1}{2.5}, & 0\leq t\leq5\\[2mm]\dfrac{1}{2}, & 5<t\leq10\end{cases}$$

则

$$m(10)=\int_0^{10}\lambda(t)\mathrm{d}t=\int_0^5\frac{1}{2.5}\mathrm{d}t+\int_5^{10}\frac{1}{2}\mathrm{d}t=4.5$$

$$P(N(10) - N(0) = 1) = e^{-4.5} \frac{4.5}{1!} = 4.5 e^{-4.5}$$

7.2.5　复合泊松过程

定义 7.11　设 $\{N(t), t \geq 0\}$ 是一个强度为 λ 的泊松过程，$\{Y_k, k = 1, 2, \cdots\}$ 是一列独立同分布随机变量，且与 $\{N(t), t \geq 0\}$ 独立，令

$$X(t) = \sum_{k=1}^{N(t)} Y_k, t \geq 0$$

则称 $\{X(t), t \geq 0\}$ 为复合泊松过程。

复合泊松过程是由一列随机变量 $\{Y_n\}$ 的和构成的，当 $Y_n \equiv 1$ 时，$X(t) = N(t)$，$X(t)$ 即为通常的泊松过程。

定理 7.11　（复合泊松过程的性质）设 $X(t) = \sum_{k=1}^{N(t)} Y_k, t \geq 0$ 是复合泊松过程，则

(1) $\{X(t), t \geq 0\}$ 是独立增量过程；

(2) $X(t)$ 的特征函数 $g_{X(t)}(u) = \exp\{\lambda t [g_Y(u) - 1]\}$，其中 $g_Y(u)$ 是随机变量 Y_1 的特征函数，λ 是事件的到达率；

(3) 若 $E(Y_1^2) < \infty$，则 $E[X(t)] = \lambda t E(Y_1)$，$D[X(t)] = \lambda t E(Y_1^2)$。

关于复合泊松过程的构成，首先要存在一个泊松过程和一个随机变量序列，然后验证随机变量序列的独立性以及随机变量序列与泊松过程的独立性。下面举几个复合泊松过程的实例。

例 7.8　顾客到达某服务系统的时刻 $S_1, S_2, \cdots$ 形成一个强度为 λ 的泊松过程，若以 $Y_n (n \geq 1)$ 记录在时刻 $S_n (n \geq 1)$ 同时到达的顾客人数，则在时间 $[0, t]$ 内到达的顾客总人数是复合泊松过程。

例 7.9　到达某汽车总站的客车数是一个泊松过程，每辆客车内的乘客数是一随机变量，设各客车内乘客数独立同分布，且各辆车乘客数与车辆数 $\{N(t)\}$ 相互独立，则在 $[0, t]$ 内到达汽车总站的乘客总数是复合泊松过程。

7.2.6　条件泊松过程

定义 7.12　设 Λ 是一正的随机变量，分布函数为 $G(x), x \geq 0$，设 $\{N(t), t \geq 0\}$ 是一个计数过程，且当给定 $\Lambda = \lambda$ 条件下，$\{N(t), t \geq 0\}$ 是一个泊松过程，即 $\forall s, t \geq 0, n \in \mathbb{N}_0 = \{0, 1, 2, \cdots\}, \lambda \geq 0$，有

$$P\{N(s+t) - N(s) = n \mid \Lambda = \lambda\} = \frac{(\lambda t)^n}{n!} e^{-\lambda t}$$

则称 $\{N(t), t \geq 0\}$ 是条件泊松过程。

条件泊松过程描述的是一个有着"风险"参数为 λ 的个体发生某一事件的概率。例如有一个总体，它的个体存在某种差异（如不同的人发生事故的倾向性不同），此时，可以把概率式

$$P\{N(t+s) - N(t) = n\} = e^{-\lambda t} \frac{(\lambda t)^n}{n!}, n = 0, 1, 2, \cdots$$

解释为给定 λ 时 $N(t)$ 的条件分布 $P_{n|\lambda}(t)$。

在风险理论中常用条件泊松过程作为意外事件出现的模型,其强度参数 λ 未知,但经过一段时间后,即可用事件发生的概率来表示此模型,就有了确定的参数。

7.3 马尔可夫链

7.3.1 马尔可夫链的定义

马尔可夫链又称离散时间马尔可夫链,因俄国数学家安德烈·马尔可夫而得名,它是状态空间中从一个状态到另一个状态转换的随机过程,该过程要求具备"无记忆"的性质:下一状态的概率分布只能由当前状态决定,在时间序列中它前面的事件均与之无关。这种特定类型的"无记忆性"称作马尔可夫性。之后,发展成为比较成熟的马尔可夫过程论并作为实际过程的统计模型具有许多应用。

定义 7.13 设随机过程 $\{X_n, n \geqslant 0\}$ 的状态空间 S 是有限集或可列集,对于 T 内任意 $n+1$ 个参数和 S 内任意 $n+1$ 个状态 $j_1, j_2, \cdots, j_n, j_{n+1}$,如果条件概率

$$P(X(t_{n+1}) = j_{n+1} \mid X(t_1) = j_1, X(t_2) = j_2, \cdots, X(t_n) = j_n)$$
$$= P(X(t_{n+1}) = j_{n+1} \mid X(t_n) = j_n) \tag{7.2}$$

恒成立,则称此过程为马尔可夫链,简称马氏链。

式(7.2)则称为马尔可夫性,或称无记忆性,即在某个时刻的随机变量 $X(t_{n+1})$ 与前一个时刻的随机变量 $X(t_n)$ 之间有条件分布,$X(t_{n+1})$ 只依赖于 $X(t_n)$,而不依赖于过去的随机变量 $\{X(t_1), X(t_2), \cdots, X(t_{n-1})\}$。

记 $p_{ij}^{n,n+1} = P(X_{n+1} = j \mid X_n = i)(i, j \in S)$,称其为马尔可夫链 $\{X_n, n \geqslant 0\}$ 在 n 时的一步转移概率。固定 n,转移概率 $p_{ij}^{n,n+1}$ 可以看成某个矩阵的第 i 行第 j 列元素,把该矩阵记为 $\boldsymbol{p}^{(n)}$,即 $\boldsymbol{p}^{(n)} = (p_{ij}^{n,n+1})_{i,j \in S}$,它有可能是无穷维的。$\boldsymbol{p}^{(n)}$ 称为在时刻 n 的一步转移概率矩阵。一般来说,转移概率 $p_{ij}^{n,n+1}$ 依赖于时刻 n,此时称该马尔可夫链是非齐次的。

定义 7.14 若马尔可夫链 $\{X_n, n \geqslant 0\}$ 的一步转移概率 $p_{ij}^{n,n+1}(n \in T, i, j \in S)$ 不依赖于 n,则称其为齐次马尔可夫链或称其为有平稳转移概率的马尔可夫链。

对于齐次马尔可夫链,由于一步转移概率 $p_{ij}^{n,n+1}$ 不依赖于 n,因此记 $p_{ij} = p_{ij}^{n,n+1} = P(X_{n+1} = j \mid X_n = i)$,此时一步转移概率矩阵为 $\boldsymbol{P} = (p_{ij})_{i,j \in S}$。以下不特别指明,所讨论的均为齐次马尔可夫链。以 $\pi_i(\theta) = P(X_0 = i), i \in S$ 记马尔可夫链 $\{X_n, n \geqslant 0\}$ 的初始分布 $\left(\sum_{i \in S} \pi_i(\theta) = 1 \right)$。

下面的定理提供了一个非常有用的获得马尔可夫链的方法,并可用于检验一个随机过程是否为马尔可夫链。

定理 7.12 设随机过程 $\{X_n, n \geqslant 0\}$ 满足

(1) $X_n = f(X_{n-1}, \xi_n)(n \geqslant 0)$,其中 $f: S \times S \to S$,且 ξ_n 取值在 S 上;

(2) $\{\xi_n, n \geqslant 1\}$ 为独立同分布随机变量,且 X_0 与 $\{\xi_n, n \geqslant 1\}$ 也相互独立,

则 $\{X_n, n \geqslant 0\}$ 是马尔可夫链,而且其一步转移概率为

$$p_{ij} = P(f(i, \xi_1) = j)$$

证明　设 $n \geqslant 1$，注意到 ξ_{n+1} 与 $X_0, X_1, \cdots, X_n$ 相互独立，则有

$$P(X_{n+1} = i_{n+1} \mid X_0 = i_0, \cdots, X_n = i_n)$$
$$= P(f(X_n, \xi_{n+1}) = i_{n+1} \mid X_0 = i_0, \cdots, X_n = i_n)$$
$$= P(f(i_n, \xi_{n+1}) = i_{n+1} \mid X_0 = i_0, \cdots, X_n = i_n)$$
$$= P(f(i_n, \xi_{n+1}) = i_{n+1})$$

同样地

$$P(X_{n+1} = i_{n+1} \mid X_n = i_n) = P(f(i_n, \xi_{n+1}) = i_{n+1})$$

因此

$$P(X_{n+1} = i_{n+1} \mid X_0 = i_0, \cdots, X_n = i_n) = P(X_{n+1} = i_{n+1} \mid X_n = i_n)$$

即 $\{X_n, n \geqslant 0\}$ 是马尔可夫链。

定义 7.15　设有状态空间为 S，一步转移概率为 $\boldsymbol{P}$，初始分布为 $p_i = P(X_0 = i), i \in S$ 的齐次马尔可夫链 $\{X_n, n \geqslant 0\}$，令

$$p_{ij}^{(n)} = P(X_{n+m} = j \mid X_m = i) = P(X_n = j \mid X_0 = i), \quad n \geqslant 2$$

表示经过 n 个时刻，链从状态 i 转移到状态 j 的概率，称为 n 步转移概率。令

$$p_{ij}^{(0)} = \begin{cases} 1, & \text{若 } i = j \\ 0, & \text{若 } i \neq j \end{cases} \qquad i, j \in S$$

定义如下矩阵

$$p^{(0)} = (p_{ij}^{(0)})_{i,j \in S}$$
$$p^{(1)} = \boldsymbol{P} = (p_{ij})_{i,j \in S}$$
$$p^{(n)} = (p_{ij}^{(n)})_{i,j \in S} \quad (n \geqslant 2)$$

查普曼-科莫高洛夫方程（Chapman-Kolmogorov 方程，以下简称 C-K 方程）表明从状态 i 出发经过 $k+l$ 步到达状态 j 的过程可分两个阶段：先从状态 i 出发经过 k 步到达状态 r，再由状态 r 出发经过 l 步到达状态 j。由马尔可夫性，后一阶段的状态转移与前一阶段的状态转移独立，故两个阶段的转移概率是相乘的关系。而经过 k 步所到达的状态 r 不受任何限制，因此要对全部的 r 求和。

C-K 方程的证明对研究马尔可夫链是十分典型的。它的证明过程是：先按某种方式分解事件（C-K 方程证明中是按时刻 n 的状态分解的），然后利用条件概率的乘法公式、马尔可夫性与齐次性进行证明。下面给出具体的证明过程。

定理 7.13　（查普曼－科莫高洛夫方程）

$$p_{ij}^{(m+n)} = \sum_{k \in S} p_{ik}^{(m)} p_{kj}^{(n)} \tag{7.3}$$

考虑矩阵乘法，式（7.3）可写成

$$\boldsymbol{P}^{(m+n)} = \boldsymbol{P}^{m+n} = \boldsymbol{P}^m \cdot \boldsymbol{P}^n = \boldsymbol{P}^{(m)} \cdot \boldsymbol{P}^{(n)} \tag{7.4}$$

证明　因

$$(X_0 = i, X_{m+n} = j) = \bigcup_{k \in S} (X_0 = i, X_m = k, X_{n+m} = j)$$

故

$$P(X_{m+n} = j \mid X_0 = i) = \frac{\sum_{k \in S} P(X_0 = i, X_m = k, X_{m+n} = j)}{P(X_0 = i)}$$
$$= \sum_{k \in S} P(X_m = k \mid X_0 = i) \cdot P(X_{m+n} = j \mid X_0 = i, X_m = k)$$

$$=\sum_{k\in S}p_{ik}^{(m)}P(X_{m+n}=j\mid X_m=k)=\sum_{k\in S}p_{ik}^{(m)}\cdot p_{kj}^{(n)}$$

即

$$p_{ij}^{(m+n)}=\sum_{k\in S}p_{ik}^{(m)}p_{kj}^{(n)}$$

写成向量形式即

$$\boldsymbol{P}^{(m+n)}=\boldsymbol{P}^{(m)}\cdot\boldsymbol{P}^{(n)}$$

再注意到 $\boldsymbol{P}^{(1)}=\boldsymbol{P}$ 将 $m=n=1$ 代入上式得 $\boldsymbol{P}^{(2)}=\boldsymbol{P}\cdot\boldsymbol{P}=\boldsymbol{P}^2$，从而得到式(7.3)及式(7.4)。

由上可知，一个马氏链运动规律的概率特性取决于它的转移概率矩阵特性，这样，研究前者就可以转化为研究后者，显然 $\boldsymbol{P}^{(m)}=(p_{ij}^{(m)})$ 是一随机矩阵。

对于齐次马尔可夫链，会求一步和 n 步转移概率或者会求转移概率矩阵是十分重要的。

例 7.10 考虑两个状态的马尔可夫链 $\{X_n,n\geqslant 0\}$，一步转移概率为

$$\boldsymbol{P}=\begin{pmatrix}1-p & p\\ q & 1-q\end{pmatrix}$$

则

$$\boldsymbol{P}^{(n)}=\boldsymbol{P}^n=\frac{1}{p+q}\begin{pmatrix}q & p\\ q & p\end{pmatrix}+\frac{(1-p-q)^n}{p+q}\begin{pmatrix}p & -p\\ -q & q\end{pmatrix}$$

例 7.11 设有独立重复试验序列 $\{X_n,n\geqslant 1\}$，以 $X_n=1$ 记第 n 次试验时事件 A 发生，且 $P(X_n=1)=p$；以 $X_n=0$ 记第 n 次试验时事件 A 不发生，且 $P(X_n=0)=q=1-p$，求 n 步转移概率矩阵。

解 $\{X_n,n\geqslant 1\}$ 是齐次马尔可夫链，由其独立性知

$$P(X_{n+1}=i_{n+1}\mid X_n=i_n)=P(X_{n+1}=i_{n+1})$$

又由重复性，有

$$p_{ij}=P(X_n=j)=\begin{cases}p, & j=1\\ q, & j=0\end{cases}$$

故

$$\boldsymbol{P}=\begin{bmatrix}p_{00} & p_{01}\\ p_{10} & p_{11}\end{bmatrix}=\begin{bmatrix}q & p\\ q & p\end{bmatrix}$$

$$\boldsymbol{PP}=\begin{bmatrix}q & p\\ q & p\end{bmatrix}\begin{bmatrix}q & p\\ q & p\end{bmatrix}=\begin{bmatrix}q & p\\ q & p\end{bmatrix}$$

$$\boldsymbol{P}^{(n)}=\overbrace{\boldsymbol{PP}\cdots\boldsymbol{P}}^{n}=\begin{bmatrix}q & p\\ q & p\end{bmatrix}$$

例 7.12 设有 $1,2,\cdots,6$ 共六个数字，从中随机地取一个，取中的数字用 X_1 表示，对 $n>1$，令 X_n 是从 $1,2,\cdots,X_{n-1}$ 这几个数字中取中的数字。证明：$\{X_n,n\geqslant 1\}$ 是一个马尔可夫链，求其状态空间 S 及一步和二步转移概率矩阵。

解 状态空间 $S=\{1,2,\cdots 6\}$，任取 $n\geqslant 1,i_1,i_2,\cdots,i_n\in S$，要使 $P(X_n=i_n,X_{n-1}=i_{n-1},\cdots,X_1=i_1)>0$，应有 $i_1\geqslant i_2\geqslant\cdots\geqslant i_n$，此时

$$P(X_n=i_n\mid X_{n-1}=i_{n-1},\cdots,X_1=i_1)=\frac{1}{i_{n-1}}=P(X_n=i_n\mid X_{n-1}=i_{n-1})$$

一步和二步转移概率矩阵分别为

$$
\boldsymbol{P}=\begin{bmatrix}1&&&&&\\\dfrac{1}{2}&\dfrac{1}{2}&&&&\\\dfrac{1}{3}&\dfrac{1}{3}&\dfrac{1}{3}&&&\\\dfrac{1}{4}&\dfrac{1}{4}&\dfrac{1}{4}&\dfrac{1}{4}&&\\\dfrac{1}{5}&\dfrac{1}{5}&\dfrac{1}{5}&\dfrac{1}{5}&\dfrac{1}{5}&\\\dfrac{1}{6}&\dfrac{1}{6}&\dfrac{1}{6}&\dfrac{1}{6}&\dfrac{1}{6}&\dfrac{1}{6}\end{bmatrix},\quad \boldsymbol{P}^{(2)}=\boldsymbol{PP}=\begin{bmatrix}1&&&&&\\\dfrac{3}{4}&\dfrac{1}{4}&&&&\\\dfrac{11}{18}&\dfrac{5}{18}&\dfrac{1}{9}&&&\\\dfrac{25}{48}&\dfrac{13}{48}&\dfrac{7}{48}&\dfrac{1}{16}&&\\\dfrac{137}{300}&\dfrac{77}{300}&\dfrac{47}{300}&\dfrac{9}{100}&\dfrac{1}{25}&\\\dfrac{49}{120}&\dfrac{29}{120}&\dfrac{19}{120}&\dfrac{37}{360}&\dfrac{11}{180}&\dfrac{1}{36}\end{bmatrix}
$$

7.3.2　马尔可夫链状态的分类

本小节将对马尔可夫链的状态按其概率特性进行分类，并讨论这些分类的判断准则。

1. 互通和闭集

定义 7.16　设马尔可夫链 $\{X_n,n\geqslant 0\}$ 的状态空间为 S，$i,j\in S$，$p_{ij}^{(n)}$ 为 n 步转移概率。若存在正整数 n，使得 $p_{ij}^{(n)}>0$，则状态 i 可到达 j，称为 i 可达 j，记为 $i\to j$。若对一切正整数 n，都有 $p_{ij}^{(n)}=0$，则称状态 i 不可达 j，记为 $i\nrightarrow j$。

定义 7.17　如果 $i\to j$，$j\to i$，则称状态 i,j 是相通的，记为 $i\leftrightarrow j$。

定理 7.14　互通关系是一个等价关系，即满足

（1）自反性：$i\leftrightarrow i$；

（2）对称性：$i\leftrightarrow j$，则 $j\leftrightarrow i$；

（3）传递性：$i\leftrightarrow j$，$j\leftrightarrow k$，则 $i\leftrightarrow k$。

两个状态若是相通的就称它们处于同一类。

定理 7.15　可达关系与互通关系都具有传递性，即

（1）若 $i\to j$，$j\to k$，则 $i\to k$，

（2）若 $i\leftrightarrow j$，$j\leftrightarrow k$，则 $i\leftrightarrow k$。

证明　若 $i\to j$，由定义知，存在 $l>0$，使 $p_{ij}^{(l)}>0$，

若 $j\to k$，由定义知，存在 $m>0$，使 $p_{jk}^{(m)}>0$.

由 C-K 方程 $p_{ik}^{(l+m)}=\sum\limits_{s\in S}p_{is}^{(l)}p_{sk}^{(m)}\geqslant p_{ij}^{(l)}p_{jk}^{(m)}>0$，由可达定义既得 $i\to k$。

定义 7.18　设马尔可夫链 $\{X_n,n\geqslant 0\}$ 的状态空间为 E。若对于 E 的任意子集 C，C 内的每一状态都不能到达 C 外的任何状态，即对于任意 $i\in C,k\notin C$，都有 $p_{ik}(n)=0$，$n\geqslant 1$，则称 C 为闭集。

由闭集的定义可知，一旦状态进入闭集 C，该状态将永远在 C 中运动而不可能到达 C 的外部。进一步，若 C 是闭集，对于任意 $i\in C$，都有

$$\sum_{j\in C}p_{ij}^{(n)}=1$$

定义 7.19　设马尔可夫链 $\{X_n,n\geqslant 0\}$ 的状态空间为 S。若闭集 C 中不含任何非空的闭

子集，则称 C 为不可约的。若状态空间 S 是不可约的，则称马尔科夫链为不可约的。（注：若闭集 C 中的状态是互通的，则 C 是不可约的。）

例 7.13 设马尔可夫链 $\{X_n\}$ 的状态空间为 $S=\{1,2,3,4,5\}$，其一步转移概率矩阵为 P，试研究各状态间的关系。

$$P=\begin{bmatrix} 0.5 & 0.5 & 0 & 0 & 0 \\ 0.25 & 0.75 & 0 & 0 & 0 \\ 0 & 0 & 0 & 1 & 0 \\ 0 & 0 & 0.5 & 0 & 0.5 \\ 0 & 0 & 0 & 1 & 0 \end{bmatrix}$$

解 $1\to2\to1$，故状态 1 与 2 互通，$3\to4\to3,4\to5\to4$，于是状态 3,4,5 互通。故马氏链有两个互不相交的闭集 $\{1,2\}$ 和 $\{3,4,5\}$。马尔可夫链不是不可约的。由一步转移概率矩阵 P 可推出状态转移关系如图 7-1 所示。

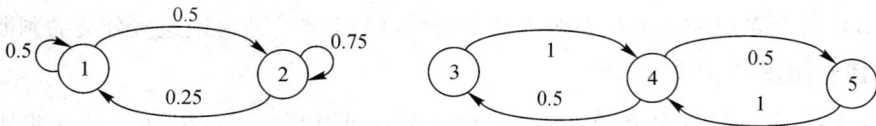

图 7-1 状态转移关系

例 7.14 设马尔可夫链 $\{X_n\}$ 的状态空间为 $S=\{1,2,3,4\}$，其一步转移概率矩阵为 P，试研究各状态间的关系。

$$P=\begin{bmatrix} 0 & 0 & 1 & 0 \\ 1 & 0 & 0 & 0 \\ 0.3 & 0.7 & 0 & 0 \\ 0.6 & 0.2 & 0.2 & 0 \end{bmatrix}$$

解 状态转移关系如图 7-2 所示。$1\to3$ $\to2\to1$，故状态 1,2,3 互通，$C_1=\{1,2,3\}$ 构成一个闭集。但 $C_2=\{4\}$ 不是闭集，因为状态 4 可到达 C_1 中的各个状态，但不返回。马尔可夫链不是不可约的。

定义 7.20 记 $d(i)=\gcd\{n\mid n\geqslant1, p_{ii}^{(n)}>0\}$，这里 gcd 表示最大公因子，若 $d(i)>1$，称 i 为周期的，且周期为 $d(i)$；否则，称 i 为非周期的。

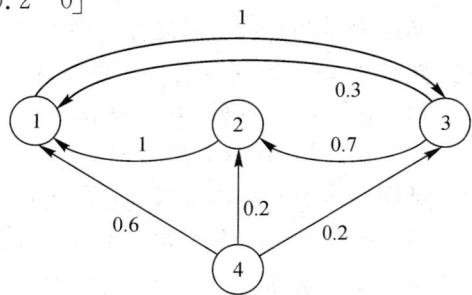

图 7-2 状态转移关系

定理 7.16 若 $i\leftrightarrow j$，则 $d(i)=d(j)$。

证明 由于 $i\leftrightarrow j$，故 $\exists m,n$，使得 $p_{ij}^{(m)}>0,p_{ji}^{(n)}>0$。于是 $p_{jj}^{(n+m)}>0$。若有 s 使得 $p_{ii}^{(s)}>0$，则 $p_{jj}^{(n+m+s)}>0$。由于 $d(j)\mid n+m$（$n+m$ 能被 $d(j)$ 整除），$d(j)\mid n+m+s$，因此 $d(j)\mid s$，进而 $d(j)\mid d(i)$。同理有 $d(i)\mid d(j)$，故 $d(i)=d(j)$。

2. 常返

定义 7.21 首达时间为

$$T_{ij} = \min\{n : n \geqslant 1, X_n = j, X_0 = i\}$$

若右边为空集，则令 $T_{ij} = \infty$，T_{ij} 表示从 i 出发首次到达 j 的时间；T_{ii} 表示从 i 出发首次回到 i 的时间。

定义 7.22 首达概率为

$$f_{ij}^{(n)} = P(T_{ij} = n \mid X_0 = i) = P(X_n = j, X_k \neq j, 1 \leqslant k \leqslant n-1 \mid X_0 = i)$$

$f_{ij}^{(n)}$ 表示从 i 出发经 n 步首次到达 j 的概率，而 $f_{ij} = \sum_{n=1}^{\infty} f_{ij}^{(n)}$ 表示由 i 出发，经有限步终于到达 j 的概率。

定义 7.23 若 $f_{ii} = 1$ 则称 i 为常返状态，若 $f_{ii} < 1$ 则称 i 为非常返状态（或称为瞬时状态）。如果状态 i 为常返的，系统无穷次返回状态的概率为 1；如果状态 i 为瞬时的，系统无穷次返回状态 i 的概率为 0。

定理 7.17

(1) 状态 i 为常返的 $\Leftrightarrow \sum_{n=1}^{\infty} p_{ii}^{(n)} = \infty$；状态 i 为瞬时的 $\Leftrightarrow \sum_{n=1}^{\infty} p_{ii}^{(n)} < \infty$。

(2) 若状态 j 是非常返即瞬时的，则对任意 $i \in S$，$\sum_{n=0}^{\infty} P_{ij}^{(n)} < \infty$，此时 $\lim_{n \to \infty} P_{ij}^{(n)} = 0$。

如果 $f_{ii} = 1$，记 $\mu_i = \sum_{n=1}^{\infty} n f_{ii}^{(n)}$，表示从 i 出发再回到 i 的平均回转时间。若 $\mu_i < \infty$，则称 i 为正常返态；若 $\mu_i = \infty$，则称 i 为零常返态；一个正常返态且非周期状态称为遍历态。

定理 7.18

(1) 若 i 为常返态，则 i 为零常返 $\Leftrightarrow \lim_{n \to \infty} p_{ii}^{(n)} = 0$。

(2) 若 i 为遍历态，则 $\lim_{n \to \infty} p_{ii}^{(n)} = \dfrac{1}{\mu_i}$；若 i 是周期为 d 的正常返态，则 $\lim_{n \to \infty} p_{ii}^{(nd)} = \dfrac{d}{\mu_i}$。

(3) 若状态 j 是遍历的，则对任意 $i \in S$，$\lim_{n \to \infty} p_{ij}^{(n)} = \dfrac{f_{ij}}{\mu_j}$。

(4) 若 j 常返且 $j \to i$，则 $f_{ij} = 1$。

(5) 若 $i \leftrightarrow j$，则它们或同为瞬时或同为常返；当 i、j 同为常返时，或同为零常返态，或同为正常返态。

例 7.15 设马尔可夫链的转移概率矩阵及各状态的转移如下（见图 7-3）：

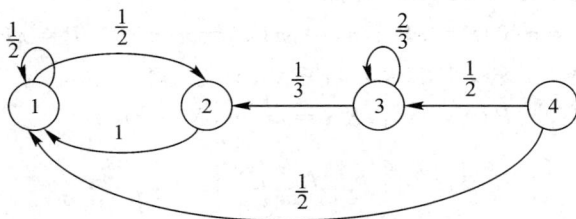

图 7-3 状态转移关系

$$P = \begin{bmatrix} \dfrac{1}{2} & \dfrac{1}{2} & 0 & 0 \\[2ex] 1 & 0 & 0 & 0 \\[2ex] 0 & \dfrac{1}{3} & \dfrac{2}{3} & 0 \\[2ex] \dfrac{1}{2} & 0 & \dfrac{1}{2} & 0 \end{bmatrix}$$

试分析各状态情况。

解 因为

$$f_{44}^{(n)} = 0,\ n \geqslant 1,\ f_{44} = 0 < 1$$

$$f_{33}^{(1)} = \frac{2}{3},\ f_{33}^{(n)} = 0,\ n \geqslant 2,\ f_{33} = \frac{2}{3} < 1$$

故状态 4 和 3 非常返；由

$$f_{11} = f_{11}^{(1)} + f_{11}^{(2)} = 1$$

$$f_{22} = \sum_{n=1}^{\infty} f_{22}^{(n)} = 0 + \frac{1}{2} + \frac{1}{4} + \frac{1}{8} + \cdots = 1$$

$$\mu_1 = \sum_{n=1}^{\infty} n \cdot f_{11}^{(n)} = 1 \times \frac{1}{2} + 2 \times \frac{1}{2} = \frac{3}{2} < \infty$$

$$\mu_2 = \sum_{n=1}^{\infty} n \cdot f_{22}^{(n)} = 1 \times 0 + 2 \times \frac{1}{2} + \cdots + n \cdot \frac{1}{2^{n-1}} + \cdots = 3 < \infty$$

故状态 1 和 2 都是正常返的，且易知它们是非周期的，从而是遍历状态。

3. 平稳分布与极限分布

定义 7.24 设 $\{X_n, n \geqslant 0\}$ 为齐次马尔可夫链，状态空间为 S，一步转移概率矩阵为 P，如果概率分布 $\{\pi_j, j \in S\}$ 满足：

$$(1)\ \pi_j \geqslant 0,\ \sum_{j \in S}^{\infty} \pi_j = 1,\ (2)\ \pi_j = \sum_{i \in S}^{\infty} \pi_i p_{ij},\ j \geqslant 0,$$

则称 $\{\pi_j\}$ 为马尔可夫链 $\{X_n, n \geqslant 0\}$ 的平稳分布。

定理 7.19 设 $\{X_n, n \geqslant 0\}$ 是马尔可夫链，则 $\{X_n, n \geqslant 0\}$ 为平稳过程的充要条件是 $\boldsymbol{\pi}(0) = (\pi_i(0), i \in S)$ 是平稳分布，即

$$\boldsymbol{\pi}(0) = \boldsymbol{\pi}(0) P$$

证明 （1）充分性：记 $\boldsymbol{\pi}(0) = \boldsymbol{\pi}$，显然

$$\boldsymbol{\pi}(1) = \boldsymbol{\pi}(0) P = \boldsymbol{\pi} P = \boldsymbol{\pi},\ \cdots,\ \boldsymbol{\pi}(n) = \boldsymbol{\pi}(n-1) P = \boldsymbol{\pi} P = \boldsymbol{\pi}$$

因此，$\forall i_k \in S,\ t_k \in N,\ n > 1,\ 1 < k < n,\ t \in N$，有

$$P(X_{t_1} = i_1, X_{t_2} = i_2, \cdots, X_{t_n} = i_n)$$

$$= \pi_{i_1}(t_1) p_{i_1 i_2}^{(t_2 - t_1)} \cdots p_{i_{n-1} i_n}^{(t_n - t_{n-1})}$$

$$= \pi_{i_1}(t_1 + t) p_{i_1 i_2}^{(t_2 - t_1)} \cdots p_{i_{n-1} i_n}^{(t_n - t_{n-1})}$$

$$= P(X_{t_1 + t} = i_1, X_{t_2 + t} = i_2, \cdots, X_{t_n + t} = i_n)$$

所以 $\{X_n, n \geqslant 0\}$ 是严平稳过程。

（2）必要性：由于 $\{X_n, n \geqslant 0\}$ 是平稳过程，因此有 $\boldsymbol{\pi}(n) = \boldsymbol{\pi}(n-1) = \cdots = \boldsymbol{\pi}(0)$，又由 $\boldsymbol{\pi}(1) = \boldsymbol{\pi}(0)\boldsymbol{P}$，得 $\boldsymbol{\pi}(0) = \boldsymbol{\pi}(0)\boldsymbol{P}$，即 $\boldsymbol{\pi}(0)$ 是平稳分布。

下面考察非周期不可约 Markov 链，由上一节知

$$\lim_{n\to\infty} p_{ij}^{(n)} = \begin{cases} 0, & j \text{ 为零常返或瞬时} \\ \dfrac{1}{\mu_j} > 0, & j \text{ 为正常返} \end{cases} \qquad \forall i \in S$$

定义 7.25　若 n 步转移概率 $p_{ij}^{(n)}$ 的极限 $\lim\limits_{n\to\infty} p_{ij}^{(n)} = \dfrac{1}{\mu_j} \geqslant 0$（不依赖 i），则其为马尔可夫链的极限分布。

定理 7.20　非周期不可约马尔可夫链是正常返链的充要条件是，它存在平稳分布，且此时平稳分布就是极限分布。

证明　（1）充分性。若有平稳分布 $\{\pi_i, i \in S\}$，则 $\pi_j = \sum\limits_{i \in S} \pi_i p_{ij}^{(n)}$。令 $n \to \infty$，由于 $\pi_i \geqslant 0$，$i \in S$，且 $\sum\limits_{i \in S} \pi_i = 1$，极限与求和可交换，故 $\pi_j = \lim\limits_{n\to\infty} \sum\limits_{i \in S} \pi_i p_{ij}^{(n)} = \sum\limits_{i \in S} \pi_i \dfrac{1}{\mu_j} = \dfrac{1}{\mu_j}$。由于 $\sum\limits_{i \in S} \pi_i = 1$，故至少有一个 $\dfrac{1}{\mu_k} > 0$，故状态 k 是正常返，这样所有状态都为正常返。

（2）必要性。设马尔可夫链是正常返的，于是

$$\lim_{n\to\infty} p_{ij}^{(n)} = \frac{1}{\mu_j} > 0$$

不妨设状态 S 为无穷。由 C-K 方程可知，

$$p_{ij}^{(n)} = \sum_{k=0}^{\infty} p_{ik}^{(n-1)} p_{kj} \geqslant \sum_{k=0}^{N} p_{ik}^{(n-1)} p_{kj}$$

两端令 $n \to \infty$，有

$$\frac{1}{\mu_j} \geqslant \sum_{k=0}^{N} \frac{1}{\mu_k} p_{kj}$$

再令 $N \to \infty$，有 $\dfrac{1}{\mu_j} \geqslant \sum\limits_{k=0}^{\infty} \dfrac{1}{\mu_k} p_{kj}$，$\forall j$ 必对任意 j 等号成立，若不然，则由于 $\sum\limits_{j=0}^{\infty} \dfrac{1}{\mu_j} \leqslant 1$，保证以下求和可以交换次序。

$$\sum_{j=0}^{\infty} \frac{1}{\mu_j} > \sum_{j=0}^{\infty} \sum_{k=0}^{\infty} \frac{1}{\mu_k} p_{kj} = \sum_{k=0}^{\infty} \sum_{j=0}^{\infty} \frac{1}{\mu_k} p_{kj} = \sum_{k=0}^{\infty} \frac{1}{\mu_k}$$

矛盾！这样

$$\frac{1}{\mu_j} = \sum_{k=0}^{\infty} \frac{1}{\mu_k} p_{kj}, \forall j$$

故

$$\frac{1}{\mu_j} = \sum_{k=0}^{\infty} \frac{1}{\mu_k} p_{kj}^{(n)}$$

令 $n \to \infty$，有

$$\frac{1}{\mu_j} = \sum_{k=0}^{\infty} \frac{1}{\mu_k} \frac{1}{\mu_j}$$

故 $\sum_{k=0}^{\infty} \frac{1}{\mu_k} = 1$，$\left\{\frac{1}{\mu_j}, j \in S\right\}$ 为平稳分布。

例 7.16　设马尔可夫链的状态空间为 $S = \{0, 1, 2\}$，一步转移概率矩阵为

$$\mathbf{P} = \begin{bmatrix} 0.5 & 0.4 & 0.1 \\ 0.3 & 0.4 & 0.3 \\ 0.2 & 0.3 & 0.5 \end{bmatrix}$$

求其相应的极限分布。

解　设其极限分布 $\pi = (\pi_0, \pi_1, \pi_2)$，由 $\pi = \pi P$ 得方程组

$$\begin{cases} 0.5\pi_0 + 0.3\pi_1 + 0.2\pi_2 = \pi_0 \\ 0.4\pi_0 + 0.4\pi_1 + 0.3\pi_2 = \pi_1 \\ 0.1\pi_0 + 0.3\pi_1 + 0.5\pi_2 = \pi_2 \\ \pi_0 + \pi_1 + \pi_2 = 1 \end{cases}$$

解方程组，得 $\pi_0 = \dfrac{21}{62}$，$\pi_1 = \dfrac{23}{62}$，$\pi_2 = \dfrac{18}{62}$，即不论其起始分布如何，在经过一段时间以后，有 21/62 的时间过程处于状态 0，有 23/62 的时间过程处于状态 1，有 18/62 的时间过程处于状态 2。

7.3.3　马尔可夫链的应用

1. 人力资源中的应用

马尔可夫链模型在人力资源中的应用主要是分析一个人在某一阶段内由一个职位调到另一个职位的可能性，即调动的概率。该模型的一个基本假设是：过去的内部人事变动的模式和概率与未来的趋势大体一致。实际上，这种方法是要分析企业内部人力资源的流动趋势和概率，如升迁、转职、调配或离职等方面的情况，以便为内部人力资源的调动提供依据。

它的基本思想是：通过发现过去组织人事变动的规律，以推测组织在未来人员的供给情况。马尔可夫链模型通常是分几个时期收集数据，然后再得出平均值，用这些数据代表每一种职位中人员变动的频率，就可以推测出人员变动情况。

具体做法是：将计划初期每一种工作的人员数量与每一种工作的人员变动概率相乘，然后纵向相加，即得到组织内部未来劳动力的净供给量。其基本表达式为

$$N_i(t) = \sum_{j=1}^{k} * P_{ij} + V_i(t)$$

其中，$N_i(t)$ 为 t 时间内 i 类人员的数量；P_{ij} 为人员从 j 类向 i 类转移的转移率；$V_i(t)$ 为在时间 $(t-1, t)$ 内 i 类人员所补充的人员数。

企业人员的变动有调出、调入、平调、晋升与降级五种。表 7-1 假设一家零售公司在一年内各类人员的变动情况。年初商店经理有 12 人，在当年期间平均 90% 的商店经理仍在商店内，10% 的商店经理离职，期初 36 位经理助理有 11% 晋升到经理，83% 留在原来的职务，6% 离职；如果人员的变动频率是相对稳定的，那么留在经理职位上有 11 人（12×90%），

另外，经理助理中有 4 人($36 \times 11\%$)晋升到经理职位，最后经理的总数是 15 人($11+4$)。可以根据这一矩阵得到其他人员的供给情况，也可以计算出其后各个时期的人员预测结果。假设的零售公司的马尔可夫链分析见表 7-1。

表 7-1 零售公司的马尔可夫链分析

	商店经理	经理助理	区域经理	部门经理	销售员	离职
商店经理 ($n=12$)	90% (11 人)					10% (1 人)
经理助理 ($n=36$)	11% (4 人)	83% (30 人)				6% (2 人)
区域经理 ($n=96$)		11% (11 人)	66% (63 人)	8% (8 人)		15% (14 人)
部门经理 ($n=288$)			10% (29 人)	72% (207 人)	2% (6 人)	16% (46 人)
销售员 ($n=1440$)				6% (86 人)	74% (1066 人)	20% (288 人)
供给预测	15 人	41 人	92 人	301 人	1072 人	351 人

2. 天气预报问题

例 7.17 设明天是否有雨仅与今天的天气有关，而与过去的天气无关。又设今天下雨而明天也下雨的概率为 α，而今天无雨明天有雨的概率为 β；规定有雨天气为状态 0，无雨天气为状态 1。因此问题是两个状态的马尔可夫链。设 $\alpha=0.7$，$\beta=0.4$，求今天有雨且第四天仍有雨的概率。

解 由题设条件，得一步转移概率矩阵为

$$\boldsymbol{P}=\begin{bmatrix} p_{00} & p_{01} \\ p_{10} & p_{11} \end{bmatrix}=\begin{bmatrix} \alpha & 1-\alpha \\ \beta & 1-\beta \end{bmatrix}=\begin{bmatrix} 0.7 & 0.3 \\ 0.4 & 0.6 \end{bmatrix}$$

于是，二步转移概率矩阵为

$$\boldsymbol{P}^{(2)}=\boldsymbol{P}\boldsymbol{P}=\begin{bmatrix} 0.7 & 0.3 \\ 0.4 & 0.6 \end{bmatrix}\begin{bmatrix} 0.7 & 0.3 \\ 0.4 & 0.6 \end{bmatrix}=\begin{bmatrix} 0.61 & 0.39 \\ 0.52 & 0.48 \end{bmatrix}$$

四步转移概率矩阵为

$$\boldsymbol{P}^{(4)}=\boldsymbol{P}^{(2)}\boldsymbol{P}^{(2)}=\begin{bmatrix} 0.5749 & 0.4251 \\ 0.5668 & 0.4332 \end{bmatrix}$$

从而得到今天有雨且第四天仍有雨的概率为

$$p_{00}^{(4)}=0.5749$$

3. 排队问题

1）离散排队系统

考虑顾客到达一服务台排队等待服务的情况。若服务台前至少有一顾客等待，则在一单位时间周期内，服务员完成一个顾客的服务后，该顾客立即离去；若服务台前没有顾客，则服务员空闲。在一单位服务周期内，顾客可以到达，设第 n 个周期到达的顾客数 ξ_n 是一个取值为非负整数的随机变量，且 $\{\xi_n, n \geqslant 1\}$ 相互独立同分布。在每个周期开始时系统的状

态定义为服务台前等待服务的顾客数。若现在状态为 i，则下周期的状态 j 应为

$$j = \begin{cases} (i-1)+\xi, & i \geq 1 \\ \xi, & i = 0 \end{cases}$$

其中 ξ 为该周期内到达的顾客数，记第 n 周期开始的顾客数为 X_n 则 $X_{n+1} = (X_n-1)^+ + \xi_n$，这里 $a^+ = \max(a,0)$。根据马尔可夫链的定义，容易证明 $\{X_n, n \geq 0\}$ 是一个马尔可夫链。若设 $P(\xi_n = k) = a_k, a_k \geq 0, \sum_{k=0}^{\infty} a_k = 1$，则 $\{X_n, n \geq 0\}$ 的转移概率为

$$\begin{cases} p_{0j} = a_j, & j \geq 0 \\ p_{1j} = a_j, & j \geq 0 \\ p_{ij} = a_{j+1-i}, & i > 1, j \geq i-1 \\ p_{ij} = 0, & i > 1, j < i-1 \end{cases}$$

显而易见，若 $E\xi_n = \sum_{k=0}^{\infty} k a_k > 1$，则当 n 充分大后，等待顾客的队长将无限增大；若 $E\xi_n < 1$，则等待服务的顾客队长趋近某种平衡。

2) $G/M/1$ 排队系统

G 表示顾客到达服务台的时间间隔，假设为独立同分布，分布函数为 $G(x)$；

M 表示服务时间，假设为独立同指数分布（设参数为 μ），且与顾客到达过程相互独立；

1 表示单个服务员。

记 X_n 表示第 n 个顾客到达服务台时系统内的顾客数（包括该顾客），T_n 表示第 n 个顾客到达时刻。易证 $\{X_n, n \geq 1\}$ 为一马氏链。下面计算它的转移概率。令

$$A \stackrel{\text{def}}{=} \{X_n = i, X_{n+1} = i+1-j\} \quad (i \geq 0, 0 \leq j \leq i)$$
$$= \{X_n = i \text{ 在}(T_n, T_{n+1}) \text{时间服务完 } j \text{ 个顾客}\}$$

由于各顾客的服务时间相互独立，且服从参数为 μ 的指数分布，所以 $(0,t]$ 时间内服务完的顾客数服从参数为 μ 的泊松分布，即

$$P(\text{在}(0,t]\text{内服务完 } j \text{ 个顾客}) = \frac{e^{-\mu t}(\mu t)^j}{j!}$$

由此可得

$$P(A \mid X_n = i) = \int_0^{+\infty} P(A \mid X_n = i, T_{n+1} - T_n = t) dG(t) = \int_0^{+\infty} e^{-\mu t} \cdot \frac{(\mu t)^j}{j!} dG(t)$$

即

$$p_{i,i+1-j} = \int_0^{+\infty} e^{-\mu t} \frac{(\mu t)^j}{j!} dG(t), 1 \leq j \leq i, i \geq 0$$

p_{i0} 是服务台由有 i 个顾客转为空闲的概率，显然

$$p_{i0} = \sum_{k=i+1}^{\infty} \int_0^{+\infty} e^{-\mu t} \frac{(\mu t)^k}{k!} dG(t) = \int_0^{+\infty} \sum_{k=i+1}^{\infty} e^{-\mu t} \frac{(\mu t)^k}{k!} dG(t), i \geq 0$$

4. 马尔可夫链在金融中的应用举例

利用离散时间的马尔可夫链（随机游动模型）导出欧式期权的定价公式，首先从随机游走模型出发构造股票价格过程，并在此基础上讨论其买入期权和其相应的期权的定价公式，进而研究此模型的极限状态，导出著名的 Black-Scholes 公式。

现有一个某股票的欧式看涨期权。股票现价为 S_0，执行价格为 K，到期时间为 T，收益率为 r，标准差为 σ。那么每一步的长度是 $\dfrac{T}{n}$，假设股价每一步以概率 p 变为上一步价格的 u 倍，以概率 $1-p$ 变为上一步价格的 d 倍，一般有 $u>1>d>0$，$ud=1$。在 T 时刻，股价经历了 n 步运动，记其中有 j 次向上运动，$n-j$ 次向下运动，那么到期时期权的收益是 $\max(S_0u^jd^{n-j}-K,0)$。同时，"j 次向上运动，$n-j$ 次向下运动"的概率是 $\dfrac{n!}{(n-j)!\,j!}p^j(1-p)^{n-j}$，进而可以写出期权的期望收益：

$$\sum_{j=0}^{n}\frac{n!}{(n-j)!\,j!}p^j(1-p)^{n-j}\max(S_0u^jd^{n-j}-K,0)$$

在这个和式中，只有 $S_0u^jd^{n-j}>K$ 时，期权才处于实值状态，即

$$\ln\left(\frac{S_0}{K}\right)>-j\ln u-(n-j)\ln d$$

由于 $u=\exp\left(\sigma\sqrt{\dfrac{T}{n}}\right),d=\exp\left(-\sigma\sqrt{\dfrac{T}{n}}\right)$，进一步将条件化为

$$\ln\left(\frac{S_0}{K}\right)>n\sigma\sqrt{\frac{T}{n}}-2j\sigma\sqrt{\frac{T}{n}}$$

即

$$j>\frac{n}{2}-\frac{\ln\left(\dfrac{S_0}{K}\right)}{2\sigma\sqrt{\dfrac{T}{n}}}\equiv\alpha$$

于是期权价格

$$c=\mathrm{e}^{-rT}\sum_{j>\alpha}\frac{n!}{(n-j)!\,j!}p^j(1-p)^{n-j}(S_0u^jd^{n-j}-K)$$

为方便起见，定义

$$U_1=\sum_{j>\alpha}\frac{n!}{(n-j)!\,j!}p^j(1-p)^{n-j}u^jd^{n-j},\ U_2=\sum_{j>\alpha}\frac{n!}{(n-j)!\,j!}p^j(1-p)^{n-j}$$

于是可以将期权价格写成：

$$c=\mathrm{e}^{-rT}(S_0U_1-KU_2)$$

首先计算 U_2，U_2 表示向上运动次数大于 α 的概率。由中心极限定理，$n\to+\infty$ 时，二项分布收敛于正态分布，即 $B(n,p)\to N(np,np(1-p))$。故 $n\to+\infty$ 时，

$$U_2=N\left(\frac{np-\alpha}{\sqrt{np(1-p)}}\right)$$

其中 $N(\cdot)$ 是标准正态分布的累积分布函数。将 α 的表达式代入，得到

$$U_2=N\left(\frac{\ln\left(\dfrac{S_0}{K}\right)}{2\sigma\sqrt{T}\sqrt{p(1-p)}}+\frac{\sqrt{n}\left(p-\dfrac{1}{2}\right)}{\sqrt{np(1-p)}}\right)$$

由于

$$p=\frac{\mathrm{e}^{rT/n}-\mathrm{e}^{-\sigma\sqrt{T/n}}}{\mathrm{e}^{\sigma\sqrt{T/n}}-\mathrm{e}^{-\sigma\sqrt{T/n}}}$$

不妨令其中 $x = \sqrt{T/n}$，则

$$p = \frac{\mathrm{e}^{rx^2} - \mathrm{e}^{-\sigma x}}{\mathrm{e}^{\sigma x} - \mathrm{e}^{-\sigma x}}$$

将指数函数全部泰勒展开，得到

$$p = \frac{\sigma x + \left(r - \dfrac{1}{2}\sigma^2\right) x^2 + o\left(x^2\right)}{2\sigma x}$$

显然，当 $n \to +\infty$ 时，$x \to 0$，$p \to \dfrac{1}{2}$，$p(1-p) \to \dfrac{1}{4}$，$\sqrt{n}\left(p - \dfrac{1}{2}\right) \to \dfrac{\left(r - \dfrac{1}{2}\sigma^2\right)\sqrt{T}}{2\sigma}$

所以 $n \to +\infty$ 时，

$$U_2 = N\left(\frac{\ln\left(\dfrac{S_0}{K}\right) + \left(r - \dfrac{1}{2}\sigma^2\right) T}{\sigma\sqrt{T}}\right)$$

再计算 U_1。将 U_1 写成

$$U_1 = \sum_{j > a} \frac{n!}{(n-j)!\,j!} (pu)^j \left[(1-p)d\right]^{n-j}$$

定义

$$p^* = \frac{pu}{pu + (1-p)d}$$

则

$$1 - p^* = \frac{(1-p)d}{pu + (1-p)d}$$

$$\Rightarrow U_1 = \left[pu + (1-p)d\right]^n \sum_{j > a} \frac{n!}{(n-j)!\,j!} (p^*)^j (1 - p^*)^{n-j}$$

在风险中性世界里，$pu + (1-p)d = \mathrm{e}^{rT/n}$，故

$$U_1 = \mathrm{e}^{rT} \sum_{j > a} \frac{n!}{(n-j)!\,j!} (p^*)^j (1 - p^*)^{n-j}$$

当 $n \to +\infty$ 时，有

$$U_1 = \mathrm{e}^{rT} N\left(\frac{np^* - \alpha}{\sqrt{np^*(1 - p^*)}}\right)$$

代入 α 的表达式，得到

$$U_1 = \mathrm{e}^{rT} N\left(\frac{\ln\left(\dfrac{S_0}{K}\right)}{2\sigma\sqrt{T}\sqrt{p^*(1 - p^*)}} + \frac{\sqrt{n}\left(p^* - \dfrac{1}{2}\right)}{\sqrt{p^*(1 - p^*)}}\right)$$

而

$$p^* = \frac{\mathrm{e}^{rT/n} - \mathrm{e}^{-\sigma\sqrt{T/n}}}{\mathrm{e}^{\sigma\sqrt{T/n}} - \mathrm{e}^{-\sigma\sqrt{T/n}}} \left(\frac{\mathrm{e}^{\sigma\sqrt{T/n}}}{\mathrm{e}^{rT/n}}\right)$$

通过类似的级数展开，得到 $n \to +\infty$ 时，

$$p^*(1-p^*) \to \frac{1}{4}, \sqrt{n}\left(p^* - \frac{1}{2}\right) \to \frac{\left(r + \frac{1}{2}\sigma^2\right)\sqrt{T}}{2\sigma} \Rightarrow$$

$$U_1 = \mathrm{e}^{rT} N\left(\frac{\ln\left(\frac{S_0}{K}\right) + \left(r + \frac{1}{2}\sigma^2\right)T}{\sigma\sqrt{T}}\right)$$

综合上述计算，有 $c = S_0 N(d_1) - K\mathrm{e}^{-rT}N(d_2)$，其中

$$d_1 = \frac{\ln\left(\frac{S_0}{K}\right) + \left(r + \frac{1}{2}\sigma^2\right)T}{\sigma\sqrt{T}}$$

$$d_2 = \frac{\ln\left(\frac{S_0}{K}\right) + \left(r - \frac{1}{2}\sigma^2\right)T}{\sigma\sqrt{T}} = d_1 - \sigma\sqrt{T}$$

这就是 Black-Scholes 期权定价公式。

7.4　鞅

"鞅"一词来源于法文 martingale 的意译，它在金融学中的含义，简单地说，鞅是"公平"赌博的数学模型。那么什么是公平的赌博呢？假设一个人在参加赌博，他已经赌了 n 次，正准备参加第 $n+1$ 次赌博。如果不做什么手脚，他的运气应当是同他以前的赌博经历无关的，用 X_n 表示他在赌完第 n 次后拥有的赌本数，如果对于任何 n 都有

$$E(X_n \mid X_{n-1}) = X_{n-1}$$

成立，即赌博的期望收获为 0，仅能维持原有财富水平不变，这样就可以认为这种赌博在统计上是公平的。

在金融分析中，投资者通常会根据过去发生的事件来指导未来的投资决策，我们可以把 X 设想为由于信息发布而产生波动的金融资产价格（过程），而 EX 就是对这种价格运动的预测，而恰好鞅就是用条件数学期望来定义的。这种相似性就激发了使用鞅和与之相关的数学概念来描述金融资产价格运动过程特征的热情。鞅在 20 世纪 80 年代以后迅速成为主流金融经济学研究中的热门话题。

7.4.1　离散指标鞅的定义

设 $(\Omega, \mathcal{F}, P)$ 为概率空间，$\langle \mathcal{F}_n \rangle$ 为一列单调增的子 σ 域（代数），即 $\mathcal{F}_n \subset \mathcal{F}_{n+1}$，随机变量序列 $\{X_n\}$ 称为对于 $\langle \mathcal{F}_n \rangle$ 是适应的，若对任意 n，$\sigma(X_n) \subset \mathcal{F}_n$，即 X_n 是 $\mathcal{F}_n$ 可测的。对于随机变量序列 $\{X_n\}$，总可以找到与之适应的单调增的一列 σ-域 $\mathcal{F}_n$，此 σ-域 $\mathcal{F}_n$ 称为一个"筛选"。例如取 $\mathcal{F}_n = \sigma(X_0, X_1, \cdots, X_n)$。若 X_n 对于单调增的 $\mathcal{F}_n$ 是适应的，我们用偶序对 $(X_n, \mathcal{F}_n)$ 表示。若对任意 n，X_n 是 $\mathcal{F}_{n-1}$ 可测的，称 $\{X_n\}$ 对于 $\langle \mathcal{F}_n \rangle$ 是可预料的。

定义 7.26   过程$\{X_n, \mathcal{F}_n, n \geqslant 0\}$是离散指标鞅（或简称离散鞅），有

(1) 无条件的数学期望是有限的，即 $E(X_n) < \infty$；

(2) 对下一时刻的预测就是现在观察到的数据，即 $E(X_{n+1} \mid \mathcal{F}_n) = X_n, n \in Z_+$。

鞅的背景来源于公平赌博，上式表明，如第 n 次赌博后资金为 X，则第 $n+1$ 赌博后的平均资金恰等于 X，即每次赌博胜负机会均等，因此鞅实际上就是未来变化完全无法预测的随机过程。

例 7.18   （独立同分布随机变量之和）。设 $Y_0 = 0$，$\{Y_n, n \geqslant 1\}$独立同分布，$EY_n = 0$，$E|Y_n| < \infty$，$X_0 = 0$，$X_n = \sum_{i=1}^{n} Y_i$，则$\{X_n, n \geqslant 0\}$关于$\{Y_n, n \geqslant 0\}$是鞅。

证明   因为

$$E|X_n| = E\Big| \sum_{i=1}^{n} Y_i \Big| < \infty$$

$$\begin{aligned} E(X_{n+1} \mid Y_0, Y_1, \cdots, Y_n) &= E(X_n + Y_{n+1} \mid Y_1, \cdots, Y_n) \\ &= E(X_n \mid Y_0, \cdots, Y_n) + E(Y_{n+1} \mid Y_0, \cdots, Y_n) \\ &= X_n \end{aligned}$$

例 7.19   （和的方差）。设 $Y_0 = 0$，$\{Y_n, n \geqslant 1\}$独立同分布，$EY_n = 0$，$EY_n^2 = \sigma^2$，$X_0 = 0$，$X_n = \Big(\sum_{k=1}^{n} Y_k \Big)^2 - n\sigma^2$，则$\{X_n, n \geqslant 0\}$关于$\{Y_n, n \geqslant 0\}$是鞅。

证明   因为

$$\begin{aligned} E|X_n| = E \Big| \Big(\sum_{k=1}^{n} Y_k \Big)^2 - n\sigma^2 \Big| &\leqslant E \Big| \Big(\sum_{k=1}^{n} Y_k \Big)^2 \Big| + n\sigma^2 \\ &= E \Big(\sum_{k=1}^{n} Y_k^2 + \sum_{i \neq j} Y_i Y_j \Big) + n\sigma^2 \\ &= 2n\sigma^2 < \infty \end{aligned}$$

所以

$$\begin{aligned} &E(X_{n+1} \mid Y_0, \cdots, Y_n) \\ &= E \Big[\Big\{ \Big(Y_{n+1} + \sum_{k=1}^{n} Y_k \Big)^2 - (n+1)\sigma^2 \Big\} \Big| Y_0, \cdots, Y_n \Big] \\ &= E \Big[\Big\{ Y_{n+1}^2 + 2Y_{n+1} \sum_{k=1}^{n} Y_k + \Big(\sum_{k=1}^{n} Y_k \Big)^2 - (n+1)\sigma^2 \Big\} \Big| Y_0, \cdots, Y_n \Big] \\ &= E[Y_{n+1}^2 \mid Y_0, \cdots, Y_n] + 2E \Big(Y_{n+1} \sum_{k=1}^{n} Y_k \mid Y_0, \cdots, Y_n \Big) + E(X_n \mid Y_0, \cdots, Y_n) - \sigma^2 \\ &= EY_{n+1}^2 + 2E(Y_{n+1} \mid Y_0, \cdots, Y_n) \Big(\sum_{k=1}^{n} Y_k \Big) + X_n - \sigma^2 \\ &= \sigma^2 + 0 + X_n - \sigma^2 \\ &= X_n \end{aligned}$$

例 7.20   （一般和）。设 $\{Y_n, n \geqslant 0\}$为一随机序列，$Z_i = g_i(Y_0, \cdots, Y_i)$，$g_i$ 为一般函数。函数 f 满足 $E|f(Z_k)| < \infty$，$a_k(y_0, \cdots, y_{k-1})(k \geqslant 0)$为 k 元有界实函数，即

$$|a_k(y_0, \cdots, y_{k-1})| \leqslant A_k, \quad \forall y_0, \cdots, y_{k-1}$$

约定

$$a_0(Y_{-1}) = a_0, \quad E[f(Z_0)|Y_{-1}] = E[f(Z_0)]$$

令

$$X_n = \sum_{k=0}^{n} \{f(Z_k) - E[f(Z_k)|Y_0, Y_1, \cdots, Y_{k-1}]\} \cdot a_k(Y_0, \cdots, Y_{k-1})$$

可以验证，$\{X_n, n \geq 0\}$ 关于 $\{Y_n, n \geq 0\}$ 是鞅。

证明（1）

$$E|X_n| \leq \sum_{k=0}^{n} E|\{f(Z_k) - E[f(Z_k)|Y_0, \cdots, Y_{k-1}]\} a_k(Y_0, \cdots, Y_{k-1})|$$

$$\leq \sum_{k=0}^{n} A_k \{E[|f(Z_k)|] + E\{E[|f(Z_k)| \,|\, Y_0, \cdots, Y_{k-1}]\}\}$$

$$\leq \sum_{k=0}^{n} 2A_k E|f(Z_k)| < \infty$$

（2）记 $B_k = \{f(Z_k) - E[f(Z_k) \,|\, Y_0, \cdots, Y_{k-1}]\} a_k(Y_0, \cdots, Y_{k-1})$，则

$$E(B_k|Y_0, \cdots, Y_{k-1})$$

$$= a_k(Y_0, \cdots, Y_{k-1})\{E[f(Z_k)|Y_0, \cdots, Y_{k-1}] - E(E[f(Z_k)|Y_0, \cdots, Y_{k-1}] \,|\, Y_0, \cdots, Y_{k-1})\}$$

$$= a_k(Y_0, \cdots, Y_{k-1})\{E[f(Z_k)|Y_0, \cdots, Y_{k-1}] - E[f(Z_k)|Y_0, \cdots, Y_{k-1}]\} = 0$$

上式推导中用到了 $a_k(Y_0, \cdots, Y_{k-1})$ 是 $Y_0, \cdots, Y_{k-1}$ 的函数，$E[f(Z_k)|Y_0, Y_1, \cdots, Y_{k-1}]$ 也是 $Y_0, \cdots, Y_{k-1}$ 的函数的事实，由于 $E(B_k|Y_0, \cdots, Y_{k-1}) = 0$，且 X_n 是 $Y_0, \cdots, Y_n$ 的函数，故

$$E(X_{n+1}|Y_0, \cdots, Y_n) = E(X_n|Y_0, \cdots, Y_n) + E(B_{n+1}|Y_0, \cdots, Y_n) = X_n$$

由以上三个例子可知，由独立同分布随机变量的和或者和的方差所构成的序列都可以构造鞅，且一般的随机序列也可以构造出鞅来。

7.4.2　上(下)鞅及相关定理

定义 7.27　将定义 7.26 中第二个条件做适当修改，即如果

(1) $E(X_{n+1}|\mathcal{F}_n) \geq X_n$，则称为下鞅；

(2) $E(X_{n+1}|\mathcal{F}_n) \leq X_n$，则称为上鞅。

上(下)鞅的基本性质如下：

(1) $\{X_n, \mathcal{F}_n\}$ 为鞅当且仅当它既是下鞅又是上鞅，若 $\{X_n, \mathcal{F}_n\}$ 为下鞅等价于 $\{-X_n, \mathcal{F}_n\}$ 为上鞅；

(2) 若 $\{X_n, \mathcal{F}_n\}$、$\{Y_n, \mathcal{F}_n\}$ 为鞅，则对任意常数 a, b，$\{aX_n + bY_n, \mathcal{F}_n\}$ 为鞅；

(3) 若 $\{X_n, \mathcal{F}_n\}$ 为鞅，则对任意 n，$EX_n = EX_0$；

(4) 若 $\{X_n, \mathcal{F}_n\}$ 为鞅，且对任意 n，$EX_n^2 < \infty$，则对任意 $l \leq m \leq n$，$E(X_n - X_m)X_l = 0$，此外对任意 $m \leq n$，有

$$E((X_n - X_m)^2 |\mathcal{F}_m) = E(X_n^2|\mathcal{F}_m) - X_m^2$$

定理 7.21　（杜布—迈耶下鞅分解定理）。

设 $\{X_n, \mathcal{F}_n, n \geq 0\}$ 是下鞅，则 X_n 可以唯一分解为 $X_n = M_n + A_n$，其中 M_n 为鞅，A_n

是可预料的增过程($A_0=0$，$A_n \leqslant A_{n+1}$)。

证明　令 $\mathscr{F}a_n=E(X_n)-X_{n-1} \geqslant 0$，令 $A_0=0$，$A_n=\sum_{k=1}^{n}a_k$ 为 $\mathscr{F}_{n-1}$ 可测的，故 A_n 是可预料的增过程。令 $M_n=X_n-A_n$，易证 M_n 是鞅。

分解唯一性。若

$$X_n=M_n+A_n=M'_n+A'_n$$

则

$$M_n-M'_n=A'_n-A_n$$

一方面，$M_n-M'_n$ 为鞅，故

$$E[(M_n-M'_n)\mid\mathscr{F}_{n-1}]=M_{n-1}-M'_{n-1}$$

另一方面，$M_n-M'_n=A'_n-A_n$ 为 $\mathscr{F}_{n-1}$ 可测，故

$$E[(M_n-M'_n)\mid\mathscr{F}_{n-1}]=M_n-M'_n$$

因此

$$M_n-M'_n=M_{n-1}-M'_{n-1}=\cdots=M_0-M'_0=A'_0-A_0=0$$

引理 7.1　(杜布上穿不等式)设 $\{X_n,\mathscr{F}_n\}$ 是下鞅，$V^{(n)}(a,b)$ 表示 $\{X_k,1\leqslant k\leqslant n\}$ 上穿区间 (a,b) 的次数，$a<b$，则

$$E(V^{(n)}(a,b))\leqslant\frac{E(X_n-a)^+-E(X_1-a)^+}{b-a}\quad\text{这里 }a^+=\max(a,0)$$

定理 7.22　(杜布下鞅收敛定理)设 $\{X_n,\mathscr{F}_n\}$ 是下鞅且 $\sup_n E|X_n|<\infty$，则存在几乎处处有限的随机变量，记为 X_∞，使得 $P(\lim_{n\to\infty}X_n=X_\infty)=1$。从而若 $\{X_n,\mathscr{F}_n\}$ 为非负鞅，则 $\lim_{n\to\infty}X_n$ 以概率 1 存在且有限。

例 7.21　(赌徒输光问题)一个赌徒参加公平的赌博，即若 X_n 是赌徒在 n 局之后的赌金，$\mathscr{F}_n=\sigma(X_0,X_1,\cdots,X_n)$ 为赌徒在 n 局后所掌握的信息，则 $\{X_n,\mathscr{F}_n\}$ 是鞅。现假设不能赊钱，且每一局至少赢或输 1 元。令 $N=\min\{n:X_n=X_{n+1}\}$，表示赌徒被强迫退出时已赌的局数。由于 $\{X_n,\mathscr{F}_n\}$ 为非负鞅，由收敛定理，$\lim_{n\to\infty}X_n$ 以概率 1 存在且有限。又由于若 $N>n$，则 $|X_{n+1}-X_n|\geqslant 1$，因此 $P(N<\infty)=1$，也就是以概率 1 赌徒最终要输光。

7.4.3　停时及相关定理

记 t 是时间，$\mathscr{F}_t$ 代表积累到 t 时刻的信息。停时可以理解为某一随机事件第一次发生的时刻。不妨假想我们对某些特定现象的发生感兴趣，例如某个"黑色星期五"的出现，我们对这些特定现象第一次出现的时刻 $T(\omega)$ 特别关注。很明显事件 $\{\omega,T(\omega)\leqslant t\}$ 的发生，当且仅当这一现象出现在 t 时刻上或者 t 时刻之前，$\mathscr{F}_t$ 应当是积累到那个时刻的信息集的一部分。再例如一个赌徒决定在他赌赢 100 次后就收手，那么他停止赌博的时刻就是一个随机变量 $T=n$，就是说当他赌到 n 次时，他才赢足 100 次，$\mathscr{F}_n$ 是他赌到第 n 次时所能掌握的全部信息。故 T 是否等于 n 是得等他赌到第 n 次才能知道的。

随后，给出停时(可选时)的具体定义。

定义 7.28　停时是一个定义在概率空间$(\Omega, \mathcal{F}, P)$上的随机变量

$$\mathcal{T}: \Omega \rightarrow [0, \infty) \bigcup \{\infty\}$$

对于任何$t \in R_+$，它满足

$$\{\mathcal{T} \leqslant t\} = \{\omega, \mathcal{T}(\omega) \leqslant t\} \in \mathcal{F}_t$$

显然，任意非负的常值随机变量$\mathcal{T} = t$是一个停时，而且$T + s(s \geqslant 0)$也是停时。容易得到

(1) 如果$\mathcal{T}_1$、$\mathcal{T}_2$是停时，则$\mathcal{T}_1 + \mathcal{T}_2$、$\mathcal{T}_1 \wedge \mathcal{T}_2$、$\mathcal{T}_1 \vee \mathcal{T}_2$也都是停时[⑨]；

(2) 如果$(\mathcal{T}_n)_{n \geqslant 1}$是一个停时序列，则$\bigvee_n \mathcal{T}_n = \sup_n \mathcal{T}_n$、$\bigwedge_n \mathcal{T}_n = \inf_n \mathcal{T}_n$、$\limsup_{n \to \infty} \mathcal{T}_n$、$\liminf_{n \to \infty} \mathcal{T}_n$也都是停时。

下面我们举例说明以便更好理解。

例 7.22　设随机过程为$\{X(t), t \in T\}$，样本路径连续，$\mathcal{F}_t = \sigma(X(s): s \leqslant t)$，$\mathcal{F}_{t+} = \bigcap_{s > t} \mathcal{F}_s$。设$A$为闭集，令$t_A = \min\{t \in T \mid X(t) \in A\}$（约定空集时为$+\infty$），表示过程首次进入$A$的时刻，$t_A$称为首中时，则$t_A$对于$\sigma$域$\mathcal{F}_t$是停时；若$A$为开集，首中（首次进入集合的时刻）时$t_A = \inf\{t \in T \mid X(t) \in A\}$（约定空集时为$+\infty$），对于$\sigma$域$\mathcal{F}_t$不是停时，但对于$\sigma$域$\mathcal{F}_{t+}$是停时；令$t_A'$表示过程最后离开$A$的时刻，则$t_A'$不是停时。

现在既有停时概念又有鞅的概念，把它们放在一起会怎样呢？直观上理解：一个鞅在停止时刻基于现在时刻的均值就应当是它的当前值。

假设W_t代表一个赌徒在t时刻的财富，他连续参加"公平"的赌博，现在的问题是他能不能通过精心的选择停止赌博的次数来最大化他的个人财富呢？答案是否定的。这就是著名的杜布有界停时定理。

定理 7.23　如果$(M_n)_{n \in Z_+}$是在$(\Omega, \mathcal{F}, P)$上的一个$\mathcal{F}_n$适应的离散鞅，$\mathcal{T} < \infty$是一个有界停时，则有

$$E[(M_{\mathcal{T}}) \mid \mathcal{F}_0] = M_{\mathcal{T}}$$

以及

$$E(M_{\mathcal{T}}) = E(M_0)$$

该定理及相关理论在期权定价、算法交易等方面有着广泛的应用

7.4.4　连续指标鞅

设$(\Omega, \mathcal{F}, P)$为概率空间，$\{\mathcal{F}_t\}$为一列单调增的子σ域，即若$s < t$，则$\mathcal{F}_s \subset \mathcal{F}_t$；对任意$t$，$X(t)$为$\mathcal{F}_t$可测的，则称随机过程$\{X(t), t \geqslant 0\}$对于$\{\mathcal{F}_t\}$是适应的。

定义 7.29　$\{X(t), t \geqslant 0\}$是一随机过程，记$\mathcal{F}_t = \sigma(X(s), 0 \leqslant s \leqslant t)$。过程$\{X(t), t \geqslant 0\}$称为连续指标鞅，如果满足

(1) $\forall t \geqslant 0$，有$E|X(t)| < \infty$；

(2) $\forall s, t \geqslant 0$，有$E(X(t+s) \mid \mathcal{F}_t) = X(t)$。

在一定条件下，前面离散指标鞅的一些定理可以平移到连续指标鞅的情形。

---

⑨　其中$a \wedge b$代表两者中较小的那个；$a \vee b$代表两者中较大的那个。

7.4.5　鞅的应用

1. 模拟股票价格路径的二项树模型

离散鞅的例子是很普遍的,以下我们来看看微观金融分析中模拟股票价格路径的二项树模型。

现在假定 n 时刻的股票价格为 S_n,而在 $n+1$ 时刻,股票价格将以

$$p = \frac{1-d}{u-d}$$

的概率上涨到 uS_n;或者以 $1-p$ 的概率下降到 dS_n,即

$$S_{n+1} = \begin{cases} uS_n, & \text{概率为} \dfrac{1-d}{u-d} \\ dS_n, & \text{概率为} \dfrac{u-1}{u-d} \end{cases} \quad 0 < d < u$$

则下一时刻股票价格的数学期望为

$$E(S_{n+1} \mid S_n) = uS_n \frac{1-d}{u-d} + dS_n \frac{u-1}{u-d} = S_n \frac{u(1-d)+d(u-1)}{u-d} = S_n$$

因此遵循这种二项过程的股票价格运动就是一个鞅。

考虑下面的随机过程

$$S_{n+1} = S_n + \varepsilon_n, \ S_0 = 0$$

其中定义为

$$\varepsilon_n = \begin{cases} 1, & \text{概率为} \ p \\ 0, & \text{概率为} \ r \\ -1, & \text{概率为} \ q \end{cases} \quad p, r, q \geqslant 0, \ p+r+q=1$$

可以证明, $S_n - n(p-q)$ 是一个鞅,这是因为

$$E\left[S_{n+1} - (n+1)(p-q)\mid \mathcal{F}_n\right]$$
$$= E\left[S_n + \varepsilon_n - (n+1)(p-q)\mid \mathcal{F}_n\right]$$
$$= S_n + E(\varepsilon_n) - (n+1)(p-q)$$
$$= S_n + (p-q) - (n+1)(p-q)$$
$$= S_n - n(p-q)$$

2. 鞅在序贯决策模型中的应用

考虑一个可控的随机动态系统,状态空间有限,记为 $S=\{1,2,\cdots,p\}$,行动集 $A=\{a, b,\cdots,l\}$ 有限,有时称 A 为决策空间。设我们每经单位时间(如每小时、每天、每月等)观察即时的系统状态 i,然后从 A 中选取一个行动 a,有两件事情发生:

(1) 得到一个报酬(或能量) $r(i,a)$;

(2) 在现时段状态为 i,采取行动为 a 的条件下,系统下一时刻转移到状态 j 的概率为 $q(j\mid i,a)$。

我们的问题是:在每一时刻如何选取行动,使前 N 时段的期望总报酬(总能量)达到最大?

令 Δk 表示 k 时段采取的行动; Y_k 表示 k 时段系统的状态; $h_{n-1}=\{i_0,a_0,i_1,a_1,\cdots,$

i_{n-1}, a_{n-1}} 表示 $n-1$ 时刻及以前系统的状态及采取行动的交互序列，称为 $n-1$ 之前的历史。设 n 时刻采取的行动（决策） a_n 依赖于 h_{n-1} 与 i_n，记为

$$a_n = \pi_n(h_{n-1}, i_n) = \pi_n(i_0, a_0, i_1, a_1, \cdots, i_{n-1}, a_{n-1}, i_n)$$

其中称 π_n 为 n 时刻的决策函数。

一个策略 $\boldsymbol{\pi} = \{\pi_0, \pi_1, \cdots, \pi_{N-1}\}$ 是一个决策函数序列。若给定一个策略 $\boldsymbol{\pi}$ 及初始状态 $Y_0 = i$，则直到 $N-1$ 时刻的期望总报酬为

$$V(\boldsymbol{\pi}, i) = E_\pi \left\{ \sum_{k=0}^{N-1} r(Y_k, \Delta_k) \,\middle|\, Y_0 = i \right\}$$

式中 E_π 表示在 π 的条件下求期望。我们的目的是选取一个最优策略 $\boldsymbol{\pi}^*$，使对所有 $i \in S$ 有

$$V(\boldsymbol{\pi}^*, i) = \max_\pi V(\boldsymbol{\pi}, i)$$

为此，记 $V_N(i) = 0$，$\forall i \in S$。$V_k(i), i \in S$，满足

$$V_{k-1}(i) = \max_{a \in A} \left\{ r(i, a) + \sum_{j \in S} q(j \mid i, a) V_k(j) \right\}, 1 \leqslant k \leqslant N \tag{7.5}$$

令

$$X_n = \sum_{k=1}^n \{ V_k(Y_k) - E[V_k(Y_k) \mid Y_0, \Delta_0, Y_1, \Delta_1, \cdots, Y_{k-1}, \Delta_{k-1}] \}$$

可知，$\{X_n, n > 1\}$ 关于 $\{(Y_n, \Delta_n), n \geqslant 0\}$ 是鞅，于是

$$EX_n = EX_1 = 0$$

由式 (7.5) 得

$$V_{k-1}(i) \geqslant r(i, a) + \sum_{j \in S} q(j \mid i, a) V_k(j), \ \forall i \in S, a \in A$$

故

$$V_{k-1}(Y_{k-1}) \geqslant r(Y_{k-1}, \Delta_{k-1}) + \sum_{j \in S} q(j \mid Y_{k-1}, \Delta_{k-1}) V_k(j)$$
$$= r(Y_{k-1}, \Delta_{k-1}) + E\{V_k(Y_k) \mid Y_{k-1}, \Delta_{k-1}\}$$

因此，由马尔可夫链性得

$$V_{k-1}(Y_{k-1}) \geqslant r(Y_{k-1}, \Delta_{k-1}) + E\{V_k(Y_k) \mid Y_0, \Delta_0, Y_1, \Delta_1, \cdots, Y_{k-1}, \Delta_{k-1}\}$$

于是有

$$0 = EX_N = E\left\{ \sum_{k=1}^N [V_k(Y_k) - E(V_k(Y_k) \mid Y_0, \Delta_0, \cdots, Y_{k-1}, \Delta_{k-1})] \right\}$$
$$\geqslant E\left\{ \sum_{k=1}^N [V_k(Y_k) + r(Y_{k-1}, \Delta_{k-1}) - V_{k-1}(Y_{k-1})] \right\}$$
$$= E\left\{ \sum_{k=0}^{N-1} r(Y_k, \Delta_k) + V_N(Y_N) - V_0(Y_0) \right\}$$

即

$$E(V_0(Y_0)) \geqslant E_\pi \left\{ \sum_{k=0}^{N-1} r(Y_k, \Delta_k) \,\middle|\, Y_0 \right\}$$

若 $Y_0 = i$ 则上式说明，对任意 $\boldsymbol{\pi}$ 有

$$V_0(i) \geqslant E_\pi \left\{ \sum_{k=0}^{N-1} r(Y_k, \Delta_k) \,\middle|\, Y_0 = i \right\}$$

即 $V_0(i) \geqslant V(\boldsymbol{\pi}, i)$ 对 $\forall i \in S$ 及所有 $\boldsymbol{\pi}$ 均成立。

如选取 $a_{k-1}^* \in A$，使 $a_{k-1}^*(i) = \pi_{k-1}^*(i_0, a_0^*, \cdots, i_{k-1})$ 满足式(7.5)，即

$$V_{k-1}(i) = r(i, a_{k-1}^*(i)) + \sum_{j \in S} q(j \mid i, a_{k-1}^*(i)) V_k(j)$$

$$= \max_a \left\{ r(i, a) + \sum_j q(j \mid i, a) V_k(j) \right\}, \forall i \in S$$

则 $\pi^* = \{\pi_0^*, \pi_1^*, \cdots, \pi_{N-1}^*\}$ 是最优策略，即

$$V_0(i) = V(\pi^*, i), \forall i \in S$$

换言之，我们是通过使每一步均取最优来达到总体最优的。

随机过程在金融科技领域的风险控制和投资顾问方面有重要的应用价值，是研究金融资产价格、收益率波动性、交易策略模拟等问题的重要工具。

习　题　7

7.1 已知随机过程 $\{X(t), t \in T\}$ 的均值函数 $\mu_X(t)$ 和协方差函数 $C_X(t_1, t_2)$，$\varphi(t)$ 是普通的函数，求随机过程 $Y(t) = X(t) + \varphi(t)$ 的均值函数和协方差函数。

7.2 设有两个随机过程 $X(t) = a\sin(\omega t + \theta)$ 与 $Y(t) = b\sin(\omega t + \theta - \varphi)$，其中 a, b, ω, φ 为常数，θ 为 $[0, 2\pi]$ 上均匀分布的随机变量，求协方差函数。

7.3 设 $\{N(t), t \geq 0\}$ 为泊松(Poisson)过程，参数为 λ，计算或证明：

(1) $E[N(t)N(s+t)]$；

(2) $E[N(s+t) \mid N(s)]$ 的分布律；

(3) 任给 $0 \leq s \leq t$，有 $P\{N(s) \leq N(t)\} = 1$；

(4) 任给 $0 \leq s \leq t, \varepsilon > 0$，有 $\lim_{t \to s} P\{N(t) - N(s) > \varepsilon\} = 0$。

7.4 设马尔可夫链 $\{X_n, n \geq 0\}$，$S = \{1, 2, 3\}$，且 $P = \begin{bmatrix} 0.5 & 0.5 & 0 \\ 0.5 & 0 & 0.5 \\ 0 & 0.5 & 0.5 \end{bmatrix}$，试判断其是否具有平稳分布(写出理由)。

7.5 设马尔可夫链的状态空间 $S = \{0, 1, \cdots\}$，其转移概率为 $p_{ii+1} = 1/2$，$p_{i0} = 1/2$，$i = 0, 1, 2, \cdots$，试画出状态传递图并对状态进行分类。

7.6 设马尔可夫链的状态空间 $S = \{a, b, c, d, e\}$，转移概率矩阵为

$$\boldsymbol{P} = \begin{bmatrix} 1/2 & 0 & 1/2 & 0 & 0 \\ 0 & 1/4 & 0 & 3/4 & 0 \\ 0 & 0 & 1/3 & 0 & 2/3 \\ 1/4 & 1/2 & 0 & 1/4 & 0 \\ 1/3 & 0 & 1/3 & 0 & 1/3 \end{bmatrix}$$

求其闭集。

7.7 设 $\{N(t), t \geq 0\}$ 是时间齐次参数为 λ 的泊松过程，$\forall t \geq 0$，试问 $N(t)$ 是否均方连续？并证明你的结论。

参 考 文 献

[1] 邓辛. 金融科技概论[M]. 北京：高等教育出版社，2020.

[2] 苟小菊，郭新帅. 金融科技概论[M]. 北京：中国人民大学出版社，2021.

[3] 姚国章. 金融科技原理与案例[M]. 北京：北京大学出版社，2019.

[4] 刘斌，赵云. 金融科技：人工智能与机器学习卷[M]. 北京：机械工业出版社，2019.

[5] 王青天，孔越. Python 金融大数据风控建模实战：基于机器学习[M]. 北京：机械工业出版社，2020.

[6] 李华，袁先智，赵建彬. 金融科技大数据风控方法介绍：解释性、隐私保护与数据安全[M]. 北京：科学出版社，2023.

[7] 滕冲，汪同庆. SPSS 统计分析[M]. 武汉：武汉大学出版社，2014.

[8] 姚小远，杭爱明. 市场调查原理、方法与应用[M]. 上海：华东理工大学出版社，2015.

[9] 贾俊平，何晓群，金勇进. 统计学[M]. 8 版. 北京：中国人民大学出版社，2021.

[10] 韦艳华，张世英. Copula 理论及其在金融分析上的应用[M]. 北京：清华大学出版社，2008.

[11] 谢天华. MATLAB 统计分析与应用：40 个案例分析[M]. 2 版. 北京：北京航空航天大学出版社，2015.

[12] 李强. 基于 Copula 理论和 GPD 模型的金融市场风险测度研究[D]. 重庆大学，2012.

[13] 李心愉，袁诚. 应用经济统计学[M]. 3 版. 北京：北京大学出版社，2015.

[14] 葛虹，吴天石. 多元统计分析与 R 建模[M]. 哈尔滨：哈尔滨工业大学出版社，2020.

[15] 马薇，张卓群，郑琳. 经济新常态下股市风险相关性测度[J]. 经济与管理研究，2016，37(7)：73-82.

[16] 茆诗松，汤银才. 贝叶斯统计[M]. 3 版. 北京：中国统计出版社，2012.

[17] 师义民，徐伟，秦超英，等. 数理统计[M]. 4 版. 北京：科学出版社，2017.

[18] 韦来生. 贝叶斯统计[M]. 北京：高等教育出版社，2016.

[19] 韩明. 贝叶斯统计：基于 R 和 BUGS 的应用[M]. 上海：同济大学出版社，2017.

[20] https://blog.csdn.net/huguozhiengr/article/details/81777577.

[21] https://zhuanlan.zhihu.com/p/38553838.

[22] 李子奈，潘文卿. 计量经济学[M]. 4 版. 北京：高等教育出版社，2015.

[23] 王星. 大数据分析：方法与应用[M]. 北京：清华大学出版社，2013.

[24] 刘璋温，吴国富. 选择回归模型的几个准则[J]. 数学的实践与认识，1983(01)：61-69.

[25] 何晓群，刘文卿. 应用回归分析[M]. 5 版. 北京：中国人民大学出版社，2019.

［26］ 魏伟一，张国治．Python 数据挖掘与机器学习［M］．北京：清华大学出版社，2021．

［27］ 魏贞原．机器学习 Python 实践［M］．北京：电子工业出版社，2018．

［28］ 郭羽涵，陈虹，肖成立．Python 机器学习［M］．北京：机械工业出版社，2021．

［29］ 顾涛．Python 机器学习教程［M］．北京：北京大学出版社，2021．

［30］ 李航．统计学习方法［M］．2 版．北京：清华大学出版社，2019．

［31］ 李航．机器学习方法［M］．北京：清华大学出版社，2022．

［32］ 张成思．金融计量学：时间序列分析视角［M］．3 版．北京：中国人民大学出版社，2020．

［33］ 易丹辉，王燕．应用时间序列分析［M］．5 版．北京：中国人民大学出版社，2019．

［34］ 史代敏，谢小燕．应用时间序列分析［M］．2 版．北京：高等教育出版社，2019．

［35］ 王立柱．时间序列模型及预测［M］．北京：科学出版社，2018．

［36］ 林元烈．应用随机过程［M］．北京：清华大学出版社，2002．

［37］ 孙清华，孙昊．随机过程：内容、方法与技巧［M］．武汉：华中科技大学出版社，2004．

［38］ 张福渊，郭绍建，萧亮壮，等．概率统计及随机过程［M］．2 版．北京：北京航空航天大学出版社，2012．

［39］ 茆诗松，程依明，濮晓龙，等．概率论与数理统计教程［M］．3 版．北京：高等教育出版社，2019．

［40］ 张波，商豪，邓军．应用随机过程［M］．6 版．北京：中国人民大学出版社，2023．

［41］ 邵宇，刁羽．微观金融学及其数学基础［M］．3 版．上海：复旦大学出版社，2019．

［42］ 龚光鲁，钱敏平．应用随机过程教程及在算法和智能计算中的随机模型［M］．北京：清华大学出版社，2004．

［43］ 冯玲，方杰．随机过程及其在金融领域中的应用［M］．北京：中国人民大学出版社，2020．

［44］ 任金政，陈宝峰，庄传礼．马尔可夫链模型在信用卡账户行为变化预测中的应用［J］．数学的实践与认识，2008，38（9）：10-16．